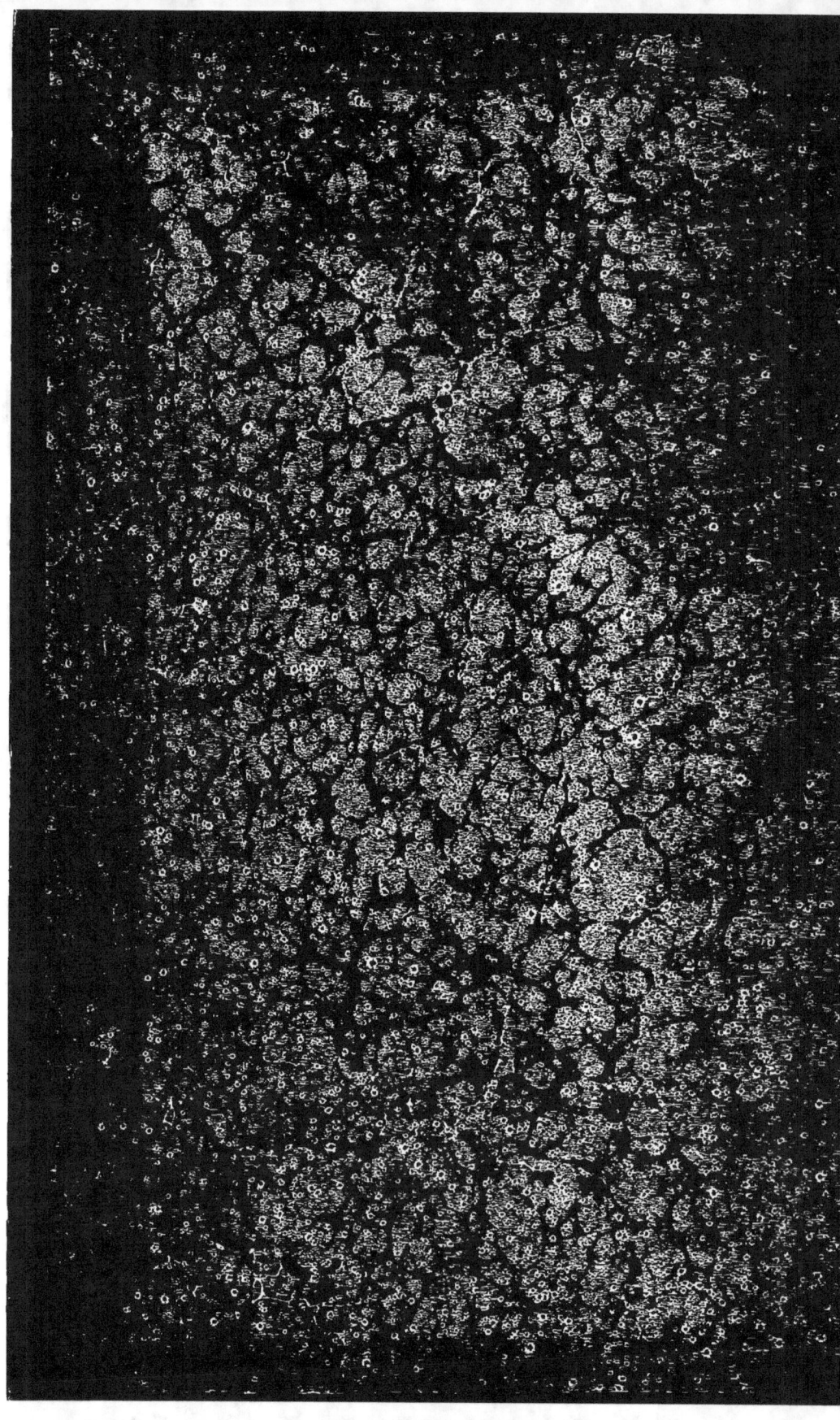

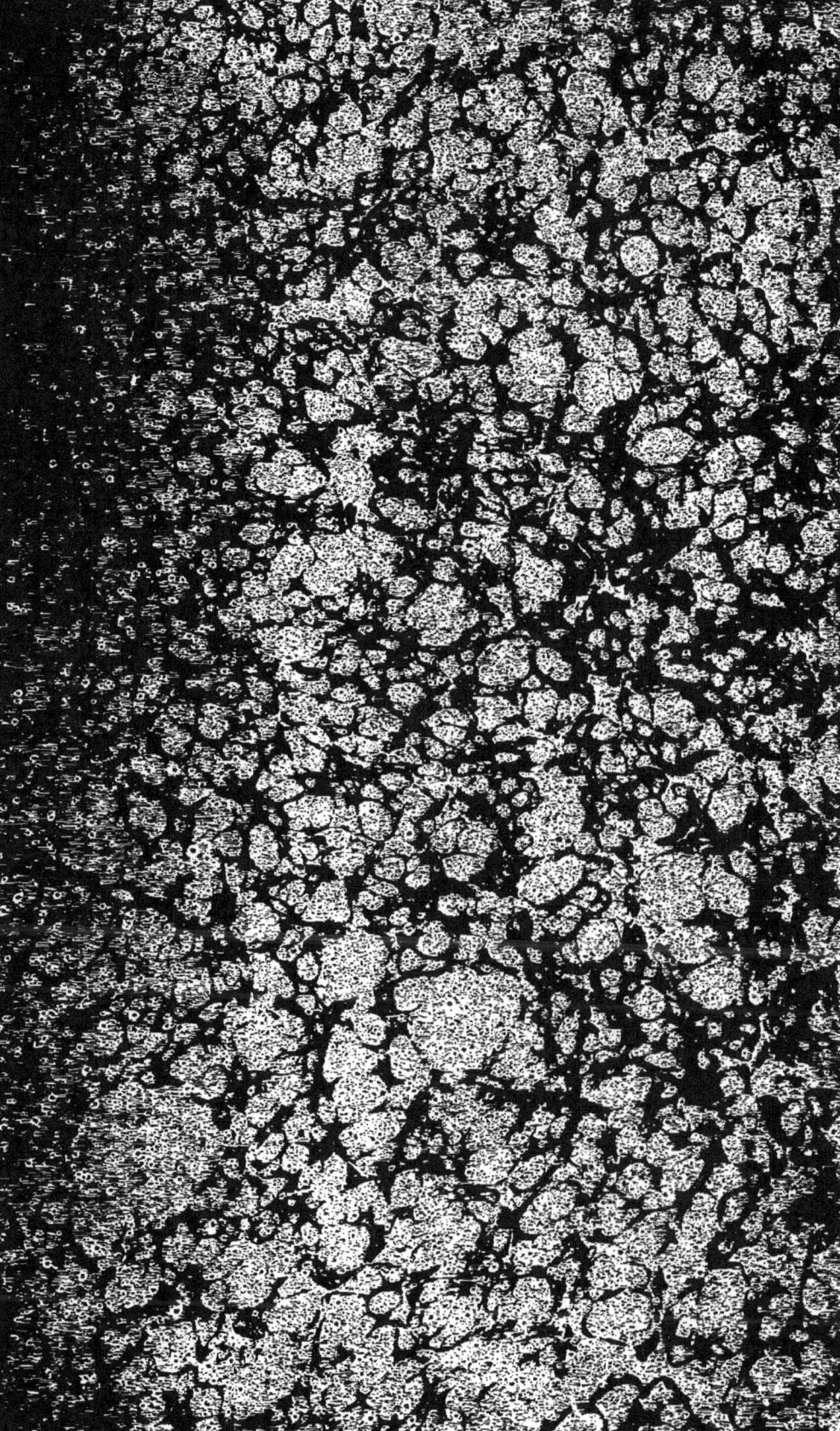

# LES MONUMENTS

DE

# L'HISTOIRE DE FRANCE

TYPOGRAPHIE DE CH. LAHURE
Imprimeur du Sénat et de la Cour de Cassation
rue de Vaugirard, 9

# LES MONUMENTS

DE

# L'HISTOIRE DE FRANCE

## CATALOGUE

DES PRODUCTIONS DE LA SCULPTURE, DE LA PEINTURE

ET DE LA GRAVURE

RELATIVES A L'HISTOIRE DE LA FRANCE ET DES FRANÇAIS

### PAR M. HENNIN

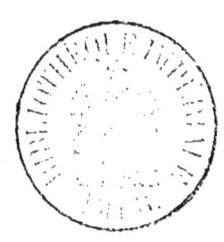

### TOME DEUXIÈME

TABLE DES AUTEURS

MONUMENTS
481—1060

## PARIS

J. F. DELION, LIBRAIRE, SUCCESSEUR DE R. MERLIN

QUAI DES AUGUSTINS, 47

1857

# ABRÉVIATIONS.

| | | | |
|---|---|---|---|
| t. | tome. | grav. | gravé. |
| p. | page. | lith. | lithographié. |
| pl. | planche. | color. | colorié. |
| in-fol. | in-folio. | mag. | magno. |
| in-4. | in-quarto. | max. | maximo. |
| in-8. | in-octavo. | larg. | largeur. |
| in-12. | in-douze. | haut. | hauteur. |
| in-16. | in-seize. | nº | numéro. |
| f. | folio. | livrais. | livraison. |

# TABLE

## DES AUTEURS, OUVRAGES ET RECUEILS

CITÉS DANS CE LIVRE PLUS D'UNE FOIS.

---

( Les titres des ouvrages cités une seule fois sont portés avant les descriptions qui en ont été tirées. )

## A

ACADÉMIE royale des inscriptions et belles-lettres (Histoire et Mémoires de l'). Paris, Imprimerie royale, 1736-1808, 50 vol. in-4, fig. Voir : Institut national.

ACTA ERUDITORUM. Lipsiæ, ab anno 1682 ad annum 1731, 50 vol. — Nova acta 1732 ad 1776, 43 vol. ( Les années 1764 et 1765, 1766 et 1767 sont par deux dans un vol.) —Supplementa, 1692-1734, 10 vol.—Nova supplementa, 1735-1757, 8 vol. Indices (ab initio ad 1741), 6 vol.; en tout 117 vol. in-4, plus les années 1772 (publié en 1774), 1773 (publié en 1776), 1775 (publié en 1779), et 1776 (publié en 1782).

> Cette collection se trouve très-rarement complète. Les quatre derniers volumes, de 1772 à 1776, sont surtout fort rares.
>
> Il n'y a dans ces volumes que très-peu de monuments gravés relatifs à la France.

ACTA SANCTORUM quotquot toto orbe coluntur, vel a catholicis scriptoribus celebrantur, quæ ex latinis et græcis aliarumque gentium antiquis monumentis collegit, digessit, notis illustravit Joannes Bollandus Societatis Jesu theologus — contulit Godefridus Henschenius, etc., etc. Antwerpiæ apud

*a*

Joannem Meursium, anno 1643, etc., etc. — 1853, in-fol., fig., 55 vol.

La collection des Bollandistes ne contient qu'un très-petit nombre de monuments figurés relatifs à l'histoire de France, publiés d'ailleurs dans d'autres ouvrages. J'en ai relevé seulement quelques-uns dans le mois d'avril, t. II. Voir : Henschenius (Godefridus) et Papebrochius (Daniel).

(AINSLIE) (. . . . . .), connu en France sous le nom de Ainsworth. — Illustrations of the anglo-french coinage ; taken from the cabinet of a fellow of the antiquarian societies of London and Scotland, etc. London Hearne and Blackwood. Edinburgh, 1830, in-4, fig.

ALGAY, sieur de Martignac (Estienne). — Eloges historiques des évesques et archevesques de Paris, qui ont gouverné cette église depuis environ un siècle, etc. Paris, Fr. Muguet, 1698, in-4, fig.

ALLIER (Achille). — L'ancien Bourbonnais (histoire, monuments, mœurs, statistique), gravé et lithographié sous la direction de M. Aimé Chenavard, d'après le dessin de M. Dufour, par une société d'artistes. Moulins, Desrosiers fils, 1833-37, 2 vol. in-fol., fig. et atlas, 1838, in-fol. m°.

Cet ouvrage n'a pas de tables, les planches de l'atlas ne sont pas numérotées ; il n'y a dans le texte aucun renvoi à ces planches, de façon que, pour celles des planches qui représentent des monuments, il est difficile pour quelques-unes, et impossible pour d'autres, de trouver ce qu'elles représentent.

Dans le texte, t. II, Voyage pittoresque (p. 86, note 3), on annonce une explication des principales planches de l'*Atlas de l'ancien Bourbonnais.* Cette explication n'existe pas, ou du moins je ne l'ai pas trouvée dans les exemplaires que j'ai vus.

De cela il résulte que, dans l'Atlas, dix planches représentant des vitraux de la cathédrale de Moulins, trois, représentant des tombeaux de Jouvigny, et une un tombeau de La Palice, planches non numérotées, comme toutes celles de cet Atlas, ne sont pas explicables. Il est impossible de savoir ce que les auteurs de ce livre ont voulu faire connaître à leurs lecteurs, dans ces quatorze planches.

Le voyage pittoresque paraît être de Louis Bâtissier. Voir : Trésor de numismatique et de glyptique, Recueil général de bas-reliefs et d'ornements, 2ᵉ partie, p. 29.

Dans diverses planches de cet ouvrage se trouvent douze portraits de personnages des xivᵉ, xvᵉ et xviᵉ siècles, représentés en pied, d'après des miniatures d'un manuscrit du xviᵉ siècle, de la Bibliothèque royale, sans indication du titre ni du numéro de ce volume. Je n'ai pas pu découvrir quel est ce manuscrit. Cette manière de faire connaître des documents d'histoire figurée, dont il y a au reste bien d'autres exemples, porte à penser, ce que je suis loin d'énoncer pour le cas présent, que les auteurs qui publient ainsi leurs travaux, y comprennent, comme authentiques, des représentations de pure invention.

AMANTON (C. N.). — Recueil des planches gravées d'après la collection des jetons des villes et maires de Dijon, Beaune et Auxonne, tirée du cabinet de C. N. Amanton. Dijon, 1814, in-4, quinze planches sans aucun texte.

> Ce cahier n'a été tiré qu'à vingt exemplaires sur papiers divers.
>
> Il était destiné à une numismatographie des villes et maires de Dijon, Auxonne, et Beaune, que M. Amanton se proposait de publier.

ANDERSONUS (Jacobus). — Selectus diplomatum et numismatum Scotiæ thesaurus in duas partes distributus, etc. Edimburgi, Tho. et Walt. Ruddimann, etc., 1739, in-fol., fig.

> Le Manuel du libraire de M. Brunet porte : 1735.

ANNALES archéologiques, publiées par Didron aîné. Paris, bureau des Annales archéologiques, in-4, fig., 1844 à 1854, 14 vol., etc.

> Ce Recueil contient beaucoup d'articles fort intéressants.
>
> En donnant des détails relatifs à des manuscrits de la Bibliothèque royale, les auteurs de quelques articles n'ont pas indiqué les numéros des manuscrits.
>
> On peut aussi faire observer que cette publication a fait connaître, même par des planches, des objets de composition moderne n'ayant aucun rapport à l'archéologie.

ARCHÆOLOGIA or miscellaneous tracts relating to antiquity published by the Society of antiquaries of London, 1779 à 1846, 31 vol. in-4, fig.

ARGELATI (Philippus). — De Monetis Italiæ variorum illustrium virorum dissertationes, etc. Mediolani in ædibus palatinis, 1750-1759, in-4, 6 vol., fig.

AUBER (. . . . . . ., abbé.) — Histoire de la cathédrale de Poitiers. Paris, Derache, 1849, 2 vol. in-8, fig.

## B

BACHAUMONT (de). — Mémoires secrets pour servir à l'histoire de la république des lettres en France, depuis 1762 jusqu'à nos jours. Londres, John Adanson. — ( Hollande), 1784-1789, 36 vol. in-12.

BALEICOURT (. . . . . . .), (l'abbé Hugo). — Traité historique et critique sur l'origine et la généalogie de la maison de Lorraine, etc. Berlin, Ulric Liebpert (Nancy), 1711, in-8, fig.

BALUZE. — Histoire généalogique de la maison d'Auvergne. Paris, Ant. Dezallier, 1708, 2 vol. in-fol., fig., vignettes, etc., de Seb. Le Clerc.

BARROIS (J.), D. du N. (député du nord). — Bibliothèque protypographique ou librairies des fils du roi Jean, Charles V, Jean de Berri, Philippe de Bourgogne et les siens. Paris, de l'imprimerie de Crapelet, chez Treuttel et Wurtz, 1830, in-4, fig.

> On trouve dans cet ouvrage des observations intéressantes sur les origines et les accroissements de la bibliothèque des rois de France et de celles des princes. On y remarque principalement des détails relatifs à la Bibliothèque de manuscrits des ducs de Bourgogne. L'auteur donne des inventaires de ces bibliothèques dressés à diverses époques.
>
> Ces inventaires ne contiennent, relativement aux miniatures des manuscrits, qu'un très-petit nombre d'indications sans détails utiles.
>
> Il faut ajouter que l'auteur n'a pas fait connaître les numéros des catalogues actuels de ceux des manuscrits inventoriés qui existent encore dans ces bibliothèques.
>
> On peut voir quelques observations sur cet ouvrage dans : Les ducs de Bourgogne, etc., par le comte de Laborde, 2ᵉ partie, t. I, p. XLVI.

BARROIS (J). — Dactylologie et langage primitif restitués d'après les monuments. Paris, Firmin Didot frères, 1850, in-4, fig.

BARTHÉLEMY (Anatole). — Essai sur les monnaies des ducs de Bourgogne. (Extrait des Mémoires de la commission archéologique du département de la Côte-d'Or). Dijon, Douillier, 1849, in-4, fig.

BARTSCH (Adam). — Le peintre graveur. Vienne, J. V. Degen, etc., 1803-1821, 21 vol. in-8, fig.

BASCLE DE LAGRÈZE. — Le trésor de Pau, archives du château d'Henri IV. Pau, Vignancourt, 1852, in-8, fig.

BASTARD (vicomte de). — Recherches sur Randan, ancien duché-pairie, etc. Riom, Thibaud, 1830, in-8, fig.

BASTARD (le comte Auguste de). — Librairie de Jean de France, duc de Berry, frère du roi Charles V, publiée en son entier pour la première fois; précédée de la vie de ce prince, illustrée des plus belles miniatures de ses manuscrits, accompagnée de notes bibliographiques, et suivie de recherches pour servir à l'histoire des arts du dessin au moyen âge. Paris, 1834, in-fol. max°, planches coloriées.

Il ne parut que trente-deux planches de cet ouvrage, dont la publication fut abandonnée. Il fut remplacé par un autre ouvrage, dans lequel les trente-deux planches déjà publiées furent placées. Voici le titre de ce livre.

Peintures et ornements des manuscrits, classés dans un ordre chronologique, pour servir à l'histoire des arts du dessin, depuis le IV<sup>e</sup> siècle de l'ère chrétienne jusqu'à la fin du XVI<sup>e</sup>. (Paris, 1835 et années suivantes), in-fol. max°, planches coloriées; vingt livraisons.

Cet ouvrage avait été annoncé comme devant contenir diverses sections suivant des divisions en ordre géographique. Il devait être publié par livraisons de huit planches, et le prix de chaque livraison était de *dix-huit cents francs*.

Ces planches devaient être expliquées dans un texte en trois volumes in-fol., dont le prix, pour chacun, était le même que celui d'une livraison de planches. (Voir Brunet, t. I, p. 263.)

Aucune publication n'avait été entreprise jusqu'à cette époque sur un plan aussi somptueux. On peut s'en convaincre à la vue des planches publiées, et en pensant au prix de l'ouvrage. En supposant qu'il eût été composé de cinquante livraisons et des trois volumes de texte annoncés, le prix total d'un exemplaire eût été de 93 400 francs.

Il est donc difficile de comprendre comment on avait pu concevoir l'idée qu'un tel ouvrage trouverait des acheteurs. En admettant qu'un amateur de manuscrits anciens à miniatures eût le pouvoir et la volonté de consacrer près de cent mille fr. à satisfaire son goût, il est évident qu'il eût employé cette somme à acquérir des manuscrits originaux. Il eût pu en réunir, avec cette somme, une série remarquable. Cette entreprise était donc une conception dont la réalisation était impossible, et conduite avec les moyens ordinaires, elle eût pu à peine obtenir un commencement d'exécution. Mais l'auteur obtint pour son entreprise l'assistance du gouvernement et des encouragements très-importants.

Malgré ces allocations, les promesses faites dans les annonces n'ont pas été remplies. Vingt livraisons seulement ont été publiées. Leurs enveloppes portent : « Peintures des manuscrits depuis le huitième siècle jusqu'à la fin du seizième. Manuscrits français. » Chaque livraison contient huit planches représentant des miniatures et des lettres ornées, copiées en grande partie de manuscrits latins que l'auteur regardait probablement comme ayant été exécutés en France.

Les miniatures sont peintes avec grand soin sur des contours gravés. Quant aux alphabets et aux lettres, ce sont des lithographies coloriées, ce qui est à noter sous le rapport de la valeur fixée à l'ouvrage. Aucun imprimé n'accompagne les livraisons ; les enveloppes n'indiquent point précisément les manuscrits d'où ont été tirées les miniatures, et spécialement, pour ceux de la Bibliothèque royale, on ne trouve point la désignation des fonds et des numéros.

Les encouragements accordés par le gouvernement à cet ouvrage paraissent avoir été considérables, surtout lorsque l'on pense aux causes qui devaient en empêcher la complète exécution.

Si l'on voulait absolument publier des reproductions de peintures d'anciens manuscrits, les talents employés et les sommes dépensées pour cette entreprise auraient pu être appliqués à des publications de la même nature de réalisation possible. On aurait pu donner des copies complètes d'un ou de quelques-uns de ces splendides manuscrits des xve et xvie siècles, aussi remarquables par les notions que l'on y trouve sur l'état social de ces époques de notre histoire que par d'admirables productions des beaux-arts. Chacune de ces reproductions eût été une publication belle, complète et utile.

BAUDART (Guillaume). — Portraits en taille-douce, et descriptions des siéges, batailles, rencontres, et autres choses advenues durant les guerres des Pays-Bas, sous le commandement des hauts et puissants seigneurs, les Estats généraux des Provinces unies, et la conduite des très-illustres princes Guillaume, prince d'Orange, et Maurice de Nassau son fils. A Amsterdam, chez Michel Colin, marchand libraire, 1616. — Tome second, idem, par Guillaume Baudart, natif de Deynse en Flandres. Idem, petit in-4 oblong avec 285 planches. = Les guerres de Nassau. Amsterdam, Michel Colin, 1616; et Paris, Melchior Tavernier, in-4 oblong, 2 tomes, fig. = Polemographia Auraico - Belgica scriptore Wilhelmo Baudartio deinsiano Flandro, viva delineatio ac descriptio omnium prœliorum, obsidionum, etc. Amstelodami, apud Michælum Colinium, 1621, in-4 oblong, 2 tomes, fig.

> Cette édition contient les mêmes planches que celle de 1616.
>
> Parmi les 285 planches contenues dans cet ouvrage, trente représentent des sujets relatifs à l'histoire de France, et qui se rapportent principalement aux temps du séjour du duc d'Alençon en Flandre. J'ai donné les indications de ces planches.

BAUDI A VESME (Carolus). — Edicta regum langobardorum edita ad fidem optimorum codicum, Augustæ Taurinorum ex officina regia 1855, in-fol.

> Ce volume fait partie du Recueil intitulé : Historiæ patriæ monumenta edita jussu regis Caroli Alberti.

BAUDOT (Henri). — Description de la chapelle de l'ancien château de Pagny, etc. Seconde édition. Dijon, Douillier, 1842, in-4, fig.

BAUGIER. — Mémoires historiques de la province de Champagne. Chaalons, Cl. Bouchard, 1721, 2 vol. in-12, fig.

BAZIN (Charles). — Description historique de l'église et des ruines du château de Folleville (Somme). Amiens, Duval et Herment, 1849, grand in-8, fig.

BEAUNIER et RATHIER. — Recueil des costumes français, ou Collection des plus belles statues et figures françaises, des armes, des armures, des instruments, des meubles, etc., dessinés d'après les monuments, manuscrits, peintures et vitraux, avec un texte explicatif; suivi d'une notice historique et chronologique devant servir à l'histoire de l'art du dessin en France, depuis Clovis jusqu'à Napoléon inclusivement, par F. Beaunier et L. Rathier. Paris, 1810, deux vol. in-fol., dont le premier seul a un titre. Ouvrage non achevé, composé de 34 livraisons de 6 planches chacune.

Il a été fait mention de cet ouvrage dans l'introduction (t. I, p. 258).

BÉGIN (E. A.). — Histoire et description pittoresque de la cathédrale de Metz, des églises adjacentes et collégiales; édition illustrée par MM. Devilly, Dupuy, Maréchal, etc. Metz, 1840-1843, lithographie de Verronnais, in-8, 2 vol., fig.

BÉGIN (Émile). — Metz depuis dix-huit siècles, son peuple, ses institutions, ses rues, ses monuments, récits chevaleresques, religieux et populaires. Paris, Dumoulin, etc., 1845, in-8, 3 vol., fig.

BELLANGER (Stanislas). — La Touraine ancienne et moderne. Paris, L. Mercier, 1843, in-4, fig.

Cet ouvrage renferme un grand nombre de planches représentant des vues, des compositions sur des faits historiques, des portraits sans intérêt copiés d'estampes anciennes, deux monuments seulement, et des armoiries. J'ai cité ces dernières à l'année 1600, et les deux monuments à leurs dates.

BELLINI (Vincentius), Ferrariensis. — De monetis Italiæ medii ævi hactenus non evulgatis quæ in patrio museo servantur una cum earundem iconibus altera dissertatio. Ferrariæ, typis Joseph Rinaldi, 1767, in-4, fig.

Berry. — Études et recherches historiques sur les monnaies de France. Paris, Dumoulin, Bourges, Vermeil, 1852-1853, in-8, 2 vol., atlas de 90 planches.

Cet ouvrage contient beaucoup de recherches relatives aux monnaies de la France, et des considérations intéressantes sur cette matière. Les conclusions qui en sont tirées sont clairement développées. Des aperçus historiques et des listes des princes, seigneurs et prélats qui ont frappé monnaie ajoutent à l'utilité de l'ouvrage. Il est à regretter que les planches soient gravées avec peu de soin quant au style des monnaies, et il faut dire aussi qu'il y a des erreurs de concordance entre le texte et les planches.

Il ne m'est pas possible de renoncer à consigner ici une observation qui tendrait à affaiblir l'autorité des jugements de l'auteur, en attaquant l'exactitude de ses citations; cette observation me touche personnellement. Si l'auteur s'est trompé une fois si positivement, on doit penser que cela a pu avoir lieu dans d'autres points de son travail.

Il expose qu'il y a des parties du monnayage de France qu'il a traitées dans son livre et dont nul autre n'avait parlé jusqu'à ce jour, les monnaies de Louis XV et de Louis XVI, etc. M. Berry ajoute : « Hennin seul a donné de curieux détails sur les monnaies de Louis XVI et de la révolution ; mais son ouvrage ne comprend que les monnaies du régime dit constitutionnel....; de plus, Hennin n'a parlé des monnaies métalliques que sous le rapport de l'art » (t. I, avant-propos, p. xi et xii ).

Quant à la première observation, mon ouvrage intitulé : *Histoire numismatique de la Révolution française*, comprend toutes les médailles et monnaies frappées, de 1789 à 1800, pendant les années que l'on est convenu de nommer les temps de la révolution. Tel était le but de cet ouvrage, clairement indiqué par son titre.

La seconde allégation, d'après laquelle je n'aurais parlé des monnaies que sous le rapport de l'art, est tout à fait erronée; c'est précisément le contraire qui est. Dans l'ouvrage en question, j'ai donné peu de détails relativement à l'art, parce qu'il n'y avait pas beaucoup à dire sous ce rapport en décrivant les monuments numismatiques de cette époque. L'introduction porte (p. xv ) : « Je me suis abstenu de réflexions et de jugements sur le travail et le mérite des médailles sous le rapport de l'art. » Mais je me suis particulièrement attaché à réunir et à donner les renseignements historiques relatifs aux médailles et aux monnaies de ces temps.

On doit donc reconnaître qu'avec la moindre attention sur ce qu'il écrivait, M. Berry n'aurait pas consigné dans son livre une pareille erreur.

BERTAUT (Léon) et CUSSET (Pierre). — L'illustre Orbandale ou l'histoire ancienne et moderne de la ville et cité de Chalon-sur-Saône. Châlon-sur-Saône, 1662, 2 vol. petit in-4, fig.

BIBLIOTHÈQUE de l'École des Chartes. Paris, Decourchant, 1839-1844, 5 vol. in-8, fig. — Deuxième série. Paris, J. B. Dumoulin, 1844-1849, 5 vol. in-8, fig. — Troisième série. Paris, J. B. Dumoulin, 1849-1852, in-8, tom. I à III.

> Il n'y a dans ce Recueil jusqu'au t. III de la troisième série qu'une seule planche citée dans mon travail. V. 1195, juillet 25.

BILLARDON-SAUVIGNY (Edme-Louis). — Essais historiques sur les mœurs des Français. Paris, Maillard d'Orivelle, 1792, 5 vol. in-8, fig. = Constitution des rois des Français, 1 vol. in-8, fig. = Lettres des rois, reines, grands, etc., 2 vol. in-8, fig. = OEuvres de Caius Sollius Sidonius Apollinaris, évêque de Clermont en Auvergne, 2 vol. in-8, fig., total : 10 vol.

> La presque totalité des planches contenues dans ces divers ouvrages, qui font suite l'un à l'autre, sont des compositions imaginaires ou des monuments défigurés par la manière dont ils sont gravés.
> Le texte n'est point en rapport avec les planches, ou même n'en fait point mention.
> J'ai eu à citer peu de planches de ces divers ouvrages.

BIZOT. — Histoire métallique de la république de Hollande, nouvelle édition augmentée de 140 médailles. Amsterdam, Pierre Mortier, 1688, in-8, 2 vol., fig. = Supplément à l'histoire métallique de la république de Hollande. Amsterdam, Pierre Mortier, 1690, in-8, fig.

> Cet ouvrage contient une nombreuse série de médailles relatives aux affaires des Provinces-Unies des Pays-Bas, depuis 1566 jusqu'à 1680. Les explications sont disposées d'une façon peu satisfaisante quant au rapport entre les planches et le texte. Celui-ci laisse beaucoup à désirer.

A la fin de l'histoire des Provinces-Unies des Pays-Bas par Le Clerc, il se trouve un recueil de planches de médailles du même pays, mais plus étendu. Il contient des pièces depuis 1493 jusqu'à 1716. Voir : Le Clerc.

BOCHERIUS (N.). — Caroli Lotharingi card. et Francisci ducis Guysii, literæ et arma, in funebri oratione habita Nancij a N. Bocherio. Lutetiæ, ex officina Federici Morelii, 1577, in-4, fig.

BODIN (J. F.). — Recherches historiques sur l'Anjou et ses monuments. Saumur, Degouy aîné, 1821-23, in-8, 2 vol.

Cet ouvrage ne contient que sept planches, dont deux seulement ont un intérêt historique.

BOISSEAU (Jean) et CHASTILLON (Claude). — Topographie françoise ou représentations de plusieurs villes, bourgs, chasteaux, maisons de plaisance, ruines et vestiges d'antiquités du royaume de France; dessignez par deffunst Claude Chastillon, et mise en lumière par Jean Boisseau. Paris, Boisseau, 1641, in-fol.; volume composé de planches.

Il y a une édition de 1648 qui offre des différences quant aux planches, et n'a pas le frontispice gravé par L. Gaultier, de l'édition de 1641.

Les planches de cet ouvrage sont topographiques, sauf sept qui ont un intérêt historique, et que j'ai indiquées.

BONET (Honoré). — L'apparition de Jehan de Meun ou le songe du prieur de Salon, par Honoré Bonet, prieur de Salon, MCCCLXXXXVIII, publié par la Société des bibliophiles français. — M. Pichon. Paris, Silvestre, 1845, petit in-4, fig., tiré à 117 exemplaires.

BONNARD (Camille). — Costumes des XIIIe, XIVe et XVe siècles, extraits des monuments les plus authentiques de peinture et de sculpture, avec un texte historique et descriptif; première édition française. Paris, Treuttel et Wurtz et l'auteur, 1829-1830, in-4, 2 vol., fig.

Cet ouvrage contient principalement des costumes italiens et allemands. J'ai relevé seulement ceux relatifs à la France, qui ne sont pas nombreux.

BONNEVILLE (Pierre-Frédéric). — Traité des monnaies d'or et d'argent qui circulent chez les différents peuples, etc. Paris, l'auteur, 1806, in-fol., fig.

BORDIER (Henri). — Les Archives de la France ou Histoire des Archives de l'empire, des Archives des ministères, etc. Paris, Dumoulin, 1855, in-8.

BOUCHE (Honoré). —La Chorographie ou description de Provence et l'histoire chronologique du mesme pays. Aix, Charles David, 1664, 2 vol. in-fol., fig.

> Les planches de cet ouvrage avaient servi précédemment au volume intitulé : Histoire des comtes de Provence, etc., par Antoine de Ruffi, Aix, Jean Roize, 1655, in-fol. fig.
> Mais l'ouvrage de Bouche renferme quelques planches de plus, et une peinture du palais Farnèse, représentant le couronnement de Charles Ier, roi de Naples et de Sicile.
> Parmi les planches de la chorographie ou description de Provence, qui forme le premier volume de l'ouvrage, il s'en trouve quelques-unes représentant des cartes géographiques et des monuments de l'antiquité romaine, qui n'ont pas dû être citées. Voir Ruffi, etc.

BOUCHER DE VILLERS (C.) — Voir : Tombes éparses, etc.

BOUILLART (dom Jacques), religieux bénédictin de la congrégation de Saint-Maur. — Histoire de l'abbaye royale de Saint-Germain des Prez. Paris, G. Dupuis, 1724, in-fol., fig.

BOUILLET (J. B.). — Tablettes historiques de l'Auvergne, comprenant les départements du Puy-de-Dôme, du Cantal, de la haute Loire et de l'Allier. Clermont-Ferrand, de Perol, 1840-46; 7 vol. in-8, fig.

> Cet ouvrage renferme quelques planches représentant des monuments qui ont été cités à leurs dates. Beaucoup d'autres, offrant des vues, plans, fac-simile d'écritures, monuments antiques, et portraits copies d'estampes antérieures, sont sans intérêt historique figuré.

BOUILLET (J. B.). — Statistique monumentale du département du Puy-de-Dôme. Seconde édition. Clermont-Ferrand, Perol, 1846, in-8 et atlas in-4.

Les planches de cet atlas représentent principalement des monuments anciens, des vues et plans, et seulement un très-petit nombre de monuments relatifs à l'histoire de France, que j'ai cités à leurs dates.

BOUQUET (dom Martin). — Les religieux bénédictins de la congrégation de Saint-Maur, D. Brial, Naudet et Daunou, Guigniaut et de Wailly. Recueil des historiens des Gaules et de la France. Paris, les libraires associés, etc., 1738-1855, in-fol., 21 vo

Cette collection, d'une grande importance pour l'étude approfondie de l'histoire de France, ne contient qu'un très-petit nombre de planches représentant des monuments figurés.

BOUTEROUE (Claude). — Recherches curieuses des monoyes de France depuis le commencement de la monarchie. Paris, Cramoisy, 1666, in-fol., fig.

La première partie de cet ouvrage traite de la monnaie en général, puis de celles des Juifs, des Gaulois et des Romains. Les recherches sur les monnaies de France commencent à la page 174.

Ce livre est recommandable principalement, parce qu'il est le premier qui ait traité des monnaies de la première race d'une façon générale; sa rareté ajoute à son intérêt. Mais il est rédigé avec peu de méthode et il contient des fausses attributions assez nombreuses.

BRICE (Germain). — Nouvelle description de la ville de Paris, et de tout ce qu'elle contient de plus remarquable. Paris, J. M. Gandouin et F. Fournier, 1725, 4 vol. in-12, fig.

BRONGNIART (Alexandre). — Traité des arts céramiques ou des poteries, considérées dans leur histoire, leur pratique et leur théorie. Paris, Bechet jeune, 1854, in-8, fig. 2 vol. et atlas in-4 oblong.

BRUNET (Jacques-Charles). — Manuel du libraire et de l'amateur de livres. Paris, Silvestre, 1842-1844, in-8, 5 vol.

Il serait superflu de parler ici de l'utilité si généralement appréciée de cet ouvrage, pour tous les hommes qui s'occupent de travaux littéraires ou de bibliographie.

BRY (Theodorus, Joannes-Theodorus, Israël de), et Mattheus Merian.

Ces auteurs ont publié une collection importante de voyages aux Indes orientales et occidentales, imprimée à Francfort-sur-Mein, de 1590 à 1634, avec beaucoup de figures, composée de 25 parties in-fol. de deux grandeurs différentes. Elle est désignée sous nom de collection des grands et petits voyages, et divisée en deux séries, d'après la grandeur des volumes. Le détail en a été donné dans divers ouvrages de bibliographie. Cette réunion est fort rare, et d'un grand prix quand elle est complète. Une partie des planches se trouvent répétées dans divers ouvrages.

Un petit nombre des planches de cette collection sont relatives à des faits dans lesquels des Français sont intéressés. Il n'y a que cinq des volumes qui en contiennent de cette nature. Je les ai citées.

BUCHON (J. A. C.). — Recherches et matériaux pour servir à une histoire de la domination française aux XIII<sup>e</sup>, XIV<sup>e</sup> et XV<sup>e</sup> siècles dans les provinces démembrées de l'empire grec à la suite de la quatrième croisade. Première partie, avec neuf planches numérotées I, II, II bis à VIII. Paris, Aug. Desrez, 1840. Deuxième partie d°, 1840, in-4.

Cet ouvrage contient des erreurs dans le rapport entre le texte et les planches. Des monnaies et des sceaux gravés sur les planches ne sont pas mentionnés dans le texte ; des descriptions de monnaies portées dans l'ouvrage comme gravées dans les planches ne s'y trouvent pas ; les indications de numéros sont quelquefois inexactes ; enfin, l'ouvrage n'a pas de tables. Il résulte de ces imperfections qu'il est quelquefois difficile de savoir bien précisément à quels personnages l'auteur attribue les monnaies gravées sur les planches.

Les neuf planches de cet ouvrage ont été données de nouveau dans l'atlas de l'ouvrage du même auteur, intitulé : Nouvelles recherches, etc., publié en 1843. Elles y sont numérotées XXI à XXIX. Cet atlas étant accompagné d'une table détaillée, celle-ci peut servir à remplacer ce qui manque dans le texte de l'ouvrage de 1840, à établir des attributions et à en changer d'autres. Il y a encore des erreurs et changements de numéros dans les neuf planches de cette seconde publication.

J'ai relevé dans ces neuf planches les monnaies et les sceaux relatifs à la France. Quelques pièces lui sont étrangères.

Buchon (J. A. C.). — Nouvelles recherches historiques sur la principauté française de Morée et ses hautes baronnies, fondées à la suite de la quatrième croisade. Paris, comptoir des imprimeurs unis, 1843, in-8, vol. I, partie première, vol. II, partie première. — Atlas, idem, in-fol., 42 planches avec une table. Voir l'article précédent. = Recherches historiques sur la principauté française de Morée et ses hautes baronnies, etc. Paris, Jules Renouard et compagnie, 1845, in-8, 2 vol.

Bullart (Isaac). — Académie des sciences et des arts, contenant les vies et les éloges historiques des hommes illustres qui ont excellé en ces professions depuis environ quatre siècles parmy diverses nations de l'Europe. Bruxelles, François Foppens, 1682, in-fol., 2 vol.

> On trouve dans cet ouvrage un grand nombre de portraits d'hommes célèbres de diverses nations. J'ai indiqué ceux qui sont relatifs à la France.

> Les exemplaires de cet ouvrage sont datés de Paris, 1682, d'Amsterdam et de Bruxelles, 1682, et de Bruxelles, 1695; mais c'est toujours la même édition.

Bulletin des comités historiques, savoir : Bulletin du comité historique des monuments écrits de l'histoire de France, histoire, sciences, lettres; in-8, t. I. Paris, Imprimerie nationale, 1849; t. II, d°, 1850; t. III, Imprimerie impériale, 1852; t. IV, d°, 1853.

Bulletin du comité historique des arts et monuments, archéologie, beaux-arts, in-8, t. I. Paris, Imprimerie nationale, 1849, fig.; t. II, d°, 1850, fig.; t. III, Imprimerie impériale, 1852, fig.; t. IV, d°, 1853, fig.

Bulletin du comité de la langue, de l'histoire et des arts de la France, faisant suite aux deux précédentes séries, in-8, fig., t. I. Paris, Imprimerie impériale, 1854.

Bulletin polymathique du Muséum d'instruction publique

de Bordeaux, etc., t. XVII. Bordeaux, Lawalle, 1819, in-8, fig.

> Ce tome est le seul de ce Recueil où il y ait des planches de monuments.

BULLIOT (J. Gabriel). — Essai historique sur l'abbaye de Saint-Martin d'Autun, de l'ordre de Saint-Benoît. Autun, Michel Dejussieu, 1849, 2 vol. in-8, dont le second contient les tables et pièces justificatives, fig.

## C

CAHIER (Charles) et Arthur MARTIN. — Mélanges d'archéologie, d'histoire et de littérature, rédigés et recueillis par les auteurs de la monographie de la cathédrale de Bourges. Paris, veuve Poussielgue-Rusand, 1847-1856, grand in-4, fig., 4 vol.

> Il ne se trouve dans cet ouvrage que peu de planches qui aient dû être mentionnées dans mon travail. Elles se rapportent à des parties du texte de l'ouvrage qui méritent beaucoup d'intérêt par la manière dont les discussions archéologiques y sont traitées. Il faut citer particulièrement un important article sur les crosses pastorales, qui se trouve dans le quatrième volume.

CALLIAT (Victor). — Hôtel de ville de Paris mesuré, dessiné, gravé et publié par —, avec une histoire de ce monument, par Le Roux de Lincy. Paris, l'auteur, 1844, in-fol. max°, fig.

> Les planches de cet ouvrage sont presque toutes relatives à l'architecture de cet édifice.

CALMET (dom Augustin). — Histoire de Lorraine, etc. Nancy, A. Leseure, 1745-1757, 7 vol. in-fol., fig. = Histoire généalogique de la maison du Chatelet, branche puînée de la maison de Lorraine. Nancy, veuve de J. B. Cusson, 1741, in-fol., fig. = Notice de la Lorraine, etc. Nancy, L. Beaurain, 1756, 2 vol. in-fol., fig.

CAPELLA (Martianus). — Martiani Minei Felicis Capellæ Car-

thaginensis viri proconsularis satyricon, etc. Lugduni Batavorum, Christoph. Raphelengius, 1599, petit in-8, fig.

CARRÉ (J. B. L.). — Panoplie ou réunion de tout ce qui a
trait à la guerre, depuis l'origine de la nation française
jusqu'à nos jours, etc. Châlons-sur-Marne, Panteville Bouchard, 1795, 2 vol. in-4, dont un de planches.

> Les quarante planches que contient le second volume de cet ouvrage
> représentent une grande quantité d'armes offensives et défensives de
> diverses époques. Ces représentations sont copiées sur des publications
> antérieures, ou sont prises sur les monuments mêmes. Il s'y trouve des
> armures entières plus ou moins exactement représentées, et à quel-
> ques-unes desquelles on a donné des attributions imaginaires, par
> exemple celles désignées comme ayant servi à Jeanne d'Arc.
>
> Les armes représentées dans ce Recueil et qui ont un intérêt histo-
> rique réel, sont prises de monuments indiqués eux-mêmes dans mon
> travail, ou composées d'après des documents divers. Je n'ai donc
> rien extrait de cet ouvrage.
>
> Quant au texte, il contient des recherches intéressantes et il peut
> être consulté avec fruit.

CARTIER (E. . . .). — Recherches sur les monnaies au type
chartrain, frappées à Chartres, Blois, Vendôme, Châteaudun, Nogent-le-Rotrou (Perche), Saint-Aignan, Celles,
Romorentin, Brosse, etc. Paris, Rollin, 1846, in-8, fig. =
Dernières observations sur les monnaies au type chartrain,
3 feuilles in-8, 2 planches.

CARTIER (M. E.). — Monnaies frappées en Corse par Théodore et Paoli, sans lieu ni nom d'imprimeur, ni date;
opuscule de 20 pages in-8, une planche portant *Lith. De-
sairs, Blois*.

CATALOGUE général des manuscrits des bibliothèques publiques des départements, publié sous les auspices du ministre
de l'Instruction publique. Paris, Imprimerie nationale,
1849, t. I, in-4. — Imp. imp., 1855, t. II, d°.

CATALOGUE des livres de la bibliothèque de feu M. le duc de
La Vallière. Première partie contenant les manuscrits, etc.,

par Guillaume de Bure fils aîné et Van Praet. Paris, Guillaume de Bure fils aîné , 1783, in-8, 3 vol., fig.

CÉRÉMONIES et coutumes religieuses de tous les peuples du monde , représentées par des figures dessinées de la main de Bernard Picart , avec des explications historiques, etc. Amsterdam, J. F. Bernard, 1723-43, 8 tom. en 9 vol. in-fol., fig. = Superstitions anciennes et modernes et préjugés vulgaires qui ont induit les peuples à des usages contraires à la religion. Amsterdam, J. F. Bernard, 1733-36. 2 vol. in-fol., fig.

> Cette première édition est celle que l'on préfère , parce que les planches y sont de premières épreuves.
>
> L'ouvrage a été réimprimé , d'abord en 1741, en 7 vol. in-fol., puis avec des changements en 1783, en 1810 et en 1819.

CÉRIZIERS ( ...... de). — Réflexions chrestiennes et politiques sur la vie des roys Henry le Grand, Louys le Juste. Paris, veuve Jean Camusat, 1642, petit in-4 , trois portraits.

CHALMERS (George). — The life of Mary, queen of Scots drawn from the state papers, etc., second edition. London , John Murray, 1822, in-8, 3 vol., fig.

CHALON (Renier). — Recherches sur les monnaies des comtes de Hainaut. Bruxelles, la librairie scientifique et littéraire , 1848, in-4, fig. = Suppléments, librairie polytechnique d'Aug. Decq, 1852, in-4, fig.

CHAPUY, etc. — Le moyen âge pittoresque, — Monuments et fragments d'architecture , meubles, armures et objets de curiosité du $x^e$ au $xvii^e$ siècle, dessiné d'après nature par Chapuy, etc., avec un texte, par M. Moret. Paris, Weith et Hauser, 1837-1840, in-fol., cinq parties, fig.

CHARPENTIER (avocat). — Description historique et chronologique de l'église métropolitaine de Paris. Paris, P. de Lormel, 1767, in-fol., fig., t. 1, très-rare.

Ce tome contient des tombeaux de prélats et personnages enterrés dans l'église de Notre-Dame, et des portraits.

Il contient également des planches représentant des parties de l'architecture de l'église et des tableaux modernes qui y étaient placés. Je n'ai pas cité ces planches.

L'exemplaire de la Bibliothèque imp. contient à la fin quelques planches représentant des tombeaux et des portraits, ainsi que deux dessins de tombes, sans texte, qui paraissent avoir été préparés pour un second volume qui n'a pas paru.

**CHARVET (M. C.).** — Histoire de la sainte église de Vienne. Lyon, C. Cizeron, 1761, in-4, fig.

Ce volume contient, outre les planches de monuments, médailles, monnaies, citées à leurs dates, des armoiries indiquées à l'année 1761, et l'ancien prétoire des Romains.

**CHASTILLON (Claude).** Voir : BOISSEAU (Jean).

**CHATEAUNIÈRES DE GRENAILLE.** — Le théâtre de l'univers ou l'abbrégé du monde, contenant les descriptions particulières de tous les estats, etc., avec les figures des souverains tirés au naturel. Paris, Antoine Robinet, 1646, in-12, frontispice gravé et fig.

Cet ouvrage contient un portrait du roi d'Espagne sans rapport à l'histoire de France. On y trouve aussi des copies des trois pièces de l'entrée d'Henri IV à Paris, en 1594, et un portrait de Louis XIII, cités à leurs dates.

**CHERUEL (A).** — Histoire de Rouen pendant l'époque communale, 1150-1382. Rouen, N. Périaux 1843-44, 2 vol. in-8, fig.

**CHIFFLET (J. J.).** — Opera politico-historica ad pacem publicam spectantia, etc. Antverpiæ, ex officina Plantiniana Balthazaris Moreti, 1650, in-fol., fig. = Anastasis Childerici Francorum regis, sive thesaurus sepulcralis Tornaci Nerviorum effossus et commentario illustratus. Antverpiæ, ex officina Plantiniana Balthazaris Moreti, 1655, in-4, fig. = Lilium francorum veritate historica botanica et heraldica illustratum. Antverpiæ, Plantin, 1658, in-fol., fig.

CHIJS (P. O. Vander). — De munten der voormalige her-
tog dommen Braband en Limburg van de vroegste tijden
tot ann de pacificatie van Gend. Haarlem, F. Bohn, 1851,
in-4 avec 36 planches.

CHOISY ( ......, abbé de). — Histoire de Charles cinquième roi de France. Paris, Antoine Dezallier, 1689,
in-4, fig.

CICOGNARA (Leopoldo). — Storia della scultura dal suo risorgimento in Italia sino al secolo di Napoleone per servire
di continuazione alle opere di Winkelmann e di d'Agincourt. Venezia, Picotti, 1813-1818, in-fol., 3 vol. fig. =
Storia della scultura dal suo risorgimento in Italia fino al
secolo di Canova. Edizione seconda. Prato, fratelli Gia-
chetti, 1823-24, 7 vol. in-8 et atlas in-fol., contenant les
mêmes planches que la première édition, avec quelques
planches nouvelles.

Voir t. I, p, 259.

CLARAC (le comte F. de). — Musée de sculpture antique et
moderne, ou description historique et graphique du Louvre
et de toutes ses parties, des statues, bustes, bas-reliefs et
inscriptions du Musée royal des antiques et des Tuile-
ries, etc., etc. Paris, Imprimerie royale, 1841-1853,
texte, 6 vol. gr. in-8, pl., 6 vol. in-4 oblong.

CLÉMENT (Pierre). — Jacques Cœur et Charles VII, ou la
France au xvᵉ siècle. Étude historique. Paris, Guillaumin
et compagnie, 1353, in-8, 2 vol. fig.

CLERC (Édouard). —Essai sur l'histoire de la Franche-Comté.
Besançon, Bintot, 1840, 2 vol. in-8.

Cet ouvrage contient plusieurs planches représentant des monuments, sceaux, monnaies, que j'ai cités à leurs dates. On y trouve
aussi des monuments anciens, des cartes et vues qui n'ont pas rapport
à la France, ainsi que quelques portraits sans intérêt, copies d'estampes antérieures.

Cochet (l'abbé). — La Normandie souterraine ou Notices sur des cimetières romains et des cimetières francs explorés en Normandie. Rouen, Lebrument, etc., 1854, in-8, fig.

Cointreau (A. L.), ancien premier employé audit cabinet durant vingt-sept ans consécutifs, etc. — Histoire abrégée du cabinet des médailles et antiques de la Bibliothèque nationale, ou état succinct des acquisitions et augmentations qui ont eu lieu, à dater de l'année 1754 jusqu'à la fin du siècle (an VIII de la république française). Paris, l'auteur, etc., an IX (1800), in-8, une planche.

> Cet ouvrage contient quelques détails intéressants sur les accroissements successifs de cette collection; mais il est rédigé d'une façon entièrement insuffisante, souvent bizarre et peu usitée dans ces sortes de travaux.
> L'auteur perdit sa place en 1800 et mourut en 1817.

Collége (le) royal de France, ou institution, establissement et catalogue des lecteurs et professeurs ordinaires du roy, fondez à Paris par le grand roy François Ier, etc. (par Guillaume Duval). Paris, Macé Bovillette, 1644, in-4, fig.

Comines (Philippe de). — Mémoires de messire Philippe de Comines, seigneur d'Argenton, etc., par feu M. Godefroy. Brusselle, François Foppens, 1706-1714, in-8, 4 vol., fig. = Idem. Bruxelles, Fr. Foppens, 1723, 5 vol. in-8, fig.

> Les figures de cette dernière édition consistent en un petit nombre de portraits très-médiocres. Quelques-uns ne sont pas relatifs à la France.

Commission archéologique du diocèse de Beauvais (Bulletin de la). Beauvais, Achille Desjardins, in-8, fig., t. I, 1846; t. II, 1847.

Commission des antiquités du département de la Côte-d'Or (Mémoires de la). Dijon, Lamarche, in-4, fig., 1838 à 1854, volumes antérieurs, in-8 et atlas, 1832 à 1835.

COMMISSION des monuments historiques du département de la Gironde. — Comptes rendus. — Rapports, etc., in-8, fig., 1842 à 1853.

COMMISSION historique du département du Nord (Bulletin de la). Lille, L. Danel, in-8, fig., 1843 à 1851.

CONBROUSE (Guillaume) ou COMBROUSE. — Catalogue raisonné des monnaies nationales de France. Paris, H. Fournier et compagnie, 1839-1843, grand in-4, 2 vol. de texte et 5 vol. de planches. = Monétaires des rois mérovingiens, recueil de 920 monnaies en 62 planches, avec leur explication. Paris, les éditeurs MM. Rollin, 1843, grand in-4. = Décameron numismatique. Note bibliographique de l'ouvrage intitulé : Catalogue raisonné des monnaies nationales de France. Achevé d'imprimer le 18 juin 1844, par H. Fournier et compagnie, grand in-4 sans planches. = Maison de France, choix de monnaies et médailles des rois Capétiens, Valois et Bourbon, composant la suite iconographique de G. Combrouse. Paris, H. Fournier et compagnie, 1845, grand in-4, 56 pages sans planches.

Tels sont les titres des ouvrages de M. Guillaume Conbrouse ou Combrouse, car son nom est écrit de ces deux manières dans ces volumes.

Le principal de ces ouvrages est celui intitulé : Catalogue raisonné, etc.; c'est sur celui-ci qu'il est nécessaire d'entrer dans quelques détails.

Il faut un long examen pour se rendre compte de l'ensemble de cet ouvrage, des idées de l'auteur en le rédigeant, et de la forme qu'il a donnée à ces publications.

Certes, et d'abord, cet auteur mérite d'être loué pour l'ardeur avec laquelle il s'est livré à ses études sur la numismatique de la France, et pour les documents qu'il a réunis. Il faut aussi reconnaître que les nombreuses planches qu'il a fait graver sont remarquables par leur exactitude et le goût avec lequel elles ont été exécutées.

Mais cette part d'éloges faite, on ne comprend pas comment cet auteur a pu disposer le résultat de ses travaux de manière qu'il est

d'une difficulté extrême de se rendre compte de l'ensemble de cette
œuvre.

On ne trouve point de plan bien précis ni de classification rationnelle dans le texte. Celui-ci est fractionné en une quantité de parties,
de catégories, de séries, de systèmes, qui, sous l'apparence de classer, ôtent toute clarté. A ces causes de confusion il faut ajouter des
paginations qui changent sans se suivre, et l'absence de tables.

Quant aux planches, elles présentent la même confusion. Elles sont
sans numéros, ou avec des numéros doublés, barrés, changés, même
plusieurs fois, tracés quelquefois au crayon, ou légèrement au burin;
elles sont classées en séries qui ne se suivent pas. De plus, un grand
nombre de ces planches sont reproduites deux et même trois fois, par
la conséquence des divers arrangements qu'elles ont subis.

Les rapports entre les textes et les planches sont fort difficiles à
trouver, par le fait de ces complications.

Une des causes qui ont amené de tels résultats, dans une œuvre qui
eût pu être aussi utile qu'importante, est venue de ce que cet ouvrage
a été publié à diverses reprises, sans que l'auteur se soit bien rendu
compte, à chaque publication, de ce qui avait paru et de ce qui devait
encore paraître.

Il faut dire aussi que l'auteur, par des motifs qu'il n'expose
pas bien clairement, a voulu tirer ses ouvrages à un petit nombre,
qui n'a pas dépassé la quantité de 109 exemplaires et épreuves. Il y a
même une partie, celle qu'il nomme l'Avant-Hugues-Capet, dont il
n'a été tiré que 10 épreuves, suivant l'indication portée sur le titre.
Sur ce nombre de 109 exemplaires, l'auteur expose qu'environ la moitié des acquéreurs des premières parties n'ayant pas retiré, dans les
termes fixés, les continuations de leurs exemplaires, il les a détruites.
Dans une de ses planches, M. G. Conbrouse cite les noms des personnes qui ont des exemplaires complets. Cette liste contient cinquante
noms, auxquels il faut en ajouter quatre, portés au crayon dans
l'exemplaire de M. Rollin, dont il va être question.

Pour répondre aux observations de cette nature, qui ont été faites
à l'auteur, et pour d'autres motifs, il a publié le volume intitulé:
Décameron numismatique. Ce volume, peu clair aussi parfois en lui-
même, commence par une note bibliographique sur le Catalogue raisonné. Cette note, destinée à exposer le classement de cet ouvrage,
fait reconnaître sa complication et les difficultés qu'il y a pour y trouver un ordre quelconque.

Terminons en disant que M. Conbrouse, dégoûté de ses travaux
numismatiques, et de ses publications, sans que l'on puisse se bien

rendre compte de ses motifs, a biffé toutes ses planches, et les a fait fondre en sa présence. (Voir Décameron numismatique, pag. 6, 89, 95 à 103, 128 à 131, 150 et suivantes.)

Je me suis déterminé à faire ce long examen et à en donner les résultats aussi brièvement que possible, par le motif de l'intérêt que cet ouvrage mérite, et de l'utilité dont il eût pu être, avec une autre rédaction.

Après avoir lu cet exposé, on concevra sans peine les difficultés qui se présentaient pour dépouiller ces divers ouvrages, et en relever les indications de toutes les monnaies françaises gravées dans ces nombreuses planches, de façon que l'on pût retrouver facilement les représentations des pièces et les observations du texte sur chacune. Pour arriver à un résultat entièrement complet, il faudrait refaire cet ouvrage, en prenant pour base les planches, et en leur donnant un nouveau et unique numérotage. Il n'appartiendrait qu'à l'auteur lui-même de faire une telle œuvre, sans but au reste maintenant, puisque les planches de cuivre sont détruites.

Bien des travailleurs auraient abandonné, dans une telle position, la tâche qui m'était imposée par la nature de mon ouvrage. Je n'ai pas cru devoir prendre ce parti, et j'ai été déterminé, je le répète, par l'intérêt que méritent ces belles planches, par la valeur de l'ouvrage, indépendamment de son manque de classification et d'ordre, et aussi par les égards dus à un auteur, qui a pu négliger de coordonner son œuvre, mais qui n'en doit pas moins être placé parmi les hommes qui se sont occupés avec ardeur de la numismatique de notre pays.

Voici donc le parti que j'ai pris. M. Conbrouse, dans plusieurs passages de ses publications, cite comme complets quelques exemplaires, et entre autres celui de MM. Rollin. Ces messieurs ont bien voulu me prêter cet exemplaire. Je l'ai pris pour base de mon travail.

Ces volumes forment d'abord deux exemplaires différents. 1° Un exemplaire en trois volumes, un de texte et deux de planches, réglé suivant un classement auquel l'auteur a renoncé depuis pour y substituer le classement suivant.

2° Un exemplaire en sept volumes, deux de texte, entremêlés de quelques planches et cinq de planches, classement nouveau qui contient les mêmes planches que le premier exemplaire, et des planches nouvelles.

La composition de cet exemplaire est indiquée par les détails contenus dans le Décameron numismatique, et la division des volumes est marquée par les n°ˢ 1 à 7, placés au dos de ces volumes. En voici le détail.

Tome I. Texte.

    II. Texte, suite avec quelques planches.

    III. Atlas, planches, premier volume.

    IV. Atlas, planches, deuxième volume ou second atlas.

    V. Planches. — Remaniement de mai 1842. Planches de l'atlas précédent (t. III, IV), reproduites, avec des planches nouvelles. Premier tome.

    VI. Idem, suite. Deuxième tome.

    VII. Volume d'épreuves intitulé : Avant Hugues - Capet, planches, contenant, savoir :

    L'avant Clhodovigh.

    L'avant Pepin le Bref.

    L'avant Hugues-Capet.

Je me suis donc servi de cet exemplaire comme de base pour mon travail. J'ai dépouillé chaque planche et j'en ai tiré les indications des monnaies françaises devant prendre place dans mon ouvrage. J'ai indiqué pour chaque pièce le numéro du volume de l'exemplaire qui vient d'être décrit, de la planche et de la monnaie.

Quant aux planches reproduites, j'en ai porté les indications pour celles des deux volumes du texte et du I<sup>er</sup> volume de l'atlas (tom. I, II, III), reproduites dans le II<sup>e</sup> volume de l'atlas (tom. IV).

Mais pour les planches données dans les tomes I à IV, et reproduites dans le remaniement de mai 1842, et le volume d'épreuves (tom. V, VI, VII), je n'ai pas indiqué ces reproductions, attendu leur grand nombre, sauf dans quelques cas où cela était nécessaire à cause des changements dans la gravure des planches.

Pour ces tomes V, VI et VII, je me suis donc borné à relever les monnaies gravées dans les planches nouvelles, qui sont en petit nombre.

Le volume intitulé Décameron numismatique m'a guidé dans le travail de ces relevés d'un ouvrage si compliqué par le mode de sa publication. Je me suis efforcé de faire ce travail de façon qu'il soit exempt d'erreurs.

Les hommes studieux, qui voudront recourir, d'après mes indications, aux planches de M. Conbrouse, auront à chercher, entre les divers numérotages de planches, celui qui est précisément relatif à chaque planche, à chaque monnaie, en se guidant sur le détail que j'ai donné de l'exemplaire de MM. Rollin. Quant aux concordances avec les textes, en feuilletant ceux-ci, ils parviendront à y trouver ce qu'il y a de relatif à chaque monnaie.

Les monnaies de la Gaule ou étrangères à la France, figurées en grand nombre dans les planches de M. Conbrouse, ne devaient pas être citées dans mon ouvrage.

Voilà les observations que j'ai dû faire sur le *Catalogue raisonné* de M. Conbrouse.

Le volume intitulé : *Monétaires des rois Mérovingiens*, forme, par sa nature dans mon travail, un seul article placé à l'année 750.

Le *Décameron numismatique* n'a point de planches, non plus que la *Maison de France*.

Il me faut ajouter enfin que M. Conbrouse a publié avec M. F. Fougères un ouvrage intitulé : *Description complète et raisonnée des monnaies de la deuxième race royale de France*. Voir à Fougères.

En terminant je dois dire que, si ces détails ne semblent pas suffisamment clairs, il faut l'attribuer aux ouvrages mêmes qu'il s'agissait de faire connaître.

CONGRÈS ARCHÉOLOGIQUE DE FRANCE. Séances générales tenues à Metz, à Trèves, à Châlons et à Lyon, en 1846, par la Société française pour la conservation des monuments historiques, etc. Paris, Derache, 1847-1854, in-8, fig.

CORBINELLI (de). — Histoire généalogique de la maison de Gondi. Paris, J. B. Coignard, 1705, in-4, 2 vol., fig.

COURTÉPÉE prêtre et BÉGUILLET. — Description générale et particulière du duché de Bourgogne, précédée de l'abrégé historique de cette province. Deuxième édition. Dijon, Victor Lagier, 1847-1848, in-8, 4 vol., fig.

# D

DAIRE (le révérend père), Célestin. — Histoire de la ville d'Amiens. Paris, veuve Delaguette, 1757, 2 vol. in-4, fig.

Cet ouvrage, outre un petit nombre de monuments cités à leurs dates, contient des plans, vues et autres sujets qui n'ont pas rapport à l'histoire de France.

DANCOISNE (L.) et le docteur A. DELANOY. — Recueil de monnaies, médailles et jetons pour servir à l'histoire de Douai et de son arrondissement. Douai, Adolphe Obez, 1836, in-8, fig.

DANIEL (le P. G.) de la compagnie de Jésus. — Histoire de France, etc. Paris, D. Mariette, etc., 1729, 10 vol. in-4, fig.

Il y avait eu antérieurement une édition de 1721-1722.

L'édition de 1755-1757 en 17 vol. in-4 contient quelques planches sans importance.

DANIEL (le P. G.). — Histoire de la milice françoise, etc. Paris, Denis Mariette, etc., 1721, in-4, 2 vol., fig.

Parmi les planches de cet ouvrage, neuf seulement ont un intérêt historique.

D'ASSIER DE VALENCHES (P.) — Mémorial de Dombes en tout ce qui concerne cette ancienne souveraineté, etc. Lyon, Louis Perrin, 1854, grand in-8, fig.

DELAQUERIÈRE (E.). — Description historique des maisons de Rouen. Paris, F. Didot, 1821, t. I. Rouen, N. Periaux, 1841, t. II, in-8, fig.

DE LA QUÉRIÈRE (E.). — Recherches historiques sur les enseignes des maisons particulières, etc. Paris, V. Didron, etc., 1852, in-8, fig.

DENIS (Ferdinand). — Une fête brésilienne célébrée à Rouen en 1550, etc. Paris, J. Techener, 1850, in-8, fig.

DEN DUYTS (L.). — Notice sur les anciennes monnaies des comtes de Flandre, ducs de Brabant, comtes de Hainaut, comtes de Namur et ducs de Luxembourg, nouvelle édition, 1847. Gand, C. Annoot, Braeckman, in-8, fig.

Cet ouvrage contient la description de 318 monnaies, dont un grand nombre sont fort intéressantes. Il est à regretter que le texte ne renferme presque uniquement que la description des pièces.

L'auteur a suivi une méthode compliquée, qui rend les recherches difficiles. Après avoir numéroté dans le texte toutes les monnaies en ordre successif, il a donné sur les planches aux pièces gravées, toutes ne l'étant pas, des numéros différents de ceux du texte. De plus, il a divisé les planches en trois séries, numérotées 1° en chiffres arabes, 1 à 18; 2° en chiffres romains, I à XXII; 3° en lettres A à H. Il y a quelques erreurs de renvois. Ces complications rendent l'usage de ce volume peu facile.

DESAINS (F.). — Recherches sur les monnaies de Laon. Saint-Quentin, Ad. Moureau, 1838, brochure in-4, fig.

DESCRIPTION générale et particulière de la France (publiée par de La Borde, Guettard, Béguillet, etc.). Paris, imprimerie de de Pierre, chez Lamy, 1781-84, grand in-fol., 4 vol. = Voyage pittoresque de la France avec la description de toutes ses provinces par une Société de gens de lettres, idem, 1787 à l'an VIII, les tomes V à XII.

> Cet ouvrage n'a pas été achevé, et il a été publié d'une façon peu régulière et sans uniformité. Les derniers volumes ne contiennent que des planches avec leurs explications, sans texte proprement dit.
>
> Las planches de cet ouvrage sont presque toutes des vues pittoresquer de sites ou d'édifices, sans rapport avec mon travail. J'en ai extrait seulement environ quarante citations.

DESCRIPTION nouvelle de la cathédrale de Strasbourg et de sa fameuse tour, etc.; traduite de l'allemand par François-Joseph Bohm. Strasbourg, 1743, petit in-8, fig.

> Ce volume contient les statues de Clovis I et de Dagobert I. On y trouve aussi celle de Rodolphe de Hapsbourg et d'autres planches qui n'ont pas d'importance pour l'histoire de France.

DESNOS (Odolant). — Mémoires historiques sur la ville d'Alençon et sur ses seigneurs. Alençon, Malassis le jeune, 1787, 2 vol. in-8, fig.

DESROCHES (l'abbé), curé de Folligny. — Histoire du mont Saint-Michel et de l'ancien diocèse d'Avranches. Caen, Mancel, 1838, in-8, 2 vol. = Atlas, 1839, in-4 oblong.

> L'atlas comprend des vues pittoresques, quatre planches représentant des monuments, et une seule contenant des monnaies anglo-saxonnes et anglo-normandes.
>
> Il s'y trouve une description des planches, qui ne donne aucun détail, particulièrement pour la planche des monnaies. Le texte de l'ouvrage ne contient ni renvois aux planches ni détails sur ce qu'elles représentent.

DEUX RELIGIEUX bénédictins de la congrégation de Saint-Maur (D. Ch. Fr. Toustain et D. Tassin).—Nouveau traité de diplomatique. Paris, G. Desprez et P. G. Cavelier,

1750-1765, 6 vol. in-4, fig. = On y joint : Diplomatique-pratique ou Traité de l'arrangement des archives et tré-sors des chartes, par Lemoine. Metz, J. Antoine, 1765, in-4, fig.

Deville (Achille). — Essai historique et descriptif sur l'église et l'abbaye de Saint-Georges de Bocherville, près Rouen. Rouen, Nicétas Périaux jeune, 1827, in-4, fig. = Tom-beaux de la cathédrale de Rouen. Rouen, Nicétas Périaux, 1833, grand in-8. fig. = Histoire du château d'Arques. Rouen, Nicétas Périaux, 1839, gr. in-8, fig. = Comptes de dépenses de la construction du château de Gaillon. — Plans et dessins exécutés sous la direction de A. Deville. Atlas. Paris, Imprimerie nationale, 1851, in-fol., max°.

> Les planches de cet atlas sont en partie relatives à l'architecture de ce château.

D. (......) Dezallier d'Argenville fils. — Voyage pittoresque de Paris, ou indication de tout ce qu'il y a de plus beau dans cette ville, etc., par M. D. Sixième édition. Paris, frères de Bure, 1778, in-12, fig.

Dibdin (Thomas Frognall). — Bibliotheca spenceriana or a descriptive catalogue of the books printed in the fifteenth century and of many valuable first editions in the library of George John earl Spencer. London, l'auteur, 1814, grand in-8, 4 vol., fig. = Bibliothèque du duc de Cassano Serra; idem, 1823, grand in-8, 1 vol. = The bibliogra-phical decameron; or, ten days pleasant discourse upon illuminated manuscripts and subjects connected with early engraving, typography and bibliography. London, the author, etc., 1817, grand in-8, 3 vol., fig. = A biblio-graphical antiquarian and picturesque tour in France and Germany. London, the author, etc., 1821, in-4, 3 vol., fig. — Second edition. London, Robert Jennings, 1829, in-8, 3 vol., fig. = Voyage bibliographique, archéologique et pittoresque en France, traduit de l'anglais, avec des

notes, par Théod. Licquet. Paris, Crapelet, 1825, 4 vol.
in-8, fig.

> Ces divers ouvrages contiennent beaucoup de représentations de
> monuments ayant un intérêt historique relatif à la France. On peut
> faire à leur égard l'observation plusieurs fois indiquée pour d'autres
> publications. Il s'agit de l'omission des indications exactes et suffi-
> santes des manuscrits contenant des miniatures dont ces ouvrages ont
> donné les reproductions.

DONDINI (Guill.). — Historia de rebus in Gallia gestis ab Alexan-
dro Farnesio Parmæ et Placentiæ duce III supremo Belgii
præfecto. Romæ, Nicolo Angelo Tinassi, 1673, in-fol., fig.

DU BOUCHET. — Histoire généalogique de la maison royale de
Courtenay, etc. Paris, J. Dupuis, 1660 (aussi 1661), in-fol.,
fig. — Voir Brunet à l'article Stirpe (de) et origine domus
de Courtenay, t. I, p. 347.

DU BREUL (frère Jacques), religieux octogénaire de l'abbaye
de Sainct-Germain des Prez-lez Paris. — Les Antiquitez et
choses plus remarquables de Paris, recueillies par M. Pierre
Bonfons, etc.; augmentées par frère Jacques du Breul.
Paris, Nicolas Bonfons, 1608, in-8, fig.

> Cet ouvrage renferme des planches représentant les statues placées
> sur les tombeaux de plusieurs rois, princes et princesses, et de quel-
> ques autres personnages à l'abbaye de Saint-Denis, aux Célestins et
> dans d'autres églises.
>
> Une seule de ces planches, représentant une vue de l'abbaye de
> Saint-Denis, n'a pas rapport à des faits historiques.
>
> Ces planches avaient déjà servi pour l'ouvrage de Rabel, publié
> en 1588, sauf les observations suivantes.
>
> La planche représentant le tombeau de Childebert II, placée au fo 33,
> n'est pas celle qui était dans l'ouvrage de Rabel; celle-ci a été rem-
> placée par une autre disposée différemment.
>
> Une planche, représentant une croix et constatant la donation faite
> par Pepin, du village de Palaiseau, à l'église de Saint-Vincent, placée
> fol. 44 verso, n'était pas dans Rabel.
>
> Les trois planches représentant les tombeaux de Maugeron, S. Mé-
> grin et Quelus favoris d'Henri III, qui étaient dans Rabel, n'ont
> pas été placées dans du Breul.

Enfin, une planche sur cuivre représentant la vision de Félix et de Jean Mata, relative à 1606, qui est dans du Breul, au fol. 284, n'était pas dans Rabel.

Du Breul (le R. P. F. Jacques), religieux de Saint-Germain des Prez. — Le théâtre des antiquités de Paris, etc. Paris, Cl. de La Tour, 1612, in-4, fig. On y joint : Supplementum antiquitatum urbis Parisiacæ, etc. Parisiis, 1614, in-4.

> Des exemplaires portent : Paris, Pierre Chevalier. Une mention, au huitième feuillet, porte que Pierre Chevalier a cédé son privilége à Claude Guérin, dit la Tour.
> L'édition de 1639 n'a pas de planches.

Du Cange (Charles Du Fresne). — Histoire de saint Lovys IX du nom roy de France, escrite par Jean sire de Joinville, senéchal de Champagne. Paris, Sébastien Mabre Cramoisy, 1668, trois parties en 1 vol. = Glossarium ad scriptores mediæ et infimæ latinitatis, etc. Lutetiæ Parisiorum, G. Martin, 1678, in-fol., 3 vol. — D°. Parisiis, C. Osmont, 1733-1736, in-fol., 6 vol. — Glossarium novum ad scriptores medii ævi seu supplementum, etc. Parisiis, Le Breton, 1766, in-fol., 4 vol. — Glossarium mediæ et infimæ latinitatis auctum a monachis ordinis S. Benedicti cum supplementis integris D. P. Carpenterii et additamentis Adelungii et aliorum digessit G. A. L. Henschel. Parisiis, Firmin Didot fratres, 1840-1850, in-4, 7 vol.

> Ces éditions contiennent, à l'article *Moneta*, des planches représentant des monnaies françaises et des monogrammes. L'édition de 1678 contient, t. II, six planches; celle de 1733, t. IV, dix planches, dont trois sont les mêmes que dans l'édition précédente. L'édition de 1840 contient, t. IV, vingt-six planches de monnaies et deux de monogrammes, différentes des planches des éditions précédentes.
> J'ai cru devoir citer les monnaies gravées dans chacune des trois éditions.
> Outre les médailles, il y a dans ces éditions quelques planches représentant des monuments byzantins, qui n'ont pas de rapport à l'histoire de France.

Ducarel (doctor). — Anglo-Norman antiquities considered in a tour through part of Normandy. London, the author, etc., 1767, in-fol., m°, fig. = Antiquités anglo-normandes, traduites de l'anglais par A. L. Léchaudé d'Anisy. Caen, Mancel, 1823, in-4, fig.

Du Chesne (André). — Histoire généalogique de la maison de Montmorency et de Laval, justifiée par chartes, etc. Paris, Sébastien Cramoisy, 1624, in-fol., fig.

Duchesne aîné (Jean). — Essai sur les nielles, gravures des orfévres florentins du xv° siècle. Paris, Merlin, 1826, in-8, fig.

Ducos (Florentin). — L'Épopée toulousaine ou la guerre des Albigeois, poëme en vingt-quatre chants, avec des notes historiques. Toulouse, Delboy. Paris, Amyot, 1850, in-8, 2 vol., fig.

Ducourneau (Alex.). — La Guienne historique et monumentale. Bordeaux, P. Coudert, 1842-44, 2 vol. in-4, fig.

Du Laurens (André). — Historia anatomica humani corporis et singularum ejus partium, etc., authore Andrea Laurentio. Francfort, Math. Becker, 1600, in-fol., fig.

Du Mège (Al.). — Histoire des institutions religieuses, politiques, judiciaires et littéraires de la ville de Toulouse. Toulouse, Laurent Chapelle, 1844, 3 vol. in-8, fig.

Du Mersan (Marion). — Notice sur la bibliothèque royale, et particulièrement sur le cabinet des médailles antiques et pierres gravées. Paris, 1836, in-8, atlas de 22 pl. = Histoire du cabinet des médailles antiques et pierres gravées, avec une notice sur la Bibliothèque royale et une description des objets exposés dans cet établissement. Paris, l'auteur, 1838, in-8.

Dumont (C. E.). — Histoire de la ville et des seigneurs

de Commercy. Bar-le-Duc, Numa Rolin, 1843, in-8 ,
3 vol., fig.

> Cet ouvrage contient des sceaux et quelques portraits, copies d'es-
> tampes du temps, cités à leurs dates, de nombreux écussons d'ar-
> moiries portés en un article à l'année 1600, et des vues qui n'ont pas
> de rapport à l'histoire de France.

DUSEVEL (M. H.). — Histoire de la ville d'Amiens depuis les
Gaulois jusqu'en 1830. Amiens, R. Machart, 1332, in-8,
2 vol., fig.

DUSEVEL (H.), et P. A. Scribe. — Description historique et
pittoresque du département de la Somme. Amiens, Ledieu
fils. Paris, Lance, 1836, in-8, 2 vol., fig.

DUSEVEL (H.), A. Delafons et baron de Melicocq. — Archives
de Picardie. Amiens, Caron Vitet, 1842-43, 2 vol.
in-8, fig.

DU SOMMERARD (Alexandre) et Edmon DU SOMMERARD (le
5ᵉ vol.). — Les Arts au moyen âge, en ce qui concerne
principalement le palais romain de Paris, l'hôtel de Cluny
issu de ses ruines et les objets d'art de la collection classée
dans cet hôtel. Paris, hôtel de Cluny et Techener, 1838-
1846; texte in-8, 5 vol.; planches au nombre de 510,
in-fol. max°, formant 4 vol., savoir : Atlas, chap. ɪ à
xxvɪɪɪ, 1 vol., album, 10 séries, 3 vol.

> Cet ouvrage, dont il a été fait mention dans l'Introduction (t. I,
> p. 263), est très-recommandable, par les importantes observations
> que son texte contient, et par les nombreuses et belles planches qui en
> font partie. C'est, sous ce rapport, le plus remarquable des ouvrages
> publiés sur les monuments du moyen âge. Ces planches, lithogra-
> phiées avec goût et exactitude, sont, la plupart, soigneusement colo-
> riées.
>
> La plus grande partie des monuments reproduits dans cet ouvrage
> faisaient partie de la collection du Sommerard, devenue le Musée des
> Thermes et de l'hôtel de Cluny, en 1843.
>
> Les rapports entre les planches et le texte sont assez difficiles à
> trouver; la forme donnée à la description des planches qui fait partie
> du cinquième volume, forme nécessitée sans doute par le mode avec

lequel les planches avaient été publiées, rend également difficile
l'usage de cette description, qui n'est pas même complète. Les tables
de l'ouvrage sont évidemment insuffisantes.

Les planches contiennent un assez grand nombre de monuments
qui n'ont pas de rapports à la France, ni par ce qu'ils représentent ou
ce qu'ils sont en eux-mêmes, ni par les artistes qui les ont produits.
Ces monuments n'ont pas été indiqués dans mon travail.

Du Tillet (Jean), sieur de La Bussière. — Recueil des roys
de France, leurs couronne et maison, ensemble le rang
des grands de France, etc. Paris, Pierre Mettayer, 1618,
in-4, fig.

Les figures des rois de France placées dans cet ouvrage sont, presque toutes, jusqu'aux dernières, prises des statues de ces princes placées sur leurs tombes. Ces planches ne sont pas des copies exactes de
ces statues. Cependant j'ai cru devoir indiquer la totalité des planches
de cet ouvrage, en ajoutant qu'elles ont été faites d'après les monuments du temps.

Ce livre n'a pas été imprimé correctement, quant à la pagination.
La partie qui contient les planches est inexacte à cet égard; voici la
note de ces inexactitudes :

La page 97 est cotée 101.
          98          102.
          99          103.
          102          106.
          103          107.

De la page 113 la pagination passe à 143, etc.
Les pages 199 et 200 manquent.

Du Tilliot (Jean). — Diversités curieuses, 1722, ex museo
Jo. du Tilliot. Recueil manuscrit contenant divers dessins,
vol. in-fol. = Miscellanea eruditæ antiquitatis notis illustrata. Ex museo Joannis du Tilliot, anno 1725. Recueil
manuscrit contenant divers dessins, 4 vol. in-fol. — A la
bibliothèque de l'Arsenal.

Le troisième volume de ce dernier recueil manque.

Duval (Amaury). — Monuments des arts du dessin chez les
peuples, tant anciens que modernes, recueillis par le baron

Vivant Denon, etc. Paris, Firmin Didot, 1829, in-fol. max°, 4 vol., fig.

# E

ECKHART (Joannes Georgius ab). — Commentarii de rebus Franciæ orientalis et episcopatus wirceburgensis, etc. Wirceburgi, H. Engmann, 1729, 2 vol. in-fol., fig.

EHINGEN (Georgen von). — Itinerarium das ist : Historische Beschreibung weiland Georgen von Ehingen raisenn nach der Ritterschaft, vor 150 Jaren, in X, unterschidliche Königreiche verbracht. Auch eines Kampfes von jme bei der Statt Sept in Aphrica gehalten. Augspurg, 1600, pet. in-fol., fig.

> Voyage de chevalerie fait dans les années 1445-57, dont cette édition, qui est la première, est fort rare. La Société des bibliophiles de Stuttgardt l'a fait réimprimer en 1842. Elle contient dix portraits gravés par D. Custodis, de divers princes, d'après les miniatures du manuscrit original existant jadis dans la bibliothèque des comtes de Fugger. Trois de ces portraits sont relatifs à la France. Ce sont ceux de Charles VIII, Jean II, roi de Navarre, et René d'Anjou, roi de Naples.

ESSAI d'une histoire de la paroisse de Saint-Jacques de la Boucherie, par L.... V.... Paris, Prault père, 1758, in-12.

EXPLICATION de plusieurs antiquités recueillies par Paul Petau, conseiller au parlement de Paris, représentées en plus de 500 figures sur 47 planches *in-quarto* parfaitement bien gravées. Amsterdam, Jean Neaulme, 1757, petit in-4, fig.

> La planche n° 2 porte l'année 1610.
> Ces planches sont accompagnées d'un texte indicatif en huit pages.
> Il existe des exemplaires de ces planches avec les numéros effacés, et tirées postérieurement à cette édition de 1757.

# F

FELIBIEN (dom Michel), religieux bénédictin de la congrégation de Saint-Maur. — Histoire de l'abbaye royale de
Saint-Denys en France. Paris, F. Leonard, 1706,
in-fol., fig. = Histoire de la ville de Paris, reveue par
D. Guy-Alexis Lobineau. Paris, Q. Desprez et J. Deses-
sarts, 1725, 5 vol. in-fol., fig.

FICHOT (Charles) et Amédée Aufauvre. — Les monuments de
Seine-et-Marne, reproductions des édifices religieux, militaires et civils du département. Paris, Victor Didon, 1853,
in-fol., fig., livraisons 1 à 24.

> L'ouvrage doit être composé de trente livraisons.

FILLON (Benjamin). — Considérations historiques et artisti-
ques sur les monnaies de France. Fontenay-Vendée, Robuchon, 1850, in-8, fig. = Lettres à M. Ch. Dugast-Matifeux sur quelques monnaies françaises inédites. Paris,
J. B. Dumoulin, 1853, in-8, fig.

FLÉCHIER. — Mémoires de Fléchier sur les grands jours tenus
à Clermont, en 1665-1666, publiés par B. Gonod, bibliothécaire de la ville de Clermont. Paris, Porquet, 1844,
in-8, fig.

FLOREZ (El R. P. M. Fr. Henrique) del orden de S. Agustin.
— Medallas de las colonias municipios y pueblos antiguos
de Espana, etc. Madrid, Antonio Marin, 1757-1773,
in-4, 3 vol., fig.

> Cet ouvrage ne contient de relatif à la France que trois monnaies
> de rois Goths frappées à Narbonne.

FONTENAY (J. de). — Fragments d'histoire métallique. Autun,
F. Dejussieu, 1847, in-8, fig. = Nouvelle étude de jetons.
Autun, Michel Dejussieu, 1850, in-8, fig. = Manuel de
l'amateur de jetons. Paris, Rollin, etc., 1854, in-8, fig.

> Ce dernier ouvrage mérite attention, parce qu'il est le résultat de nom-
> breux travaux faits sur les jetons, nature de monuments qui, jusqu'à

présent, n'ont pas été suffisamment étudiés. Il est à regretter que l'auteur n'ait pas établi un plan de classifications générales, ni indiqué les bornes de chacune des nombreuses séries de cette partie de la numismatique. Il est vrai qu'après avoir parlé de la difficulté d'un traité complet sur cette matière, il annonce qu'il pourra peut-être s'en occuper un jour.

L'auteur de cet ouvrage y a inséré des médailles antiques et des monnaies qui n'ont point de rapports réels avec le sujet de son livre.

Il faut dire aussi, avec regret, qu'il a souvent donné un côté seul des jetons, et qu'il n'a pas indiqué suffisamment les attributions et les époques de plusieurs pièces.

J'ajouterai que l'auteur s'exprime sur divers ouvrages anciens d'une manière peu conforme aux habitudes des écrivains qui s'occupent d'archéologie. En parlant des ouvrages de Bizot et du P. Menestrier, il dit que ces recueils manquent de texte suffisant, et que l'on ne doit les considérer que comme des Albums. Cette expression a été adoptée, dans ces derniers temps, pour des ouvrages modernes; mais elle ne paraît pas devoir être appliquée à des publications anciennes. (Voir t. I, p. 222.)

Ces observations sont consignées ici précisément à cause du véritable intérêt que doivent inspirer les publications de M. de Fontenay.

FONTETTE (Charles-Marie Fevret de). — Recueil d'estampes, desseins (sic), etc., représentans une suite des événements de l'histoire de France, à commencer depuis les Gaulois jusques et y compris le règne de Louis XV. — Recueil formé par M. Fevret de Fontette, acquis et réuni à la Bibliothèque du roi en 1770-1772. (Voir t, I, p. 283.)

FOUGÈRES (F.) et G. Combrouse. — Description complète et raisonnée des monnaies de la deuxième race royale de France. Paris, les auteurs, 1837, in-4, fig.

Cet ouvrage peu étendu, puisque son texte n'est que de 66 pages, a été publié en trois parties; d'abord le corps de l'ouvrage non terminé, puis deux suppléments. Il contient 28 planches de monnaies, dont 24 représentent des pièces numérotées, et 4 des monnaies de Charles le Chauve, sans numéros. Viennent ensuite quatre cartes de l'empire de Charlemagne à diverses époques. Il y a dans cet ouvrage un peu de confusion entre les planches et le texte. Pour y remédier, l'un des auteurs a donné, à la fin du texte, une table générale des pièces figurées; mais cette table n'est pas sans erreurs. Onze monnaies

qui y sont mentionnées ne sont pas gravées dans les planches. La pièce
de Pépin le Bref, n° 210, gravée, n'est pas mentionnée dans la table.

Le nom de M. Combrouse est écrit, dans les autres ouvrages de
cet auteur, Conbrouse. (Voir à ce nom.)

FOULQUES (M. L.). — Essai historique sur l'art monétaire et
sur l'origine des hôtels des monnaies de Lyon, Mâcon et
Vienne, depuis les premiers temps de la monarchie française. Lyon, Isidore Deleuse, 1837, in-8, 3 planches.

Cet opuscule contient des inexatitudes. On peut citer celle relative
à la presse monétaire. L'auteur dit que cette machine a été inventée
à Paris et transmise ensuite à Munich, où elle fonctionnait depuis
huit années à l'époque de la publication de son ouvrage.

La presse monétaire a été inventée en 1820 par Dietrich Ulhorn,
mécanicien de Grevenbroich, près de Dusseldorf. Essayée d'abord à
Berlin sans succès, elle fut adoptée à Munich en 1827 avec une
réussite complète.

En 1836, un Français, qui s'est beaucoup occupé de numismatique,
témoin pendant longtemps à Munich des résultats de cette machine,
en fit faire des dessins, les apporta à Paris et les remit à l'administration des monnaies, qui, après de longs retards, adopta ce nouveau
système de fabrication de la monnaie.

L'inventeur est mort en 1840. Son fils, Henri Ulhorn, a perfec-
tionné ces machines, qui ont été presque partout adoptées.

FRIEDLAENDER (Ph. dr.). — Numismata inedita. Berolini typis
academicis, 1840, in-4, fig.

FUSCO (Giovan Vincenzo). — Intorno alle zecche ed alle
monete battute nel reame di Napoli de re Carlo VIII di
Francia. Napoli, Stamperia del Fibreno, 1846, in-4, fig.

## G

GAIGNIÈRES (François, Roger de). — Recueils de dessins de
tombeaux et autres monuments français, costumes, etc.,
provenant des collections de M. de Gaignières, dont il fit
donation au roi, en 1711, et qui furent réunies en partie
en 1717, à la Bibliothèque du roi.

Ces recueils se composent des volumes suivants :

Recueil de portraits des roys et reynes de France, des princes, princesses, seigneurs et dames, et des personnes de toutes sortes de professions, dessinez à la main ou peints en miniature, et pris sur des monuments qui font connaître les différents habillements de chaque règne. Recueil manuscrit d'environ 1200 dessins. Dix volumes in-fol. I à X.

Autres volumes formant suite :

XI. Monuments recueillis pour l'histoire de France, par M. de Gaignières. Maisons étrangères, 1ʳᵉ partie.

XII. Idem, 2ᵉ partie.

XIII. Costumes de France, xvɪᵉ siècle. Suite du recueil formé par M. de Gaignières. Ce volume, suivant le catalogue placé en tête, devrait contenir 44 pièces représentant des costumes français. Il n'en contient que 22, savoir : 8 dessins de costumes de l'année 1577, et 14 estampes sur bois allemandes, représentant aussi des costumes français du même temps. Les numéros 23 à 44, d'après le catalogue, étaient des costumes gravés sur les dessins de Saint-Jean.

XIV. Modes d'Espagne.

XV. Modes d'Italie.

XVI. Idem.

XVII. Modes d'Allemagne.

XVIII. Modes de la Suisse.

XIX. Modes de Flandre et de Hollande.

XX. Modes d'Angleterre.

XXI. Modes de Turquie, Asie, Afrique.

Les dix premiers volumes contenant les monuments relatifs à la France ont été décrits dans l'Appendice de la Bibliothèque historique de la France du P. Lelon, édition de Fevret de Fontette, t. IV, III. C'est un catalogue succinct, portant les mêmes numéros que les dessins eux-mêmes.

Les volumes XI et XII, et les suivants, dont le contenu vient d'être indiqué, sont seulement mentionnés dans une note à la fin du catalogue des dix premiers, ainsi que d'autres volumes, dont une partie seulement contiennent des dessins relatifs à l'histoire de France.

Il faut faire remarquer ici qu'il se trouve un assez grand nombre de différences de dates et même de noms entre les titres des dessins du Recueil principal en dix volumes et le catalogue de l'Appendice du P. Lelong. Pour les personnages dont l'histoire est bien connue, les rectifications sont faciles. Les différences qui se rapportent à des personnages peu ou point connus sont quelquefois impossibles à éclaircir. Je les ai indiquées.

Outre le Recueil du présent article et ceux des deux articles suivants, d'autres parties de dessins provenant de M. de Gaignières existent, dans divers volumes ou portefeuilles, dans des bibliothèques publiques ou privées.

Il faut citer particulièrement un volume de dessins de monuments, acheté par M. Albert Lenoir, en 1848, à la vente de M. Bignon.

J'ai donné dans l'Introduction les détails nécessaires sur les collections de M. de Gaignières. ( Voir t. I, p. 269 et suiv.)

Plusieurs écrivains ont fait mention des Recueils de M. de Gaignières et sont entrés dans des détails plus ou moins étendus pour en faire apprécier l'importance. ( Voir entre autres : Comte de Laborde, Notice des émaux, p. 59. — Guenebault, Revue archéologique, 1853, p. 43 et p. 370.)

GAIGNIÈRES (François, Roger de). — Recueil de dessins, de tombeaux et autres monuments français, provenant des collections de M. de Gaignières, 16 vol. in-fol., dans la bibliothèque Bodleienne, à Oxford.

Ainsi que l'on vient de le voir dans l'article précédent, j'ai donné, dans l'Introduction, les renseignements nécessaires sur les collections de M. de Gaignières, et particulièrement sur le présent Recueil. (Voir t. I, p. 269 et suiv.)

Ici vont se trouver seulement les détails qui sont relatifs à sa description.

Le Recueil de dessins de M. de Gaignières, existant dans la bibliothèque Bodleienne, à Oxford, lui a été légué par M. Richard Gough, célèbre topographe anglais, mort le 20 février 1809. Il se compose d'environ trois mille dessins représentant des monuments placés presque tous jadis dans les églises de France, et dont le plus grand nombre sont des tombeaux. On sait que la presque totalité de ces monuments sont maintenant détruits.

Ce Recueil forme seize volumes, qui ont été reliés en France, sous Louis XIV, en veau rouge marbré noir et jaune. Cependant les dessins des églises d'Angers, de Nantes, de Loches, de Tours, du Mans, ne sont pas reliés, mais sont dans des cartons. Ces volumes ont été numérotés 1 à 16 dans la liste donnée dans le Bulletin des comités historiques, dont il a été question dans l'introduction.

Voici le numérotage des volumes et les indications de leur contenu.

1. Princes du sang royal.
2. Tombeaux des rois de France.
3. Tombeaux et épitaphes des églises de l'Ile de France.
4. Idem des églises de Normandie, vol. I.
5. Idem vol. II.

6. Tombeaux et épitaphes des églises de Valois et Bissonne.
7. Idem des églises d'Angers, de Nantes, de Loches, de Tours, du Mans, vol. I ( carton.)
8. Idem vol. II ( carton.)
9, Idem des églises de Paris, vol, I.
10. Idem vol. II.
11. Idem vol. III.
12. Idem vol. IV.
13. Idem des églises de Champagne et de Bourgogne.
14. Idem des églises de Beauvais, de Chartres et de Vendôme.
15. Idem des églises de Brie.
16. Recueil de tapisseries, armoiries et devises.

J'ai adopté cet ordre numérique de ces volumes pour simplifier les citations; mais il faut faire observer que les volumes eux-mêmes ne portent aucuns numéros.

On a vu dans l'Introduction ce que j'ai fait pour obtenir le catalogue détaillé de ces seize volumes. J'ai exposé aussi les observations nécessaires sur la manière dont ces dessins ont été exécutés, sur leur état et sur les indications que je devais en tirer.

Le Bulletin des comités historiques (Archéologie. — Beaux-arts, 1850-1852 ) contient de nombreux détails sur ce Recueil, sur les examens de ces dessins dont s'étaient occupés plusieurs membres de ces comités, sur les opinions émises à cet égard. Deux artistes avaient été envoyés successivement à Oxford pour relever tous les renseignements à prendre dans ces volumes. Divers projets furent proposés pour bien connaître leur contenu, pour en faire exécuter des copies complètes et même pour en obtenir la cession à la France. De nombreuses discussions eurent lieu.

Ces examens, ces bonnes dispositions, ce concours de tant d'hommes instruits n'ont produit jusqu'à présent qu'une liste succincte du contenu des volumes de ce Recueil. Elle est imprimée dans le Bulletin des comités historiques (t. III, 1852), et forme 48 pag. in-8.

Le catalogue manuscrit de ce Recueil, qui a été fait à Oxford pour moi, sur ma demande, ainsi que je l'ai dit dans l'Introduction, contien 291 pag. in-fol.

GAIGNIÈRES (François, Roger de). — Recueil de dessins, de tombeaux français, provenant probablement des collections de M. de Gaignières, contenant trente-deux dessins, à la bibliothèque Mazarine, n° 3288.

Ce Recueil a été trouvé en l'année 1854, parmi des volumes et pièces non classés, dans la bibliothèque Mazarine. Il contient des dessins de tombeaux et des épitaphes ou inscriptions.

Voir les deux articles précédents.

GAILHABAUD (Jules). — Monuments anciens et modernes, vues générales et particulières, plans, coupes, détails, etc. Paris, typographie de Firmin Didot frères, 1843 et suiv., in-4, fig.; 200 livraisons contenant chacune deux planches.

Ce Recueil ne renferme qu'un fort petit nombre de planches représentant des monuments ayant un intérêt historique.

GAILLARD (Victor). — Recherches sur les monnaies des comtes de Flandre. Gand, H. Hoste, 1852, in-4, fig.

Cet ouvrage contient des recherches intéressantes sur cette série monétaire.

Il est à regretter que l'on ait admis dans les planches de cette publication, les formes des chiffres introduites depuis quelques années par la mode dans la typographie. Il en résulte des difficultés dans l'examen des planches, et conséquemment des erreurs dans les citations faites sans une grande attention.

GALERIE (la) agréable du monde, où l'on voit en un grand nombre de cartes très-exactes et de belles tailles-douces, les principaux empires, royaumes, etc.; les îles, côtes, etc.; les antiquitez, les abbaies, églises, etc.; les maisons de campagne, etc., dans les quatre parties de l'univers, divisée en LXVI tomes, etc. Le tout mis en ordre et exécuté à Leyde, par Pierre Vander Aa, marchand libraire, in-fol., 66 tomes reliés en 33 ou 22 volumes composés de planches avec quelques explications.

Ce Recueil est formé d'environ 2400 planches ayant déjà été employées précédemment dans d'autres publications. La partie relative à la France forme six volumes. La presque totalité des planches qui les composent est relative à la topographie. Il ne s'y trouve que deux pièces ayant rapport à l'histoire; je les ai indiquées. (Années 1680? et 1696.)

GALERIE (la) du Palais du Luxembourg peinte par Rubens, dessinée par les S. Nattier, et gravée par les plus illustres graveurs du temps. Paris, Duchange, 1710, in-fol. m°,

25 planches dont 3 doubles, et un avertissement d'une feuille, gravé par Bercy.

GALLERY of portraits (the), with memoirs. Under the super-intendence of the Society for the diffusion of useful Know-ledge. London, Charles Knight, 1833-1837, grand in-8, 7 vol., fig.

> Ce Recueil contient trente et un portraits de personnages français, dont quelques-uns seulement demandaient d'être notés dans mon tra-vail, étant gravés d'après des originaux, qui n'ont pas été reproduits autrement ni aussi bien. Ils sont au nombre de neuf. Les vingt-deux autres ne sont que des copies, souvent partielles, d'estampes gravées antérieurement.

GAULLE (M. J. de). — Nouvelle histoire de Paris et de ses environs. Paris, P. M. Pourrat frères, 1839-40, in-4, 4 vol., fig.

> Parmi les planches de cet ouvrage, un très-petit nombre offrent un intérêt sous le rapport de l'histoire.

GAUTIER DE SIBERT. — Histoire des ordres royaux hospita-liers-militaires de Notre-Dame du mont Carmel et de Saint-Lazare de Jérusalem. Paris, 1772, in-4, fig.

GAVARD (Ch.). — Galeries historiques de Versailles, avec une histoire de France servant de texte explicatif aux pein-tures et sculptures du Musée de Versailles; par Ch. Gavard, éditeur, 1837 et années suivantes, in-fol. et in-4, fig.

> Cet ouvrage était publié en trois éditions paraissant simultanément ; une grand in-fol. avec vignettes, etc., une in-fol. sans vignettes, etc., une ga nd in-4.
>
> Il a paru d'abord 300 livraisons classées en 13 volumes, puis ensuite 124 livraisons avec ou sans texte, qui n'ont pu être classées.
>
> Les planches de cet ouvrage ont été exécutées au moyen du dia-graphe, inventé par l'éditeur M. Ch. Gavard.
>
> Cet ouvrage est certainement une des plus importantes productions de la typographie des derniers temps. Mais pour le juger convena-blement, il faut d'abord se reporter aux idées qui doivent guider dans l'appréciation de ce qu'est en réalité le Musée de Versailles con-sidéré comme réunion de monuments historiques. Il est inutile de

rappeler ici ce qui a été exposé à ce sujet dans l'Introduction (t. I, p. 341 et suiv.). Il suffit de dire que le livre de M. Gavard, ainsi que le musée qu'il est destiné à reproduire, n'offre pas dans son ensemble un corps de représentations monumentales pouvant servir à éclairer rationnellement les faits de l'histoire de notre pays. C'est une réunion très-nombreuse d'estampes d'après des tableaux et des statues dont une partie seulement a une valeur historique, et dont tout le surplus n'offre que des compositions dénuées de tout intérêt monumental.

Redisons encore ici, et très-positivement, que ces productions de l'art, postérieures et de beaucoup aux temps des événements dont elles prétendent retracer les images, peuvent être fort recommandables au point de vue de l'art, sans mériter attention sous le rapport historique.

La composition même de ce musée était un obstacle à une rédaction raisonnée du texte de cet important ouvrage, qui offrait les reproductions des œuvres de la peinture et de la sculpture, formant cette collection. En effet, il n'était pas possible d'entrer dans des détails relatifs à la partie artistique, parce que la grande majorité de ces textes auraient offert des inexactitudes dans leurs développements, ou bien auraient fait ressortir l'erreur capitale du système de la formation du musée.

Les rédacteurs de ces tetxes se sont donc bornés à donner les indications des sujets représentés, en peu de mots, et uniquement sous le point de vue historique. Ils ont basé leurs notices, quelquefois sur des textes authentiques, mais plus souvent sur des passages d'ouvrages modernes ayant peu de valeur historique, et même sur des livres de nos jours, que l'on peut ranger dans la classe des romans. Les indications de cette dernière nature se trouvent, au reste, d'accord avec les compositions qu'elles concernent.

Quant à la partie artistique, à des détails sur les monuments du musée, et représentés dans l'ouvrage, les rédacteurs du texte n'ont rien dit. On peut même remarquer, dans les simples indications données, que ces écrivains manquaient d'idées positives sur les beaux-arts et sur leurs productions. Il faut le reconnaître par quelques locutions qui ont été employées, et parmi lesquelles, en choisissant au hasard, je cite les suivantes, placées à des portraits : *Peint par Robert Fleury, d'après un portrait, gravé par Leclerc,* sans indiquer ce qu'est le portrait copié, où il existe, etc., ou bien encore : *Peint par Allaux, d'après une gravure, gravé par Ruhierre,* sans indiquer quelle est cette gravure (estampe), d'après laquelle le portrait a été peint.

Il faut ajouter ici que les numéros donnés dans cet ouvrage aux tableaux et aux sculptures, ne sont pas ceux des catalogues imprimés du musée. Mais, à cet égard, l'éditeur pourrait répondre que les numéros des catalogues imprimés ont été successivement changés.

Les véritables numéros, ceux des inventaires, destinés seulement au service de l'administration, ne sont pas ostensibles. Le public voit les numéros donnés suivant les nécessités de l'arrangement des salles ou de l'impression des notices. Cela est inexact, et fort fâcheux pour les écrivains qui font des citations.

On peut dire aussi que l'éditeur d'un ouvrage si important aurait dû éviter de céder aux exigences des modes nouvelles, en indiquant, comme il l'a fait, au bas des planches, les sujets des objets d'art, et les notions relatives, en traits si fins qu'il est presque impossible de les lire sans verres grossissants.

GAZZERA (Costanzo). — Memorie storiche dei Tizzoni, conti di Desana e notizie delle loro monete. Torino, stamperia reale, 1842, in-4, fig.

GERMAIN (A.). — Mémoire sur les anciennes monnaies seigneuriales de Melgueil et de Montpellier. Montpellier, Jean Martel aîné, 1852, in-4, fig.

GERUZEZ (J. B. F.). — Description historique et statistique de la ville de Reims. Reims, Le Bâtard, etc., 1817, 2 vol. in-8, fig.

GESLIN DE BOURGOGNE (J.), et A. DE BARTHÉLEMY. — Anciens évêchés de Bretagne ; histoire et monuments. Paris, Dumoulin, Saint-Brieuc, Guyon frères, 1855, in-8, fig., t. I.

GILBERT (A. P. M.). — Description historique de la basilique métropolitaine de Paris. Paris, Adrien Leclère, 1821, in-8, fig.

GRANET (Jean-Joseph). — Histoire de l'Hôtel royal des Invalides, etc. Paris, Guillaume Desprez, 1736, in-fol., fig.

Cet ouvrage contient 103 planches représentant les plans de l'hôtel des Invalides, les sculptures et peintures qui le décorent. Deux seulement ont un intérêt historique, et je les ai indiquées.

Un frontispice et des vignettes ornent aussi cet ouvrage. Ce sont des compositions sans valeur historique. Les planches de cet ouvrage ont été reproduites avec quelques changements sous ce titre :

Perau (l'abbé). — Description historique de l'hôtel royal des Invalides, etc. Paris, Guillaume Desprez, 1756, in-fol. fig.

GRILLE DE BEUZELIN (E.). — Statistique monumentale (spécimen). Rapport à M. le ministre de l'instruction publique sur les monuments historiques des arrondissements de Nancy et de Toul (département de la Meurthe). Paris, Crapelet, 1837, in-4. = Statistique monumentale, atlas, arrondissements de Toul et de Nancy, département de la Meurthe, 3ᵉ série, archéologie. Paris, Thierry frères, in-fol. maxᵒ, livraisons 1 à 3.

> Ces deux publications du même auteur sont évidemment relatives l'une à l'autre. Mais il n'y a dans le texte aucune mention des planches de l'atlas, ni renvois aux numéros de ces planches.

GROSSON (J. B. B.). — Recueil des antiquités et monuments marseillois qui peuvent intéresser l'histoire et les arts. Marseille, J. Mossy, 1773, in-4, fig.

> Cet ouvrage contient qurante-deux planches, dont quatre représentent des monnaies françaises.

GUILLAUME (J. B.). — Histoire généalogique des sires de Salins au comté de Bourgogne, t. I. Besançon, J. A. Vieille, 1757, in-4, fig. = Histoire de la ville de Salins, t. II. Besançon, Cl. Jos. Daclin, 1758, in-4, fig.

GUILHERMY (le baron). — Monographie de l'église royale de Saint-Denis, tombeaux et figures historiques. Paris, Victor Didron, 1848, petit in-8, fig.

> Cet ouvrage contient des relevés intéressants sur l'église de Saint-Denis et ce qu'elle a été jadis, ainsi que des détails curieux sur les dévastations de 1793-1794, sur les fautes, les erreurs de toute nature, et les nombreuses destructions commises dans toutes les opérations de restaurations opérées depuis l'année 1795 jusqu'aux temps actuels.

# H

HAENEL (D. Gustave). — Catalogi librorum manuscriptorum qui in bibliothecis Galliæ, Helvetiæ, Belgii, Britanniæ M, Hispaniæ, Lusitaniæ asservantur, nunc primum editi. Lipsiæ sumptibus, J. C. Hinrichs, 1830, in-4.

Cet ouvrage contient les titres des manuscrits existant dans les bibliothèques des pays indiqués sur le titre. L'auteur y a joint quelques détails sur chaque collection en général et sur quelques-uns des manuscrits. Il paraît qu'il s'est borné à recueillir et à publier les catalogues existants et dont il avait obtenu la communication.

Il n'y a rien dans cet ouvrage de relatif aux manuscrits de la Bibliothèque royale de Paris.

Malgré ces observations, il faut dire que ce volume offre un intérêt bien réel, puisque l'on y trouve des indications de séries de manuscrits qui seraient peu connues sans cette publication. ( Voir t. 1, p. 259.)

HAUTIN ou HAULTIN, ou HOTIN (Jean-Baptiste J.). — Figures des monnoyes de France. S. L., 1619, in-4.

Ce volume, composé seulement de planches, consiste en 126 feuillets, compris le titre. Les feuillets sont numérotés au recto seulement, par les numéros impairs, en chiffres romains, de n° I à n° cclj. Sur le recto de chaque feuillet sont tirées les figures des monnaies, gravées séparément sur bois. Il s'y trouve aussi des sceaux des rois, pour presque tous les règnes. Il est à remarquer que le feuillet XI est coté XIII, et qu'il y a ainsi deux feuillets XIII.

Il paraît certain que Hautin, qui vivait sous les règnes de François I<sup>er</sup> et d'Henri II, avec quelque réputation pour ses connaissances en fait de monnaies, avait fait graver ces planches, qu'il les publia avec un texte, et que la totalité des exemplaires de cet ouvrage fut détruite, sauf deux seuls exemplaires. L'un passa en Allemagne, et l'autre, vendu après la mort du président Brisson, auquel il appartenait, s'est perdu.

Mais si l'édition du texte de cet ouvrage a été détruite, il est certain qu'un petit nombre d'épreuves des planches fut conservé, et qu'elles furent publiées seules, en 1619, par le fils de Hautin, qui était conseiller au Châtelet. C'est le volume décrit ci-dessus; il est d'une très-grande rareté.

On croit qu'un bénédictin trouva moyen de se procurer une copie manuscrite de l'exemplaire du texte imprimé, qui était passé en Alle-

magne. Il fut fait de ce manuscrit d'autres copies, qui se sont trouvées dans un petit nombre de bibliothèques, avec ou sans épreuves
des planches.

Le Blanc (Traité historique des monnaies de France, p. 172) parle
du texte de cet ouvrage, qui se trouvait chez quelques curieux; il
ajoute que cette pièce ne lui paraît pas assez authentique pour y ajouter
foi, et que ce manuscrit, quoique quelques personnes en fassent cas,
ne doit être d'aucune autorité dans tout ce qu'il dit, depuis Philippe
Auguste jusqu'à Philippe le Bel. Deux raisons principales le lui font
rejeter. La première est que l'auteur ne dit point d'où il a tiré les
ordonnances qu'il cite, qu'elles ne se trouvent nulle part, et que
si elles avaient existé au temps où ce texte a été compilé, on les trouverait au Trésor des chartes, ou à la Chambre des comptes, ou à la
Cour des monnaies. La seconde raison est que cet ouvrage contient
des choses manifestement fausses, et des absurdités plus que suffisantes
pour faire rejeter ce manuscrit. Il ajoute aussi que M. du Cange lui
a dit plusieurs fois qu'il le considérait comme une chose faite à
plaisir.

Cela peut expliquer la destruction du texte imprimé.

On a aussi pensé que ce Recueil avait été formé par Philippe de
Lautier on Lothier, général des monnaies de France vers le milieu
du xvi⁰ siècle, et que Hautin n'en avait été que l'éditeur. (Revue
numismatique, 1850, p. 213.)

En admettant cette version, et que Hautin n'ait été que l'auteur du
texte, cela pourrait expliquer l'exactitude et le mérite relatif des planches ainsi que le peu d'intérêt du texte, sa destruction et sa répro-
bation.

La bibliothèque de l'Arsenal possède un volume qui contient les
planches et le texte de l'ouvrage en manuscrit, auquel sont joints
d'autres documents monétaires également manuscrits. Voici la table
des parties différentes dont ce volume est composé :

1. Figures des monnoyes de France; par Hautin, page 1.
2. Figures des monnoyes des barons et prélats du royaume de
   France, p. 253.
3. Bref discours de ce en quoy consiste la pratique du fait des
   monnoyes, p. 273.
4. Procès-verbal de l'évaluation des monnoyes étrangères en 1549,
   p. 305.
5. Remarques sur les monnoyes de Hautin, p. 315.
6. Extraits d'ordonnances sur les monnoyes, p. 465.

Les deux dernières parties semblent être seules copiées du texte imprimé de Hautin.

La partie n° 2 contient, au milieu d'un texte, des dessins à la plume de monnaies de prélats et barons.

Ce volume est bien conservé.

J'ai donné ces détails sur cet ouvrage, dont l'importance réelle, sous le rapport de la science numismatique, est à peu près nulle, à cause de la rareté de cette production, une des premières en date sur les études relatives aux monnaies de la France.

J'ai indiqué dans mon travail la totalité des monnaies et des sceaux gravés sur les planches de Hautin, et les dessins de la partie n° 2.

(Voir Revue numismatique, 1851, E. Cartier, p. 408.)

HAWKINS (Edw.). — Description of the anglo-gallic coins in the British Museum. London, W. Nicol, etc., 1826, in-4, fig.

HEINECCIUS (Joann. Michael.). — De veteribus Germanorum aliarumque nationum sigillis eorumque usu et præstantia syntagma historicum. Francof. et Lipsiæ, N. Foerster, 1709, in-fol., fig.

HEINECCIUS et LEUCKFELDUS. — Scriptores rerum Germanicarum Johann. Michaelis Heineccii et Johann. Georg. Leuckfeldi, cum variis diplomatibus et indicibus in unum volumen collecti. Francofurti ad Mœnum ex officina Christiani Genschii, 1707, in-fol., fig. = Fasti Carolini seu rerum a Carolo Magno imperatore gestarum series, etc., excerpti ex opere manuscripto annalium Westphalo-rhenanorum, R. P. Henrici Turkii è soc. Jesu ex museo Conradi Bertholdi Behrens. Francofurti, etc. (ouvrage faisant, avec d'autres, suite au précédent), in-fol., fig.

HENNEBERT. — Histoire générale de la province d'Artois. Lille, veuve Henry, 1786, in-8, 3 vol.

HENSCHENIUS (Godefridus) et PAPEBROCHIUS (Daniel). — Acta Sanctorum aprilis, collecta digesta illustrata. Antwerpiæ Michael Cnobarus, 1675, 2 vol. in-fol., fig. Voir : Acta Sanctorum.

HERMAND (Alexandre). — Histoire monétaire de la province d'Artois et des seigneuries qui en dépendaient. Saint-Omer, Chanvin fils, 1843, in-8, fig.

HEUMANN (Jean). — Commentarii de re diplomatica imperatorum ac regum Germanorum inde a Caroli M. temporibus adornati. Norimbergæ, J. G. Lochner, 1745-1753, in-4, 2 vol., fig. = Commentarii de re diplomatica imperatricum Augustarum ac reginarum Germaniæ. Norimbergæ, J. G. Lochner, 1749, in-4, fig.

HUCHER (E.). — Essai sur les monnaies frappées dans le Maine. Le Mans, Gallienne, 1845, in-4, fig. (Extrait des Mémoires de l'Institut des provinces, t. I.)

> Cet ouvrage, fruit de beaucoup de recherches sur les monnaies du Maine, renferme des appréciations et des classements qui méritent considération. Il est seulement à regretter que sa rédaction n'offre pas la méthode et conséquemment toute la clarté que l'auteur aurait pu sans doute y mettre. Il y a quelques monnaies gravées sur les planches, dont les numéros ne sont pas même relatés dans le texte. Pl. I, nos 14, 15: pl. II, n° 5 ; pl. III, n° 7.
>
> La pl. 1 contient huit monnaies gauloises qui n'ont pas de rapport à l'histoire de la France.
>
> Les pl. 2 à 4 sont obtenues au moyen d'impression des monnaies elles-mêmes contre-calquées sur un papier de couleur épais, ce qui n'offre pas un résultat satisfaisant.

HUCHER (E.), en collaboration avec MM. Lassus, Drouet, Anjubault et L. Charles. — Études sur l'histoire et les monuments du département de la Sarthe. Le Mans, Monnoyer, sans date (1855?) in-8, fig.

HUMPHREYS (Henry-Noel). — The illuminated books of the middle ages, etc., illustrated by—Owen Jones. London, Longman, Brown, Green and Longmans, 1849, in-fol. max°, fig. = The coin collector's manual, etc. London, H. G. Bohn, 1853, in-8, fig.

## I.

IMAGINES quorumdam principum et illustrium virorum. Ri-
tratti di alcuni principi, et huomini illustri. Bologuini Zal-
terij formis. Venetiis, 1568. Domenico Zenoi f. Frontispice
gravé, in-4.

> Ce recueil contient seulement deux portraits français, Catherine de
> Médicis et Charles IX.

INSTITUT NATIONAL des sciences et arts (Mémoires de l'), littérature et beaux-arts, troisième classe. Paris, thermidor
an VI à fructidor an XII, 5 vol. in-4, fig.

INSTITUT ROYAL DE FRANCE (Histoire et Mémoires de l'). —
Classe d'histoire et de littérature ancienne. Paris, 1815 à
1849, 18 vol. in-4, fig. = Mémoires présentés par divers
savants à l'Académie royale des inscriptions et belles-lettres de l'Institut de France. Paris, Imprimerie royale,
1844, 2 vol. in-4, fig. (Voir à Académie des inscriptions
et belles-lettres.)

## J.

JAL (A).—Glossaire nautique. Répertoire polyglotte de termes
de marine anciens et modernes. Paris, Firmin Didot frères,
1848, in-4, fig.

> Cet ouvrage contient un grand nombre de planches représentant
> des sujets relatifs à la marine, gravées sur bois et placées dans le texte.
> Un très-petit nombre ont un intérêt historique. J'en ai relevé seule-
> ment quatre.

JOLIMONT (F. T. de). — Monuments les plus remarquables de
la ville de Rouen, recueillis, lithographiés et décrits par
F. T. de Jolimont. Paris, Leblanc, 1822, in-fol., fig.

JOLIMONT (de). — Description historique et critique et vues
pittoresques, dessinées d'après nature et lithographiées des
monuments les plus remarquables de la ville de Dijon.
Paris, A. Barbier, 1830, in-4, fig.

Journal des choses mémorables advenues durant le règne de Henry III, roy de France et de Pologne. Cologne, Pierre Marteau, 1720, 2 tomes en quatre parties, in-12, fig. = Description de l'isle des hermaphrodites nouvellement découverte, pour servir de supplément au journal de Henri III. Cologne, héritiers de Herman Demen, 1724, in-12, une planche.

Jubinal (Achille). — Les anciennes tapisseries historiées, ou collection des monuments les plus remarquables de ce genre, etc., gravures d'après les dessins de Victor Sansonetti. Paris, l'éditeur de la galerie d'armes de Madrid, 1838, 2 vol. in-fol. max°, oblong, fig. = La Armeria real ou collection des principales pièces de la galerie d'armes anciennes de Madrid. Dessins de M. Gaspard Sensi; texte de M. Achille Jubinal. Paris, au bureau des anciennes tapisseries historiques, 1839, 2 vol. in-fol., fig.

Juenin (Pierre). — Nouvelle histoire de l'abbaye royale et collégiale de Saint-Filibert et de la ville de Tournus. Dijon, Ant. de Fay, 1733, in-4, fig.

Jurain (Claude). — Histoire des antiquitez et prérogatives de la ville et comté d'Aussone. Dijon, C. Guiot, 1611, petit in-8.

## K

Kastner (Georges). — Les danses des morts, dissertations et recherches historiques, philosophiques, littéraires et musicales sur les divers monuments de ce genre qui existent ou qui ont existé tant en France qu'à l'étranger, accompagnés de la danse macabre, etc. Paris, Brandus et compagnie, etc., 1852, in-4, fig.

> Cet ouvrage, qui est rempli de recherches sur la danse des morts ou danse macabre, contient vingt planches où sont gravés des monuments ou des parties de monuments représentant ces danses. La plupart de ces sujets sont tirés de productions des ecoles étrangères, par-

ticulièrement de l'école allemande; peu d'entre eux sont relatifs à
des monuments français, et ils ne sont pas indiqués de façon à pouvoir
préciser où ces monuments existaient et d'où ils ont été copiés. Je
n'ai donc pu faire aucune citation d'après cet ouvrage, tout important
qu'il soit sur ce sujet.

KHEVENHILLER (Franz Chrisoph.). — Annales Ferdinandei
oder Wahrhaffte Beschreibung Kaysers Ferdinandi des
andern, etc. Leipzig, Moriz Georg. Weidmann, 1721-1726,
in-fol., 12 vol.

KLOTZ (Christ. Adolp.). — Historia numorum obsidionalium.
Altenburgi, Richter, 1765, in-12, fig. = Historia numorum contumeliosorum et satyricorum. Altenburgi, Richter,
1765, in-12, fig.

KOHLER (Johann David). — Historischer Münz Belusti-
gung, etc. Nuremberg, Christophe Weigel, 1729-1750,
in-4, 22 vol. fig. = Tables des 22 vol., par Johann Gott-
fried Bernhold. Nuremberg, Christophe Weigel, 1765-
1788, in-4, 2 vol.

KOHNE (Dʳ B. de). — Mémoires de la Société d'archéologie et de numismatique de Saint-Pétersbourg. Saint-
Pétersbourg, Graff. 1847, in-8, fig., 1848, idem. = Uber
die im Russischen Reiche gefundenen abendlandischen
Münzen des x, xi, und xii Jahrhunderts. S. Petersburg,
in der expedition zur anfertigung der Reichs papiere, 1850,
fig. (9 planches.)

# L

LABORDE (le comte Alexandre de). — Les monuments de la
France classés chronologiquement, etc. Paris, P. Didot
l'aîné, 1816-1836, 2 vol. in-fol. max°, fig.

Les nombreuses planches faisant partie de cet ouvrage sont fort
bien gravées; elles ne portent pas de numéros. Le texte contient de
courtes explications numérotées de ces planches. Il en résulte qu'il est
difficile, en lisant un article du texte, de trouver la planche que cet

article concerne, et aussi en regardant une planche, de trouver l'article du texte qui l'explique.

Il y a dans cet ouvrage une erreur dont on ne rencontrerait d'autres exemples que bien rarement.

Deux estampes faisant partie des planches de cet ouvrage, portent en bas : *Vue extérieure de l'arc de Carpentras*. Dans le texte du tome Ier, nº cv, p. 89, se trouve un article détaillé sur cet édifice.

Les deux mêmes estampes, tirées sur les mêmes cuivres faisant aussi partie de l'ouvrage, portent en bas : *Monument antique du moyen âge à Moinas*. Dans le texte du tome II, nº cxvii, p. 1, se trouve un article détaillé sur cet édifice.

Ainsi des estampes parfaitement identiques, tirées sur les mêmes cuivres, mais ayant au bas des légendes différentes, sont expliquées dans le texte comme représentant des monuments différents.

LABORDE (le comte de). — Les ducs de Bourgogne. Études sur les lettres, les arts et l'industrie pendant le xvᵉ siècle, etc., seconde partie, preuves. Paris, Plon frères, 1849-1852, grand in-8, 3 tomes.

Le texte de l'ouvrage n'a pas encore paru.

LABORDE (le comte Léon-Emmanuel-Simon-Joseph de). — Notice des émaux exposés dans les galeries du Musée du Louvre. Paris, Vinchon, 1852, in-8.

Cette notice contient la désignation des émaux de la collection du Musée du Louvre, numérotés 1 à 563. On y trouve une histoire de l'émaillerie, et de nombreuses observations sur cet art et sur les objets formant cette collection.

Notice des émaux, bijoux et objets divers exposés dans les galeries du musée du Louvre. Paris, Vinchon, 1853.

Cette édition contient, pour la partie des émaux, les mêmes désignations que l'édition de 1852. Les objets portent les mêmes numéros. Il y a dans le texte quelques changements.

A la suite des émaux est placée la description de la partie du même Musée contenant les bijoux et objets divers. Ce catalogue commence au nº 564 jusqu'au nº 1164.

Ces désignations ne sont pas accompagnées, comme pour les émaux, d'observations et de discussions ; un avis, placé au commencement, en fait connaître les motifs.

LABORDE (le comte Léon-Emmanuel-Simon-Joseph de). —

Athènes aux xv<sup>e</sup>, xvi<sup>e</sup> et xvii<sup>e</sup> siècles, d'après des documents inédits. Paris, Jules Renouard et compagnie, 1854, grand in-8, 2 vol., fig.

LACORDAIRE (A. L.). — Notice sur l'origine et les travaux des manufactures de tapisserie et de tapis réunies aux Gobelins et catalogue des tapisseries qui y sont exposées. Paris, à la manufacture des Gobelins, 1852, in-12, fig.

LACROIX (Paul) et SERÉ (Ferdinand). — Le Moyen âge et la Renaissance, histoire et description des mœurs et usages, du commerce et de l'industrie, des sciences, des arts, des littératures et des beaux-arts en Europe. Paris, 1848-1851, in-4, fig., 5 vol.

> Les nombreuses planches comprises dans cet ouvrage sont relatives à des monuments de divers pays ; celles qui se rapportent à la France, et spécialement aux notions historiques, en forment la partie principale. Beaucoup des monuments de cette dernière nature représentés dans ces planches avaient été publiés précédemment ; d'autres n'offrent pas un intérêt bien positif au point de vue historique. On y trouve un assez grand nombre de parties de miniatures de manuscrits de la Bibliothèque royale.
>
> Les textes de ce livre et les planches n'ont pas de relations bien précises ; les écrivains et les artistes qui ont concouru à cette publication ne se sont pas toujours entendus pour la disposition et la concordance de leurs travaux.
>
> Je n'ai cité de cet ouvrage que les planches qui m'ont paru devoir être comprises dans mon travail.

LANGLOIS (E. Hyacinthe). — Essai historique et descriptif sur l'abbaye de Fontenelle ou de Saint-Wandrille. Paris, J. Tastu, 1827, in-8, fig. = Essai historique et descriptif sur la peinture sur verre ancienne et moderne, et sur les vitraux les plus remarquables de quelques monuments français et étrangers, suivi de la biographie des plus célèbres peintres-verriers. Rouen, Édouard Frère, 1832, in-8, fig. = Essai sur les énervés de Jumièges et sur quelques décorations singulières des églises de cette abbaye; suivi du

miracle de sainte Bautheuch. Rouen, Édouard Frère,
1838, in-8, fig. = Essai sur la calligraphie des manuscrits
du moyen âge et sur les ornements des premiers livres
d'heures imprimés. Rouen, Éd. Frère et Lebrument,
1841, in-8, fig. = Essai historique, philosophique et pittoresque sur les danses des morts, etc., complété et publié
par André Pottier et Alfred Baudry. Rouen, A. Lebrument, 1851, grand in-8, 2 vol., fig.

La Pise (Joseph de), seigneur de Mancoil. — Tableau de
l'histoire des princes et principauté d'Orange. La Haye,
Théodore Maire, 1639, in-fol., fig. = d°, 1641.

> Cet ouvrage contient des planches représentant des monuments
> antiques, qui n'ont point de rapport à l'histoire de France, et cinq
> portraits dont j'ai cité trois comme seuls authentiques.

La Rue (l'abbé de). — Essais historiques sur la ville de Caen
et son arrondissement. Caen, F. Poisson, 1820, 2 vol.
in-8, fig.

La Saussaye (L. de). — Histoire du château de Blois. Paris,
1840, 1 vol. in-4, fig.

Lasteyrie (Ferdinand de).—Histoire de la peinture sur verre
d'après ses monuments en France. Paris, Firmin Didot
frères, 1853, publié de 1837 à 1853, in-fol., 2 vol., un
de texte et un de planches.

> Cet ouvrage n'a pas été achevé. Il a été publié en 28 livraisons,
> dont chacune contenait 4 planches, sauf la 28e, qui ne contenait que
> des feuilles du texte. Le nombre des planches publiées est donc de 108.
> La plus grande partie de ces planches offrent des sujets figurés.
>
> Le texte contient seulement des discussions relatives à la peinture
> sur verre depuis son origine jusques et y compris le xiiie siècle. Il ne
> donne des explications des planches que jusqu'à celle numérotée 36,
> et il n'est point fait mention des suivantes. Pour la connaissance de
> celles-ci on n'a que les légendes au bas des planches et la table de
> toutes celles qui forment ce volume.

Leake (Stephen Martin). — An historical account of english

money, etc., the third edition. London, B. Faulder, etc., 1793, in-8, fig.

LE BAS (Ph.). — L'univers, Histoire et description de tous les peuples. France. Dictionnaire encyclopédique. Paris, Firmin Didot frères, 1811, in-8, 12 volumes et 3 volumes de planches.

> Les trois volumes de planches représentent des monuments relatifs à la France, et surtout des vues d'édifices. La plus grande partie n'offrent que des reproductions de monuments déjà plusieurs fois publiés. J'en ai indiqué quelques-unes qui représentent des objets qui n'ont pas été donnés dans d'autres ouvrages, ou bien qu'il était utile de mentionner.

LEBER (C.). — Catalogue des livres imprimés, manuscrits, estampes, dessins et cartes à jouer, composant la bibliothèque de M. C. Leber. Paris, Techner, 1839, 3 vol. in-8, fig.

LE BLANC (Fr.). —Traité historique des monnoyes de France avec leurs figures, depuis le commencement de la monarchie jusques à présent. Paris, Charles Robustel, 1690, in-4, fig. Titre imprimé et frontispice gravé.

> Il y a des exemplaires portant le nom de J. Boudot, et d'autres où le titre imprimé manque. Dans ceux-ci le frontispice gravé porte quelquefois une bande de papier collée, sur laquelle est le nom de Jean Jombert.
>
> Il se trouve à la fin du volume, page 400, une planche contenant des monnaies diverses, qui n'est pas la même dans tous les exemplaires.

LE BLANC (Fr.). — Dissertation historique sur quelques monnoyes de Charlemagne, de Louis le Débonnaire, de Lothaire et de leurs successeurs, frapées (sic) dans Rome. Paris, J. B. Coignard, 1689, in-4, fig.

L'ÉCHAUDÉ D'ANISY. — Extrait des chartes et autres actes normands ou anglo-normands qui se trouvent dans les archives du Calvados. Caen, l'auteur, 1834-35, 2 vol. in-8 et atlas in-4, lithogr.

Le Clerc. — Histoire des Provinces-Unies des Pays-Bas, depuis la naissance de la république jusqu'à la paix d'Utrecht et le traité de la Barrière conclu en 1716. Amsterdam, Z. Chatelain, 1728, in-fol., 3 vol. A la fin du troisième volume est un recueil intitulé : Explication historique des principales médailles frappées pour servir à l'histoire des Provinces-Unies des Pays-Bas, sans nom d'auteur. Amsterdam, L'Honoré et Chatelain, 1723, in-fol., fig.

L'auteur anonyme de ce recueil de médailles adresse, dans sa préface, quelques reproches à Bizot, qui avait publié précédemment son histoire métallique de la Hollande. Il expose qu'il a publié, lui, un plus grand nombre de médailles que Bizot, et qu'il les a expliquées d'une manière plus liée à la marche historique des événements. Il se fait un mérite, et avec raison, d'avoir admis dans son recueil des médailles frappées par les ennemis des Provinces-Unies. Enfin, il fait ressortir le peu d'ordre qu'il y a dans l'ouvrage de Bizot pour le rapport entre les planches et le texte, défaut qu'il a cherché à éviter, en plaçant les explications en face des planches auxquelles elles se rapportent.

Lecointre-Dupont (M.). — Essai sur les monnaies frappées en Poitou, et sur l'histoire monétaire de cette province. Poitiers, F. A. Saurin, 1840, in-8, fig. = Lettres sur l'histoire monétaire de la Normandie et du Perche. Paris, J. B. Dumoulin, 1846, in-8, fig.

Lefebvre, prêtre de la doctrine chrétienne. — Histoire générale et particulière de la ville de Calais et du Calaisis. Paris, G. Fr. De Bure le jeune, 1766, 2 vol. in-4, fig.

Le Glay (A.). — Recherches sur l'église métropolitaine de Cambray, Paris, 1825, in-4, fig.

Lelewel (Joachim). — Numismatique du moyen âge, considérée sous le rapport du type; accompagnée d'un atlas, composé de tables chronologiques, de cartes géographiques et de figures de monnaies, gravées sur cuivre. Ouvrage publié par Joseph Straszéwicz. Paris, l'éditeur, 1835, 2 vol., 3 parties in-8, fig., atlas in-8, oblong.

Cet ouvrage, remarquable sous le rapport de l'érudition et de l'utilité dont il peut être à ceux qui s'occupent de la numismatique du moyen âge, présente, par la forme de sa rédaction, des difficultés pour le classement et l'indication des monnaies représentées sur les planches placées dans le texte, et aussi sur celles de l'atlas. L'auteur s'est principalement servi de ces planches pour appuyer ses idées sur les explications des types en général, mais sans exposer ces recherches d'après un classement quelconque des monnaies figurées. Aucune table de ces monnaies en un ordre quelconque n'existe dans l'ouvrage. Les planches sont également sans classification.

Pour avoir le relevé de ces monnaies suivant l'ordre de leurs attributions, il faudrait faire un extrait de ce livre dans cet ordre, lequel serait lui-même un livre différent. Ce relevé n'aurait pas présenté d'utilité réelle pour le but de mon travail, et ces planches n'offrent en général que des monnaies déjà publiées par d'autres auteurs. La partie de l'ouvrage qui concerne la France est composée de monnaies des deux premières races, et des seigneurs et barons. Le tout s'élève à environ trois cents monnaies, dont une grande partie sont des monétaires.

D'après ces considérations, j'ai dû renoncer à donner les indications des monnaies gravées dans les planches de cet ouvrage, et je me borne à signaler ici ce travail bien connu et fort apprécié d'ailleurs par tous ceux qui s'occupent de la numismatique du moyen âge.

Le Long (Jacques). — Bibliothèque historique de la France, contenant le catalogue des ouvrages imprimés et manuscrits, qui traitent de l'histoire de ce royaume, ou qui y ont rapport; avec des notes critiques et historiques, par feu Jacques Le Long, prêtre de l'Oratoire, bibliothécaire de la maison de Paris. Nouvelle édition revue, corrigée et considérablement augmentée par M. Fevret de Fontette, conseiller au parlement de Dijon. Paris, J. T. Hérissant, 1768-1778, 5 vol. in-fol.

Voir t. I, p. 249.

Lenoir (Alexandre). — Musée des monuments français, ou description historique et chronologique des statues en marbre et en bronze, bas-reliefs et tombeaux des hommes et des femmes célèbres, pour servir à l'histoire de France

et à celle de l'art, etc. Paris, Guilleminet, an ix, etc. (1800-
1821), 8 tomes in-8, fig. — Plus le t. II réimprimé avec le
même texte corrigé et augmenté en certaines parties.

> Les planches de ce tome II sont les mêmes, sauf une seule diffé-
> rence : c'est la planche n° 85, représentant le tombeau de Louis XII.
> Dans le volume II de première impression de l'an x (1801), cette
> planche est, comme les autres de ce volume, de grandeur in-8. Dans
> le même volume II réimprimé, qui est sans date, cette planche est
> in-4, carrée et non numérotée. L'ouvrage, pour être complet, doit
> donc être formé de huit tomes, neuf volumes.
>
> Cet ouvrage avait pour base et but principal la description raisonnée,
> avec planches, du Musée des Monuments français, dont Al. Lenoir
> avait été le fondateur et l'administrateur. Les planches contiennent
> divers monuments qui ne sont pas relatifs à l'histoire de France, mais
> qui sont grecs, romains et celtiques, qui faisaient partie de ce Musée,
> et qui ont été principalement cités dans le premier volume. J'ai relevé
> dans cet ouvrage tous les monuments gravés relatifs à l'histoire de
> France, c'est-à-dire la presque totalité de ceux représentés dans ces
> planches. Voir t. I, p. 254.

LENOIR (Alexandre). — Histoire des arts en France, prouvée
par les monuments; suivie d'une description chronologique des statues en marbre et en bronze, bas-reliefs et
tombeaux des hommes et des femmes célèbres, réunis au
Musée impérial des monuments français. Paris, Hacquart,
1810, in-4. = Musée impérial des monuments français,
Recueil de gravures pour servir à l'histoire des arts en
France, prouvée par les monuments. Paris, Hacquart,
1811, in-fol. max°, 164 planches.

> Ce recueil de planches n'est point ordonné d'une façon conforme
> au texte de l'ouvrage. La description des planches, qui est placée en
> tête, indique pour celles-ci des numéros qui ne sont point sur ces
> planches. Cette description renvoie aux pages du volume de texte in-4
> pour les explications, et ce texte ne porte point les numéros indi-
> qués dans la description, mais les numéros des monuments dans le
> catalogue du Musée des Monuments français. Il en résulte de la con-
> fusion et des difficultés pour consulter cet ouvrage.
>
> J'ai suivi pour l'indication des planches la description placée à la
> tête du recueil.

Lenoir (Alexandre). — Monuments des arts libéraux, méca-
niques et industriels en France, depuis les Gaulois jusqu'au
règne de François I$^{er}$, etc. Paris, J. Techener, 1840,
in-fol. magno, avec planches numérotées 1 à 45, et une
planche 14 bis; total 46.

> Les planches de cet ouvrage représentent un grand nombre de
> monuments de diverses natures, dont la presque totalité ont un in-
> térêt historique, mais qui, presque tous, avaient été déjà reproduits
> dans d'autres ouvrages et même dans ceux de l'auteur. Quelques-uns
> sont ici rendus avec plus d'exactitude.
>
> Plusieurs monuments, principalement des miniatures, ne sont pas
> suffisamment désignés. La partie de la numismatique ne contient que
> des souvenirs de ce qui est dans d'autres ouvrages.
>
> Quant au texte, il contient des renseignements dont quelques-uns
> sont utilement réunis. L'auteur expose qu'il ne s'est pas astreint à
> suivre l'ordre exact résultant des dates des monuments, mais qu'il a
> suivi plutôt la marche de l'histoire. Cela ne s'explique pas facilement,
> car l'histoire sans classification chronologique n'offre pas d'enseigne-
> ments utiles.
>
> J'ai indiqué ceux des monuments gravés dans cet ouvrage qui ont
> été peu ou moins bien reproduits ailleurs, et pour lesquels ces indi-
> cations pouvaient être nécessaires.

Lenoir (Albert). — Statistique monumentale de Paris, atlas,
publié par les ordres du roi et par les soins de M. le ministre de l'instruction publique, in-fol. max°, livraisons 1
à 31.

Le Prince (Nic. Th.). — Tableau historique de la Bibliothèque du roi et des différents dépôts qui la composent, etc.
Paris, Belin, 1782, in-12.

> Ce volume ne contient aucune planche, mais il renferme divers
> renseignements utiles que j'ai mentionnés.

Le Roux de Lincy (Antoine-Jean-Victor).—Histoire de l'hôtel de ville de Paris. Ouvrage orné de huit planches dessinées et gravées sur acier, par Victor Calliat. Paris, J. B. Dumoulin, 1846, in-4, fig.

L'Estoile (Pierre de).

La première édition du Journal de Henri III, par cet auteur, a paru en 1621 sous le nom d'un audiencier de la chancellerie de Paris. Cet ouvrage a eu depuis plusieurs éditions, dont quelques-unes ont des planches. Voici les titres de celles de ces éditions que j'ai citées.

L'Estoile (Pierre de). — Mémoires pour servir à l'histoire de France, depuis 1515 jusqu'en 1611 (par Pierre de L'Estoile). Cologne, les héritiers de Herman Demen, 1719, in-12, 2 vol., fig.

Le tome I va jusqu'en 1589, et le tome II jusqu'en 1611.

Cet ouvrage contient trente-trois portraits et un frontispice qui est une composition sans valeur historique.

L'Estoile (Pierre de). — Journal des choses mémorables advenues durant le règne de Henry III, roy de France et de Pologne. Cologne, héritiers de Pierre Marteau, 1720, in-12, 2 tomes ayant chacun deux parties.

Cette édition contient onze des trente-trois portraits de l'édition des héritiers de Herman Demen de 1719, et de plus les deux planches suivantes :

Figures de deux satyres d'argent trouvées dans le bois de Vincennes, 1589.

Assassinat d'Henri III, mort et exécution de Jacques Clément, 1589.

Ces planches sont indiquées à leurs dates.

L'Estoile (Pierre de). — Journal de Henri III, roy de France et de Pologne, ou Mémoires pour servir à l'histoire de France, nouvelle édition, etc. (le tout publié sous la direction de Lenglet du Fresnoy). La Haye et Paris, veuve de Pierre Gaudouin, 1744, petit in-8, 5 vol., fig.

L'Estoile (Pierre de). — Recueil d'estampes et de dessins relatifs aux événements et aux personnages du temps de la Ligue, formé par cet écrivain, et portant le titre suivant : Les belles figures et drolleries de la Ligue, avec les peintures, placcars et affiches iniurieuses et diffamatoires contre

la mémoire et honneur du feu roy, que les Oisons de la
Ligue apelaient HENRI de Valois, imprimées, criées, pres-
chées et vendues publiquement à Paris par tous les endroits
et quarrefours de la ville, l'an 1589. Desquelles la garde
(qui autrement n'est bonne que pour le feu) tesmoignera
à la Postérité la meschanceté, vanité, Folie et Imposture
de ceste Ligue infernale, et de combien nous sommes
obligés a nostre bon roy qui nous a deliurés de la servitude
et Tirannie de ce monstre. Recueil in-fol. max°, car-
tonné. On lit au dos : LA LIGUE, 1590.

Pierre de L'Estoile avait formé un recueil contenant des estampes,
des dessins et des imprimés, placards, avis, etc., relatifs aux événements de 1588 à 1594. (Voir collection complète des mémoires relatifs à l'histoire de France, par Petitot, t. XLV. P. de L'Estoile, t. I,
p. 42.) L'éditeur de cette collection dit que ce recueil contient quarante-six pièces, ce qui est une erreur, ainsi que l'on va le voir.

P. de L'Estoile faisait grand cas de ce recueil; il le portait quelquefois avec lui dans ses voyages ou lorsqu'il allait à la campagne.
(Idem, t. XLVIII. P. de L'Estoile, t. IV, p. 11.)

Dans quelques passages de son ouvrage, il parle de diverses estampes qu'il avait achetées et en indique même les prix. (Voir entre
autres passages : Journal, t. V, p. 81, 3 juillet 1610.)

Il paraît positif que ce recueil avait été donné avec les manuscrits
de P. de L'Estoile à l'abbaye de Saint-Acheul, près d'Amiens, par un
de ses petits-fils, Pierre de Poussemothe de L'Estoile, chanoine régu-
lier et abbé de Saint-Acheul depuis 1667 jusqu'en 1718. (Voir Lelong, t. V, p. 16.)

Ce volume, égaré ou vendu à l'époque de la destruction des maisons religieuses, après la révolution de 1789, fut trouvé par MM. de
Bure, libraires, et vendu par eux à la Bibliothèque royale il y a environ trente ans. Il est placé dans le département des imprimés.

En examinant ce volume, on reconnaît qu'il était formé primitive-
ment de quarante-six feuillets numérotés I à XLVI, sur lesquels sont
collés irrégulièrement et avec peu de soins, tant au recto qu'au verso,
des estampes, des dessins et des imprimés, placards, avis, etc. Les
estampes sont au nombre de soixante-seize pièces, et les dessins au
nombre de six. Le dos de ce volume primitif a été conservé; il est
placé au commencement du volume actuel; il porte en haut : DIVERSES
PIÈCES, et au-dessous le monogramme S. A. (Saint-Acheul.)

Les quarante-six feuillets sur lesquels sont collées les pièces formant ce précieux volume contiennent des notes écrites par P. de L'Estoile lui-même, ainsi que le titre ci-dessus qui est au recto du premier feuillet.

Le volume actuel est formé de soixante feuillets blancs plus grands que ceux du recueil primitif; ceux-ci y ont été intercalés. Le tout est précédé d'une notice manuscrite rédigée sans doute à l'époque de la vente du volume par MM. de Bure, à la Bibliothèque royale.

J'ai cru devoir faire cet examen et donner ces détails pour un recueil qui est d'une grande importance, par cette singularité qu'il offre d'un historien ayant réuni des estampes et des dessins relatifs à l'histoire de son temps qu'il publiait. Il a consigné dans ses écrits le cas qu'il faisait de ces monuments figurés, qui sont d'une époque si curieuse de l'histoire de notre pays, et il a joint aux épreuves formant ce recueil des notes explicatives de sa main.

Il est nécessaire de dire ici que la plus grande partie des estampes qui se trouvent dans ce volume sont fort rares, comme presque toutes celles de cette nature et de cette époque. Mézerai dit qu'en 1594 Jean Seguier d'Autry, lieutenant civil, faisait brûler tous les libelles, avec rigoureuse défense d'en plus imprimer ni d'en garder aucun. (Abrégé chronolog., édit. d'Amsterdam, 1696, t. VI, p. 116.)

J'ai cité et décrit toutes les estampes et les dessins de ce volume, en indiquant qu'ils existent dans le recueil formé par P. de L'Estoile, et j'ai rapporté ce que les notes écrites par lui contiennent d'important relativement à ces estampes et dessins.

Il y a dans les pièces imprimées, collées dans ce recueil, des choses intéressantes sous le rapport des notions historiques que l'on en peut tirer. Mais cela n'entre pas dans la nature de mon travail, et il suffit ici d'appeler sur ce curieux volume l'attention des historiens.

LEVASSOR (Michel). — Histoire du règne de Louis XIII, roi de France et de Navarre. Amsterdam, P. Brunet, 1701-1711, 10 tomes divisés chacun en deux parties in-12, fig.

Cet ouvrage, outre divers portraits que j'ai indiqués, contient quelques portraits de personnages étrangers à la France, et neuf frontispices gravés. Le tome II seul n'en a point. Ces petites estampes sont sans intérêt historique.

LOBINEAU (dom Gui-Alexis), religieux bénédictin de la congrégation de Saint-Maur. — Histoire de Bretagne com-

posée sur les titres et les auteurs originaux. Paris, L. Guérin, 1707, 2 vol. in-fol,, fig.

> Les premières planches de cet ouvrage, au nombre de 13, ont été
> placées de nouveau dans l'histoire ecclésiastique et civile de Bretagne,
> par dom Morice et dom Taillandier. Les vingt-deux planches re-
> présentant des sceaux placées à la fin du deuxième volume ont été
> également reproduites dans les preuves à l'histoire de Bretagne par
> dom Morice.

Lodge (Edmund). — Portraits of illustrious personages of
Great Britain engraved from authentic pictures, etc. London, Lackington, etc., 1821-1834, in-fol., 4 vol., fig.

Longpérier (Adrien de). — Notice des monnaies françaises
composant la collection de M. J. Rousseau, accompagnée
d'indications historiques et géographiques, et précédées
de considérations sur l'étude de la numismatique française.
Paris, chez M. Rousseau, 1847, in-8, fig.

Luckius (Joannes Jacobus). — Sylloge numismatum elegan-
tiorum quæ diversi impp : reges, principes comites respu-
blicæ diversas ob causas ab anno 1500 ad annum usq.
1600 cudi fecerunt. Argentinæ, typis Reppianis, 1620,
in-fol., fig., frontispice gravé.

## M

Mabillon (Jean). — De re diplomatica libri vi. Lutetiæ Parisiorum, V. L. Billaine, 1681, in-fol., fig. = Librorum de
re diplomatica supplementum. Lutetiæ Parisiorum, C. Robustel, 1704, in-fol., fig.

> L'édition de Naples, V. Ursini, 1789, contient les mêmes planches,
> L'appendix a de plus les planches de quatre sceaux ou monnaies qui
> ne sont pas relatifs à la France.

Mabillon (dom Jean) et Martene (dom Edmond), religieux
bénédictins de la congrégation de Saint-Maur. — Annales
ordinis S. Benedicti occidentalium monachorum patriar-

chæ. Lutetiæ Parisiorum, C. Robustel, 1703-1739, 6 vol. in-fol.

MADER (Joseph). — Kritische Beitraege zur Münzkunde des Mittelalters. Prag., 1803-1813, in-8, 6 vol., fig.

> Les planches de cet ouvrage ne sont pas toutes numérotées; mais chaque monnaie gravée sur ces planches a un numéro successif pour chaque volume.
>
> J'ai extrait de cet ouvrage les monnaies françaises qui s'y trouvent en assez grand nombre.

MALLAY (M. . . . . . . . ). — Essai sur les églises romanes et romano-byzantines du département du Puy-de-Dôme. Moulins, P. A. Desrosiers, 1841, in-fol., fig.

MALLET (Allain Manesson). — Description de l'univers contenant les différents systèmes du monde, etc. Paris, Denys Thierry, 1683, 5 vol. in-8, fig.

MALLET (Fernand) et le docteur RIGOLLOT. — Notice sur une découverte de monnaies picardes du XIᵉ siècle. Extrait des mémoires de la Société des antiquaires de Picardie. Amiens, Alfred Caron, 1841, etc., in-8, fig.

> Cet opuscule, qui contient quatre-vingt-trois pages de texte et neuf planches, est rédigé de façon à rendre assez difficile le classement des attributions des monnaies gravées sur les planches. Pour quelques-unes de ces monnaies, je n'ai même pas trouvé d'indications dans le texte.

MANTELLIER (P.). — Notice sur la monnaie de Trévoux et de Dombes. Paris, Rollin, 1844, in-8, fig.

MANUFACTURE DES GOBELINS. Voir : LACORDAIRE (A. L.).

MARCHAL (J.). — Inventaire des manuscrits de l'ancienne Bibliothèque royale des ducs de Bourgogne. Bruxelles et Leipzig, C. Muquart, 1840, in-4.

> Cet inventaire se trouve aussi dans le catalogue ci-après :
>
> Catalogue des manuscrits de la bibliothèque royale des ducs de Bourgogne, publié par ordre du ministre de l'intérieur. Résumé his-

torique ; répertoire méthodique. Bruxelles et Leipzig, C. Muquardt, 1842, in-4. 3 vol., fig., savoir :

Tome 1. Résumé historique. — Inventaire n° 1 à 18 000.

Tome 2. Répertoire méthodique. — Première partie.

Tome 3. Répertoire méthodique. — Deuxième partie.

Il a été fait mention dans l'introduction de l'importance des manuscrits à miniatures ayant rapport à la France, qui font partie de la bibliothèque des ducs de Bourgogne, conservée à Bruxelles (t. I, p. 359.) On y a vu l'indication de l'ouvrage dont le titre vient d'être donné et dont le bibliothécaire, M. J. Marchal, fut chargé.

Ce travail fut divisé en deux parties : 1° l'inventaire contenant la simple indication des manuscrits en ordre numérique ; 2° le répertoire méthodique contenant des indications un peu plus détaillées des manuscrits dans l'ordre de la classification des matières.

Par suite d'un changement de dispositions de l'impression, l'inventaire fut d'abord publié seul et tiré à 1200 exemplaires ; ensuite le répertoire méthodique fut tiré à 600 exemplaires, et l'on y inséra de nouveau l'inventaire dans le premier volume. C'est ce qui forme l'ensemble de cette publication.

Mais elle n'a pas été achevée ; jusqu'à présent il n'y a de publié que les volumes indiqués en tête de cet article.

M. J. Marchal a cru devoir adopter pour le catalogue de cette bibliothèque un système de classement différent de celui qui est généralement usité. On peut voir dans l'ouvrage quels ont été ses motifs. La classification qu'il a adoptée se divise en quatre parties, qui sont la polygraphie, l'histoire, la sociabilité et la théologie. Les deux premières parties sont comprises dans les tomes II et III. Les deux dernières n'ont donc pas été publiées.

Les indications de l'inventaire ne consistent qu'en une seule ligne ; celles du répertoire méthodique, quoiqu'un peu plus détaillées, sont loin d'être suffisantes sous quelques points. On peut dire, entre autres choses, que les matières sur lesquelles sont écrits les manuscrits ne sont pas indiquées.

Il se trouve dans ces volumes des fautes d'impression de diverses natures, qui font craindre des erreurs dans la rédaction.

Mais ce qui est à regretter, pour la partie des miniatures, c'est que leurs indications sont insuffisantes sous deux rapports. En premier lieu, la brièveté de ces indications ne permet pas de se faire une idée, même approximative, de ce que sont ces peintures sous les rapports de ce qu'elles représentent et de leur mérite artistique. En second lieu, l'auteur a exprimé ces indications dans un style et avec des lo-

cutions peu intelligibles, à moins d'en avoir la clef, qu'il n'a pas donnée. Pour en faire juger, voici quelques-unes de ces descriptions :

« N° 9001. Miniatures colomnales en toutes couleurs et d'or, celles
des iconismes sont en colombier de six sur fond tapissé. Les nombreux
iconismes sont vignetés et macaronisés, les initiales sont alternes,
tréflées et d'or. Il y a des lames, des têtières, des cadrats, etc., de
même, t. II, p. 128.

« N° 9033. Miniatures paginales et quelques-unes colomnales, en
toutes couleurs, sur fond perspectivé; magnifiques initiales alternes,
tréflées et d'or avec de riches gerbures, t. II, p. 210.

« N° 9634. Miniatures colomnales sur fond tapissé, en toutes couleurs et d'or. Initiales alternes, tréflées et d'or, rubanées en chauve-
souris et à vignettes claires, t. II, p. 115. »

On peut juger par ces citations que ces descriptions sont difficiles à
comprendre, même pour les hommes livrés à l'étude des manuscrits à
miniatures.

Au reste, le travail de M. Marchal a été apprécié de diverses manières par les écrivains qui en ont fait mention. (Voir : les Ducs de
Bourgogne, etc, par le comte de Laborde, deuxième partie, t. I,
p. LXXXIV.)

Les manuscrits à miniatures de la bibliothèque de Bourgogne forment une collection fort importante au point de vue qui nous occupe ; elle devait tenir une place dans mon travail. Il eût fallu aller
passer à Bruxelles le temps nécessaire pour décrire, au moins d'une
manière sommaire, environ cinq cents manuscrits. Ainsi qu'il a été
déjà dit dans l'Introduction, je n'ai pu faire ce long examen. J'ai
donc dû me borner à donner les simples indications convenables à la
nature de mon travail. Mais ce ne sont que des indications bien insuffisantes. Elles sont très-succinctes pour les manuscrits mentionnés
dans le répertoire méthodique, et plus courtes encore pour ceux des
deux parties de ce répertoire non publiées et que l'on ne peut trouver que dans l'inventaire.

MARCHANT (le baron). — Lettres sur la numismatique et l'histoire annotées par MM. Ch. Lenormant, etc. Paris, Leleux,
1851, in-8, fig.

MARIETTE (P. J.). — Traité des pierres gravées. Recueil des
pierres gravées du cabinet du roy. Paris, l'auteur, 1750,
in-4, 2 vol., fig.

**Marlès** (J. de). — Paris ancien et moderne, ou Histoire de France divisée en douze périodes appliquées aux douze arrondissements de Paris, etc. Paris, Parent-Desbarres, 1837-1838, in-4, 4 vol., fig.

> Parmi les planches de cet ouvrage, un petit nombre seulement offrent de l'intérêt sous le rapport de l'histoire.

**Marlot** (le R. ·P dom Guillaume). — Histoire de la ville, cité et université de Reims, métropolitaine de la Gaule Belgique. Reims, L. Jacquet, 1843-46, 4 vol. in-4, fig.

**Marrier** (Martinus). — Monasterii regalis S. Martini de campis Paris. ordinis cluniacensis historia. Parisiis, Seb. Cramoisy. 1637, petit in-4, fig.

> Il y a une édition de 1636.

**Martene** (D.) et D. **Durand**; voir : Voyage littéraire de deux religieux, etc.

**Martin** (Arthur) et Charles **Cahier** (les P. P.). — Monographie de la cathédrale de Bourges. Première partie; vitraux du XIII$^e$ siècle. Paris, M. Poussielgue-Rusand, 1841-1844, in-fol. max°, fig.

> Cet ouvrage contient, outre la série de trente-trois planches représentant les vitraux de cette cathédrale, vingt planches représentant soit des détails de ces vitraux, soit des vitraux d'autres édifices religieux ; ces vingt planches portent l'indication : *pl. étude*. Il y a de plus vingt autres planches représentant des mosaïques, bordures, grisailles et une qui offre deux sujets d'usages civils.
>
> Cet ouvrage n'a pas été fourni également complet et dans les mêmes conditions à tous les souscripteurs, comme on peut le voir page 304.

**Mélanges** publiés par la Société des bibliophiles français. — Jeux de cartes tarots et de cartes numérales du XIV° au XVIII$^e$ siècle, représentés en 100 planches d'après les originaux. Paris, Crapelet, 1844, in-fol., fig. ·

> Cet ouvrage est de M. Jean Duchesne aîné.

**Mémoires de Condé** (Louis de Bourbon, premier du nom,

prince de), servant d'éclaircissement et de preuves à l'histoire de M. de Thou, enrichis d'un grand nombre de pièces (par Den. Fr. Secousse), augmentés d'un supplément (par Lenglet du Fresnoy). Londres et Paris, 1743-1745, 6 vol. in-4, fig.

> Les planches de cet ouvrage ont été reproduites dans un recueil faisant suite à l'histoire de France de Velly, Villaret et Garnier, intitulé : Collection des portraits des hommes illustres, etc. Paris, 1778-86, in-4, 8 volumes. Il faut cependant noter que les deux portraits suivants ne s'y trouvent pas.
>
> Louis de Bourbon, I$^{er}$ du nom, prince de Condé, mort le 13 mars 1569, — François de Lorraine, duc de Guise, mort le 24 février 1563.

MÉMOIRES de la régence de S. A. R. Mgr le duc d'Orléans durant la minorité de Louis XV, roi de France (par le chevalier de Piossens). Lahaye (Rouen)? J. Van Duren, 1730, 3 vol. in-12.

MÉMOIRES de la Société d'archéologie et de numismatique de Saint-Pétersbourg, par Kœhne.

MENESTRIER (Claude-François). — Histoire civile ou consulaire de la ville de Lyon. Lyon, J. B. et Nicolas de Ville, 1696, in-fol., fig.

MERCURE FRANÇOIS (le) ou la suite de l'histoire de la paix, commençant l'an MDCV pour suitte du septenaire de Cayet, et finissant au sacre du très chrestien roy de France et de Navarre Loys XIII. Paris, Richer, 1611, continué jusqu'en 1648, 25 vol. in-8, fig.

> Cet ouvrage est la suite de la chronologie novenaire et de la chronologie septenaire de Victor Palma Cayet.

MERCURE GALANT et MERCURE DE FRANCE, depuis 1672 jusqu'en 1792, in-12, fig., savoir :

### Mercure galant.

| | |
|---|---|
| 1672. . . . . . . . . . . | 1 vol. |
| 1673 et 1674. . . . . . . . . | 5 |
| 1677. . . . . . . . . . | 10 |
| 1678 à 1716, y compris 24 volumes de différentes relations. . . . . . | 509 |
| Extraordinaires, par quartiers, 1678-1685. . . . . . . . . | 33 |
| Affaires du temps. . . . . . | 13 |
| | 571 |

### Mercure de France.

| | |
|---|---|
| 1717 à juin 1778, qui se relient deux en un. . . . . . . . . | 603 |
| Juin 1778 au 15 décembre 1792 (n° 49). | 174 |
| Total. Volumes in-12. . . . | 1348 |

Tous les exemplaires qui se trouvent dans les bibliothèques sont plus ou moins incomplets de parties du texte et surtout de planches.

Pour parvenir à avoir les indications de toutes les planches contenues dans ce nombreux recueil, j'ai dû parcourir quatre exemplaires différents.

Dans une des bibliothèques de Paris, il existe deux exemplaires placés, depuis longtemps, l'un dans la bibliothèque communiquée au public, l'autre dans les livres doubles en réserve. Ce dernier exemplaire est plus complet que l'autre.

MESSAGER des sciences et des arts, recueil publié par la Société royale des beaux-arts et des lettres, et par celle d'agriculture et de botanique de Gand. Gand, de Goesin Verhaegue, in-8, fig. 1823 à 1830. = Messager des sciences et des arts de la Belgique, ou nouvelles Annales historiques, littéraires et scientifiques; recueil publié par MM. F. de Reiffenberg, etc. Gand, D. J. Vanderhaegen, in-8, fig., 1833 et années suivantes.

MEZERAY (F. E. de). — Histoire de France depuis Pharamond

jusqu'à maintenant, œuvre enrichie de plusieurs belles et
rares antiquitez, etc. Paris, Mathieu Guillemot, 1643-
1651, in-fol., 3 vol., fig.

> Les portraits et les médailles qui sont placés dans le tome I, et qui
> vont jusqu'au règne de Charles VI, sont imaginaires; je ne les ai pas
> mentionnés. J'ai indiqué les planches de cet ouvrage à partir du
> commencement du règne de Charles VII, quoique parmi les médailles
> il y ait encore des pièces imaginaires.
>
> Les portraits de reines placés dans cette édition ont été donnés de
> nouveau dans l'ouvrage intitulé : Les portraits des reines de France,
> par Henri Capitain, in-fol. — Lelong, t. II, n° 24 991.

MICHAUD. — Histoire des croisades. Paris, L. G. Michaud,
1817-1822, in-8, 7 vol.

> Le cinquième volume contient une courte notice intitulée : Cata-
> logue de la collection des médailles des princes croisés, etc., par Cou-
> sinery, avec quatre planches.

MIGIEU ( le marquis de). — Recueil des sceaux du moyen
âge, dits sceaux gothiques. Paris, Ant. Boudet, 1779,
in-4, fig.

> Ce recueil a été réellement publié par l'abbé Boullemier. Le mar-
> quis de Migieu avait seulement fait les frais de cette publication. Voir :
> Mémoires de l'Académie des sciences, arts et belles-lettres de Dijon.
> Années 1828-1829, p. 299.

MILLIN (Aubin-Louis). — Magasin encyclopédique ou Journal
des sciences, des lettres et des arts, rédigé par Millin, Noel
et Warens. Paris, l'an III (1795), in-8, fig., 1795 à 1816,
122 vol.

> A dater de l'an IV (1796), seconde année, le titre porte : rédigé
> par A. L. Millin.

MILLIN (Aubin-Louis). — Antiquités nationales ou Recueil
de monuments pour servir à l'histoire générale et particulière de l'empire français, etc. Paris, Drouhin, 1790,
an VII, 5 vol. in-4, fig.

> Voir t. I, p. 253.

MILLIN (Aubin-Louis). — Voyage dans les départements du

midi de la France. Paris, Imprimerie impériale, 1807-1811, 4 vol. (le quatrième en deux parties) in-8 et atlas in-4.

MOLINET (le R. P. Claude du). — Le cabinet de la bibliothèque de Sainte-Geneviève, etc. Paris, Ant. Dezallier, 1692, in-fol., fig.

MONFALCON (J. B.). — Histoire de la ville de Lyon. Lyon, Guilbert et Dorier, 1847, grand in-8, 2 vol., fig.

MONUMENS de l'église de Sainte-Marthe à Tarascon, département des Bouches-du-Rhône, avec un essai sur l'apostolat de sainte Marthe et des autres saints tutélaires de Provence, sans nom d'auteur. Tarascon, Élisée Aubanel, 1835, in-8, fig.

MONTFAUCON (D. Bernard de). — L'antiquité expliquée et représentée en figures. Paris, Delaulne, 1719, in-fol., 5 tom. en 10 vol., fig. — Supplément. Paris, 1724, in-fol., 5 v., fig.

MONTFAUCON (D. Bernard de). = Les monumens de la monarchie françoise qui comprennent l'histoire de France, avec les figures de chaque règne, que l'injure des temps a épargnées. Paris, Gandouin et Giffart, 1729-33, 5 vol. in-fol., fig.

Voir t. I, p. 244.

MONTFAUCON (don Bernard de). — Thresor des antiquitez de la couronne de France, représentées en figures d'après leurs originaux, etc.—Collection très-importante de plus de trois cents planches, et de très-grande utilité pour l'intelligence parfaite de l'histoire de France, etc., etc. La Haye, Pierre de Hondt, 1745, in-fol., 2 tom. en 1 vol., fig.

C'est un recueil formé des planches de l'ouvrage précédent, auxquelles est jointe une table des sujets représentés sur ces planches. Les articles de cette table pour chaque planche sont convenablement rédigés. Il faut seulement indiquer que ces notices, pour les articles relatifs aux guerres de religion, ont été écrites dans un esprit différent de celui de l'auteur de l'ouvrage original.

MORAND (Sauveur-Jérôme). — Histoire de la Sainte-Chapelle

royale du Palais. Paris, Clousier et Prault, 1790, in-4, fig.

MORELLET, BARAT, E. BUSSIÈRE. — Le Nivernois, album historique et pittoresque. Nevers, E. Bussière, 1838-1840, grand in-4, 2 vol., fig. et atlas, d°.

> Parmi les planches de cet ouvrage, quelques-unes représentent des monuments historiques ; je les ai indiquées. Il s'en trouve trois : les n°s 103, 104 et 105, qui représentent diverses sculptures figurées, sans désignations suffisantes sur les planches ni dans le texte, et que j'ai dû conséquemment omettre.

> On voit aussi dans cet ouvrage des écussons d'armoiries sans indications précises ni suffisantes, des portraits copiés sur des estampes du temps, et enfin des compositions modernes sur des faits historiques. Je n'ai pas pu admettre ces diverses indications.

MORICE (dom Hyacinthe), religieux bénédictin de la congrégation de Saint-Maur. — Mémoires pour servir de preuves à l'histoire ecclésiastique et civile de Bretagne. Paris, C. Osmont, 1742-1746, 3 vol. in-fol., fig.

> Les planches placées dans cet ouvrage à la fin des 1er et 2e volume, et représentant des sceaux, sont en partie celles qui avaient servi à l'histoire de Bretagne de dom Lobineau, et qui y sont placées à la fin du tome II.

MORICE (dom Pierre-Hyacinthe) et TAILLANDIER (dom Charles), religieux bénédictins de la congrégation de Saint-Maur. — Histoire ecclésiastique et civile de Bretagne. Paris, Delaguette, 1750-1756, 2 vol. in-fol., fig.

> La plupart des planches de cet ouvrage, au nombre de 13, avaient été déjà placées dans l'histoire de Bretagne, par dom Lobineau.

MORIN (H.). — Numismatique féodale du Dauphiné. Paris, Rollin, 1854, in-4, fig.

MUSÉES DU LOUVRE.

> Voir les divers catalogues qui sont placés aux noms des auteurs.

MUSÉE des Monuments français ; voir : LENOIR (Alexandre).

MUSÉE des Thermes et de l'hôtel de Cluny. — Catalogue et

description des objets d'art de l'antiquité du moyen âge et de la Renaissance, exposés au Musée; conservateur : M. E. du Sommerard. Paris, hôtel de Cluny, imprimerie Vinchon, 1852, in-8.

Musée ou galeries historiques de Versailles; voir : Soulié (Eud.), Gavard (Ch.).

Musée des armes rares, anciennes et orientales de Sa Majesté l'empereur de toutes les Russies. Carlsruhe, J. Velten..., 1 vol. in-fol. m°, fig.

## N

Niel (P. G. J.). — Portraits des personnages français les plus illustres du xvie siècle, reproduits en *fac-simile*, sur les originaux dessinés aux crayons de couleur, par divers artistes contemporains, 1re série. Paris, Lenoir, 1848, in-fol. max°, fig. — 2e série, idem, 1856.

Noel (A. . . . . .). — Souvenirs pittoresques de la Touraine. Paris, Leblanc, 1824, in-fol., fig.

Notices et extraits des manuscrits de la Bibliothèque du roi, lus au comité établi par Sa Majesté dans l'Académie royale des inscriptions et belles-lettres. Paris, Imprimerie royale, Imprimerie de la république, Imprimerie impériale, Imprimerie royale, 1787-1841, 14 vol. in-4.

Nouveau Traité de Diplomatique; voir : deux religieux bénédictins de la congrégation de Saint-Maur, etc.

## O

Ordonnance et instruction selon laquelle se doibuent conduire et régler doresnauent les changeurs ou collecteurs des pièces d'or et d'argent deffendues, rognées, legieres ou trop vsées, et moiennant ce declairées et reputées pour billon, à ce commis et sermentez, pour estre liurées ès monnoyes de Sa Maiesté, et conuerties en deniers a ses coings et

armes. En Anvers, chez Hierosme Verdussen, 1633,
in-fol. étroit en haut., fig.

Ce très-rare volume se compose de :

Un feuillet contenant le faux titre ; ordonnance et instruction pour
les changeurs ;

Un feuillet contenant le titre ci-dessus ;

Trois feuillets contenant une ordonnance des conseillers et maistres
généraux des monnoyes de Sa Majesté, à Bruxelles, du mois de mars
1633, relative aux monnaies ;

Un titre imprimé intitulé : Carte ou liste, etc., des monnaies, sur
le sixième feuillet recto ;

Cent vingt et un feuillets contenant des monnaies de chaque côté,
à l'exception du premier, au recto duquel est le titre ci-avant. Ces
monnaies, de divers pays de l'Europe, sont représentées sur des petites planches gravées sur bois, de la grandeur des monnaies, et placées sur les pages avec des indications en caractères imprimés.

Ce recueil n'est point paginé, mais il porte en bas de chaque feuillet au recto des signatures de A à R 2. par cahier de huit feuillets.
La lettre B. n'a que quatre feuillets. J'ai donné l'indication de ces
signatures pour tous les articles de monnaies relatives à la France,
figurées dans ce rare ouvrage, que j'ai portées dans mon travail.


## P

Palliot (Pierre). — Histoire généalogique des comtes de
Chamilly, de la maison de Bouton, au duché de Bourgogne, dans le baillage de Châlon, issue de celle de Jauche, du duché de Brabant, etc. Dijon, l'auteur, et Paris,
Hélie Josset, 1671, in-fol., fig. = Preuves de l'histoire
généalogique de la maison de Bouton, etc. Dijon, l'auteur, 1665, in-fol.

Il se trouve à la Bibliothèque du roi un exemplaire de cet ouvrage
chargé de notes critiques de la main de Pierre d'Hozier, qui rejette
comme fausse et ridicule la descendance des Boutons, de la maison
de Jauche en Brabant, etc.

M. Beaucousin, avocat au parlement, demeurant à Paris, possède
le manuscrit original de Palliot, qui contient des dessins qui ne sont
pas dans l'imprimé. Extrait de Lelong, t. III, n° 41496.

Je n'ai pas pu vérifier ces indications.

PAPON (J. P.). — Histoire générale de Provence. Paris, Moutard, 1776-86, 4 vol. in-4, fig.

PARIS (Loüis). — Toiles peintes et tapisseries de la ville de Reims, ou la mise en scène du théâtre des confrères de la passion. Planches dessinées et gravées par C. Leberthais, Études des mystères et explications historiques, par Louis Paris. Paris, veuve Hyp. de Bruslart, 1843, 2 vol. in-4 et atlas in-fol. m°.

PARIS (Paulin). — Les manuscrits françois de la Bibliothèque du roi, leur histoire et celle des textes allemands, anglois, hollandois, italiens, espagnols, de la même collection Paris, Techener, 1836-1848, in-8, 7 vol.

> Voir t. I, p. 314.

PARUTA (Filippo). — La Sicilia di Filippo Paruta, descritta con medaglie, e ristampata cón aggiunta da Leonardo Agostini. Hora in miglior ordine disposta da Marco Maier. Lione, Marco Maier, 1697, in-fol., fig.

> Cette édition contient des planches représentant un grand nombre de médailles antiques de la Sicile et quelques monnaies et autres monuments des princes qui ont régné sur cette île dans les temps modernes. Les médailles et monnaies sont gravées chacune sur une petite planche, et celles-ci sont réunies dans le tirage sur les feuilles in-fol. du volume, qui sont numérotées à la main. Le texte est succinct.
> J'ai décrit les pièces de ce volume relatives à la France.

PARUTA (Philippo). — Thesaurus antiquitatum et historiarum Siciliæ, Sardiniæ, Corsicæ, etc. Digeri coeptus cura et studio Joa, Georg. Grævii, cum prefatione P. Burmanni. Lugduni Batavorum. Petrus Vander Aa, 1723-25, in-fol., 15 vol. — Volumini VI, VII, VIII Philippi Parutæ Siciliam Numismaticam novo commentario illustratam exhibens.

PATACHICH (Adamus). — Augusta quinque Carolorum historia, etc. Dum, etc., publice defenderet ex prælectionibus, R. P. Francisci Delfin, etc. Viennæ Austriæ typis Mariæ Theresiæ Voigrin viduæ, 1735, in-fol., fig.

> Volume très-rare.

Peignot (Gabriel). — Catalogue d'une partie des livres composant la bibliothèque des ducs de Bourgogne au xv° siècle, seconde édition revue et augmentée du Catalogue de la bibliothèque des dominicains de Dijon, rédigé en 1307. Dijon, Victor Lagier, 1841, in-8.

> Cet ouvrage contient des renseignements intéressants sur la formation de la bibliothèque des ducs de Bourgogne, et des comptes de dépenses qui y étaient relatives, sur les catalogues et inventaires des manuscrits de cette bibliothèque, sur ceux des meubles et joyaux des ducs, sur la bibliothèque du couvent des dominicains de Dijon. On n'y trouve point de détails sur les miniatures de ces manuscrits, de sorte que je n'ai pas eu à en extraire des citations. Voir J. Marchal.

Pembroch (Thom.). — Numismata antiqua in tres partes divisa. Collegit olim et æri incidi vivens curavit Thomas Pembrochiæ et Montis Gomerici comes. (Lond.), 1746, grand in-4, fig., sans texte.

> Le titre indique que ce recueil est divisé en trois parties qui contiennent des médailles antiques; mais il s'y trouve une quatrième partie contenant des médailles et monnaies modernes d'Angleterre et d'autres pays. Elle se compose de quarante et une planches gravées.

Perard (Étienne). — Recueil de plusieurs pièces curieuses servant à l'histoire de Bourgogne, etc. Paris, Cl. Cramoisy, 1664, in-fol., fig.

Percier (Ch.). — Croquis faits à Paris, Rouen, Caen, Chartres, Anet, etc. Dessins, 2 vol. in-fol. max°, sans texte ni tables.

> Ces deux volumes contiennent environ trois cent trente dessins originaux de Ch. Percier et de quelques-uns de ses élèves, représentant des monuments d'architecture et de sculpture, exécutés en général avec goût et exactitude. Ce recueil fut donné par Percier à Debret. La veuve de celui-ci a fait don de ces deux volumes à la bibliothèque de l'Institut en avril 1850.
>
> J'en ai extrait l'indication des dessins ayant rapport à l'histoire de France.

Perrot (J. F. A.). — Lettres sur Nîmes et le Midi, Histoire

et description des monuments antiques du midi de la
France. Nîmes, l'auteur, 1840, in-8, 2 vol., fig.

> J'ai indiqué quelques monuments qui sont gravés dans les planches
> de cet ouvrage. Il y en a quelques autres pour lesquels il serait diffi-
> cile de trouver ce que l'auteur a voulu en dire, ou même ce qu'ils
> sont dans l'absence de toute table et de renvois entre les planches et
> le texte. Je n'ai pas pu citer les monuments ainsi reproduits.

PÉTIGNY (J. de). — Histoire archéologique du Vendomois,
dessins et plans de monuments par M. Launay. Vendôme,
Henrion, 1849, in-4, fig.

> Cet ouvrage contient quarante planches, presque toutes représen-
> tant des vues pittoresques. Un petit nombre offre des monuments.
> J'en ai indiqué seulement quatre.

PIERQUIN DE GEMBLOUX. — Histoire monétaire et philologique
du Berry. Bourges, veuve Ménagé, 1840, in-4, fig.

> Cet ouvrage est publié de façon qu'il est difficile de trouver l'ac-
> cord entre le texte et les planches ; plusieurs erreurs de chiffres se
> trouvent dans ces indications ; enfin les planches 12 à 15 ne sont
> point expliquées dans le texte, sans doute par le résultat des difficultés
> que l'auteur signale dans sa préface, p. xxi.

PIERQUIN DE GEMBLOUX. — Histoire de Jeanne de Valois,
duchesse d'Orléans et de Berry, reine de France, fonda-
trice de l'ordre des Annunciades. Paris, Gaume frères, etc.,
1840, in-4, fig.

> Parmi les planches de cet ouvrage, j'ai cité seulement celles qui ont
> un intérêt historique.

PIGANIOL DE LA FORCE. — Description de Paris, de Versailles, de Marly, de Meudon, de Saint-Cloud, de Fontai-
nebleau et de toutes les autres belles maisons et châteaux
des environs de Paris. Paris, Th. Legras, 1742, 8 vol.
in-12, fig. = Description historique de la ville de Paris
et de ses environs. Paris, G. Desprez, 1765, in-12,
10 vol.

> Ces deux éditions renferment quelques planches représentant divers
> monuments que j'ai indiqués. On y trouve aussi des vues et plans
> n'ayant pas rapport à l'histoire.

PLANCHER (dom Urbain) et dom MERLE, religieux bénédictins de la congrégation de Saint-Maur. — Histoire générale et particulière de Bourgogne. Dijon, Antoine de Fay, etc., 1739-1781, 4 vol. in-fol., fig.

POEY D'AVANT (M. F.). — Description des monnaies seigneuriales françaises composant la collection de M. F. Poey d'Avant. — Essai de classification par M. F. Poey d'Avant. Fontenay-Vendée, Robuchon, 1853, in-4, fig.

POMMERAYE (F. François), religieux bénédictin de la congrégation de Saint-Maur. — Histoire de l'abbaye royale de Saint-Ouen de Rouen. Rouen, Richard Lallemant, 1662, in-fol.. fig.

    L'édition de Paris, Siméon Piget, 1664, est la même, sauf le titre changé.

POQUET (l'abbé A. C.). — Histoire de Château-Thierry. Château-Thierry, A. Laurent, 1839, in-8, 2 vol., fig.

POTIER DE GOURCY (M. P.). — Dictionnaire héraldique de Bretagne. Saint - Brieuc, L. Prud'homme, 1855, in-8, deux planches.

## Q

QUATREBARBES (M. le comte de). — OEuvres complètes du roi René, avec une biographie et des notices, et un grand nombre de dessins et ornements d'après les tableaux et manuscrits originaux, par M. Hawke. Angers, Cosnier et Lachèse, 1845-1846, 4 tom., 2 vol. in-4, fig.

## R

RABEL (Jean). — Les Antiquitez et Singularitez de Paris, livre second. Paris, N. Bonfons, 1588, in-8, fig. Ce volume est la suite de celui intitulé : Les Antiquitez, Croniques et Singularitez de Paris, par Gillet Corrozet, aug-

mentées par N. B. (Nic. Bonfons). Paris, N. Bonfons,
1586, in-8.

Cet ouvrage renferme des planches représentant les statues placées
sur les tombeaux de plusieurs rois, princes et princesses et de quelques autres personnages, à l'abbaye de Saint-Denis, aux Célestins et
dans d'autres églises.

Une seule planche représentant une vue de l'abbaye de Saint-
Denis n'a pas d'intérêt historique figuré.

Ces planches ont servi depuis à l'ouvrage de du Breul, publié en
1608, sauf des différences qui sont indiquées à la note sur cet ouvrage.

RAGUT (C.). — Statistique du département de Saône-et-Loire,
Mâcon, Dejussieu, 1838, in-4, 2 vol., fig.

REVEIL. — OEuvre de Jean Goujon, gravé au trait, accompagné d'un texte explicatif, etc. Paris, Audot, 1844, gr.
in-8, fig.

REVUE ARCHÉOLOGIQUE ou Recueil de documents et de mémoires relatifs à l'étude des monuments et à la philologie
de l'antiquité et du moyen âge, publiés par les principaux
archéologues français et étrangers. Paris, A. Leleux, in-8,
fig., 1844 et années suivantes.

REVUE DE LA NUMISMATIQUE FRANÇAISE, dirigée par E. Cartier
et L. de La Saussaye. Blois, la direction de la Revue, in-8,
fig., un volume par année, 1836-1837. = Revue numismatique dirigée par les mêmes. Idem, 1838, et années
suivantes.

REVUE DE LA NUMISMATIQUE BELGE. Tirlemont, P. J. Mercky,
in-8, fig., 1842, et années suivantes.

Quelques articles de ce recueil contiennent des inexactitudes de publication. Dans le volume 1er le texte ne contient pas les explications
des médailles de la planche V, nᵒ 5 à 8. Dans le volume 3ᵉ, la planche V contient des signes et pièces dont il n'est pas fait mention dans
le texte.

REVUE DU NORD. Lille, bureau de la Revue du Nord, in-8,
fig., 1833, et années suivantes, jusqu'à 1836. = Idem,

deuxième série, idem, 1837. = Revue du Nord de la France, deuxième série; idem, Lille, L. Lefort, 1838, et années suivantes.

Rigolot (R.) (J.). — Notice sur une feuille de diptyque d'ivoire représentant le baptême de Clovis, par M. J. R. Amiens, J. Bourdon-Caron, 1832, in-8, fig. = Monnaies inconnues des évêques des innocents et des fous, et de quelques autres associations singulières du même temps, etc. Paris, Merlin, 1837, in-8, fig.

Rive (Jean-Jos., abbé). —Recueil de vingt-six planches représentant des miniatures de manuscrits des XIVᵉ, XVᵉ, XVIᵉ et XVIIᵉ siècles, qui faisaient partie de la bibliothèque du duc de La Vallière, coloriées, in-fol.

Ces planches sont réparties ainsi :

|     |     |     |
| --- | --- | --- |
| 1 du XIVᵉ siècle, | nº 1. |
| 20 du XVᵉ | — | nᵒˢ 2 à 21. |
| 4 du XVIᵉ | — | nᵒˢ 22 à 25. |
| 1 du XVIIᵉ | — | nº 26. |

26

Chaque planche contient la copie d'une miniature, excepté la planche I qui en contient deux.

L'ouvrage auquel ces planches étaient destinées n'a pas paru ; l'abbé Rive publia seulement le prospectus de ce livre, qu'il proposait par souscription. Paris, Didot aîné, 1782, in-12 de 70 pages.

Ces miniatures sont toutes plus ou moins remarquables, et ce serait un travail de quelque intérêt que celui qui aurait pour but de rechercher dans quels manuscrits elles se trouvent.

Un exemplaire de ce recueil en vélin est à la Bibliothèque impériale.

Robert (C.) — Recherches sur les monnaies des évêques de Toul. Paris, Rollin, 1844, in-4, fig. = Monnaies mérovingiennes de la collection de feu M. Renault de Vaucouleurs. Metz, Nouvian, 1ᵉʳ août 1851, in-8 de 42 pages, 2 planches. = Considérations sur la monnaie à l'époque romane, et description de quelques triens mérovingiens.

Metz, Nouvian, 1ᵉʳ septembre 1851, grand in-8 de 60 pages, une planche. = Études numismatiques sur une partie du nord-est de la France. Metz, Nouvian, 1852, in-4, fig. = Recherches sur les monnaies et les jetons des maîtres échevins, et description de jetons divers. Metz, Nouvian, 1853, in-4, fig.

Robert Dumesnil (A. P. F.). — Le peintre-graveur français, ou Catalogue raisonné des estampes gravées par les peintres et les dessinateurs de l'école française. Ouvrage faisant suite au peintre-graveur de M. Bartsch. Paris, Gabriel Waree, etc., 1835-1850, in-8, 8 vol., fig.

Rosny (Lucien de). — Histoire de Lille, capitale de la Flandre française. Paris, Techener, 1838, in-8.

Rossignol (Cl.). — Saint-Seine-l'Abbaye, croquis historique et archéologique, accompagné de l'ancien plan de l'abbaye, du dessin de ses fresques et de ses baies principales. Dijon, Douillier, 1847, in-4, fig. = Des libertés de la Bourgogne, d'après les jetons de ses États. Autun, Dejussieu et L. Villedey, 1851. (Publication de la Société éduenne), in-8, fig.

> Il y a dans ce dernier ouvrage dix petites planches gravées sur bois représentant des jetons, sans aucune indication de ce qu'étaient ces pièces. Elles sont aux pages 31, 102, 113, 136, 144, 180, 203, 210, 223 et 229. Cette dernière est indiquée comme type général. Ces pièces non expliquées dans le texte sont placées à la fin des chapitres de l'ouvrage.

Rousset (Jules). — Mémoire sur les monnaies du Valentinois. Valence, L. Borel, 1843, in-8, 3 pl.

Ruding B. D. (the rev. Rogers). — Annals of the Coinage of Britain and its dependencies, etc. London, Lackington, etc., 1819, in-8, 5 vol. et atlas in-4.

Ruffi (Antoine de). — Histoire des comtes de Provence, etc. Aix, Jean Roize, 1655, in-fol., fig.

> Les planches de cet ouvrage ont été données de nouveau dans celui

de Honoré Bouche, intitulé : La chorographie ou description de Provence, et l'histoire chronologique du même pays, 1644. Dans cet ouvrage de H. Bouche se trouvent quelques planches de plus que dans Ruffi. Une seule n'y a pas été donnée, celle des sceaux de Boniface de Castellane et d'Agnes de Spada, 1250? Voir Bouche, etc.

Ruffi (Antoine de). — Histoire de la ville de Marseille, etc., seconde édition, revue par ledit sieur de Ruffi et par M. Louis-Antoine de Ruffi son fils. Marseille, Henri Martel, 1696, in-fol., 2 vol., fig.

Il y a dans cet ouvrage quelques représentations de monuments de l'antiquité romaine, sans rapport avec l'histoire de France.

Ruinart (dom Theoderic). — Sancti Georgii Florentii Gregorii episcopi Turonensis opera omnia. Lutetiæ Parisiorum, F. Muguet, 1699, in-fol., fig.

# S

Saint-Vincens. — Monnoies des comtes de Provence. Aix, Antoine Henricy, an ix, in-4, fig. Continuation.

En tête de cet opuscule, un avertissement porte que le dernier historien de Provence (Papon), avait fait imprimer dans le second et troisième volume de son ouvrage un mémoire de Saint-Vincens sur les monnaies des comtes de Provence. Celui-ci avait préparé une nouvelle édition de ce mémoire, et c'est elle que l'on donne au public.

Cet opuscule ne contient point le texte du mémoire, mais seulement un petit nombre de feuillets.

Quant aux planches, il en renferme trente, numérotées ou non numérotées. Cette irrégularité et l'absence de texte en relation avec ces planches rendent difficile la certitude d'avoir sous les yeux un exemplaire complet.

L'ouvrage de Papon contient seulement treize planches numérotées 1 à 13.

Sambucus (Joannes). — Veterum aliquot ac recentium medicorum philosophorum q. Icones, ex bibliotheca Johannis Sambuci cum eiusdem ad singulas elogiis. = Ex officina plautiniana Raphelengii, 1603, in-fol., fig.

SANTEUL (Auguste de). — Le Trésor de Notre-Dame de Chartres. Rapport à M. le ministre de l'intérieur sur les archives de l'ancien chapitre de la cathédrale de Chartres. Chartres, Garnier, 1841, in-8, fig.

SAULCY (M. Caignart de). —Recherches sur les monnaies des évêques de Metz, inséré dans les Mémoires de l'Académie royale de Metz, 1832-1833, p. 1 à 95, pl. 1 à 3. = Supplément aux recherches sur les monnaies des évêques de Metz, inséré idem; 1834-1835, p. 1 à 99, pl. 1 à 6. = Recherches sur les monnaies de la cité de Metz, inséré idem, 1835-1836, p. 1 à 120, pl. 1 à 3.

SAULCY (F. de). — Recherches sur les monnaies de la cité de Metz. Metz, S. Lamort, 1836, in-8, fig. = Essai de classification des suites monétaires byzantines. Metz, S. Lamort, novembre 1836, in-8, atlas in-4. = Recherches sur les monnaies des ducs héréditaires de Lorraine. Metz, S. Lamort, 1841, in-4, fig. = Recherches sur les monnaies des comtes et ducs de Bar, pour faire suite aux recherches sur les monnaies des ducs héréditaires de Lorraine. Paris, F. Didot frères, 1843, in-4, fig. = Numismatique des croisades. Paris, Rollin, 1847, in-4, fig.

> Ce dernier ouvrage contient des inexactitudes dans la concordance des planches avec le texte. Quelques monnaies gravées ne sont pas mentionnées dans le texte. Je citerai les monnaies planche VII, n° 19, pl. XVI, n° 16; pl. XVII, n° 21; pl. XIX, n° 6.
>
> Pour la planche XIX spécialement, il y a des confusions entre les numéros de la planche et ceux du texte.
>
> J'ai relevé, dans cet ouvrage, les monnaies qui ont rapport à la France, frappées par des Français ayant fondé ou possédé des souverainetés en Orient, c'est-à-dire la presque totalité des pièces gravées sur les planches.

SAULCY (F. de) — Catalogue des collections dont se compose le Musée de l'artillerie. Paris, Mallet-Bachelier, 1854, in-8.

> Beaucoup d'objets faisant partie de ce musée demanderaient, pour

être indiqués dans mon travail, plus de détails que le catalogue n'en contient et des indications plus précises de nationalités et d'époques. J'ai relevé, dans ce catalogue, tous les articles qui offrent des indications suffisantes pour avoir pu être classés convenablement à des dates fixes.

Il y a dans ce catalogue quelques erreurs de numéros, regrettables dans des ouvrages de cette nature.

SAULCY (de) et HUGUENIN aîné. — Relation du siége de Metz en 1444, par Charles VII et René d'Anjou. Metz, L. Troubat, 1838, in-8, fig.

SCHOEPFLIN (Jean-Daniel). — Alsatia illustrata celtica romana francica auctor Jo. Daniel Schœpflinus. Colmariæ, typographia Regia, 1751-61, in-fol., 2 vol., fig. = Alsatia ævi Merovingici Carlovingici Saxonici Salici Suevici diplomatica operis pars 1. Manhemii, typographia academica, 1772, in-fol., fig. = Alsatia periodi regum et imperatorum. Habsburgicæ Luzelburgicæ Austriacæ tandemque Gallicæ diplomatica. Operis pars altera, edidit Andreas Lamey. Manhemii, typographia elect. aulica et academica, 1775, in-fol.

> Cet ouvrage contient des monuments romains, des vues pittoresques et des monuments relatifs à l'histoire de l'Allemagne qui n'ont pas dû être mentionnés dans mon travail.
>
> Ce livre, fruit d'une grande érudition, n'a pas été publié avec une entière clarté quant au rapport du texte avec les planches, et il n'est pas toujours facile de trouver les passages de l'ouvrage relatifs aux monuments gravés.

SCHRENCK (Jac.). — Augustissimorum imperatorum serenissimorum regum atque archiducum, illustrissimorum principum, necnon comitum, etc., verissimæ imagines, etc. Oeniponti, Joannes agricola, 1601, in-fol. m°, 126 portraits avec un texte entouré d'ornements, gravé sur bois, au verso de chaque estampe.

> Cet ouvrage a pour objet principal de représenter les armures qui formaient la collection d'armures anciennes appartenant à l'archidu...

Ferdinand d'Autriche, réunie dans l'arsenal de la citadelle d'Ambras, près d'Insprück, et conservée maintenant à Dresde.

Ce recueil contient onze portraits français.

SEROUX D'AGINCOURT (J. B. L. G.). — Histoire de l'Art par les monuments, depuis sa décadence au $iv^e$ siècle jusqu'à son renouvellement au $xvi^e$. Paris, Treuttel et Würtz, 1823, 6 vol. in-fol., fig.

Voir t. I, p. 259.

SILVESTRE (M. J. B.) — Paléographie universelle, collection de *fac-simile* d'écritures de tous les peuples et de tous les temps, etc., accompagnés d'explications historiques et descriptives, par MM. Champollion-Figeac et Aimé Champollion fils. Paris, Firmin Didot frères, 1841, in-fol. max°, 4 vol., fig.

SKELTON (Joseph), F. S. A. — Engraved illustrations of ancient arms and armour from the collection of Llewelyn Meyrich, etc. London, G. Schulze for J. Skelton. Oxford, 1830, in-fol., 2 vol., fig.

SNELLING (Thomas). — A view of the Silver coin and coinage of England, from the Norman conquest to the present time. London, T. Snelling, 1762, in-fol., fig. = A view of the gold coin and coinage of England from Henry the third to the present time. London, T. Snelling, 1763, in-fol., fig. = A view of the Copper coin and coinage of England, etc. London, T. Snelling, 1766, in-fol., fig. = Miscellaneous views of the coins struck by English princes in France, counterfeit sterlings, etc. London, T. Snelling, 1769, in-fol., fig. = A view of the origin, nature, and use of jettons or counters, etc. London, T. Snelling, 1769.

J'ai cité, de ces ouvrages, les monnaies relatives à la Normandie, à l'Aquitaine et à la France.

SOCIÉTÉS SAVANTES DIVERSES DE FRANCE (Mémoires et publications des).

J'ai exposé dans l'introduction (t. I, p. 341) les causes qui rendent d'une difficulté extréme des travaux même approximativement complets sur les publications diverses des sociétés savantes de France.

Ce motif m'empêche de donner le catalogue détaillé de ces publications , parce qu'il se trouverait fréquemment que des parties indiquées dans ce catalogue contiendraient des monuments gravés et décrits, qui ne seraient pas cités dans mon travail par la raison que je n'aurais pas connu ces publications.

Je dois donc me borner à donner ici les noms des sociétés dans les publications desquelles se trouvent des reproductions de monuments historiques.

Mémoires de l'Académie celtique. — Mémoires de la Société royale des antiquaires de France.

Société de sphragistique de Paris.

Bulletin de la Société d'émulation du département de l'Allier.

Mémoires et lettres de la Société d'agriculture , sciences et arts du département de l'Aube.

Mémoires de la Société des lettres, sciences et arts de l'Aveyron.

Académie des sciences, belles-lettres et arts de Besançon. — Séances publiques.

Bulletins de la Société archéologique de Béziers.

Académie royale des sciences, belles-lettres et arts de Bordeaux. Séances publiques. — Actes de cette académie.

Mémoires de la Société d'émulation de Cambrai.

Société française pour la conservation et la description des monuments historiques du Calvados. — Bulletin monumental publié sous les auspices de la Société française pour la conservation et la description des monuments historiques, par M. de Caumont.

Mémoires de la Société d'histoire et d'archéologie de Châlon-sur-Saône. — Album idem.

Bulletin de la Société archéologique et historique de la Charente.

Société des sciences naturelles et d'antiquités de la Creuse.

Histoire et mémoires de l'Académie de Dijon. — Mémoires de l'Académie des sciences, arts et belles-lettres de Dijon.

Mémoires de la Société éduenne. Autun. — Comptes rendus. — Les secrétaires de la Société éduenne et de la Commission des antiquités d'Autun. Autun archéologique. Autun, Michel Dejussieu, 1848, etc , in-8, fig.

Mémoires de la Société historique et archéologique de Langres.

Bulletin de la Société académique de Laon.

Bulletin de la Société archéologique et historique du Limousin.

Bulletin de la Société d'archéologie lorraine. — Journal de la Société d'archéologie et du comité du musée lorrain.

Histoire de l'Académie de Lyon. — Comptes rendus.

Histoire de l'Académie de Marseille par Lantard.

Société des lettres, sciences et arts de Metz, 1819-1824. — Mémoires de l'Académie royale de Metz, 1824-1852. — Mémoires de l'Académie impériale de Metz, 1852 et années suivantes.

Mémoires de la Société archéologique du midi de la France.

Publications de la Société archéologique de Montpellier.

Mémoires de la Société des Antiquaires de la Morinie, Saint-Omer.

Précis des travaux de la Société royale des sciences, lettres et arts de Nancy, 1829-1832. — Mémoires de la Société royale des sciences, lettres et arts de Nancy, 1833-1851. — Mémoires de l'Académie de Stanislas (Société royale des sciences, lettres et arts de Nancy), 1852 et années suivantes.

Mémoires de la Société des Antiquaires de Normandie.

Mémoires de la Société académique d'archéologie, sciences et arts du département de l'Oise.

Annales de la Société des sciences, belles-lettres et arts d'Orléans.

Mémoires de la Société archéologique de l'Orléanais.

Mémoires de la Société des Antiquaires de l'Ouest. Poitiers. — Paris.

Précis analytique des travaux de l'Académie des sciences, belles-lettres et arts de Rouen.

Séances publiques de la Société libre d'émulation de Rouen. — Bulletins.

Bulletins de la Société historique et archéologique de Soissons.

Mémoires de la Société d'archéologie du département de la Somme, 1838. — Mémoires de la Société des Antiquaires de Picardie, 1839-1850. — Bulletins de la Société des Antiquaires de Picardie, 1841 et années suivantes.

Mémoires de l'Académie des sciences, agriculture, commerce, belles-lettres et arts du département de la Seine, 1830, etc.

Histoire et mémoires de l'Académie royale des sciences, inscriptions et belles-lettres de Toulouse, 1782-1790. — Idem, 1807 et années suivantes.

Bulletin de la Société des sciences historiques et naturelles de l'Yonne. Auxerre.

Soulié (Eud.). — Notice des peintures et sculptures composant le Musée impérial de Versailles. Versailles, Montalant-
Bougleux, 1854, in-12.

Soultrait (le comte George de). — Essai sur la numismatique nivernaise. Paris, Rollin, etc., 1854. Autun, impri-
meries Dejussieu et Villedey, in-8, fig.

Spon (Jacob). — Recherche des antiquités et curiosités de la
ville de Lyon. Lyon, Jacques Facton, 1673, in-8, fig. =
D°, Lyon, Antoine Gellier fils, 1675, in-8, fig.

> Cette seconde édition contient les mêmes planches que celle de 1673.

Stothard (C. A.). — The monumental effigies of Great Britain, etc. London, J. M'Creery, etc., 1817 (also 1821),
1 vol. in-fol. m°, fig.

Strada (Famianus). — De bello belgico decas prima-decas
secunda. Romæ typis Francisci Corbeletti, 1632-1647,
in-fol., 2 vol., fig.

Strutt (Joseph). — Honda Anzel-Cynnan : or a compleat
view of the manners, customs, arms, habits, etc., of the
inhabitants of England from the arrival of the Saxons till
the reign of Henry the eighth. London, Benj. White et
H. Head, 1775-1776, in-4, 3 vol., fig. = Angleterre ancienne ou tableau de mœurs, etc. Paris, Maradan, 1789,
in-4, 2 vol., fig. Traduction de l'ouvrage précédent avec
les mêmes planches. = Nouvelle édition. London, Henry
G. Bohn, 1842, grand in-4, fig. = The regal and eccle-
siastical antiquities of England, etc. London, Walter
Shropshire, 1777, in-4, fig. = Nouvelle édition. London,
Henry G. Bohn, 1842, grand in-4, fig.


## T

Tabourot (Estienne). — Icones et epigraphia quatuor postre-
morum ducum Burgundiæ ex augustissima Valesiorum
familia. Les pourtraits des quatre derniers ducs de Bour-

gogne, de la royale maison de Valois. Paris, Jean Richer, 1587, petit in-8, fig.

TABULA CHRONOLOGICA sive ducum Lotharingiæ, Brabantiæ, Limburgi, etc., et gubernatorum ac archistrategorum eorundem ducatum, etc., ditionum continua series. Mechliniæ, J. Jaye, 1669, in-4, fig.

> Ce volume ne contient que trois portraits relatifs à l'histoire de France.

TARBÉ (Prosper). — Trésors des églises de Reims, orné de planches, par J. J. Maquart. Reims, Assy et compagnie, 1843, in-4, fig.

TAYLOR (J.), Charles NODIER et Alphonse DE CAILLEUX. — Voyages pittoresques et romantiques dans l'ancienne France. Paris, P. Didot l'aîné, 1820 et années suivantes, in-fol. maximo, fig., savoir :

| | | |
|---|---|---|
| Normandie. | 2 | vol. |
| Franche-Comté. | 1 | |
| Auvergne. | 2 | |
| Languedoc. | 4 | |
| Picardie. | 3 | |
| Bretagne. | 2 | |
| Dauphiné (texte 1, pl. II). | 3 | |
| Champagne (texte 1, pl. III). | 4 | |
| | 21 | vol. |

A l'époque où parut cet ouvrage, il était une des plus importantes productions de la lithographie qui eût été publiée jusque-là. Continué depuis avec persévérance, il se compose de vingt et un volumes dont on vient de voir les indications. Les planches, qui sont au nombre d'environ quatre mille, en forment la principale partie. Ces lithographies sont exécutées en général avec goût, sous le rapport pittoresque. Pour ce qui a rapport aux édifices et aux autres monuments, on croit reconnaître qu'elles ont été faites d'après des dessins quelquefois peu terminés.

Le plus grand nombre de ces lithographies représentent des sites pittoresques, puis ensuite des vues d'édifices, et enfin, relativement a l'ensemble, un petit nombre de monuments de la sculpture et autres.

On reconnaît fréquemment que les auteurs de ce grand recueil ont voulu faire surtout une œuvre pittoresque.

Quelques-uns des volumes contiennent à chaque page de fort larges bordures qui encadrent la partie du texte et qui représentent des compositions formées de monuments anciens réels ou imaginaires mêlés avec des inventions modernes. Ces bordures, sans analogie avec les textes, sont souvent répétées dans diverses parties des volumes.

Le texte a été écrit dans le même esprit et dans le but de faire de cet ouvrage un livre de pur agrément. On a presque entièrement négligé de donner les renseignements nécessaires sur les planches, principalement pour celles qui représentent des monuments. Il y a un grand nombre de ces planches dont le texte ne fait pas mention.

Les premiers volumes publiés indiquaient comme auteurs de l'ouvrage MM. Nodier, Taylor et de Cailleux. Un avis en tête du deuxième volume, deuxième partie du Languedoc, signé de Charles Nodier, porte qu'il ne participe que pour une faible partie à la rédaction du texte, qui est l'ouvrage de M. Taylor.

Il faut ajouter enfin que l'on ne trouve pas dans ces volumes l'ordre indispensable pour un tel ouvrage. Les planches ne portent point de numéros. Les quatorze premiers volumes contiennent chacun une table de leurs planches. Pour les sept autres volumes, ces tables sont sur les enveloppes des livraisons. Il est donc nécessaire pour obtenir un classement, de numéroter, à la main, ces tables et les planches. C'est ce qui a été fait à l'exemplaire de la Bibliothèque impériale.

J'ai cité de ce volumineux recueil les indications qu'il était nécessaire d'en extraire.

Teissier (G. F.). — Histoire de Thionville, etc. Metz, Véronnais, 1828, in-8, fig.

Texier (l'abbé), curé d'Auriat. — Essai sur les argentiers et les émailleurs de Limoges. — Extrait des Mémoires de la Société des antiquaires de l'Ouest. Poitiers, Saurin frères, 1843, in-8, fig. = Histoire de la peinture sur verre en Limousin. Paris, veuve Didron, Dumoulin, 1847, in-8, fig.

Thevet (André). — Pourtraits et vies des hommes illustres

grecz, latins et payens, recueilliz de leurs tableaux, liures,
medalles antiques et modernes. Paris, Vefue J. Kernuert et
Guillaume Chaudiere, 1584, in-fol., fig.

> Ce recueil contient des portraits de personnages de l'antiquité et
> des temps modernes qui ne sont pas relatifs à la France. Beau-
> coup de ces portraits sont imaginaires. J'ai indiqué seulement, de
> cet ouvrage, les portraits de personnages français qui ont une au-
> thenticité réelle ou approximative.

THIBAULT IV, roi de Navarre, comte de Champagne et de
Brie. — Les poésies du roy de Navarre, avec des notes et
un glossaire français (par l'évêque de La Ravallière). Paris,
H. L. Guérin, 1742, petit in-8, fig.

THIERRY (Augustin). — Recueil de monuments inédits de
.'histoire du tiers état. Première série, région du nord.
Paris, Firmin Didot frères, 1850, in-4, fig., tom. 1.

THOMAS (Edme), mort en 1660. — Histoire de l'antique cité
d'Autun, illustrée et annotée. Autun, Fr. Dejussieu. Paris,
Dumoulin, 1846, in-4, fig. = Description de cinq monnaies franques inédites, trouvées dans le cimetière mérovingien d'Envermeu. Dieppe, Émile Delevoye, 1854, in-8,
une planche.

THOU (Jacques-Auguste de). — Histoire universelle depuis
1543 jusqu'en 1607. Londres, 1734, 16 vol. in-4.

TITE LIVE. — Les décades qui se trouvent de Tite Live, mises
en langue françoise, etc., par B. de Vigenere. Paris, Abel
Langelier, 1606, in-fol., 2 vol., fig.

TOBIESEN DUBY. — Recueil général des pièces obsidionales et
de nécessité, — à la suite desquelles se trouvent plusieurs
pièces curieuses et intéressantes sous le titre de Récréations
numismatiques, publié par Michelet d'Ennery. Paris, la
veuve de l'auteur et Debure l'aîné, 1786, in-4, fig.

> J'ai extrait de cet ouvrage et cité seulement les pièces obsidionales
> et de nécessité relatives aux siéges auxquels les Français ont pris part,
> soit comme défendant les places, soit comme les attaquant.

Il se trouve dans le Traité des monnaies des barons, du même
auteur, t. 1, p. xxiij, des observations de l'éditeur (d'Ennery) sur
les monnaies gravées à la suite des pièces obsidionales, sous le titre
de Récréations numismatiques. Ces observations contiennent des erreurs de numéros des pièces.

TOBIESEN DUBY (Pierre-Ancher). — Traité des monnoies des
   barons, ou représentation et explication de toutes les
   monnoies d'or, d'argent, de billon et de cuivre qu'ont fait
   frapper les possesseurs de grands fiefs, pairs, évêques,
   abbés, chapitres, villes et autres seigneurs de France.
   Paris, Imprimerie royale, 1790, grand in-4, 2 vol., fig.

TOMBES éparses dans la cathédrale de Paris. 50 planches dessinées par C. Boucher de Villers, gravées par Denis. Planches in-fol.

   Ce recueil devait être accompagné d'un texte qui n'a pas été imprimé à cause de la mort de M. de Vintimille, archevêque de Paris,
   auquel il devait être dédié. Il mourut le 13 mars 1746.

TORTOREL (Jean) et Jacques PERRISSIN. — Premier volume
   contenant quarante tableaux ou histoires diverses qui sont
   mémorables touchant les guerres, massacres et troubles
   advenus en France en ces dernières années. Le tout re-
   ceuilli selon le tesmoignage de ceux qui y ont esté en per-
   sonne, et qui les ont veus, lesquels sont pourtrais à la
   vérité, par Jean Tortorel et Jacques Perrissin. 1559 à
   1570, in-fol. oblong.

   Ce recueil se compose d'une suite de quarante estampes, monuments curieux et très-remarquables, qui représentent les événements
   les plus importants qui ont eu lieu en France depuis 1559 jusqu'à
   1570. On y voit des détails de costumes, d'armes, d'accessoires, de
   meubles; des particularités diverses et curieuses de cette époque,
   beaucoup d'exemples de la manière dont se faisait alors la guerre.
   On trouve enfin dans ces estampes la véritable physionomie de ces
   temps. Publiées aux époques mêmes des événements qu'elles représentaient ou du moins peu après, ces pièces devaient être d'un intérêt
   bien vif dans un temps où un si grand nombre de gens prenaient
   part aux troubles du pays et où chacun y était intéressé. Le nombre

de tirages qui ont été faits de ces estampes, comme on va le voir, est un indice certain des succès populaires qu'elles obtenaient. Les éditions allemandes sont aussi une preuve parmi toutes celles que les estampes de ces temps nous offrent, de la part que prenaient les peuples de l'Allemagne aux événements de nos troubles de cette époque, dans lesquels les opinions religieuses et la réformation jouaient un si grand rôle.

Comme productions d'art, comme publications, ces estampes sont encore très-remarquables, car aucune entreprise aussi importante de gravure et de calcographie n'avait encore été faite. On pourrait ajouter que depuis lors peu de recueils ont surpassé ou même égalé celui-là, si l'on considère l'époque où il a paru et les moyens d'exécution de ses auteurs.

On peut cependant citer ici, comme production artistique de la même importance, mais postérieure d'environ quarante ans, le volume d'estampes représentant les funérailles de Charles III, duc de Lorraine, qui eurent lieu à Nancy en 1608. Il se compose de soixante-sept pièces de diverses grandeurs gravées principalement par Frédéric Brentel, d'après Claude de La Ruelle. C'est la plus remarquable représentation de funérailles princières qui ait jamais été retracées, en France, par la gravure.

Après l'apparition des pièces du recueil de Tortorel et Perrissin, elles furent copiées aux Pays-Bas et en Allemagne, comme on le verra ci-après.

Il parut aussi des copies faites en France de quelques-unes de ces pièces.

Dès que l'on s'occupa de l'examen des monuments figurés relatifs à l'histoire de notre pays, ces estampes furent indiquées comme de curieux restes de l'époque à laquelle elles se rapportent.

Montfaucon, dans son ouvrage sur les Monuments de la monarchie françoise, a donné la copie de neuf des pièces de ce recueil ; ce sont les nos 4, 6, 9, 11, 14, 19, 20, 23 et 25. Mais il se borne à dire qu'il a fait copier des estampes du temps sans insister sur l'intérêt que mérite le recueil entier.

MM. de Bure ont donné dans le catalogue de la vente de La Vallière, faite en 1784 (t. III, no 5117), un détail des pièces de ce recueil.

Dans son ouvrage intitulé : Le peintre-graveur français (t. VI, p. 42-69), M. Robert-Dumesnil est entré, le premier, dans des détails assez étendus sur ce recueil, dont il a décrit chaque estampe, en indiquant les divers états des planches et mentionnant en général les variantes des textes imprimés en caractères typographiques. Il est à regretter que ces notions ne soient pas plus étendues et ne fassent pas mieux connaître et apprécier ce recueil, ce que la forme générale de l'ouvrage n'a sans doute pas permis à l'auteur de faire.

M. Robert-Dumesnil pense que toutes les planches de ce recueil ont été gravées sur cuivre par Tortorel et Perrissin, et que celles de ces pièces qui n'ont pas été trouvées ainsi, au nombre de cinq, seront découvertes par la suite. Il pense que toutes les planches gravées sur bois sont des copies faites par des graveurs en bois nommés alors *tailleurs d'histoires*, qui étaient nombreux à Paris à la fin du xve siècle; que ces copies ont été faites successivement à mesure que les planches de cuivre ne pouvaient plus faire épreuve et pour les remplacer.

L'auteur ajoute que la meilleure preuve qu'il puisse donner contre le sentiment de ceux qui veulent que ces deux artistes aient exécuté les pièces sur bois comme celles sur cuivre, se déduit aisément de l'examen comparé et approfondi du faire de chacune de ces estampes, et que cet examen l'a conduit à distinguer la *coupe* de quatre artistes différents, parmi lesquels il a cru reconnaître *Olivier Codoré*.

M. Robert-Dumesnil dit que ce recueil a eu de fort nombreuses éditions, mais sans chercher à les caractériser, qu'il y a eu au moins une édition latine, et il ne parle pas de celles en allemand.

Il termine en disant qu'un exemplaire curieux et inappréciable de ce livre serait celui qui contiendrait toutes les planches qu'il va détailler, mais que l'amateur qui voudrait le former devrait en écarter : 1° les planches avec texte latin, non qu'elles ne soient généralement fort bonnes, mais à cause de la bigarrure des textes; 2° toutes les épreuves pourvues d'un chiffre de pagination ou d'ordre à la suite du titre des trente-neuf derniers morceaux, parce qu'elles sont généralement faibles; 3° et surtout les épreuves enluminées, parce que ce travail manuel, mal exécuté, les fait trop ressembler à de l'imagerie.

Je reviendrai sur ces opinions, et je me borne ici aux observations suivantes. Les indications d'éditions et de livre appliquées à ce recueil ne sont pas entièrement exactes, attendu que ces planches ont été publiées successivement aux époques des événements qu'elles représentaient. Quant à la formation d'un exemplaire curieux et inappréciable de ce livre, le mode indiqué aux amateurs, par l'auteur, ne serait pas entièrement satisfaisant par les motifs suivants : 1° les planches sur cuivre avec texte latin sont généralement des meilleures et

evidemment des premiè.es épreuves; 2° les épreuves avec chiffre
d'ordre à la suite du titre sont tirées, pour chaque sujet, ou sur la
planche en cuivre ou bien sur la planche en bois, sans se trouver
jamais sur ces deux natures de planches, sauf une seule fois ; 3° les
épreuves enluminées du temps doivent être recherchées, parce qu'elles
donnent des notions sur les couleurs des vêtements de cette époque.
Un recueil complet formé d'après les idées de l'auteur serait donc fort
difficile à réunir et ne remplirait pas les conditions désirables pour
faire connaître complétement cette collection importante, que l'on
apprécie mieux par la comparaison des diverses natures d'épreuves.

Je vais chercher à faire connaître de la façon la plus complète et
autant que cela me sera possible ce recueil, qui mérite à plus d'un
titre un examen étendu.

On a peu de notions sur Jean Tortorel et Jacques Perrissin. Les
auteurs qui en ont parlé indiquent seulement qu'ils étaient nés, Tortorel vers 1540, Perrissin vers 1530, et qu'ils travaillaient en France
dans les années 1569 à 1570, dates portées sur quelques-unes des
pièces de leur recueil. Leurs noms et leurs monogrammes placés ensemble sur ces estampes indiquent qu'elles sont le résultat de leur travail commun. On ne connaît pas d'autres pièces de ces artistes réunis.
Il existe une suite de tritons et monstres marins que l'on attribue à
Perrissin seul, et qui portent sa marque à rebours (q), suivant Brulliot
(t. 1, n° 1333). M. Robert-Dumesnil n'avait pas vu ces pièces, que je
n'ai pas non plus rencontrées.

Il serait utile d'examiner comment ces deux graveurs, à une époque où l'art de la gravure sur cuivre venait d'être introduit en
France, ont pu concevoir et exécuter une telle entreprise. C'est vers
1550 que l'on commença à graver sur métal en France, où l'art de la
gravure sur bois avait été aussi introduit plus tard qu'en Allemagne
et dans les Pays-Bas. Un tel examen serait intéressant pour l'histoire
des arts en France ; mais les renseignements sur ces points seraient
peu nombreux et difficiles à trouver.

Ce recueil publié par ces deux artistes, et qu'ils ont désigné sur le
titre par le nom de volume, se compose, suivant ce titre, de quarante tableaux ou pièces ; mais pour trouver ce nombre, il faut
compter le titre et l'avis au lecteur pour une seule pièce. En effet, ce
titre et cet avis sont imprimés au milieu de la même bordure qui a
servi ainsi deux fois. Le volume se compose donc de quarante et une
feuilles représentant le titre, l'avis au lecteur et trente-neuf sujets.

On pourrait compléter le nombre de quarante *tableaux*, ainsi que
l'indique le titre, en considérant comme faisant partie de ce recueil

une estampe composée et gravée par les mêmes artistes, dans la même manière, et représentant le tournoi où Henri II fut blessé, composition différente du n° 3 du recueil. Mais ce sujet, déjà traité et compris dans la suite sous le n° 3, ne pourrait se placer qu'après celui-ci, et comme une variante faisant partie à dessein du recueil, puisque toutes les pièces sont rangées, dans les exemplaires numérotés, en ordre chronologique. Cette pièce serait donc le n° 4 de la suite, ce qui reculerait d'un numéro toutes les pièces suivantes. Or, cela n'est pas. La mort d'Henri II, qui suit le tournoi, lequel est numéroté 3, porte le n° 4 et ainsi de suite.

L'estampe dont il est question est donc une pièce à part, produite par les mêmes artistes, dans la même manière que celles de ce recueil, mais qui n'en fait pas partie.

Le recueil reste donc fixé, comme il a été dit, à quarante pièces ou planches, qui ont servi à tirer quarante et une feuilles, savoir : le titre et l'avis au lecteur avec la même bordure et trente-neuf sujets.

Les quarante pièces existent gravées sur cuivre ou sur bois, ainsi réparties, d'après les épreuves que j'ai vues :

35 sur cuivre dont $\begin{cases} 23 \text{ ne sont pas connues sur bois,} \\ 12 \text{ sont connues sur bois.} \end{cases}$

17 sur bois dont $\begin{cases} 5 \text{ ne sont pas connues sur cuivre,} \\ 12 \text{ sont connues sur cuivre.} \end{cases}$

12 sur cuivre et sur bois.

Ou bien :

23 sur cuivre seulement,
 5 sur bois seulement,
12 sur cuivre et sur bois.

M. Robert-Dumesnil ne connaissait pas le n° 3 gravé sur bois

Il a décrit le massacre fait à Vassy, n° 11, comme étant gravé sur cuivre. Il n'existe que sur bois.

On a vu précédemment que M. Robert-Dumesnil pense que les quarante pièces de ce recueil ont été toutes gravées sur cuivre par Tortorel et Perrissin, et que celles sur bois sont des copies faites par des *tailleurs d'histoires* ; il a exposé ses motifs pour établir cette opinion.

Ces observations et leurs conclusions auraient demandé d'être appuyées de détails plus circonstanciés, et, dans l'état de ce raisonnement, il se réduit à une opinion basée uniquement sur cette opinion elle-même.

Il me paraît difficile, sinon impossible, d'adopter cette façon de voir. Il est et sera sans doute toujours incertain si ces deux artistes

ont ou n'ont pas gravé les pièces sur bois comme celles sur cuivre
Ceux qui pensent qu'ils ont gravé le tout, et je suis de ce nombre,
ne pourront pas l'affirmer. Mais toutes les preuves matérielles viennent à l'appui de cette opinion.

Pourquoi ces deux artistes n'auraient-ils pas été à la fois graveurs
sur cuivre et *tailleurs d'histoires*, voulant varier et perfectionner leur
talent et accroître leur commerce? Pourquoi l'un d'eux n'aurait-il
pas été graveur sur cuivre et l'autre graveur sur bois? Il faut dire
ici que les planches sur bois sont, sous le rapport de l'art, d'un
même mérite que celles sur cuivre.

Si l'on voulait admettre comme positif que la totalité des pièces du
recueil ont été gravées sur cuivre par les deux artistes, et que celles
sur bois sont des copies faites par d'autres qu'eux, comment expliquer que cinq pièces n'ont pu être trouvées sur cuivre, parmi toutes
celles qui ont été recueillies dans les collections et examinées? Comment démontrer que les cinq sujets en question qu'on ne trouve que
sur bois, qui forment incontestablement partie du recueil, qui sont
numérotés comme les autres, ne sont pas de Perrissin, lorsque trois
d'entre eux sont marqués de son monogramme et que l'un porte en
toutes lettres : *Perrissin fecit* 1570? (N° 37.)

Pour se faire une base rationnelle relativement à l'éclaircissement de
cette question, pour chercher à la résoudre avec quelques motifs fon-
dés, il faudrait examiner de quels noms ces diverses pièces sont mar-
quées, tant celles sur cuivre que celles sur bois, et ensuite examiner
pour celles qui existent sur cuivre et sur bois, quels noms y ont été
portés comparativement.

Voici ces relevés que j'ai dressés.

Les 35 pièces sur cuivre portent les noms de, savoir :

    3 Tortorel.
    19 Perrissin.
    13 Tortorel et Perrissin.
    ‾‾
    35

Les 17 pièces sur bois portent les noms de, savoir :

    3 Tortorel.
    10 Perrissin.
    3 Tortorel et Perrissin.
    1 Aucun nom (n° 5).
    ‾‾
    17

Les 12 pièces qui existent, gravées sur cuivre et sur bois, portent

les noms suivants, et c'est surtout ce qu'il faut avoir présent pour l'é-
claircissement de la question qui nous occupe.

Ces 12 pièces sur cuivre portent les noms de, savoir :

8 Perrissin, qui, sur les piè- ⎧ 2 Tortorel.
   ces sur bois, portent les ⎨ 5 Perrissin.
   noms de :            ⎩ 1 Tortorel et Perrissin.

4 Tortorel et Perrissin, qui, ⎧ 1 Tortorel.
   sur les pièces sur bois, ⎨ 1 Perrissin.
   portent les noms de :    ⎩ 2 Tortorel et Perrissin.

___

12

De ce mélange inextricable de noms substitués les uns aux autres,
isolément ou réunis, ne résulte-t-il pas clairement que les estampes
de ce recueil, tant celles sur cuivre que celles sur bois, sont le produit
du travail commun de ces deux artistes, soit comme dessinateurs, graveurs ou éditeurs ?

Il resterait à chercher à connaître : 1° pourquoi les cinq pièces non
connues sur cuivre n'ont pas été ainsi gravées, si, en effet, elles
n'existent pas ; 2° pourquoi une des planches de cuivre (le n° 9) a été
gravée deux fois ainsi ; 3° pourquoi vingt-trois des pièces sur cuivre
n'ont pas été faites sur bois ; 4° et enfin pourquoi douze pièces ont
été gravées à la fois sur cuivre et sur bois.

Ce sont là des questions minimes que l'on ne parviendrait pas à
éclaircir et qui, d'ailleurs, sont indifférentes.

Les planches de ce recueil, tant en cuivre qu'en bois, ont-elles été
reproduites, gravées chacune plus d'une fois ? Cette question a plus
d'intérêt et se trouve résolue par les pièces elles-mêmes. De l'examen
d'un grand nombre de ces estampes, il résulte que chaque pièce,
pour les cuivres et pour les bois, n'a été gravée qu'une seule fois, sauf
une pièce représentant le colloque de Poissy (n° 9), qui a été gravée
sur cuivre deux fois.

C'est ici que l'on peut placer une observation relative à tout ce qui
vient d'être dit sur les répétitions des pièces sur cuivre et sur bois,
pour certaines pièces et non pour d'autres. Cela a probablement été
causé par la nature des planches en cuivre, qui tiraient plus ou
moins bien, et par les demandes plus ou moins nombreuses de ces
estampes.

Cela nous conduit à faire une observation sur la manière dont il
est probable que s'est effectuée la vente des estampes de ce recueil
dans le temps de leur publication. Il y a tout lieu de croire qu'elles
se vendaient isolément et à mesure qu'elles étaient gravées, après les

événements qu'elles représentaient. Cela est prouvé par la nature des exemplaires reliés anciennement, qui sont rarement complets, et qui se trouvent formés de pièces de différents tirages et de conditions variées. La rareté du titre et celle plus grande encore de l'avis au lecteur sont des preuves de plus à cet égard.

J'ai déjà indiqué précédemment ce rapport probable et important de la publication de ces estampes avec les époques des événements qu'elles représentent. Mais il faut faire remarquer ici que quelques-unes de ces pièces fournissent des preuves contraires à cette relation entre les dates et les publications.

Douze des pièces du recueil portent après le nom de l'artiste le mot *fecit* et une date. En voici l'indication :

Les n°s 2 et 3 relatifs à l'année 1559 portent : *Perrissin fecit* 1570.

Le n° 8 relatif à l'année 1561 porte : *Tortorel fecit* 1570.

Le n° 12 relatif à l'année 1562 porte : *Perrissin fecit* 1570.

Le n° 30 relatif à l'année 1568 porte : *Perrissin fecit* 1570.

Le n° 31 relatif à l'année 1569 porte : *Persinus fecit* 1570.

Les n°s 36 à 39 relatifs à l'année 1569 portent *Perrissin* ou bien *Tortorel fecit* 1570.

Le n° 40 relatif à l'année 1570 porte : *Perrissin fecit* 1570.

On voit par là que les quatre premières de ces pièces ont été gravées quelques années après les événements qu'elles retracent.

Les pièces de ce recueil sont rares en général, et quelques-unes le sont extrêmement. Celles-ci seront indiquées.

Il faut maintenant parler du nombre des éditions de ce recueil et de ses diverses planches, qu'il est mieux de désigner sous le nom de tirages. Les titres des sujets placés au-dessus des planches et les légendes qui le sont au-dessous étant en caractères d'imprimerie mobiles et imprimés par un tirage séparé, ils servent à caractériser ces divers tirages ou variantes des épreuves.

On comprend d'abord que ces titres et légendes ne pourraient pas être, dans chaque tirage, dans des rapports parfaitement identiques entre eux ni relativement aux parties de la planche gravée.

De l'examen attentif que j'ai fait des nombreuses pièces de ce recueil qui ont passé sous mes yeux, il résulte qu'il y a eu pour chaque planche un nombre de tirages différents, qui va pour quelques pièces jusqu'à neuf variantes. Quant à la langue employée, il faut compter un tirage en latin ou rarement deux, deux en allemand et les autres en français.

Les pièces sur cuivre et sur bois sont indifféremment confondues dans ces tirages.

Les tirages se peuvent caractériser par des différences dans a manière dont les titres sont imprimés. Il y a rarement des mots changés, ajoutés ou supprimés. Mais les différences portent sur des changements d'orthographe, des abréviations, des lettres capitales, des points et virgules. C'est en constatant ces différences que j'ai pu caractériser les diverses variantes.

Cependant il faut ajouter ici une observation. Ces différences des divers tirages peuvent être facilement établies lorsqu'elles consistent dans les changements qui viennent d'être indiqués. Mais lorsque l'impression de ces textes a été faite en copiant très-exactement un tirage précédent servant de modèle, les descriptions ne peuvent pas signaler certaines différences souvent minutieuses. Il faudrait, pour constater ces sortes de différences, réunir à côté les unes des autres le plus grand nombre d'épreuves existant, par exemple à Paris, pour les comparer ensemble, ce qui n'est pas exécutable.

Il est donc probable que les variantes de textes imprimés que j'ai constatées ne forment pas la totalité de celles qui existent.

Quelques épreuves portent à la suite du titre, au-dessus de la planche, des numéros d'ordre (1 à 40); ils sont placés sur des épreuves en cuivre et en bois, et principalement avec textes en français. Ces numéros paraissent avoir été tirés en même temps que les textes, mais parfois placés postérieurement à la main. Il en est résulté quelques erreurs. On va voir que ces numéros servent, d'accord avec les dates des événements, à fixer l'arrangement chronologique du recueil.

Ces notions, que l'on trouvera peut-être trop étendues, peuvent-elles servir à établir, pour les pièces gravées sur cuivre, un ordre de tirage qui caractérise la nature des épreuves? La solution de cette question demanderait des recherches bien plus détaillées et minutieuses encore que les précédentes, qui le sont déjà beaucoup.

La priorité de certaines épreuves ne se peut constater que par les états de la planche, pour celles peu nombreuses qui en offrent deux différents, comme on le verra à la description des pièces.

Les épreuves avec titres et légendes en latin sont plus rares que celles en français, puisqu'elles ont fourni moins de tirages divers, et, parmi ces pièces latines, celles sur cuivre sont généralement de belles épreuves.

Les tirages avec titres et légendes en allemand sont au nombre de deux. Les planches qui ont servi à ces éditions ou tirages sont, ainsi que cela a déjà été dit, les mêmes que celles qui ont servi aux éditions française et latine. Comment ces éditions ont-elles été faites? Il est impossible de le déterminer, faute de documents. Les planches auront été tirées à Paris avec les titres et légendes imprimés en allemand , ou bien les épreuves des planches auront été envoyées sans texte en Allemagne, où aura été fait le tirage des titres et légendes en allemand. Il serait possible aussi que les planches mêmes eussent été envoyées en Allemagne pour en faire les éditions , mais cela n'est guère probable.

Il n'a paru que le premier volume de ce recueil, malgré la promesse faite dans l'avis au lecteur par l'éditeur non nommé, qui annonçait une continuation. Il n'est pas inutile de faire observer ici que cet avis au lecteur est imprimé dans une bordure d'ornement qui porte le nom de Perrissin seul. On pourrait en conclure qu'il était l'éditeur du recueil.

Il reste à faire une description des pièces de ce recueil en général.

Ces estampes, tant celles sur cuivre que celles sur bois, sont gravées sans titres ni légendes. Des lettres de renvoi à des légendes y sont placées, soit dans la gravure même, soit quelquefois par impression séparée à la main. Ces lettres manquent rarement.

Les titres et les légendes sont imprimés en caractères typographiques mobiles par un tirage séparé de celui de l'impression de la planche. Les titres sont au-dessus en une seule ligne pour les tirages français et latin , et quelquefois plus d'une pour les tirages allemands. Les légendes sont au-dessous de la planche, avec les lettres de renvoi aux estampes, en deux, trois ou quatre colonnes et en cinq sur une seule des planches. Lorsqu'il n'y a pas de lettres de renvois, il se trouve au-dessous de la planche une courte explication du sujet.

Ces estampes sont de format égal in-fol. en largeur de 482 à 485 millimètres de large sur 312 à 325 millimètres de haut, pour la planche seule, non compris les marges dont le haut et le bas contiennent les titres et légendes imprimés en caractères de typographie.

La classification des planches de ce recueil est indiquée : 1° par les dates des événements; 2° par les numéros d'ordre placés sur quelques épreuves. Il faut rappeler ici ce qui vient d'être dit sur le mode dont ces numéros ont été imprimés , qui a causé quelques erreurs. M. Robert-Dumesnil a numéroté quelques pièces autrement que je ne l'ai fait. Il a indiqué le n° 9 comme étant le 10, le 9-10, le 37-38 et le 38-37.

Je dois terminer cet examen en m'excusant de l'étendue que je lui ai donnée et des détails dans lesquels j'ai cru devoir entrer relativement à un recueil dont l'importance historique me semble très-grande. Je conçois cependant que ces détails pourront sembler trop étendus, trop minutieux et peu importants à bien des lecteurs. Mais ceux qui penseront ainsi voudront bien reconnaître que cet ouvrage est destiné à être consulté par les amateurs d'estampes qui ne verront pas ces détails sans intérêt.

Voici les titres des quarante pièces composant ce recueil :

| N° 1. | 1559. | Juin 10. | Titre. — Avis au lecteur. |
| 2. | » | Juin 10. | La mercuriale aux Augustins. |
| 3. | » | Juin 30. | Le tournoi où Henri II fut blessé. |
| 4. | » | Juillet 10. | La mort d'Henri II. |
| 5. | » | Décembre 21. | Anne du Bourg brûlé. |
| 6. | 1560. | Mars 13. | L'entreprise d'Amboise. |
| 7. | » | Mars 15. | L'exécution d'Amboise. |
| 8. | 1561. | Janvier ... | Les Estats d'Orléans. |
| 9. | » | Septembre 9. | Le colloque de Poissy. |
| 10. | » | Novembre 19. | Le massacre à Cahors. |
| 11. | 1562. | Mars 1. | Le massacre à Vassy. |
| 12. | » | Avril ... | Le massacre à Sens. |
| 13. | » | Avril 25. | La prise de Valence. |
| 14. | » | Juillet. | Le massacre à Tours. |
| 15. | » | Juillet. | La prise de Montbrison. |
| 16. | » | Septembre. | La défaite de Saint-Gilles. |
| 17. | » | Décembre 19. | L'ordonnance de la bataille de Dreux. |
| 18. | » | Décembre 19. | La première charge de la bataille de Dreux. |
| 19. | » | Décembre 19. | La deuxième charge de la bataille de Dreux. |
| 20. | » | Décembre 19. | La troisième charge de la bataille de Dreux. |
| 21. | » | Décembre 19. | La quatrième charge de la bataille de Dreux. |
| 22. | » | Décembre 19. | La retraite de la bataille de Dreux. |
| 23. | 1563. | Janvier. | Orléans assiégé. |
| 24. | » | Février 18. | Le duc de Guise blessé. |
| 25. | » | Mars 13. | La paix faite en l'Ile-aux-Bœufs. |
| 26. | » | Mars 18. | L'exécution de J. Poltrot. |
| 27. | 1567. | Octobre 1. | Le massacre à Nismes. |
| 28. | » | Novembre 10. | La bataille de Saint-Denis. |
| 29. | 1568. | Janvier 6. | La rencontre à Cognac. |
| 30. | » | Mars. | La ville de Chartres assiégée. |
| 31. | 1569. | Mars 13. | L'ordonnance des deux armées entre Cognac et Chasteauneuf. |

| 32. | 1569. | Mars 13. | La rencontre entre Cognac et Chas-teauneuf. |
| 33. | » | Juin 25. | La rencontre des deux armées à la Roche. |
| 34. | » | Septembre 7. | Poitiers assiégé. |
| 35. | » | Octobre 3. | L'ordonnance des deux armées près Moncontour. |
| 36. | » | Octobre 3. | La déroute à Moncontour. |
| 37. | » | Octobre 14. | Saint-Jean-d'Angély assiégé. |
| 38. | » | Novembre 15. | La surprise de Nismes. |
| 39. | » | Décembre 21. | L'entreprise de Bourges découverte. |
| 40. | 1570. | Mars 28. | La rencontre des deux armées au passage du Rhône. |

Pièce qui ne fait pas partie du recueil et que l'on y joint.

| | 1559. | Juin 30. | Le tournoi où Henri II fut blessé.— Composition différente de celle du recueil. |

Chacune des pièces de cette suite se trouve décrite en détail à la date à laquelle elle se rapporte.

Les pièces de ce recueil sont rares en général, et quelques-unes le sont extrêmement. Celles-ci seront indiquées dans les descriptions détaillées des pièces, à leurs dates.

Les exemplaires complets sont donc fort recherchés, surtout depuis que les estampes ayant un intérêt historique, ont acquis beaucoup de faveur.

Dans la bibliothèque de M. de Bure, vendue au commencement de l'année 1854, il se trouvait un exemplaire qui contenait les quarante pièces de la suite et huit variantes des textes, plus trois estampes rares relatives aux mêmes époques, et douze pièces représentant des événements de ce temps, gravées par Jean Luycken. Ce volume s'est vendu mille francs.

Les amateurs d'estampes historiques qui forment des collections auxquelles ils désirent donner de l'étendue et où ils admettent des épreuves d'états divers, pourront satisfaire leur goût, en ce qui touche ce très-important recueil, s'ils trouvent des occasions de réunir de ces curieuses variantes. Ma collection contient cent trente épreuves de différents tirages des planches de Tortorel et Perrissin.

Après avoir exposé, avec des développements que quelques lecteurs trouveront peut-être trop étendus, tout ce qui se rapporte à ce recueil d'un si grand intérêt, il faut faire connaître les copies des estampes de Tortorel et Perrissin qui ont été faites dans le temps de ces publications, et aussi les autres pièces de recueils de ce genre, estampes de la même nature et également relatives à l'histoire de France.

Voici ce détail, en commençant par les suites de ces copies du recueil.

KURTZER begriff, etc., en allemand, c'est-à-dire : « Courte notice de ce qui s'est passé en France depuis la mort du roi Henri II en l'année 1559 et les suivantes, sous les règnes de François II et de Charles IX jusqu'à l'année 1569, avec trente figures copiées du français en trente pièces qui ont été réduites à vingt-trois, les autres étant inutiles, traduit en notre langue allemande. » Suit un récit relatif aux sujets représentés dans les planches Feuille imprimée in-fol. gothique en largeur.

Cette suite se compose de trente-deux estampes, quoique le titre indique le nombre trente, réduit à vingt-trois. Elles sont copiées sur autant de planches de la suite de Tortorel et Perrissin ci-avant détaillée. Ces pièces, plus ou moins conformes aux originaux, sont gravées sur cuivre, de format in-4 en largeur, de 275 millimètres de large sur 200 millimètres de haut.

Ces copies sont en contre-partie des originaux, sauf deux pièces qui sont du même sens que les originaux. Ce sont les n[os] 7, le colloque de Poissy, et 18, le duc de Guise blessé. Dans quelques planches, il y a des erreurs de copie, comme des noms transposés, etc. En bas est l'indication du sujet en huit vers allemands, sauf dans deux pièces où il n'y en a que quatre : ce sont les n[os] 16 et 17. Sous ces vers est la date de l'événement, en caractères romains, exacte sauf dans une pièce, le n[o] 14.

Il y a deux états de ces estampes, avec et sans les numéros, qui sont placés en bas à gauche. Il est difficile, par l'état des épreuves, de se faire une idée précise sur leur priorité Après un examen attentif, je pense que l'on peut établir réellement trois états :

1° Avant les numéros ;

2° Avec les numéros ;

3° Les numéros effacés. Mais dans cette hypothèse, il serait souvent difficile de savoir si une de ces pièces serait du premier ou du troisième état.

Voici les titres des trente-deux pièces composant ce recueil.

| | | | |
|---|---|---|---|
| N° 1. | 1559. | Juin 10. | La mercuriale aux Augustins (n° de l'original 2). |
| 2. | » | Juin 30. | Le tournoi où Henri II fut blessé (n° 3). |
| 3. | » | Décembre 21. | Anne du Bourg brûlé (n° 5). |
| 4. | 1560. | Mars 13. | L'entreprise d'Amboise (n° 6). |
| 5. | » | Mars 15. | L'exécution d'Amboise (n° 7). |
| 6. | 1561. | Janvier ... | Les états d'Orléans (n° 8). |
| 7. | » | Septembre 9. | Le colloque de Poissy (n° 9). |
| 8. | » | Novembre 19. | Le massacre à Cahors (n° 10). |
| 9. | 1562. | Mars 1. | Le massacre à Vassy (n° 11). |
| 10. | » | Avril 25. | La prise de Valence (n° 13). |
| 11. | » | Avril ... | Le massacre à Sens (n° 12). |
| 12. | » | Juillet ... | La prise de Montbrison (n° 15). |
| 13. | » | Juillet ... | Le massacre à Tours (no 14). |
| 14. | » | Septembre ... | La défaite de Saint-Gilles (n° 16). |
| 15. | » | Décembre 19. | La première charge de la bataille de Dreux (n° 18). |
| 16. | » | Décembre 19. | La deuxième charge de la bataille de Dreux (n° 20 la troisième charge). |
| 17. | » | Décembre 19. | La troisième charge de la bataille de Dreux (n° 21 la quatrième charge). |
| 18. | 1563. | Février 18. | Le duc de Guise blessé (n° 24). |
| 19. | » | Mars 18. | L'exécution de J. Poltrot (n° 26). |
| 20. | » | Mars 13. | La paix faite en l'Ile-aux-Bœufs (n° 25). |
| 21. | 1567. | Octobre 1. | Le massacre à Nismes (n° 27). |
| 22. | » | Novembre 10. | La bataille de Saint-Denis (n° 28). |
| 23. | 1568. | Janvier 6. | La rencontre à Cognac (n° 29). |
| 24. | » | Mars ... | La ville de Chartres assiégée (n° 30). |
| 25. | 1569. | Mars 13. | La rencontre entre Cognac et Châteauneuf (n° 32). |
| 26. | » | Juin 25. | La rencontre des deux armées à la Roche (n° 33). |
| 27. | » | Septembre 7. | Poitiers assiégé (n° 34). |
| 28. | » | Octobre 3. | La déroute de Moncontour (n° 36). |
| 29. | » | Octobre 14 | Saint-Jean-d'Angély assiégé (n° 37) |

30.  1569.  Novembre 15.    La surprise de Nismes (n₀ 38).
31.    »     Décembre 21.    L'entreprise de Bourges découverte
                              (n° 39).
32.  1570.  Mars 28.        La rencontre des deux armées au
                              passage du Rhône (n° 40).

En comparant cette suite avec celle des originaux de Tortorel et Perrissin, voici les différences qu'il faut relever :

Ainsi qu'on l'a déjà vu, la suite n'étant que de trente-deux pièces, tandis que celle des originaux est de quarante, il se trouve que huit sujets n'ont pas été copiés. Ce sont les suivants :

Nᵒˢ des originaux.

1. Titre. — Avis aux lecteurs.
4. La mort de Henri II.
17. L'ordonnance de la bataille de Dreux.
19. La deuxième charge de la bataille de Dreux.
22. La retraite de la bataille de Dreux.
23. Orléans assiégé.
31. L'ordonnance des deux armées entre Cognac et Châteauneuf.
35. L'ordonnance des deux armées près de Moncontour.

L'ordre des numéros a été interverti trois fois.

1° Le massacre à Sens, n° 11, devrait être numéroté 10, et la prise de Valence, n° 10, devrait être numérotée 11.

2° Le massacre à Tours, n° 13, devrait être numéroté 12, et a prise de Montbrison, n° 12, devrait être numérotée 13.

3° La paix faite en l'Ile-aux-Bœufs, n° 20, devrait être numérotée 19, et l'exécution de J. Poltrot, n° 19, devrait être numérotée 20.

Il y a encore pour deux pièces une observation à ajouter.

Le n° 16 est indiqué dans la légende du bas comme représentant la seconde charge de la bataille de Dreux. Cette planche est réellement la copie de celle de la suite originale représentant la troisième charge (n° 20 original).

Le n° 17 est indiqué dans la légende du bas comme représentant la troisième charge de la bataille de Dreux. Cette planche est réellement la copie de celle de la suite originale représentant la quatrième charge (n° 21 original).

Il existe des exemplaires de cette suite de copies dans lesquels on a collé au bas de chaque planche une petite bande de papier de a même longueur que la largeur de l'estampe, contenant l'indication du sujet en français et la date, imprimée en deux, trois ou quatre lignes, et les numéros des planches.

Chacune des pièces de cette suite se trouve indiquée dans mon travail à sa date, après la désignation de l'estampe originale.

Je dois m'excuser encore ici d'être entré dans de si longs détails pour cette suite. J'ai eu à cet égard les mêmes motifs que pour le recueil lui-même, dont ces pièces sont des copies.

AITSINGERI (Mich.), de Leone belgico, ejusque topographica atque historica descriptione liber. Coloniae Ubiorum, 1583, in-fol., fig.

Cet ouvrage renferme l'histoire des Pays-Bas de 1559 à 1583. Il contient 112 planches gravées par Fr. Hogenberg.

Il a été réimprimé plusieurs fois, avec des augmentations dans le texte et dans les planches; en 1585 avec 142 planches; avec un appendice jusqu'en 1586 avec 165 planches.

Il en a été ensuite publié une édition avec ce titre :

NOVUS ....... de Leone belgico eiusque topographica atq. historica descriptione liber. quinq. partibus Gubernatorum Philippi regis Hispaniarum ordine distinctus. Jnsuper elegantissimi illius artificis Francisci Hogenbergii bis centum et VIII figuris ornatus : Rerumque in belgio maxime gestarum inde ab anno Christi MDLIX usque ad annum MDLXXXVII perpetua narratione continuatus. Michaele Aitsingero austriaco auctore. Francisco Hogenberg concesso auctor et locupletior.... Coloniae, 1588, petit in-fol., fig.

Ce volume contient :

Le titre gravé avec divers ornements. Planche grand in-4 en hauteur.

Portrait d'Eytzinger en buste tourné à droite. Planche grand in-4 en hauteur, sur le feuillet du titre, verso.

Les trente-deux estampes, copies du recueil de Tortorel et Perrissin, mentionnées précédemment, mêmes planches in-4 en largeur, placées dans le texte. Ces pièces sont ici sans légendes en bas, ces légendes ayant été cachées dans le tirage.

Le massacre de la Saint-Barthélemy, et d'autres planches relatives à des événements arrivés en France, et qui se voient aussi dans les autres recueils de la même nature. On y trouve ensuite principalement un grand nombre de planches relatives aux affaires de la Belgique, parmi lesquelles sont celles qui se rapportent au duc d'Alençon.

Outre ces deux suites de copies du recueil de Tortorel et Perrissin, il existe un grand nombre d'autres estampes qui ont une entière analogie avec celles de cette dite suite, pour le style du travail, la disposition des sujets et l'arrangement des légendes. Quelques-unes de ces pièces sont relatives à des événements survenus en France, mais le plus grand nombre se rapportent aux affaires de la Belgique. Parmi ces pièces, il se trouve des portraits également relatifs à la France et à la Belgique. Ces nombreuses pièces forment des suites numérotées ou bien sont isolées.

Parmi celles de ces pièces relatives à la France, il faut d'abord en citer deux qui sont numérotées 33 et 34, et qui étaient évidemment destinées à faire un commencement de continuation aux 32 copies du recueil de Tortorel et Perrissin. Ces deux pièces sont :

Le massacre de la Saint-Barthélemy, du 24 août 1572, numéroté 33, et la défaite des troupes royales devant la Rochelle, du 16 mars 1573, numérotée 34.

Toutes les autres pièces de cette nature, relatives à la France, avec ou sans numéros, isolées ou faisant partie de suites, sont toutes pour des événements postérieurs à l'année 1572.

Il faut en excepter seulement une estampe représentant la prise de Saint-Quentin en 1557, qui se trouve seule ainsi d'une date antérieure même aux événements du recueil de Tortorel et Perrissin.

J'ai considéré ces diverses estampes relatives à la France comme des pièces isolées que j'ai citées à leurs dates respectives.

Les copies du recueil de Tortorel et Perrissin et les pièces qui y font, pour ainsi dire, suite, prouvent l'intérêt qu'inspiraient, à cette époque, hors de France, les événements qui se passaient dans notre pays. Les petites bandes de papier contenant, en français, les indications des sujets portées sur les planches en allemand, prouvent que ces estampes circulaient en France et y étaient recherchées. Cette multiplicité d'estampes historiques, tant pour les événements de France que pour ceux de Belgique, indique clairement l'intérêt qu'inspiraient alors dans toute l'Europe les faits qui se passaient dans ces contrées, qui se liaient entièrement aux affaires religieuses de ces temps.

Il faut dire ici que ces estampes, tant celles rangées en suites et numérotées que celles sans numéros, ont été publiées avec peu d'ordre et que les recueils de ces pièces qui ont été formés anciennement offrent de la confusion. Il serait donc difficile d'établir bien positivement leur ordre de publication.

Malgré le grand nombre de ces estampes et la durée des temps auxquels elles se rapportent, c'est-à-dire de 1555 à 1608, on doit penser qu'elles ont été produites par les mêmes artistes et publiées par

.es mêmes éditeurs. On n'y trouve , à cet égard, qu'un seul rensei-
gnement que voici. Parmi ces pièces il y en a une représentant le
portrait de Gebhard Truchses , archevêque de Cologne, et portant :
« Colon. excudebat Franciscus Hogenberg cum grat. et priuil. Caes.
1583. » Il s'en trouve une autre représentant le portrait d'Ernest, duc
de Bavière, archevêque de Cologne, avec l'indication du même éditeur et la date de 1583 et 1584.

Dans une suite qui paraît être de 112 pièces relatives aux événements de 1577 à 1587, la pièce n° 72, représentant l'assassinat du
prince d'Orange, porte dans le champ, à droite : *Franc. Hogenberg
cum privilegio.*

Il y a donc lieu de penser que la totalité des estampes historiques
de cette nature, qui ont entre elles une parfaite analogie, et relatives
tant aux affaires de la France qu'à celles de la Belgique, pendant les
temps indiqués, ont été publiées à Cologne.

Il faut ajouter qu'il existe quelques estampes relatives à des événements de 1590 à 1598, qui, sans avoir une analogie parfaite avec
toutes celles dont il vient d'être question, y ont cependant quelques
points de similitude, mais portent un autre nom d'éditeur. On y lit le
nom de Adrien de Huberto ou Huberti. Elles sont peu nombreuses.

Voici maintenant la liste des diverses suites dont il a été question ,
mais cette liste ne peut être qu'incertaine et non entièrement complète, par les conséquences du peu d'ordre qui a eu lieu dans les publications, dans les numérotages et dans la manière dont les recueils
de ces pièces anciennement formés ont été rangés et reliés.

Suite des copies du recueil de Tortorel et Perrissin, de 1559 à
1570, de 32 pièces numérotées 1 à 32.

La Saint-Barthélemy, 1572, numérotée 33.

La défaite des troupes royales devant la Rochelle , 1573, numérotée 34.

Suite de 8 pièces relatives à des événements du règne de Charles V,
dont son portrait, numérotées 2 et 3, 3 et 4, 4 et 5, 5 à 8.

Suite de 6 pièces relatives à des événements du règne de Philippe II, dont son portrait, de 1555 à 1558, sans numéros, dont le
siége de Saint-Quentin en 1557.

Suite de 20 pièces relatives à la Belgique, de 1566 à 1570, numérotées 1 à 20, plus des portraits, dont le siége de Valenciennes, 1567,
n° 6. — Il y a des exemplaires de cette suite qui ont un titre imprimé, comme la suite des copies du recueil de Tortorel et Perrissin.

Suite de 29 pièces relatives à la Belgique, de 1571 à 1576, numérotées 1 à 29, plus un portrait.

Suite de 20 pièces relatives à la Belgique, de 1576 à 1577, numétées 1 à 20, plus un portrait, dont :

Les bourgeois de Valenciennes chassent les troupes allemandes, 1577, novembre 10, n° 13.

Suite de 39 pièces relatives toutes à la France, de 1576 à 1596, sans numéros.

Suite de 44 pièces relatives à la Belgique, de 1577 à 1581, numérotées 1 à 44, dont :

La prise de Bins, 1578, n° 26.

La prise de Diest, 1580, n° 36.

La prise de Cambrai, 1581, n° 42.

La prise de Commerci, 1581, n° 43.

Suite de 112 pièces relatives à la Belgique, de 1557 à 1587, numérotées 1 à 112, mais quelques-unes inexactement ou sans numéros, plus des portraits, dont :

La surprise de Bergen-ob-zoom, 1581.

Les Brabançons se rendant au duc d'Alençon, 1582.

Arrivée du duc d'Alençon à Anvers, 1582.

Prestation de serment du duc d'Alençon à Anvers, 1582.

Entrée des Français à Anvers, 1583.

Expulsion des Français d'Anvers, 1583.

Suite de 11 pièces relatives à la Belgique, de 1583 à 1584 ; numérotées, les 8 premières, 1 à 8, avec les portraits des deux archevêques de Cologne, ci-avant indiqués.

Suite de 70 pièces relatives à la Belgique, de 1587 à 1608, sans numéros, parmi lesquelles sont des portraits, dont celui de l'infante Isabelle-Claire-Eugénie.

Suite de 15 pièces relatives à l'Angleterre et à la Belgique, de 1596 1606, et le portrait de la reine Élisabeth, sans numéro, dont :

La prise de Cadix, 1596.

La prise d'Amiens, par les Espagnols, 1597.

L'armée française devant Amiens, 1597.

La mort de Ch. de Gontaut, duc de Biron, 1602.

Outre les suites désignées ci-avant et d'autres qui pourraient ne m'avoir pas été connues, il faut ajouter qu'il a été formé après les publications de ces estampes des recueils factices composés de diverses suites complètes ou nom, de pièces isolées, toutes exécutées dans la même manière, recueils dont plusieurs existent dans les collections publiques ou privées.

Ainsi, les estampes de cette curieuse et importante catégorie, relatives à la France et à la Belgique, en y comprenant celles copiées du recueil de Tortorel et Perrissin, sont au nombre total de quatre à cinq cents, dont près d'une centaine se rapportent aux événements qui se sont passés en France à ces époques.

Toussaints du Plessis (dom), bénédictin de la congrégation de Saint-Maur. — Histoire de la ville et des seigneurs de Coucy. Paris, Fr. Babuty, 1728, in-4, fig.

Outre une planche représentant des monuments que j'ai cités à leurs dates, cet ouvrage contient d'autres planches représentant des vues qui ne sont pas relatives à l'histoire.

Toustain (D. Ch. Fr.), et D. Tassin. Voir : Deux religieux bénédictins, etc.

Trésor de numismatique et de glyptique, ou recueil général de médailles, monnaies, pierres gravées, bas-reliefs, etc., tant anciens que modernes, les plus intéressants sous le rapport de l'art et de l'histoire, gravé par les procédés de M. Achille Collas, sous la direction de MM. P. Delaroche et Henriquel Dupont, avec un texte, par M. Ch. Lenormant. Paris, Rittner et Goupil, 1834 et suiv., in-fol.

Ce recueil est composé des ouvrages suivants :

|  | Livraisons |
|---|---|
| 1. Bas-reliefs du Parthénon et du temple de Phigalie.. | 4 |
| 2. Médailles coulées et ciselées en Italie aux xv⁰ et xvi⁰ siècles...................................... | 10 |
| 3. Idem, 2ᵉ partie............................... | 11 |
| 4. Sceaux des rois et reines de France.............. | 7 |
| 5. Sceaux des grands feudataires de la couronne de France..................................... | 8 |
| 6. Sceaux des communes, communautés, évêques, abbés, barons...................................... | 6 |
| 7. Sceaux des rois et reines d'Angleterre............ | 9 |
| 8. Médailles françaises depuis le règne de Charles VII jusqu'à celui de Louis XVI, 1ʳᵉ partie........... | 17 |
| A reporter......... | 72 |

Livraisons.

Report ................ 72

9. Idem, 2ᵉ partie ............................. 9

10. Idem, 3ᵉ partie ............................. 14

11. Recueil général de bas-reliefs et d'ornements ...... 10

12. Idem, 2ᵉ partie ............................ 15

13. Médailles de la Révolution française ............ 24

14. Choix historique des médailles des papes ......... 12

15. Collection des médailles de l'Empire français et de
l'empereur Napoléon .......................... 18

16. Choix de médailles exécutées en Allemagne aux xvıᵉ
et xvııᵉ siècles ............................. 12

17. Iconographie des empereurs romains et de leurs fa-
milles ..................................... 16

18. Histoire par les monuments de l'art monétaire chez
les modernes ............................... 14

19. Numismatique des rois grecs ................... 23

20. Nouvelle galerie mythologique ................. 13
                                             ───
                                             252

Les planches de ce recueil, gravées par le procédé de M. Achille Collas, et qui sont au nombre de mille et huit, représentent des séries nombreuses de monuments de numismatique et de glyptique, dont la nature est indiquée par les titres des ouvrages qui forment l'ensemble de cette publication. Elle est importante et l'on doit de la reconnaissance aux écrivains et aux artistes qui l'ont dirigée.

Les textes de ces divers ouvrages, en général courts mais substantiels, sont rédigés avec soin quant aux recherches qui en font la base. Il est à regretter que l'impression ait été peu soignée, sous le rapport de la correction. Des erreurs de diverses natures et des dates inexactes se rencontrent très-fréquemment. Il y a aussi de nombreuses confusions entre les numéros des planches et ceux des textes. Des additions et corrections données à la fin des ouvrages sont loin d'indiquer tous les passages à rectifier dans les textes.

J'ai relevé de ces divers ouvrages tout ce qui s'y trouve de relatif à la France, et ce travail s'est trouvé former environ quinze cents articles.

Tripon (J. B.). — Historique monumental de l'ancienne province du Limousin. Limoges, Martial Darde, 1837, in-4, 3 vol., fig.

TRISTAN (Jean). — Traicté du lis, symbole divin de l'espérance, etc. Paris, Jean Piot, 1656, in-4, fig.

La première planche de cet ouvrage représente des médailles romaines, consulaires et impériales, sur lesquelles l'auteur a voulu voir des fleurs de lis, comme presque tous les écrivains qui se sont occupés de l'origine de cet attribut des rois de France.

Cet ouvrage est une critique des ouvrages de Chifflet : *De insignibus regum francorum-Lilium francorum veritate historica botanica et heraldica illustratum-Anastasis Childerici, etc.*

# V

VALBONNAIS (Jean MORET DE BOURCHENU, marquis de). — Histoire de Dauphiné et des princes qui ont porté le nom de Dauphins. Genève, Fabri et Barillot, 1722, 2 vol. in-fol., fig.

VALDOR (Jean). — Les triomphes de Louis le Juste XIII du nom, roy de France et de Navarre, etc., par Charles Beys, P. de Corneille, Henry Estienne, René Barry, le R. P. Nicolaï, ouvrage entrepris et fini par Jean Valdor, Liégeois. Paris, Antoine Estienne, 1649, in-fol., fig. — Même titre en latin.

Cet ouvrage, remarquable pour l'époque à laquelle il a paru, contient cinq frontispices curieux et vingt sujets relatifs à l'histoire de Louis XIII, traités en style héroïque. On y trouve ensuite trente-six portraits de personnages de ce temps, dont trois seulement ne sont pas français, et enfin cinquante et un plans de batailles ou cartes, dont deux sont figurés.

VAN DYCK (Antoine). — Le cabinet des plus beaux portraits de plusieurs princes et princesses, des hommes illustres, fameux peintres, sculpteurs, architectes, amateurs de la peinture et autres, faits par le fameux Antoine Van Dyck, chevalier et peintre du roy, lesquels l'autheur mesme a faict graver à ses propres despens par les meilleurs graveurs de son temps. Anvers, Henry et Corneille Verdussen, sans date; ou Bruxelles, 1728, in-fol., 2 vol. de portraits, sans texte.

Ce recueil contient seulement neuf portraits de personnages relatifs à la France.

VAN DYCK (Antoine). — Iconographie ou Vies des hommes illustres du XVIIᵉ siècle, écrites par M. V..., avec les portraits peints par le fameux Antoine Van Dyck, et gravés sous sa direction. Amsterdam et Leipzig, chez Arkstée et Merkus, 1759, in-fol., 2 tom., portraits.

Cette édition contient les mêmes portraits que celle publiée en 1728 sous le titre : *Le cabinet des plus beaux portraits*, etc.

VAN LOON (Gérard). — Histoire métallique des XVII provinces des Pays-Bas, depuis l'abdication de Charles-Quint jusqu'à la paix de Bade en MDCCXVI, traduite du hollandois de monsieur Gerard Van Loon. La Haye, P. Gosse, J. Neaulme, P. de Hondt, 1732-37, in-fol., 5 vol., fig.

VAN PRAET. — Catalogue des livres imprimés sur vélin, de la Bibliothèque du roi. Paris, de Bure frères, 1822-1828, grand in-8, 6 vol. = Catalogue de livres imprimés sur vélin, qui se trouvent dans des bibliothèques tant publiques que particulières, pour servir de suite au catalogue des livres imprimés sur vélin, de la Bibliothèque du roi. Paris, de Bure frères, 1824-1828, grand in-8, 4 vol. = Notice sur Colard Mansion, libraire et imprimeur de la ville de Bruges en Flandre, dans le XVᵉ siècle. Paris, de Bure frères, 1829, in-8. = Recherches sur Louis de Bruges, seigneur de La Gruthuyse. Paris, de Bure frères, 1831, grand in-8, fig.

VELLY, VILLARET et GARNIER. — Histoire de France depuis l'établissement de la monarchie jusqu'à Louis XIV. Paris, Saillant et Nyon-Desaint, 1770 (an VII de la république), 15 vol. in-4. = Recueil des portraits des hommes illustres dont il est fait mention dans l'histoire de France de Velly,

Villaret et Garnier. Paris, les mêmes, 1778-86, 8 vol.
in-4 ; le premier porte pour titre : tom. XIII, 2ᵉ partie ;
le second porte : tom. XIII, 3ᵉ partie ; les autres, tom. III
et suivants, jusqu'à VIII.

Ce recueil d'estampes, qui fait suite à cette édition de l'histoire de
France de Velly, Villaret et Garnier, est formé de planches de diverses natures et de différentes formes, dont la plus grande partie
avaient déjà été publiées séparément, et qui ont servi à des tirages
divers qui les ont rendues fort communes en général. Presque toutes
ces planches se trouvent isolées en grand nombre. Plusieurs avaient
fait partie des mémoires de Condé, publiés en 1743.

Ces planches ne représentent pas seulement des portraits, mais
aussi des évenements, parmi lesquels quelques compositions imaginaires, quelques copies de miniatures anciennes, et dans le règne de
Louis XIV beaucoup de plans de batailles et de médailles.

Parmi les portraits il y en a beaucoup qui n'ont pas rapport à
l'histoire de France ; on voit dans ce recueil des suites de souverains
et d'artistes étrangers.

Les portraits français antérieurs au xvᵉ siècle sont imaginaires
comme dans tous les recueils de ce genre.

J'ai cité celles des planches de ce recueil qui représentent des monuments et ont une véritable valeur historique.

Il existe aussi pour faire suite à cette édition de l'histoire de
France de Velly, Villaret et Garnier, savoir :

Recueil de cartes pour l'étude de l'histoire de France. Paris, Nyon
l'aîné, 1787, grand in-4, pl.

Figures de l'histoire de France, dessinées par M. Moreau le jeune
et gravées sous sa direction, avec le discours de M. l'abbé Garnier.
Paris, Moreau le jeune, 1785, grand in-4, fig. — C'est un recueil de
compositions relatives à l'histoire de France, sans aucune valeur historique.

VENUTI (l'abbé Philippe). — Dissertations sur les anciens
monuments de la ville de Bordeaux, sur les Gahets, les
antiquités et les ducs d'Aquitaine ; avec un Traité historique sur les monoyes que les Anglais ont frappées dans
cette province. Bordeaux, J. Chappuis, 1754, in-4, fig.

VERGARA (Cesare Antonio). — Monete del regno di Napoli

*

da Roggiero primo rè, sino all' Augustissimo regnante Carlo VI. Roma, Francesco Gonzaga, 1716, in-fol., fig.

VERTUE (George). — A description of nine historical prints, representing kings, queens, princes, etc., of the Tudor family, selected, drawn, and engraved, from the original paintings by George Vertue late engraver to the society of antiquaries of London. Republiched by the Society, 1776, in-fol. max°.

VIC (Fr. Claude de) et Fr. Joseph VAISSETE, religieux bénédictins de la congrégation de Saint-Maur. — Histoire générale de Languedoc, etc. Paris, Jacques Vincent, 1730, 1745, 5 vol. in-fol., fig.

> Les vignettes placées dans cet ouvrage au commencement du livre et des notes sont des compositions de Cazes, Humblot, Retout et Rigaud, gravées par C. N. Cochin et N. Tardieu.

VIC (dom Claude de) et dom VAISSETE. — Histoire générale de Languedoc, — commentée et continuée jusqu'en 1830, par Al. du Mège. Toulouse, J. B. Paya, 1840-46, grand in-8, 10 vol., fig.

VIE (la) de Philippe d'Orléans, petit-fils de France, régent du royaume pendant la minorité de Louis XV, par M. L. M. D. M. (de La Motte, dit de La Hode). Londres, la Compagnie, 1736, 2 vol. in-12.

VIEL CASTEL (le comte Horace de). — Collection des costumes, armes et meubles pour servir à l'histoire de France depuis le commencement du v° siècle jusqu'à nos jours. Paris, l'auteur, Bossange père, etc., 1827-1829, grand in-4, texte, 3 vol. minces, pl. 300. = Collection de costumes pour servir à l'Histoire de la Révolution française et de l'empire. Tome IV de l'ouvrage précédent. Paris, l'auteur, C. Caillault, Bossange père, 1834, grand in-4, texte, 103 pages, pl. 120.

> Le plus grand nombre des monuments reproduits dans ce recueil

l'avaient été déjà dans des ouvrages imprimés antérieurement. Il y en a beaucoup qui ne sont pas relatifs à la France, et parmi les œuvres de la sculpture, quelques-unes sont représentées coloriées, quoique les originaux ne l'aient point été.

Le mode de publication de ce livre offre quelques difficultés pour trouver les rapports entre le texte et les planches et des erreurs de numéros.

J'ai indiqué celles des planches de cet ouvrage qui représentent des monuments relatifs à l'histoire de France.

VIGNE (Félix de). — Vade-mecum du peintre, ou Recueil de costumes du moyen âge, pour servir à l'histoire de la Belgique et des pays circonvoisins. Gand, 1835-1840. 2 vol. in-fol., fig.

Une grande partie des monuments reproduits dans cet ouvrage sont relatifs à la Belgique ; mais quelques-uns cependant se rapportent à la France. J'ai cru devoir donner les indications des planches de cette dernière catégorie, quoiqu'elles ne soient que des répétitions de publications antérieures.

L'auteur de ce livre établit dans un préambule, au commencement du texte, l'importance des bonnes directions pour la connaissance des monuments ayant un intérêt historique, et le peu d'ouvrages satisfaisants qui ont été publiés sur cette matière. Mais, en parlant de l'insuffisance des livres existants, il donne la preuve qu'il n'a pas apporté dans leur examen l'attention suffisante pour les connaître.

On lit dans ce préambule le passage suivant :

« Les ouvrages les plus estimés en ce genre, et qui embrassent la période dont je me suis occupé, sont ceux de *Degaignières* et *Montfaucon*. »

« Les recherches de *Degaignières* ont été faites sur les *monuments, médailles et manuscrits* de l'époque, et portent ainsi un grand caractère d'authenticité ; cependant on peut reprocher à cet homme laborieux de n'avoir pas indiqué les monuments qui avaient été reconstruits ou restaurés, et qui par conséquent ne pouvaient pas être regardés comme représentant fidèlement les costumes d'une période donnée ; d'ailleurs il ne s'est occupé que de la monarchie française. »

« L'ouvrage de *Degaignières* est très-rare, je n'en connais même qu'un exemplaire, celui de la Bibliothèque de Paris. *Montfaucon*, qui, parmi les artistes, fait encore autorité aujourd'hui, n'est en quelque sorte que le copiste de *Degaignières* ; *Montfaucon*, poussant trop loin le respect pour son maître, reproduit toutes les erreurs de ce dernier ;

on peut dire, sans craindre un démenti, que dans son ouvrage la critique est généralement nulle. »

Ce passage est une série d'inexactitudes et d'erreurs.

M. de Gaignières, et non Degaignières, n'était pas auteur; sous ce rapport, ce n'était pas un homme laborieux. Il n'existe pas de lui un ouvrage imprimé devenu très-rare, dont on ne puisse connaître qu'un seul exemplaire. M. de Gaignières a fait exécuter de nombreux dessins d'après des monuments ; il en a formé des recueils différents, dont l'un, celui dont il s'agit, a été placé, après sa mort, au cabinet des estampes de la Bibliothèque du roi.

Il faut ne pas connaître des documents que l'on cite pour transformer un recueil de dessins, sans texte, unique de sa nature, en un ouvrage imprimé qui serait devenu si rare que l'on n'en connaîtrait qu'un seul exemplaire.

Le P. Montfaucon n'a pas pu être le copiste de de Gaignières, puisque celui-ci n'a publié aucun ouvrage sur les matières dont il s'agit. L'appréciation de l'ouvrage du savant bénédictin, par laquelle l'auteur termine, est aussi éloignée de la vérité que tout ce qui la précède.

Il est donc évident, enfin, qu'un écrivain, qui s'exprime ainsi, avec détails et critique, sur le recueil de Gaignières et sur l'ouvrage de Montfaucon ne les connaissait pas, ou du moins n'avait pas donné la moindre attention à leur examen.

Il est fâcheux de devoir faire de telles observations sur des publications de cette nature, mais il est indispensable de les exposer pour que l'on puisse avoir une idée précise de cet ouvrage.

VILLAIN (l'abbé), M. L. — Essai d'une histoire de la paroisse de Saint-Jacques de la Boucherie. Paris, Prault, 1758, in-12, fig.

VILLENEUVE DE BARGEMONT (le vicomte F. L.) — Histoire de René d'Anjou, roi de Naples, duc de Lorraine et comte de Provence. Paris, J. J. Blaise, 1825, 3 vol. in-8, fig.

VILLENEUVE (le comte de). — Statistique du département des Bouches-du-Rhône. Marseille, Ant. Ricard, 1821, 1829, 4 vol. in-4 et atlas in-fol. m°.

VOYAGE littéraire de deux religieux bénédictins de la congrégation de Saint-Maur (D. Martène et D. Durand). Paris,

Florentin Delaulne, 1717, in-4, deux parties, 1 vol., fig.
= Idem, le voyage de Nicolas de Bosc, évêque de Bayeux,
pour négocier la paix entre les couronnes de France et
d'Angleterre, en 1381. Paris, Montalant, 1724, in-4, fig.

VOYAGE PITTORESQUE DE PARIS, ou indication de tout ce qu'il
y a de beau, etc.; sixième édition. Paris, de Bure frères,
1778, in-12, fig.

VULSON, sieur de LA COLOMBIÈRE (Marc de). — De l'office des
roys d'armes, des herauds et des poursuivans, etc. Paris,
P. Lamy, 1645, pet. in-4, fig.

VVLSON (Marc de), sieur de LA COLOMBIÈRE. — Le vray theatre
d'honneur et de chevalerie, ou le miroir heroique de la
noblesse. Paris, Augustin Courbé, 1648, in-fol., 2 vol., fig.

Cet ouvrage, outre les planches que j'ai décrites, en contient quel‐
ques autres gravées par Chauveau et Michel Lasne, qui n'ont pas de
valeur historique.

VVLSON, sieur de LA COLOMBIÈRE (de). — Les portraits des
hommes illustres françois qui sont peints dans la galerie
du Palais cardinal de Richelieu, avec leurs principales ac-
tions, armes, deuises, etc. Éloges latins, desseignez et
grauez par les sieurs Heince et Bignon, — ensemble les
abregez historiques de leurs vies. Paris, Edme Pepin-
gué, etc., 1655, in-fol. max°, fig.

Les premiers des portraits contenus dans ce volume sont en partie
imaginaires. Je les ai indiqués pour donner tous ceux de l'ouvrage.

VULSON, sieur de LA COLOMBIÈRE (de). — Les Vies des hommes illustres et grands capitaines françois qui sont peints
dans la gallerie du Palais-Royal. Paris, Nicolas le Gras,
1692, in-12, fig.

Les portraits contenus dans ce livre sont des copies de ceux de l'é-
dition de 1655, in-fol.

# W

WAILLY (Natalis de). — Éléments de paléographie. Paris, Imprimerie royale, 1838, 2 vol. in-4, fig.

> Cet ouvrage renferme des recherches sur les diverses branches de la paléographie, et offre un ensemble d'exposés sur cette partie si importante de l'étude des anciens manuscrits.
>
> Quant aux planches qu'il contient, les premières sont relatives aux écritures des diverses époques, dont elles offrent des *fac-simile*. Une seule offre une miniature d'un manuscrit de la Bibliothèque royale. Je l'ai indiquée à sa date. Les dernières planches représentent un grand nombre de sceaux ; mais ces planches sont une partie de celles qui se trouvent dans le trésor de numismatique et de glyptique. Je les ai indiquées comme étant de ce dernier recueil, sans mention, comme se trouvant dans le présent ouvrage.

WILLEMIN (N. X.). — Monuments français inédits pour servir à l'histoire des arts, depuis le vie siècle jusqu'au commencement du xviie, etc., 1806, texte par A. Pottier. Paris, Mlle Willemin, 1839, 2 vol. in-fol., fig.

> Voir : t. I, p. 255.

WOILLEZ (le docteur Eug. J.). — Archéologie des monuments religieux de l'ancien Beauvoisis, pendant la métamorphose romane. Paris, Derache, 1839-1849, 1 vol. in-fol., fig.

WREE (Olivier de). — Sigilla comitum Flandriæ et inscriptiones diplomatum ab iis editorum cum expositione historica, Olivari Vredi, juris-consulti Brug. Brugis Flandrorum, J. B. Kerchove, 1639, petit in-fol., fig.

> Il y a une édition française intitulée : Les sceaux des comtes de Flandres. Bruges, 1641, in-fol., fig.

WREE (Olivier de), Brugeois. — La généalogie des comtes de Flandre depuis Baudouin Bras de Fer jusques à Philippe IV, roy d'Espagne. Bruge en Flandre, Jean-Baptiste et Lucas Vanden Kerchove, 1642. = Deuxième partie, 1644, petit in-fol., fig.

Cet ouvrage est fait avec peu d'exactitude, quant aux rapports des planches avec le texte. On y trouve des erreurs de dates et de renvois. Plusieurs sceaux gravés ne sont pas mentionnés dans le texte, ou n'y sont pas indiqués de façon à ce que l'on connaisse à qui ils appartiennent.

Les indications des personnages dont il est question dans le texte ne sont appuyées d'aucuns détails sur leur biographie ni de dates.

J'ai relevé des planches et du texte les notes des sceaux ayant rapport à la France, autant que la nature de cet ouvrage me l'a permis.

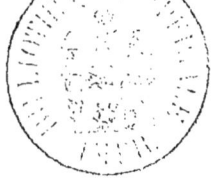

FIN DE LA TABLE DES AUTEURS.

# PREMIÈRE RACE.

## 481.

Objets divers trouvés dans le tombeau de Childéric, père de Clovis, découvert à Tournay en 1653, et donné depuis à Louis XIV par Philippe de Schönborn, électeur de Mayence, en 1665. Ils ont été décrits par Montfaucon, Chifflet, Du Mersan et d'autres auteurs. Ces objets consistent en :

Fragments d'une épée ;
Une francisque en fer ;
Une boule en cristal ;
Une fibule en or ;
Une boucle en or ;
Cinq petits monuments en verre coloré, **montés** en or ;
Deux abeilles d'or. — Il y en avait une plus grande quantité ; le reste a disparu dans le vol du 5 novembre 1831 (voir t. 1, p. 132) ;
Deux monnaies d'or de l'empereur Léon (457-474) ;
Une dent ;
Un fer de lance ;
Une bague d'or.

Au Louvre, Musée des Souverains. Provenant du Cabinet des médailles et antiques de la Bibliothèque impériale.

481.

Quatorze pl., dont 1 in-fol. en larg., 11 in-4 en
haut., et 2 in-8 en larg. Chifflet, Anastasis Childerici,
aux p. 96, 141, 182, 202 et 203, 210, 218, 224,
226, 236, 243, 252, 267, 271, 322, toutes dans le
texte, sauf celle in-fol. des p. 202 et 203. = Petite
pl. Tristan, Traicté du lis, à la p. 54, dans le texte.
= Pl. de la grandeur de l'original (?). Chifflet, Lilium
francorum veritate historica, botanica et heraldica
illustratum, p. 140, dans le texte. = Dessin sur un
feuillet in-fol. en haut. Miscellanea eruditæ antiquitatis, etc., ex museo J. du Tilliot, Recueil manuscrit,
Bibl. de l'Arsenal, t. IV. = Petite pl. en larg. Bouteroue, p. 188, dans le texte. = Partie d'une pl. in-fol.
magno carrée. Mabillon, De Re diplomatica, pl. 16.
= Partie d'une pl. in-fol. en haut. Heinnecius, pl. 1,
n° 4. = Partie d'une pl. in-4 en haut. Daniel, Histoire de la milice françoise, t. 1, pl. 2, D. = Trois pl.
in-fol. en haut. et en larg. Montfaucon, t. I, pl. 4,
5, 6. = Trois pl. in-fol. en haut. Eckhart, Commentarii, etc., t. 1, pl. 1 à 3, aux p. 39, 40. =
Partie d'une petite pl. Reges francorum merovingi.
A l. L. L. Gebhardi. Luneburgi abt. 1736, in-4, sur
le titre. = Pl. in-4 en haut. Dissertations sur l'origine des Francs, sur l'établissement et les premiers
progrès de la monarchie franç. dans les Gaules, etc.,
par.... Paris, Chaubert, 1748, in-12, fig., à la fin du
volume. = Pl. un peu plus grande que l'original,
grav. sur bois. Nouveau Traité de diplomatique (D.
Ch. Fr. Toustain et D. Tassin), t. IV, p. 101. =
Partie d'une pl. in-4 en haut. (De Migieu), Recueil
des sceaux du moyen âge, pl. 1, n° 1. = Trois pl.
in-8 en haut. Billardon Sauvigny, t. II, aux p. 16,

20 et 21. = Partie d'une pl. in-8 en haut. Al. Lenoir, Musée des Monuments français, t. I, pl. 22.
= Pl. in-fol. en haut. Beaunier et Rathier, pl. 12.
= Pl. in-4 en haut., coloriée. Comte de Viel Castel,
n° 5; texte, t. I, p. 2. Le texte porte par erreur pl. 2.
(Cette pl. n'était pas d'abord numérotée.) = Petite
pl. lith. Mémoires de la Société archéologique du
midi de la France, t. I, dans le texte, p. 81. =
Partie d'une pl. in-fol. en haut. Trésor de numismatique et de glyptique; sceaux des grands feuda-
taires de la couronne de France, pl. 32, n° 4. =
Pl. in-4 en haut. Conbrouse, t. VI, pl. 203; t. VII,
l'avant Clhodovigh, pl. 38. = Pl. in-12 carrée grav.
sur bois. Lacroix, Le Moyen âge et la Renaissance,
t. III, Orfévrerie 2, dans le texte. = Voir : Audigier,
Origine des Français, p. 501-520. = Le Gendre de
Saint-Aubin, Antiquités, p. 535-538. = Du Mersan,
Histoire du Cabinet des médailles, antiques et pierres
gravées, p. 29. = L'abbé Cochet, La Normandie
souterraine.

Le 27 mai 1653, on fit à Tournay, près de la paroisse de
Saint-Brice, une découverte importante en creusant la terre à
la profondeur d'environ sept pieds. C'était une réunion de
divers objets, la plupart précieux, ayant été évidemment dé-
posés dans un tombeau. La partie la plus importante consistait
en monuments en or, un pommeau d'épée, la poignée, le
fourreau, des parties du baudrier, un style à écrire, une petite
tête de bœuf, deux bagues, et plus de trois cents petites figures
en forme de fleur que l'on regarda comme étant des abeilles.
Tous ces objets, en or, étaient ornés de pierres précieuses et de
verroteries; plus de deux cents médailles d'or et d'argent, dont
plusieurs impériales d'or et des gauloises. Les impériales étaient
d'Hadrien, Antonin, Marc Aurèle, Constance, Marcien, Zénon,
Basilisque, Valentinien et Léon.

481.

481.

Ce tombeau contenait aussi les restes d'une hache d'armes, d'un fer de pique, et d'un fer de cheval, en fer, un globe de cristal, un fragment d'un vase d'agate, divers autres objets peu importants, et enfin deux crânes et un squelette.

Il aurait été difficile de déterminer à qui ces objets avaient appartenu et à quelle époque ils avaient été enfouis dans ce tombeau, si l'on n'avait pas trouvé parmi eux des indices précis. Mais une des deux bagues en or qui faisait partie de ce trésor portait une tête gravée en creux, avec l'inscription : CHILDERICI REGIS, à rebours, pour servir de cachet.

Il fut dès lors possible de fixer l'époque précise de ces monuments; ils furent attribués au temps de Childéric I$^{er}$, et le tout fut considéré comme étant son tombeau.

Chifflet, Montfaucon et plusieurs autres auteurs ont parlé de ces curieux monuments. Une partie de ces objets fut dispersée au moment de la découverte et depuis; quelques-uns furent conservés et placés au Cabinet des médailles et antiques de la Bibliothèque royale. Plusieurs de ces objets ont été perdus par suite du vol du 5 novembre 1831. (Voir t. I, p. 132.)

## 484.

Monnaie d'Éric, roi des Visigoths. Partie d'une pl. in-8 en haut. lith. de Bastard, Recherches sur Randan, pl. 9, à la p. 75.

## 500.

Suaire de saint Germain, conservé dans une église d'Auxerre. Trois pl. de diverses grandeurs gravées sur bois. De Caumont, Bulletin monumental, t. XIV, p. 413 à 415. Dans le texte.

Un souverain ou prince placé sur un bouclier porté par divers personnages; il est couronné par un homme demi-nu. On lit au-dessus : *inauguration sur un bouclier*. Pl. in-fol. en haut. Montfaucon, t. I, pl. 4.

Montfaucon donne ce monument comme représentant le couronnement des premiers rois de France.

# 511.

Tombeau de Clovis, à l'abbaye de Sainte-Geneviève à Paris. Pl. in-8 en haut., grav. sur bois. Rabel, Les Antiquitez et singularitez de Paris, fol. 7, dans le texte. = La même planche. Du Breul, Les Antiquitez et choses plus remarquables de Paris, fol. 15 v°, dans le texte. = Pl. in-12 en haut. Du Breul, Le Théâtre des antiquités de Paris, p. 272, dans le texte. = Dessin in-fol. en haut. Gaignières, t. I, p. 1. = Partie d'une pl. in-fol. en haut. Montfaucon, t. I, pl. 10. = Partie d'une pl. in-4 en larg. Millin, Antiquités nationales, t. V, n° LX, pl. 4, n° 2 (le texte porte par erreur pl. 5). = Pl. in-fol. en haut. Beaunier et Rathier, pl. 3. = Partie d'une pl. in-8 en haut. Al. Lenoir, Musée des Monuments français, t. I, pl. 26, n° 9. = Partie d'une pl. in-8 en haut. lith. Begin, Metz depuis dix-huit siècles, t. II, pl. 51. = Partie d'une pl. in-4 en haut. Lacroix, Le Moyen âge et la Renaissance, t. V, Sculpture, pl. sans n°. = Pl. in-fol. max° en haut., coloriée. Albert Lenoir, Statistique monumentale de Paris, livrais. 21, pl. 2 bis.

> Quelques auteurs pensent que cette figure de Clovis était du XVIIᵉ siecle, et probablement copiée sur une autre antérieure du XIIᵉ.

Statue de Clovis, au grand portail de l'église de Saint-Germain des Prés à Paris. Partie d'une pl. in-fol. en haut. Seroux d'Agincourt, Histoire de l'art, etc., Sculpture, pl. XXIX, n° 7, t. II, d°, p. 59.

Statue de Clovis Iᵉʳ, de son tombeau dans l'église de

511.    Saint-Denis. Pl. in-8 en haut. Guilhermy, Monographie de Saint-Denis, à la p. 197.

Statue de Clovis I<sup>er</sup>, au portail de Notre-Dame de Corbeil. Partie d'une pl. in-8 en haut. Al. Lenoir, Musée des Monuments français, t. V, pl. 206, n° 9. = Partie d'une autre pl., idem, t. VII, pl. 224. = Pl. in-fol. en haut. Willemin, pl. 59. = Pl. in-fol. en haut. Beaunier et Rathier, pl. 1. = Pl. in-4 en haut. Comte de Viel Castel, n° 1, texte, t. I, p. 4. Le texte porte par erreur pl. 3, idem, p. 7. = Pl. in-4 en haut., sans bords, grav. sur bois. Lacroix, Le Moyen âge et la Renaissance, t. III, Modes et costumes 2, dans le texte.

> Cette figure, ainsi que celle de Clotilde (voir à l'année 543), faisait partie des six qui étaient placées au portail principal de l'église de Notre-Dame de Corbeil, depuis longtemps démolie. Les opinions sur l'époque où ces figures furent faites sont fort diverses. L'abbé Lebeuf (Hist. du diocèse de Paris, t. II, p. 191) les regardait comme étant de la fin du xi<sup>e</sup> siècle, c'est-à-dire à peu près de la même époque que la construction de l'église. M. Lenoir les plaçait au vi<sup>e</sup> siècle, opinion peu accréditée.
>
> Cette figure et celle de Clotilde furent placées, à l'époque de la Révolution, au Musée des Monuments français. Elles sont maintenant à Saint-Denis.

Statue équestre de Clovis, au-dessus d'un des portails de la cathédrale de Strasbourg. Partie d'une pl. in-4 en larg., I, p. 81. Description nouvelle de la cathédrale de Strasbourg, à la p. 78. = Petite pl. en haut. Dibdin, A Bibliographical — Tour, t. III, à la p. 16, dans le texte.

> Cette figure paraît avoir été faite à la fin du xiii<sup>e</sup> siècle.

Figure de Clovis I<sup>er</sup>, d'après les monuments du temps.

Pl. ovale in-12 en haut., grav. sur bois. Du Tillet, 311.
Recueil des rois de France, p. 14, dans le texte.

Statue du roi Clovis I.er, de.. ... Partie d'une pl. in-12
en haut. Al. Lenoir, Histoire des arts en France,
pl. 11.

Clovis I.er. Pl. in-4 en haut. Comte de Viel Castel, n° 6,
texte, t. I, p. 7.

    Cette sculpture est probablement du xii° siècle.

Tombes de Clovis et de sa famille; autres tombes du
même temps, de l'abbaye de Sainte - Geneviève,
trouvées en 1807. Deux pl. in-fol. max° en larg.
Albert Lenoir, Statistique monumentale de Paris,
livrais. 13, pl. 1, 2.

Sept couronnes de Clovis, de ses quatre fils, Thierri,
Clodomir, Childebert et Clotaire, et de deux reines,
Clotilde et Ultrogothe. Partie d'une pl. in-fol. en
larg. Montfaucon, t. I, pl. 2 (1.er rang).

Sceau de Clovis. Partie d'une pl. in-4 en haut. (de
Migieu), Recueil des sceaux du moyen âge, pl. 1,
n° 2.

Figure de saint Marcel, évêque de Paris, au portail de 311 ?
Saint-Germain l'Auxerrois. Pl. in-fol. en haut. Beaunier et Rathier, pl. 7.

    Cette figure est du x° ou du xi° siècle.

Figure de sainte Geneviève au portail de Saint-Germain
l'Auxerrois. Pl. in-fol. en haut. Beaunier et Rathier,
pl. 8.

    Cette figure est du x° ou du xi° siècle.

Figure d'un prêtre ou de saint Vincent, au portail de

511. Saint-Germain l'Auxerrois. Pl. in-fol. en haut. Beaunier et Rathier, pl. 6.

Cette figure est du x<sup>e</sup> ou du xi<sup>e</sup> siècle.

## 530 ?

Figure de Haregonde ou Aregonde, femme de Clo-
taire I<sup>er</sup>, mère de Chilpéric, à l'un des portails de
Notre-Dame de Paris. Pl. in-fol. en haut. Beaunier
et Rathier, pl. 11.

Cette statue a été détruite pendant la Révolution.

## 532.

Monnaie de Thierri I<sup>er</sup>, roi de Metz. Partie d'une pl.
in-8 en haut. C. Robert, Monnaies mérovingiennes
de la collection de feu M. Renault, n° 4, p. 21.

## 533.

Ivoire sculpté représentant les miracles de saint Remi.
Partie d'une pl. in-8 en haut., lith., Mémoires de la
Société des antiquaires de Picardie, t. III, p. 290,
atlas, pl. 2, n° 3.

Ce petit bas-relief paraît être du vi<sup>e</sup> ou du vii<sup>e</sup> siècle. —
Saint Remi mourut en 533.

## 534.

Sept monnaies de Thiéri ou Théodoric I<sup>er</sup>, fils de Clovis,
roi d'Austrasie. Cinq petites pl. en larg. Bouteroue,
p. 210, 220, 222 (5), dans le texte.

Deux monnaies du même. Petite pl. Le Blanc, p. 19,
dans le texte.

Monnaie du même. Partie d'une pl. in-4 en haut. Du
Cange, Glossarium, 1840, t. IV, pl. 1, n° 2.

Monnaie du même. Partie d'une pl. in-4 en haut. Du
Cange, Glossarium, 1840, t. IV, pl. 1, n° 18.

Monnaie du même. Partie d'une pl. in-8 en haut. Fillon,    534.
Considérat. sur les monnaies de France, pl. 1, n° 2.

Deux monnaies au nom d'Anastase, que l'on peut attribuer à l'un des fils de Clovis, peut-être à Thiéri I<sup>er</sup>, roi d'Austrasie. Partie d'une pl. in-4 en haut. Robert, Études numismat., etc., pl. 2, n° 1, 2, p. 88 à 91.

Sceau de Thiéri ou Théodoric I<sup>er</sup>, fils de Clovis, roi d'Austrasie. Partie d'une pl. in-fol. en haut. Mabillon, De Re diplomatica, pl. 20.

Six monnaies d'Athalaric, roi des Goths. Partie d'une pl. in-fol. en haut. Paruta, Grævius, 1723, pl. 183, n° 1 à 6, t. VII, p. 1257.

Monnaie du même. Partie d'une pl. in-4 en haut., grav. sur bois. Argelati, t. I, pl. 10, n° 1.

Armoiries de la ville de Lyon, capitale du royaume de Bourgogne. Partie d'une pl. in-8 en haut., lith. Monfalcon, Histoire de la ville de Lyon, t. I, pl. 1, n° 2.

## 536.

Quatre monnaies de Théodat, roi des Goths. Partie d'une pl. in-fol. en haut. Paruta, Grævius, 1723, pl. 184, n° 12 à 16, t. VII, p. 1257-58.

Monnaie du même. Partie d'une pl. in-4 en haut., grav. sur bois. Argelati, t. I, pl. 10, n° 2.

## 540.

Monnaie de Witiges, roi des Ostrogoths, au revers de Justinien. Partie d'une pl. in-fol. en haut. Paruta, Grævius. 1723, pl. 184, n° 11, t. VII, p. 1257.

Monnaie du même. Partie d'une pl. in-4 en haut., grav. sur bois. Argelati, t. I, pl. 10, n° 3.

## 541.

Trois monnaies d'Éraric, roi des Goths, en Italie.
Petites pl. grav. sur bois. Revue archéologique,
1849. Victor Langlois, à la p. 389, dans le texte.

## 543.

Statue de la reine Clotilde, femme de Clovis, au grand
portail de l'église de Saint-Germain des Prés, à Paris.
Partie d'une pl. in-fol. en haut. Seroux d'Agincourt, Histoire de l'art, etc., Sculpture, pl. 29, n° 8,
t. II, d°, p. 59. == Partie d'une pl. in-8 en haut.,
lith. Begin, Metz depuis dix-huit siècles, t. II, pl. 51.

Figure de Clotilde, fille de Chilpéric, roi des Bourguignons, sans indication d'où ce monument est tiré,
mais sur son tombeau à l'église de Sainte-Geneviève,
lequel avait été restitué postérieurement. Dessin
in-12, en haut. Gaignières, t. l, p. 2.

Statue de la reine Clotilde, femme de Clovis I<sup>er</sup>, au
portail de Notre-Dame de Corbeil. Partie d'une pl.
in-8 en haut. Al. Lenoir, Musée des Monuments
français, t. V, pl. 206, n° 9 bis. == Partie d'une
autre pl., idem, t. VII, pl. 224. == Pl. in-fol. en
haut. Willemin, pl. 60. == Pl. in-fol. en haut. Beaunier et Rathier, pl. 2. == Pl. in-4 en haut. Comte de
Viel Castel, n° 2, texte, t. l, p. 4. == Pl. in-4 en
haut., sans bords, grav. sur bois. Lacroix, le Moyen
âge et la Renaissance, t. III, Modes et costumes 2,
dans le texte.

> Les détails sur la statue de Clovis I<sup>er</sup>, auprès de laquelle
> celle-ci était placée, sont également relatifs à cet article. (Voir
> à l'année 511.)

Statue de la reine Pédauque (au pied d'oie), au portail

de Sainte-Marie de Nesle, attribuée à Clotilde, femme    543.
de Clovis. Partie d'une pl. in-fol. en haut. Seroux
d'Agincourt, Hist. de l'art, etc., Sculpture, pl. 29,
n° 18, t. II, d. p. 59.

Statue de la reine Pédauque, au portail de l'église de
l'abbaye de Saint-Bénigne de Dijon. Dessin in-fol.
en haut., Miscellanea eruditæ antiquitatis, etc., ex
museo J. du Tilliot, Rec. man., Bibl. de l'Arsen., t. I.

Statue de la reine Clotilde de.... Partie d'une pl. in-8
en haut. A. Lenoir, Hist. des arts en France, pl. 11.

Trois monuments relatifs à saint Benoît. Pl. in-4 et
in-fol. en haut. Mabillon, Annales ordinis S. Benedicti, t. I, p. 120, 121, dans le texte.

Portail de Saint-Germain des Prés, côté latéral gauche
et côté latéral droit. Deux pl. in-4 en haut. Comte
de Viel Castel, n°ˢ 8, 9, texte, t. I, p. 8.

Figure de saint Remy, à l'église de Saint-Germain des
Prés. Partie d'une pl. in-8 en haut., lith. Begin,
Metz, depuis dix-huit siècles, t. II, pl. 51.

Statues du grand portail de l'église de l'abbaye royale
de Saint-Germain des Prez. Remarques sur diverses
explications données de ces statues, par les PP. Mabillon et Ruinart. Voir le Mercure de France, 1723,
mai, p. 895 et suiv. — Idem, 1724. Janvier, p. 24
et suiv.—Idem, mars, p. 472 et suiv.—Idem, avril,
p. 613 et suiv.—Idem, mai, p. 826 et suiv.—Idem,
juillet, p. 1472 et suiv.

Sept couronnes du portail de Saint-Germain des Prés.
Partie d'une pl. in-4 en haut., coloriée. Comte de
Viel Castel, n° 10, texte, t. I, p. 8.

## 547.

Six monnaies de Théodebert I<sup>er</sup>, roi d'Austrasie. Cinq petites pl. en larg. Bouteroue, p. 224–230 (2), 231, 232, 233, dans le texte.

Trois monnaies du même. Partie d'une pl. in-4 en haut. Du Cange, Glossarium, 1840, t. IV, pl. 1, n° 9 à 11.

Monnaie d'or du même. Petite pl. en larg. Du Fresne, Du Cange, Histoire de saint Louis, partie II<sup>e</sup>, p. 279, dans le texte.

Neuf monnaies du même. Pl. in-12 carrée, et petite pl. Le Blanc, p. 22 et 24, dans le texte.

Neuf monnaies du même. Pl. in-8 en larg. Eckhart, Commentarii, etc., t. 1, p. 74, dans le texte.

Monnaie du même. Petite pl. Daniel, t. I, p. 117, dans le texte.

Cinq monnaies du même. Pl. in-12 en larg. Daniel, t. I, p. 153, dans le texte.

Monnaie du même. Partie d'une pl. in-8 en haut. Mader, t. 1, n° 2, p. 15.

Monnaie du même. Partie d'une pl. in–fol. en haut. Trésor de numismatique et de glyptique, Histoire par les monuments de l'art monétaire chez les modernes, pl. 1, n° 1.

Trois monnaies du même. Pl. in–4 en haut. Conbrouse, t. III, pl. 12.

Vingt monnaies du même. Trois pl. in–4 en haut. Conbrouse, t. IV, pl. 156 A, d° B, d° C.

Monnaie du même. Pl. in-4 en haut. Conbrouse, t. IV, pl. sans numéro, série mérovingienne.

Monnaie du même. Partie d'une pl. in-4 en haut. Con-     547.
  brouse, t. VII, l'avant Pépin le Bref, pl. 16, n° 10.

Vingt monnaies du même. Deux pl. lith., in-8 en haut.
  Revue numismatique, 1841, d' Voillemier, pl. 4-5,
  p. 91 et suiv.

Deux monnaies du même. Partie d'une pl. in-8 en
  haut. De Longpérier, Collection de M. J. Rousseau,
  pl. 1 de la 1ᵉ série, nᵒˢ 91, 92, p. 28 à 30.

Six monnaies du même. Partie d'une pl. in-4 en haut.
  Robert, Études numismatiques, etc., pl. 2, nᵒˢ 3 à 8,
  p. 91 à 97.

Vingt-deux monnaies du même. Pl. in-8 en haut. Berry,
  Études, etc., pl. 1, n° 1 à 22, t. I, p. 1 à 12.

## 550 ?

Quatre monnaies visigothes. Partie d'une pl. in-8 en
  haut. Revue de la numismatique belge, P. t. V, pl. 11,
  n° 1 à 4, p. 392.

## 552.

Quatre monnaies de Baduela, roi des Goths, dont une
  au revers de Justinien. Partie d'une pl. in-fol. en
  haut. Paruta, Grævius, 1723, pl. 183, nᵒˢ 7 à 10,
  t. VII, p. 1257.

Monnaie du même. Partie d'une pl. in-4 en haut., grav.
  sur bois. Argelati, t. 1, pl. 10, n° 4.

Monnaie du même. Partie d'une pl. in-4 en haut., grav.
  sur bois. Argelati, t. 1, pl. 11, sans numéro.

Monnaie de Theia, roi des Goths, au revers de Justinien. Partie d'une pl. in-fol. en haut. Paruta, Grævius, 1723, pl. 184, n° 12, t, VII, p. 1257.

## 558.

Tombeau de Childebert I<sup>er</sup>, la statue tournée vers la
droite, à l'abbaye de Saint-Germain des Prez, à
Paris. Pl. in-8 en haut., grav. sur bois. Rabel, les
Antiquitez et Singularitez de Paris, fol. 14, dans le
texte. = La statue vue de face, pl. in-8 en haut.,
grav. sur bois. Du Breul, les Antiquitez et choses
plus remarquables de Paris, fol. 33, dans le texte*.
= Pl. in-12 en haut. Du Breul, le Théâtre des antiquités de Paris, p. 300, dans le texte. = Trois dessins grand in-8. Recueil Gaignières, à Oxford, t. II,
fol. 1, 2, 3. = Partie d'une pl. in-fol. en haut.
Montfaucon, t. I, pl. 11. = Partie d'une pl. in-8
en haut. A. Lenoir, Musée des Monuments français,
t. I, pl. 20, n° 6. = Partie d'une pl. in-8 en haut.
Al. Lenoir, Musée des Monuments français, t. 1,
pl. 20, n° 424**. = Partie d'une pl. in-8 en haut. Al.
Lenoir, Musée des Monuments français, t. I, pl. 33,
n° 30. = Pl. in-fol. en haut. Beaunier et Rathier,
pl. 9. = Partie d'une pl. in-4 en haut. Comte de
Viel Castel, n° 18, texte, t. I, p. 16. = Partie d'une
pl. in-fol. en haut. Seroux d'Agincourt, Histoire de
l'art, etc., Sculpture, pl. 29, n° 24, t. II, d°, p. 29.
= Pl. in-4 en haut., grav. sur bois. Lacroix, Le
Moyen âge et la Renaissance, t. III, Modes et costumes 4, dans le texte. = Partie d'une pl. in-fol.
max° en haut. Albert Lenoir, Statistique monumentale de Paris, livrais. 20, pl. 3.

*Cette planche est la seule de toutes celles représentant des
tombeaux dans l'ouvrage de Du Breuil, qui n'avait pas été
employée dans l'ouvrage de Rabel publié précédemment; elle
est aussi disposée autrement que celle de Rabel.

558.

** Al. Lenoir se trompe dans l'attribution de cette figure qu'il donne à Cherebert, dit-il, d'après Montfaucon, qui l'a en effet attribuée à Childebert I$^{er}$. Voir à l'année 1014.

Cette statue est du xi$^e$ siècle.

Figure de Childebert I$^{er}$, au portail de Saint-Germain l'Auxerrois. Pl. in-fol. en haut. Willemin, pl. 88. = Pl. in-fol. en haut. Beaunier et Rathier, pl. 4. = Partie d'une pl. in-fol. en haut. Seroux d'Agincourt, Histoire de l'art, etc., Sculpture, pl. 29, n° 9, t. II, d°, p. 59.

Cette statue est de la fin du xiii$^e$ siècle.

Statue de Childebert, peinte, placée dans le réfectoire de l'abbaye de Saint-Germain des Prés. Pl. in-4 en haut., sans bords, grav. sur bois. Lacroix, Le Moyen âge et la Renaissance, t. III, Modes et costumes 4, dans le texte. = Partie d'une pl. in-fol., max° en haut., color. Albert Lenoir, Statistique monumentale de Paris, livrais. 20, pl. 3.

Cette peinture est du xi$^e$ siècle.

Statue de Childebert I$^{er}$, de la basilique de Saint-Vincent, dans l'église de Saint-Denis. Pl. in-8 en haut. Guilhermy, Monographie de Saint-Denis, à la p. 203.

Pierre gravée, onix, représentant un buste que l'on croit être celui de Childebert, qui était placé dans un reliquaire de saint Martin, à Mayence. Partie d'une petite pl. Eckhart, Commentarii, etc., t. I, dans le texte, à la p. 140.

Cette petite planche représente aussi une autre pierre gravée d'une tête de femme, attribuée à Fallileube, femme de Childebert, mais qui est évidemment une pierre antique.

558.    Figure de Childebert Iᵉʳ, d'après les monuments du temps. Pl. ovale in-12 en haut., grav. sur bois. Du Tillet, Recueil des roys de France, p. 16, dans le texte.

Six monnaies de Childebert Iᵉʳ. Quatre petites pl. en larg. Bouteroue, p. 213-219 (2), 221 (3), dans le texte.

Trois monnaies du même. Petite pl. en larg. Bouteroue, p. 227, dans le texte.

Monnaie du même. Partie d'une pl. in-4 en haut. Du Cange, Glossarium, 1840, t. IV, pl. 1, n° 3.

Monnaie du même. Rev. Chram. Partie d'une pl. in-4 en haut. Du Cange, Gloss., 1840, t. IV, pl. 1, n° 5.

Cinq monnaies du même. Deux petites pl. Le Blanc, p. 30 et 34, dans le texte.

Monnaie du même, frappée à Arles. Partie d'une petite pl. Daniel, t. I, p. 129, dans le texte.

Cinq monnaies du même. Petite pl. en larg. Eckhart, Commentarii, etc., t. I, p. 74, dans le texte.

Monnaie du même. Partie d'une pl. in-4 en haut. Conbrouse, t. III, pl. 13.

Trois monnaies du même. Partie de deux pl. in-8 en haut. De Longpérier, Collection de M. J. Rousseau, pl. 1 de la 2ᵉ série n° 88 ; pl. 1 de la 1ʳᵉ série n°ˢ 89, 90. Le n° 88 répété petite pl. grav. sur bois, p. 25, dans le texte, p. 25 à 28.

Monnaie frappée au nom de Childebert Iᵉʳ et de son neveu Chrame. Petite pl. grav. sur bois. Revue numism., 1842. C. Robert, p. 340, dans le texte.

## 559.

Deux monnaies que l'on peut attribuer à saint Inno-
cent, évêque du Mans. Partie de deux pl. in-4 en
haut. Hucher, Essai sur les monnaies frappées dans
le Maine, pl. 1, n° 9; pl. 2, n° 1, p. 10.

## 560 ?

Tombeau d'Ultrogothe, femme de Childebert I<sup>er</sup>, à l'abbaye de Saint-Germain des Prés à Paris. Pl. in-8 en
haut. grav. sur bois. Rabel, les Antiquitez et Singularitez de Paris, fol. 15 v°, dans le texte. = Même
pl. du Breul, les Antiquitez et choses plus remarquables de Paris, fol. 33 v°, dans le texte.

Statue de la reine Ultrogothe, au portail de l'église de
Saint-Germain l'Auxerrois de Paris, près de celle de
Childebert I<sup>er</sup>. Pl. in-fol. en haut. Willemin, pl. 89.
= Pl. in-fol. en haut. Beaumier et Rathier, pl. 5. =
Partie d'une pl. in-fol. en haut. Seroux d'Agincourt,
Histoire de l'art, etc., Sculpture, pl. XXIX, n° 11,
t. II, p. 59.

Cette statue est d'une époque postérieure. Voir à l'année 580.

## 562 ?

Tombeau de Clothaire I<sup>er</sup>, et sa statue, dans l'abbaye
de Saint-Médard de Soissons. Partie d'une pl. in-4
en haut. Voyage littéraire de deux religieux bénédictins, 1724, p. 14, dans le texte. = Partie d'une
pl. in-4 en haut. Comte de Viel Castel, n° 16, texte,
t. I, p. 16.

Ce tombeau et la statue sont d'époques postérieures.

562.    Deux figures de Clotaire I$^{er}$, frère de Childebert, qui étaient dans l'église souterraine de Saint-Médard de Soissons. Partie d'une pl. in-fol. en larg. Montfaucon, t. I, pl. 11.

Statue de Clotaire I$^{er}$, au portail de Saint-Germain des Prés. Pl. in-8 en haut. sans bords, grav. sur bois. Lacroix, le Moyen âge et la Renaissance, t. III, Modes et costumes, 6, dans le texte.

Figure de Clotaire I$^{er}$, à l'un des portails de Notre-Dame de Paris. Pl. in-fol. en haut. Beaunier et Rathier, pl. 10.

> Il est probable que cette figure est du vIII$^e$ siècle, comme le portail entier placé à l'année 750.
> Cette statue a été détruite pendant la Révolution.

Figure de Clotaire I$^{er}$, d'après les monuments du temps. Pl. ovale, in-12 en haut., grav. sur bois. Du Tillet, Recueil des rôys de France, p. 17, dans le texte.

Couronne de Clotaire I$^{er}$. Partie d'une pl. in-fol. en larg. Montfaucon, t. I, pl. 2 (3$^e$ rang., n° 1).

Fleurs de lis sur les sceptres de Clotaire et de Sigebert. Pl. in-16 en haut. Tristan, Traicté du Lis, p. 27, dans le texte.

Sceau de Clotaire, fils de Clovis. Partie d'une pl. in-4 en haut. (de Migieu), Recueil des Sceaux du moyen âge, pl. I, n° 3.

Monnaie de Chlotaire I$^{er}$, fils de Clovis. Petite pl. grav. sur bois. Chiflet, Opera politico-historica, p. 115, dans le texte.

Quatre monnaies du même. Quatre petites pl. en larg. Bouteroue, p. 227, 229, 237, 238, dans le texte.

Deux monnaies du même. Deux petites pl. en larg. 562.
Bouteroue, p. 215, dans le texte.

Monnaie du même. Partie d'une pl. in-4 en haut. Du
Cange, Glossarium, 1840, t. IV, pl. 1, n° 4.

Trois monnaies du même, frappées à Marseille. Partie
d'une pl. in-4 en haut. Du Cange, Glossarium, 1840,
t. IV, pl. 1, n° 15 à 17.

Huit monnaies du même, dont l'attribution de quelques-unes n'est pas certaine. Pl. in-12 carrée. Le
Blanc, p. 35, dans le texte.

Quatre monnaies du même, frappées à Marseille. Pl.
in-8 en larg. Daniel, t. I, p. 77, en vignette.

Monnaie du même, frappée à Marseille. Partie d'une
petite pl. Daniel, t. I, p. 129, dans le texte.

Sept monnaies du même. Pl. in-12 en larg. Eckhart,
Commentarii, etc., t. I, p. 90, dans le texte.

Cinq monnaies du même, frappées à Marseille. Partie
d'une pl. in-4 en haut. Grosson, Recueil des antiquités et monuments marseillois, pl. 7, n° 2, 3, 5,
6, 7.

Monnaie du même, frappée à Marseille. Partie d'une
pl. in-4 en haut. Grosson, idem, pl. 8, n° 2.

> Cette monnaie peut être aussi de Clotaire II.

Deux monnaies du même, d'après Leblanc. Partie d'une
pl. in-4 en haut. Conbrouse, t. III, pl. 13.

> La seconde de ces monnaies paraît ne pas être de Chlo-
> taire Ier.

Monnaie du même, frappée à Marseille. Partie d'une
pl. in-4 en haut. Conbrouse, t. III, pl. 22, n° 3.

> Le catalogue à la fin du volume fait confusion pour les
> pièces de cette planche.

562    Neuf monnaies du même. Partie d'une pl. in-8 en haut.
       Berry, Études, etc., pl. 2, nᵒˢ 1 à 9, t. I, p. 15 à 19.

## 566.

Seize monnaies de Charibert ou Cherebert. Neuf petites pl. en larg. Bouteroue, p. 239, 247 (4), 248 (3),
249, 250 (2), 251, 252, (3), 253, dans le texte.

Deux monnaies du même, dont une frappée à Marseille. Partie d'une pl. in-4 en haut. Du Cange,
Glossarium, 1840, t. IV, pl. 1, nᵒˢ 22, 23.

Monnaie du même. Partie d'une pl. in-4 en haut. Du
Cange, Glossarium, 1840, t. IV, pl. 1, nᵒ 24.

Douze monnaies du même, dont six sont douteuses.
Deux pl. in-12 en larg. Le Blanc, p. 39 et 42, dans
le texte.

Six monnaies du même. Petite pl. en larg. Eckhart,
Commentarii, etc., t. I, p. 98, dans le texte.

Monnaie du même, frappée à Marseille. Partie d'une
pl. in-4 en haut. Grosson, Recueil des antiquités et
monuments marseillois, pl. 8, nᵒ 5.

Deux monnaies du même, frappées à Marseille. Partie
d'une pl. in-4 en haut. Grosson, idem, pl. 7,
nᵒˢ 4, 9.

Deux monnaies du même. Partie d'une pl. lith., in-4
en larg. De Caumont, Bulletin monumental, t. VIII,
pl. sans numéro, nᵒˢ 1, 2, p. 406.

Monnaie du même, frappée dans le Gévaudan. Partie
d'une pl. in-4 en haut. Conbrouse, t. III, pl. 22,
nᵒ 1.

   Le catalogue à la fin du volume fait confusion pour les
pièces de cette planche.

Monnaie du même. Partie d'une pl. in-4 en haut. 566.
Conbrouse, t. IV, pl. 156 D, n° 1.

Monnaie du même. Petite pl. grav. sur bois, Revue
numismatique, 1840, E. Cartier, p. 214, dans le
texte.

Deux monnaies que l'on peut attribuer au même, frappées à Bar-le-Duc. Partie d'une pl. in-4 en haut.
Robert, Études numismatiques, etc., pl. 2, n°ˢ 10,
11, p. 98 à 101.

## 575.

Tombeau de Sigebert Iᵉʳ, fils de Clothaire Iᵉʳ, roi d'Austrasie, et sa statue, dans l'abbaye de Saint-Médard
de Soissons. Partie d'une pl. in-4 en haut. Voyage
littéraire de deux religieux bénédictins, 1724, p. 14,
dans le texte. == Partie d'une pl. in-fol. en larg.
Montfaucon, t. 1, pl. 12, n°ˢ 1, 2. == Partie d'une
pl. in-fol. en haut. Seroux d'Agincourt, Histoire de
l'art, etc., sculpture, pl. 29, n° 26, t. II, d°, p. 59.
== Partie d'une pl. in-4 en haut. Comte de Viel
Castel, n° 17, texte, t. I, p. 16. == Partie d'une pl.
in-8 en haut. lith. Begin, Metz depuis dix-huit siècles, t. II, pl. 53.

> Ce tombeau et la statue sont d'époques postérieures.

Figure de Sigebert Iᵉʳ, roi d'Austrasie, d'après les monuments du temps. Pl. ovale, in-12 en haut., grav.
sur bois. Du Tillet, Recueil des roys de France, p. 21,
dans le texte.

Quatre monnaies du même. Quatre petites pl. en larg.
Bouteroue, p. 243, 253, 256, 257, dans le texte.

**875.** Trois monnaies du même, dont deux frappées à Marseille. Partie d'une pl. in-4 en haut. Du Cange, Glossarium, 1840, t. IV, pl. 1, n° 25 à 27.

Huit monnaies du même, dont quatre pourraient être attribuées à Sigebert II. Pl. in-12 en larg. Le Blanc, dans le texte, p. 45.

Quatorze monnaies du même. Pl. in-4 en larg. Eckhart, Commentarii, etc., t. I, p. 103, dans le texte.

Six monnaies du même, frappées à Marseille. Partie d'une pl. in-4 en haut. Grosson, Recueil des antiquités et monuments marseillois, pl. 6, n°s 3, 4, 5, 8, 9, 10.

Monnaie du même, frappée à Marseille. Partie d'une pl. in-4 en haut. Idem, pl. 7, n° 10.

Monnaie du même, frappée à Marseille. Partie d'une pl. in-4 en haut. Idem, pl. 8, n° 1.

> Cette monnaie pourrait être de Sigebert II.

Monnaie du même. Partie d'une pl. in-8 en haut. Mader, t. I, n° 3, p. 19.

Monnaie du même, frappée à Marseille. Partie d'une pl. in-4 en haut. Conbrouse, t. III, pl. 22, n° 4.

> Le catalogue à la fin du volume fait confusion pour les pièces de cette planche.

Monnaie du même. Partie d'une pl. in-4 en haut. Conbrouse, t. IV, pl. 156 D, n° 9.

Monnaie d'or du même. Petite pl. grav. sur bois. Revue numismatique, 1844, B. Fillon, p. 196, dans le texte.

Monnaie du même. Partie d'une pl. in-4 en haut. Ro-

bert, Études numismatiques, etc., pl. 2, n° 9, 575
p. 97, 98.

Vingt-deux monnaies du même. Partie de deux pl.
in-8 en haut. Berry, Études, etc., pl. 2, n° 11 à 21,
pl. 3, n° 1, t. I, p. 21 à 26.

### 576. Mai, 28.

Tombeau de saint Germain dans l'église de Saint-Vincent, devenue depuis Saint-Germain des Prez, de
Paris. *Chaufourier del., Lucas f.* Pl. in-fol. en haut.
Bouillart, Histoire de l'abbaye de Saint-Germain
des Prez, pl. 15. = Pl. in-fol. en haut., color.,
pl. 7. Albert Lenoir, Statistique monumentale de
Paris, livrais. 31.

Saint Germain, évêque de Paris, mourut le 28 mai 576.
Ce tombeau est de beaucoup postérieur; il fut rétabli en 1690.

### 580 ?

*Conspectus majoris portæ basilicæ Sancti Germani à
Pratis.* Grand portail de l'église de Saint-Germain
des Prez, sur lequel sont sculptées huit figures représentant des princes et princesses. Pl. in-fol. en
larg. Ruinart, Sancti Georgii Florentii Gregorii
opera omnia, à la colonne 1373. = La même pl.
Mabillon, Annales ordinis sancti Benedicti, t. I,
p. 170, 171, n° 69. = Pl. in-fol. en haut Bouillart,
Histoire de l'abbaïe de Saint-Germain des Prez,
pl. 4. = Pl. in-fol. en larg. Montfaucon, t. I, pl. 7.
= Pl. in-fol. en haut. Recueil des historiens des
Gaules et de la France, t. II, à la p. 723. = Partie
d'une pl. in-fol. en haut. Seroux d'Agincourt, Histoire de l'art, etc., sculpture, pl. 29, n° 10, t. II,

580

d°, p. 59. = Partie d'une pl. in-4 en haut. De Marlès, pl. 196. = Pl. in-fol. en haut., pl. 20. Albert
Lenoir, Statistique monumentale de Paris, livraison 31.

Le portail de Saint-Germain des Prés a été expliqué par
plusieurs auteurs, et principalement, dans l'ordre de publication de leurs ouvrages, par Ruinart, Mabillon, Bouillart et
Montfaucon. Ils sont à peu près d'accord sur les attributions à
donner aux huit personnages représentés sur ce portail, qu'ils
regardent tous comme étant du temps de Clovis et de ses enfants. Mais il y a des doutes sur l'époque de la fabrication de
ce portail. Montfaucon pense positivement qu'il faisait partie
de l'ancienne église.

Cette église de Sainte-Croix et de Saint-Vincent, devenue
depuis de Saint-Germain des Prés, fut bâtie par Childebert en
555-556, et achevée après sa mort, arrivée en 558; il y fut
enterré.

Cette opinion, adoptée par ces savants, fut contredite par
un écrivain anonyme (Mercure français, 1723, mai). Il prétend
que ces figures représentent saint Germain, Pepin, Bertrade
sa femme, Charlemagne et Carloman leurs fils, Childebert,
Ultrogothe sa femme, et Clotaire. Il pense cependant que ce
portail avait été fait sous Clotaire. Les figures auraient été,
dans cette opinion, sculptées longtemps après.

Le mémoire de cet écrivain anonyme fut réfuté dans un long
article inséré dans l'Histoire de l'abbaïe de Saint-Germain des
Prés, par dom Bouillart, p. 296.

Sur ces diverses opinions il m'a paru convenable de fixer la
date de ce portail vers la fin du VIᵉ siècle. Il restera toujours
des incertitudes réelles sur les attributions de ces figures, et
sur les époques que l'on peut déterminer pour la construction
de ce monument, et de ceux de la même nature. Des portails
à peu près semblables existaient aux églises de diverses villes,
et entre autres à celles de Notre-Dame de Paris, de l'abbaye
de Saint-Denis, de Notre-Dame de Chartres, de Vermanton,
et d'autres lieux. Ces portails sont placés aux dates que leur
ont assignées les auteurs qui les ont expliqués. Il ne faut pas

580 ?

d'ailleurs oublier qu'en admettant que quelques-uns de ces portails ornés de figures fussent, suivant quelques opinions, de dates postérieures à celles fixées par d'autres écrivains, et aux personnages indiqués, les figures sculptées ont pu être des copies plus ou moins exactes de monuments antérieurs, dont on avait encore alors des souvenirs ou des modèles.

Statue d'un roi mérovingien du chœur de Saint-Germain des Prés (?). Partie d'une pl. in-4 en haut. Comte de Viel Castel, n° 18, texte, t. I, p. 16.

## 584.

Tombeau de Chilpéric Ier à l'abbaye de Saint-Germain des Prez, de Paris. Pl. in-8 en haut., grav. sur bois. Rabel, les Antiquitez et singularitez de Paris, fol. 17, dans le texte. = Même pl. Du Breul, les Antiquitez et choses plus remarquables de Paris, fol. 34, dans le texte. = Pl. in-12 en haut. Du Breul, le théâtre des Antiquités de Paris, p. 302, dans le texte. = Dessin grand in-8. Recueil Gaignières, à Oxford, t. II, fol. 4. = Partie d'une pl. in-fol. en larg. Montfaucon, t. I, pl. 12, n° 3. = Partie d'une pl. in-fol. en haut. Seroux d'Agincourt, Histoire de l'art, etc., sculpture, pl. 29, n° 30, t. II, d°, p. 59. = Pl. in-4 en haut. Comte de Viel Castel, n° 26, t. I, p. 21, texte. = Partie d'une pl. in-4 en haut. Lacroix, le Moyen âge et la Renaissance, t. V, Sculpture, pl. sans n°. = Pl. in-fol. max° en haut. Albert Lenoir, Statistique monumentale de Paris, livrais. 20, pl. 4.

Cette figure est probablement du xi<sup>e</sup> siècle. Voir à l'année 580.

Figure de Chilpéric Ier, à l'un des portails de Notre-

584.  Dame de Paris. Pl. in-fol. en haut. Beaunier et Rathier, pl. 13.

> Il est probable que cette figure est du viii° siècle, comme le
> portail entier placé à l'année 750.

Figure de Chilpéric, d'après les monuments du temps,
à côté de Frédégonde. Ovale in-12 en haut., grav.
sur bois. Du Tillet, Recueil des roys de France,
p. 22, dans le texte.

Trois monnaies de Chilpéric. Trois petites pl. en larg.
Bouteroue, p. 263 (2), 264, dans le texte.

## 586.

Monnaie de Leuvilgide, roi des Visigoths, frappée à
Narbonne. Petite pl. en larg. Florez, t. III, p. 187,
dans le texte.

Monnaie du même. Partie d'une pl. in-8 en haut.
Revue de la numismatique belge. C. Piot, t. I, pl. 6,
n° 2, p. 268.

Monnaie du même. Partie d'une pl. in-8 en haut.
Revue de la numismatique belge. P., t. V, pl. 11,
n° 5, p. 393.

Monnaie d'or du même. Partie d'une pl. in-8 en haut.
Revue de la numismatique belge, Meynaerts, t. VI,
pl. 1, n° 7, p. 1.

## 587.

Tombeau de sainte Radegonde, morte en 587, dans
l'église de ce nom, à Poitiers. Petite pl. grav. sur
bois. De Caumont, Bulletin monumental, t. IX, à
la p. 619, dans le texte.

## 591.

Monnaie de Thierry I<sup>er</sup> (troisième du nom). Partie d'une

pl. in-8 en haut. Berry, Études, etc., pl. 6, n°. 4, 591.
t. I, p. 74.

## 592.

Monnaie de Gontrand, roi de Bourgogne. Partie d'une
pl. in-8 en haut. Berry, Études, etc., pl. 2, n° 10,
t. I, p. 21.

Cinq monnaies de Charibert, Chilpéric, Gontrand et
Sigebert. Pl. in-12 en larg. Daniel, t. I, p. 203, en
vignette.

## 596.

Quatre monnaies de Childebert II, roi d'Austrasie.
Quatre petites pl. en larg. Bouteroue, p. 259, 267,
271 (2), dans le texte.

Deux monnaies du même, frappées à Marseille et à
Arles. Partie d'une pl. in-4 en haut. Du Cange,
Glossarium, 1840, t. IV, pl. 1, n°ˢ 13, 14.

Deux monnaies du même, dont l'attribution est douteuse entre les trois rois de ce nom. Petite pl. Le
Blanc, p. 46, dans le texte.

Huit monnaies du même. Pl. in-8 en larg. Eckhart,
Commentarii, etc., t. I, p. 156, dans le texte.

Deux monnaies du même. Partie d'une pl. in-4 en
haut. Conbrouse, t. IV, pl. 156 D, n°ˢ 2, 3.

Monnaie du même. Partie d'une pl. in-4 en haut.
Conbrouse, t. VII. L'avant Pepin le Bref, pl. 16,
n° 4.

Monnaie du même. Partie d'une pl. in-8 en haut. De
Longpérier, Collection de M. J. Rousseau, pl. 1 de
la 1ʳᵉ série, n° 96, p. 32.

596. Deux monnaies du même. Partie de deux pl. in-4 en haut. Robert, Études numismatiques, etc., pl. 2, n° 12, pl. 3, n° 1, p. 101 à 103.

Huit monnaies du même. Partie d'une pl. in-8 en haut. Berry, Études, etc., pl. 3, n° 2 à 9, t. I, p. 26 à 29.

### 597.

Tombeau de Frédégonde, femme de Chilpéric Ier, à l'abbaye de Saint-Germain des Prés à Paris. Pl. in-8 en haut., grav. sur bois. Rabel, les Antiquitez et singularitez de Paris, fol. 18, verso, dans le texte. = La même pl. Du Breul, les Antiquitez et choses plus remarquables de Paris, fol. 35, dans le texte. = Pl. in-12 en haut. Du Breul, le Théâtre des antiquités de Paris, p. 304, dans le texte. = Pl. in-fol. en haut. Ruinart, Sancti Gregorii Florentii Gregorii opera omnia, à la colonne 1375-76, dans le texte. = Pl. in-fol. en haut. Bouillart, Histoire de l'abbaïe de Saint-Germain des Prez, pl. 5. = Partie d'une pl. in-fol. en larg. Montfaucon, t. I, pl. 12, n° 4. = Pl. in-4 en haut. Daniel, t. I, p. 359. = Pl. in-fol. en haut. Eckhart, Commentarii, etc., t. 1, p. 159, dans le texte. = Pl. in-fol. en haut. Recueil des historiens des Gaules et de la France, t. II, à la p. 724. = Pl. in-8 en haut. Al. Lenoir, Musée des Monuments français, t. 1, pl. 23. = Pl. in-8 en haut. A. Lenoir, Histoire des arts en France, pl. 12. = Pl. in-fol. en haut. Beaunier et Rathier, pl. 15. = Pl. in-4 en haut., color. Comte de Viel Castel, n° 27, texte, t. I, p. 21. = Partie d'une pl. lith., in-fol. max° en haut. Du Sommerard,

les Arts au moyen âge. Album, 5ᵉ série, pl. 14. ═     597.
Partie d'une pl. in-8 en haut., lith. Begin, Metz,
depuis dix-huit siècles, t. II, pl. 53. ═ Pl. in-8 en
haut. Guilhermy, Monographie de saint Denis, à la
p. 209. ═ Pl. in-fol. max° en haut., color. Albert
Lenoir, Statistique monumentale de Paris, livrais. 20,
pl. 5.

> Voir à l'année 580.

Figure de Frédégonde, femme de Chilpéric Iᵉʳ, à l'un
des portails de Notre-Dame de Paris. Pl. in-fol. en
haut. Beaunier et Rathier, pl. 14.

> Il est probable que cette figure est du viiiᵉ siècle, comme le
> portail entier placé à l'année 750.

Figure de Frédégonde sur son tombeau, à Saint-Denis,
d'après un manuscrit intitulé : Histoire des rois de
France, par Dutalis, de la Bibliothèque royale. Pl.
in-4 en haut. Félix de Vigne, vade-mecum du peintre, t. I, pl. 32.

> Le manuscrit dont l'auteur veut parler est sans doute celui
> de Dutillet.

Figure de Frédégonde, d'après les monuments du temps,
à côté de Chilpéric. Ovale en haut., grav. sur bois.
Du Tillet, Recueil des roys de France, p. 22, dans
le texte.

Couronne de Frédégonde. Partie d'une pl. in-fol. en
larg. Montfaucon, t. 1, pl. 2. (3ᵉ rang, n° 2.)

## 600 ?

Tombeau de saint Andoche dans le souterrain de l'é-
glise collégiale de Saulieu, en marbre blanc. Pl.
in-fol. en larg. Plancher, Histoire de Bourgogne,
t. II, à la p. 109.

600 ? Dom Plancher ne dit rien de ce tombeau dans le texte de son ouvrage. L'époque de la fabrication de ce monument est incertaine ; la hache qui y est figurée pourrait le faire regarder comme un monument chrétien des premiers siècles, et bien antérieur à l'époque où je le place.

Ce tombeau était depuis longues années considéré, à Saulieu, comme celui de saint Andoche. Le Martyrologe place la mort de ce saint vers l'an 178.

Habit des moines conservé dans l'abbaïe de Millas, près de Perpignan. Pl. in-4 en haut. Mabillon, Annales ordinis sancti Benedicti, t. VI, p. 572, dans le texte.

Saïga, monnaie d'argent du Mans du vi° siècle. Petite pl. grav. sur bois. De Caumont, Bulletin monumental, t. XVIII, à la p. 326, E. Hucher, dans le texte.

Médaille incertaine trouvée à Autun. Petite pl. grav. sur bois. Bulliot, Essai historique sur l'abbaye de Saint-Martin d'Autun, à la p. 14, dans le texte.

### 601.

Monnaie de Reccaredus, roi des Visigoths. Partie d'une pl. in-8 en haut. Revue de la numismatique belge, P., t. V, pl. 11, n° 6, p. 393.

### 602 ?

Reliquaire de Justin II, empereur de Constantinople, envoyé par lui en 602 à sainte Radegonde. Partie d'une pl. lith., in-fol. en haut. Texier, Essai sur les argentiers et les émailleurs de Limoges, pl. 2, n° 1.

Monnaie d'or de Maurice, empereur d'Orient, frappée à Vienne en Dauphiné, par un roi français vivant du temps de cet empereur. Petite pl. Du Fresne du

Cange, Histoire de saint Louis, II⁰ partie, p. 284, 602 ?
dans le texte.

Monnaie de l'empereur d'Orient, Maurice Tibère, frappée à Marseille, alors possédée par Childebert II,
roi d'Austrasie, et Gontran, roi de Bourgogne. Partie
d'une pl. in-4 en haut. Grosson, Recueil des antiquités et monuments marseillois, pl. 8, n° 6.

Plusieurs auteurs se sont occupés de cette singulière monnaie. Voir Bonami, Académie des inscr. et belles-lettr., t. XX.

## 607. Avril, 17.

Anneau de saint Arnould, évêque dè Metz, en éme-
raude, grav. de trois pommes de pin, au trésor de
la cathédrale de Metz. Petite pl. grav. sur bois. Begin, Histoire de la cathédrale de Metz, t. 1, p. 20,
dans le texte.

## 610.

Monnaie de Wittericus, roi des Visigoths. Partie d'une
pl. in-8 en haut. Revue de la numismatique belge,
P., t. V, pl. 11, n° 7, p. 393.

## 612.

Monnaie de Théodebert II, roi d'Austrasie. Petite pl.
en larg. Bouteroue, p. 277.

Monnaie du même, frappée à Clermont d'Auvergne.
Partie d'une pl. in-4 en haut. Conbrouse, t. III,
pl. 14.

Monnaie du même. Petite pl. grav. sur bois. Revue
numismatique, 1840, J. Millingen, p. 424, dans le
texte.

Monnaie du même. Partie d'une pl. in-8 en haut. Fil-

612. lon, Considérations sur les monnaies de France, pl. 1, n° 4.

> Je ne trouve pas que le texte de l'ouvrage indique cette monnaie.

Monnaie du même. Partie d'une pl. in-4 en haut. Robert, Études numismatiques, etc., pl. 3, n° 2, p. 103.

Sept monnaies de Théodebert II et Thierry II, rois d'Austrasie. Partie d'une pl. in-8 en haut. Berry, Études, etc., pl. 3, n^{os} 10 à 16, t. 1, p. 30 à 34.

## 613.

Tombeau de Brunehaut dans l'église de l'abbaye de Saint-Martin-lez-Autun. Pl. in-4 en haut. Daniel, t. 1, p. 385. = Pl. in-12 en haut., lith. Bulliot, Essai historique sur l'abbaye de Saint-Martin d'Autun, à la p. 67.

> Voir : Voyage littér. de deux religieux bénédictins (D. Martène et D. Durand).

Dessins de plusieurs agates trouvées au tombeau de la reine Brunehaut, à Saint-Martin-lez-Autun. Dessin in-fol. en haut. Miscellanea eruditæ antiquitatis, etc., ex museo J. du Tilliot, Recueil manuscrit, Bibliothèque de l'Arsenal, t. I.

Deux monnaies de Thierri II, roi de Bourgogne et d'Austrasie. Deux petites pl. en larg. Bouteroue, p. 274, 278, dans le texte.

Deux monnaies du même. Petite pl. Eckhart, Commentarii, etc., t. I, p. 172, dans le texte.

Monnaie du même, frappée à Paris ou Arras. Partie d'une pl. in-4 en haut. Conbrouse, t. III, pl. 14.

Monnaie du même. Partie d'une pl. in-8 en haut. C.     613.
Robert, Monnaies mérovingiennes de la collection
de feu M. Renault, n° 3, p. 11.

Trois monnaies du même. Partie d'une pl. in-4 en haut.
Robert, Études numismatiques, etc., pl. 3, n° 3 à 5,
p. 105.

Deux monnaies du même, dont l'une peut être attribuée à Brunehaut. Petite pl. Le Blanc, p. 47, dans
le texte.

Monnaie attribuée à Brunehaut et Thierry II. Petite pl.
grav. sur bois. Autun archéologique. — Société
éduenne, p. 13 et 20, dans le texte.

Monnaie attribuée à Thierry II, sur laquelle sont les têtes
accolées de Brunehaut et de ce prince son pupille.
Petite pl. Edme Thomas, Histoire de l'antique cité
d'Autun, p. 352, dans le texte.

> Lelewel pense que ces deux têtes accolées sont celles de
> Gontran et de Childebert II.

## 620.

Tombeau de Bertrude, femme de Clotaire II, à l'abbaye
de Saint-Germain des Prez, à Paris. Pl. in-8 en
haut., grav. sur bois. Rabel, les Antiquitez et singularitez de Paris, fol° 20, verso, dans le texte. =
Même pl. Du Breul, les Antiquitez et choses plus
remarquables de Paris, fol° 36, verso, dans le texte.
= Dessin grand in-8. Recueil Gaignières à Oxford,
t. II, f. 6 *. = Partie d'une pl. in-8 en haut. Al. Lenoir, Musée des Monuments français, t. I, pl. 22,
n° 426. = Pl. in-4 en haut., grav. sur bois. Lacroix,
le Moyen âge et la Renaissance, t. III, Modes et cos-

620.

tumes, 3, dans le texte. = Partie d'une pl. in-fol. max° en larg. Albert Lenoir, Statistique monumentale de Paris, livrais. 20, pl. 6.

> * Ce dessin porte, pour la date de la mort de Bertrude, l'année 628. Cette différence se trouve aussi dans quelques auteurs.
>
> Cette reine mourut en 620 ou 619.

L'anneau que saint Arnout, évêque de Metz, jeta dans la Moselle, et qui fut retrouvé dans le ventre d'un poisson. Partie d'une pl. in-fol. en haut. Calmet, Notice de la Lorraine, t. I, pl. 5, n° 23.

Bague appelée Chaton de saint Arnould, représentant trois pommes de pin, que l'on croit être celle que saint Arnulph, suivant une ancienne légende, avait jetée dans la Moselle, et qui se retrouva dans le corps d'un poisson; cette bague est conservée dans le trésor de la cathédrale de Metz. Petite pl. grav. sur bois. Begin, Metz depuis dix-huit siècles, t. II, p. 206, dans le texte.

## 628.

Tombeau de Clotaire II, à l'abbaye de Saint-Germain des Prez, à Paris. Pl. in-8 en haut., grav. sur bois. Rabel, les Antiquitez et singularitez de Paris, fol° 19, verso, dans le texte. = Même planche. Du Breul, les Antiquitez et choses plus remarquables de Paris, fol° 35, verso, dans le texte. = Dessin grand in-8. Recueil Gaignières à Oxford, t. II, f. 5. = Partie d'une pl. in-8 en haut. Al. Lenoir, Musée des Monuments français, t. I, pl. 22, n° 425. = Partie d'une pl. in-fol. max° en larg. Albert Le-

noir, Statistique monumentale de Paris, livrais. 20 628.
pl. 6.

Figure de Clotaire II, sur sa tombe à Saint-Germain des
Prés. Pl. in-4 en haut. grav. sur bois. Lacroix, le
Moyen âge et la Renaissance, t. III, Modes et cos-
tumes, 3, dans le texte.

    Cette figure est du xiiᵉ siècle.

Monnaie de Chlotaire II, roi de Soissons, puis régnant
seul. Petite pl. en larg. Bouteroue, p. 270, dans le
texte.

Quatre monnaies du même. Deux petites pl. en larg.
Bouteroue, p. 283, dans le texte.

Trois monnaies du même. Petite pl. en larg. Eckhart,
Commentarii, etc., t. I, p. 195, dans le texte.

Deux monnaies du même, frappées à Marseille. Partie
d'une pl. in-4 en haut. Grosson, Recueil des antiquités et monuments marseillais, pl. 7, nᵒˢ 1, 8.

    Leblanc attribue une de ces monnaies à Clotaire Iᵉʳ.

Monnaie du même. Partie d'une pl. in-fol. en haut.
Trésor de numismatique et de glyptique, Histoire
par les monuments de l'art monétaire chez les modernes, pl. 1, nᵒ 2.

Monnaie du même, frappée à Marseille. Pl. in-4 en
haut. Conbrouse, t. III, pl. 15.

Trois monnaies du même, dont une pourrait être de
Clotaire III. Partie d'une pl. in-4 en haut. Conbrouse,
t. IV, pl. 156 D, nᵒ 4 à 6.

Monnaie d'or attribuée au même, frappée à Arles.
Petite pl. grav. sur bois. Revue numismatique, 1841,
marquis de Lagoy, p. 14, dans le texte.

628.  Monnaie du même. Petite pl. grav. sur bois. Revue numismatique, 1854. Bretagne, p. 419, dans le texte.

Trois monnaies du même. Partie d'une pl. in-8 en haut. De Longpérier, Collection de M. J. Rousseau, pl. 1 de la 1$^{re}$ série, n° 93 à 95, p. 30.

Monnaie du même. Partie d'une pl. in-4 en haut. Robert, Études numismatiques, etc., pl. 3, n° 6, p. 107.

Cinq monnaies du même. Partie d'une pl. in-8 en haut. Berry, Études, etc., pl. 3, n° 17 à 21, t. I, p. 37 à 39.

### 630 ?

Monnaie de l'abbaye de Luxeuil. Pl. de la grandeur de l'original, grav. sur bois. Clerc, Essai sur l'histoire de la Franche-Comté, t. I, p. 149, dans le texte.

### 631.

Deux monnaies de Charibert, roi d'Aquitaine, fils de Chlotaire II. Petite pl. en larg. Bouteroue, p. 288, dans le texte.

Monnaie du même, frappée à Bannassac, du Gévaudan. Partie d'une pl. in-4 en haut. Conbrouse, 3, pl. 14.

Monnaie du même. Partie d'une pl. in-8 en haut. De Longpérier, Collection de M. J. Rousseau, pl. 1 de la 1$^{re}$ série, n° 98, p. 33.

Neuf monnaies du même. Partie d'une pl. in-8 en haut. Berry, Études, etc., pl. 3, n$^{os}$ 22, 23, pl. 4, n° 1 à 7, t. I, p. 40 à 45.

Monnaie de Swintilla, roi des Visigoths, frappée à Nar-

631.

bonne. Petite pl. grav. sur bois. Revue de la Numismatique française, 1836, Joachim Lelewel,
p. 325, dans le texte.

Monnaie du même, frappée à Narbonne. Partie d'une
pl. in-8 en haut. Revue de la Numismatique belge,
C. Piot, t. I, pl. 7, n° 15, p. 272.

Monnaie du même. Partie d'une pl. in-8 en haut. Revue
de la Numismatique belge, P., t. V, pl. 11, n° 8,
p. 394.

Monnaie du même, frappée à Narbonne. Petite pl.
grav. sur bois. Revue du Nord, J. Lelewel, 2ᵉ série,
t. I, à la p. 25, dans le texte.

> Cet article avait déjà paru dans la Revue numismatique
> française. Voir ci-dessus.

## 636.

Monnaie de Sisenandus, roi des Visigoths, frappée en
Aquitaine. Partie d'une pl. in-8 en haut. Revue de
la Numismatique belge, C. Piot, t. I, pl. 7, n° 19.

## 638.

Tombeau de Dagobert à l'abbaye de Saint-Denis. Pl.
in-8 en haut., grav. sur bois. Rabel, les Antiquitez
et singularitez de Paris, fol. 49, verso, dans le
texte. = Même pl. Du Breul, les Antiquitez et choses
plus remarquables de Paris, fol. 70, verso, dans le
texte.= Dessin in-fol. en haut. Gaignières, t. I, 3.=
Pl. in-fol. en haut. Montfaucon, t. I, pl. 14.=Pl. in-8
en haut. Billardon-Sauvigny, Essais historiques sur
les mœurs des Français, t. IV, avant le titre. =Trois
pl. in-8 en larg. Billardon-Sauvigny. Essais sur les
mœurs des Français, t. IV, aux p. 92, 93 et 96. =

**638.**    Deux pl. in-8 en haut. A. Lenoir, Musée des Monuments français, t. I, pl. 19, 19 bis. = Pl. in-fol. en haut. Al. Lenoir, Musée des Monuments français, t. VII, pl. 244. = Pl. in-8 en haut. Mémoires de l'Académie celtique, t. IV, à la p. 24. = Pl. in-8 et pl. in-fol. en haut. A. Lenoir, Histoire des arts en France, pl. 29, 30. = Partie d'une pl. in-fol. en haut. Beaunier et Rathier, pl. 20. = Pl. in-8 en haut., sans bords, grav. sur bois, représentant la figure seule de Dagobert, d'après Gaignières. Lacroix, le Moyen âge et la Renaissance, t. III, Corporations de métiers, 2, dans le texte. = Pl. in-4 en haut., sans bords, grav. sur bois, représentant le tombeau entier. Lacroix, idem, idem. = Pl. in-12 en haut., sans bords, grav. sur bois, représentant seulement le bas-relief du tombeau de l'église abbatiale de Saint-Denis. Lacroix, idem, idem.

Tombeau du roi Dagobert et de la reine Nantille, sa femme, morte le. . . . . . . . 642, à Saint-Denis. Partie d'une pl. in-fol. en larg. Al. de Laborde, les Monuments de la France, pl. 153.

> Ce monument ne faisait qu'un seul tombeau dans l'origine. Il fut séparé depuis en deux. Placé au Musée des Monuments français, il fut rétabli à Saint-Denis sous la Restauration.

Plan des tombeaux placés dans le chœur de l'église de Saint-Denis, dont le plus ancien est celui de Dagobert Ier. *Alex. Le Blond delin. Giffart Junior sculp.* Pl. in-fol. en haut. Félibien, Histoire de l'abbaye royale de Saint-Denys, à la p. 550.

Figure de Dagobert, placée dans la plus nouvelle partie du cloître de Saint-Denis; il est assis, et a près de

lui ses deux fils. Partie de pl. in-fol. en haut. Mont-     638.
faucon, t. I, pl. 13, n° 3.

Bas-relief faisant partie de la chapelle sépulcrale de
Dagobert, dans l'église de Saint-Denis. Pl. in-fol. en
larg. Beaunier et Rathier, pl. 23. = Pl. in-fol. en
haut. Beaunier et Rathier, pl. 28. = Partie d'une pl.
in-fol. en haut. Seroux d'Agincourt, Histoire de l'art,
etc., sculpture, pl. 19, n° 34, t. II, d°, p. 59.

Statue de Dagobert I$^{er}$, qui était au bas de l'église de
Saint-Denis, près de la porte, en entrant à gauche.
Partie d'une pl. in-fol. en larg. Montfaucon, t. I,
pl. 12, n° 5. = Pl. in-8 en haut. Billardon-Sauvigny,
Essais sur les mœurs des Français, t. V, avant le
titre. = Pl. in-fol. en haut. Beaunier et Rathier,
pl. 16. = Pl. in-fol. en haut. Beaunier et Rathier,
pl. 19. = Partie d'une pl. in-fol. en haut. Seroux
d'Agincourt, Histoire de l'art, etc., sculpture, pl. 29,
n° 12, t. II, d°, p. 59. = Partie d'une pl. in-fol. en
haut. Seroux d'Agincourt, Histoire de l'art, etc.,
sculpture, pl. 29, n° 13, t. II, d°, p. 59. = Pl.
in-4 en haut., color. Comte de Viel Castel, n° 24,
texte, t. I, p. 22. = Partie d'une pl. in-8 en larg.
lithogr. Begin, Metz depuis dix-huit siècles, t. I,
pl. 57.

Statue équestre de Dagobert le Grand, au-dessus d'un
des portails de la cathédrale de Strasbourg. Partie
d'une pl. in-4 en larg., t. I, p. 81. Description nouvelle de la cathédrale de Strasbourg, à la page 78.

Statue du même, à l'église de Saint-Pierre et Saint-
Paul, fondée par ce prince, à la montagne d'Er-

638.

ford. Partie d'une pl. in-fol. en haut. Montfaucon, t. I, pl. 13, n° 1.

Figure du même, sans indication du lieu où existait ce monument. Dessin in-12 en haut. Gaignières, t. I, p. 15.

> Gaignières a placé cette figure dans son Recueil comme étant de Charlemagne.

Figure du même, sans indication d'où était ce monument. Partie d'une pl. in-fol. en haut. Beaunier et Rathier, pl. 29.

Figure du même, d'après les monuments du temps, pl. ovale, in-12 en haut., grav. sur bois. Du Tillet, Recueil des roys de France, p. 26, dans le texte.

Sceptre ancien formé par un bâton, surmonté de la figure d'un homme assis sur un aigle qui vole. Il était conservé au trésor de l'abbaye de Saint-Denis, et on le nommait le sceptre de Dagobert. Partie d'une pl. in-fol. en larg. Montfaucon, t. I, pl. 3. = Partie d'une pl. in-fol. en haut. Beaunier et Rathier, pl. 36.

Trois couronnes de Dagobert. Partie d'une pl. in-fol. en larg. Montfaucon, t. I, pl. 2 (3<sup>e</sup> rang, n<sup>os</sup> 3, 4, 5).

Siége ou trône de Dagobert, en bronze ciselé. Dessin in-fol. en haut. Gaignières, t. I, 4. = Partie d'une pl. in-fol. en larg. Montfaucon, t. I, pl. 3. = Pl. in-8 en haut. Billardon-Sauvigny, Essais sur les mœurs des Français, t. IV, à la p. 59. = Pl. in-fol. en haut. color. Willemin, pl. 4. = Pl. in-fol. en haut. Beaunier et Rathier, pl. 20. = Partie d'une pl. in-8 en haut. Al. Lenoir, Musée des Monuments français, t. I, pl. 22. = Partie d'une pl. in-fol. en haut. Trésor de numismatique et de glyptique, Recueil général de bas-reliefs et d'ornements, II° partie, pl. 58, n° 2. = Partie d'une pl. in-4 en haut. Félix de Vigne, vade-mecum du peintre, t. I, pl. 35. = Partie d'une pl. in-8 en haut., lithogr. Du Mersan, Notice, etc., pl. 1. = Pl. in-8 carrée, grav. sur bois, sans bords. Lacroix, le Moyen âge et la Renaissance, t. III, vie privée, 4, dans le texte. = Pl. in-4 en larg.; autres monuments qui y sont relatifs, pl. in-4 et diverses pl. grav. sur bois. Cahier (Charles) et Arthur Martin, t. I, pl. 26 à 30, p. 156 à 190 et 239 à 244.

638.

> Ce siége, conservé jadis à l'abbaye de Saint-Denis, fut placé depuis au Cabinet des médailles et antiques de la Bibl. nat.
>
> On le porta à Boulogne en 1804, pour la distribution des décorations de la Légion d'honneur par Napoléon.
>
> Il a été placé récemment au musée des Souverains.
>
> Les auteurs qui ont parlé de ce siége ne sont pas d'accord sur l'époque de sa fabrication. Plusieurs le croient du xi° siècle.

Sceptre, sceau et fauteuil de Dagobert I^er. Pl. in-4 en haut., coloriée. Comte de Viel Castel, n° 25, texte, t. I, p. 22.

Sceau de Dagobert I^er. Collection de sceaux moulés de l'École des beaux-arts.

Sceau de Dagobert à la charte de privilége donnée au monastère de Saint-Maximin de Trèves. Partie d'une pl. in-fol. en larg. Henschenius et Papebrochius, acta sanctorum aprilis, tab. 1, à la p. 12. = Partie d'une pl. in-fol. en larg. Montfaucon, t. I, pl. 12, n° 6. = Partie d'une pl. in-fol. en haut. Beaunier et Rathier, pl. 26. = Partie d'une pl. in-fol. en haut.

638.    Trésor de numismatique et de glyptique. Sceaux des
        rois et reines de France, pl. 1, n° 1 *.

    * Suivant cet ouvrage, ce sceau a été reconnu faux.

Sceau de Dagobert. Pl. in-8 en haut. Billardon-Sau-
    vigny, Essais sur les mœurs des Français, t. IV, à
    la p. 97.

Sceau ou anneau du roi Dagobert, en or, trouvé en
    1842 dans la Loire, appartenant à M. A. Barthélemy
    fils, qui l'a perdu en 1844. Pl. in-4 en haut. Con-
    brouse, t. VI, pl. 202, t. VII, l'avant Clhodovigh,
    pl. 39, n° 1.

Sceau du même. Petite pl. grav. sur bois. Revue nu-
    mismatique 1841, Anatole Barthélemy, p. 177, dans
    le texte.

Monnaie de Dagobert. Petite pl. Tristan, Traicté du
    Lis, p. 24, dans le texte.

Dix monnaies du même. Huit petites pl. en larg. Boute-
    roue, p. 285 (2), 286, 287, 290 (2), 293, 294 (3),
    dans le texte.

Deux monnaies du même, frappées à Marseille. Partie
    d'une pl. in-4 en haut. Du Cange, Glossarium, 1840,
    t. IV, pl. 1, n°ˢ 19, 20.

Quinze monnaies du même. Pl. in-8 carrée. Le Blanc,
    p. 56, dans le texte.

Monnaye du même. Partie d'une pl. in-fol. magno
    carrée. Mabillon, de Re diplomatica, pl. 16.

Cinq monnaies du même, frappées à Marseille. Pl.
    in-8 en larg. Daniel, t. I, p. 397, en vignette.

Quinze monnaies du même. Pl. in-8 en larg. Eckhart,
    Commentarii, etc., t. I, p. 208, dans le texte.

Deux monnaies du même. Partie d'une petite pl. Reges     638.
francorum Merovingi, a J. L. L. Gebhardi. Luneburgi, abt. 1736, in-4 sur le titre.

Trois monnaies du même, frappées à Marseille. Partie
d'une pl. in-4 en haut. Grosson, Recueil des antiquités et monuments marseillois, pl. 6, n⁰ˢ 2, 6, 7.

Monnaie du même. Partie d'une pl. in-4 en haut. (de
Migieu), Recueil des sceaux du moyen âge, pl. 1,
n° 4.

Monnaie du même. Partie d'une pl. lith. in-4 en larg.
De Caumont, Bulletin monumental, t. VIII, pl.
sans numéro, n° 3, p. 406.

Monnaie du même. Partie d'une pl. lith., in-4 en haut.
Conbrouse, texte, t. I, frontispice; répétition sur
cuivre, aux frontispices des t. II, III et IV.

Trois monnaies du même. Pl. in-4 en haut. Conbrouse,
t. III, pl. 16.

Deux monnaies du même. Partie d'une pl. in-4 en
haut. Conbrouse, t. IV, pl. 156 D, n⁰ˢ 7, 8.

Monnaie du même. Partie d'une pl. lith. in-8 en haut.
Revue numismatique, 1840, Voillemier, pl. 2 (par
erreur 20), n° 2, p. 35.

Monnaie du même. Partie d'une pl. in-8 en haut. De
Longpérier, Collection de M. J. Rousseau, pl. 1 de
la 1ʳᵉ série, n° 97, p. 32.

Tiers de sol du même, en or, avec le nom d'Éloi. Partie
d'une pl. in-8 en haut. Köhne, Mémoires de la
Société d'archéologie et de numismatique de Saint-
Pétersbourg, 1847, pl. 3, p. 87.

638.    Deux monnaies du même. Partie d'une pl. in-4 en
        haut. Robert, Études numismatiques, etc., pl. 3,
        n° 7, 8, p. 108.

        Quinze monnaies du même. Partie de deux pl. in-8 en
        haut. Berry, Études, etc., pl. 4, n° 8 à 21, pl. 5,
        n° 1, t. I, p. 46 à 54.

## 640.

Monnaie de Chintila, roi des Visigoths, frappée à Narbonne. Partie d'une pl. in-fol. en haut. Trésor de
numismatique et de glyptique, Histoire par les monuments de l'art monétaire chez les modernes, pl. 40,
n° 3 (texte n° 5).

?   Monnaie mérovingienne attribuée à Landigisile, beau-
frère de Dagobert I<sup>er</sup>. Partie d'une pl. lith. in-8 en
haut. Revue numismatique, 1840, Voillemier, pl. 2
(par erreur xx), n° 1, p. 33.

## 642.

Tombeau de la reine Nantilde, femme de Dagobert I<sup>er</sup>,
et de Dagobert I<sup>er</sup>, mort le. . . . . . . . . 638, à
Saint-Denis. Partie d'une pl. in-fol. max° en larg.
Al. de Laborde, les Monuments de la France,
pl. 153.

    Ce monument ne faisait qu'un seul tombeau dans l'origine.
    Il fut séparé depuis en deux.

    Placé au Musée des Monuments français, il fut rétabli à
    Saint-Denis sous la Restauration. Voir à l'année 638.

## 649.

Monnaie de Chindasvintus, roi des Visigoths, frappée
à Narbonne. Petite pl. en larg. Florez, t. III, p. 256,
dans le texte.

Monnaie du même, frappée à Tours ou en Touraine.     649.
Partie d'une pl. in-8 en haut. Revue de la numismatique belge, C. Piot, t. I, pl. 9, n° 45, p. 276.

Monnaie du même, frappée à Narbonne. Partie d'une
pl. in-8 en haut. Revue de la numismatique belge,
Meynaerts, t. I, pl. 16, n° 3, p. 363.

Monnaie du même. Partie d'une pl. in-8 en haut.
Revue de la numismatique belge, P, t. V, pl. 11,
n° 9, p. 394.

## 650 ?

Croix émaillée attribuée à saint Éloi, conservée dans
l'abbaye de Saint-Martin-lez-Limoges, réparée en
1625, et qui a disparu pendant la révolution de 1792.
Pl. lith., in-fol. en haut. Texier, Essai sur les argentiers et les émailleurs de Limoges, pl. 1. = Pl. in-fol.
en haut. Mémoires de la Société des Antiquaires de
l'Ouest, l'abbé Texier, 1842, pl. 2, p. 125, 177.

> La représentation de cette croix a été conservée par l'abbé
> Legros dans son Recueil d'antiquités, t. II. Mss. de la Biblio-
> thèque du séminaire de Limoges.

Fleur de lis d'or enrichie de perles, rubis, diamants
et saphirs, fort ancienne, qui servait aux sacres des
rois, conservée au trésor de Saint-Denis, pl. in-8 en
haut. Tristan, Traicté du Lis, à la p. 46, dans le texte.

Anneau d'or portant les lettres C, I, que l'on peut
attribuer à un Clovis ou à un Clotaire, trouvé en
1842, près de Vaison en Provence, et déposé au
Musée d'Avignon. Partie d'une pl. in-4 en haut.
Conbrouse, t. VII, l'avant Clhodovigh, pl. 38,
n° 2, 3.

650 ?  Cinq monnaies que l'on croit exécutées par saint Éloi.
Petites pl. grav. sur bois. Lacroix, le Moyen âge et
la Renaissance, t. III, orfévrerie 3, dans le texte.

### 652.

Peinture sur un édit de Rotharus, roi des Lombards,
où il est représenté avec d'autres personnages. Pl.
pet. in-fol. en haut. Baudi à Vesme, p. 20, 21.

### 653.

Deux monnaies de Cindasvintus et Recesvintus, rois
des Visigoths. Partie d'une pl. in-8 en haut. Revue
de la numismatique belge, P, t. V, pl. 12, n°ˢ 10,
11, p. 394.

### 656.

Figure de Sigebert II, roi d'Austrasie, fils de Dagobert.
Partie d'une pl. in-8 en larg., lithogr. Begin, Metz
depuis dix-huit siècles, t. II, pl. 57.

Sceau en or du même, trouvé à Trèves en 1836. Partie
d'une pl. in-4 en haut. Conbrouse, t. V, pl. 35.

Quatre monnaies du même. Trois petites pl. en larg.
Bouteroue, p. 296, 297 (4), dans le texte.

Monnaie du même. Partie d'une pl. in-fol. en haut.
Trésor de numismatique et de glyptique, Histoire
par les monuments de l'art monétaire chez les modernes, pl. 1, n° 3.

Trois monnaies du même, frappées à Marseille et à
Bannassac. Pl. in-4 en haut. Conbrouse, t. III,
pl. 17.

Trois monnaies du même. Partie d'une pl. in-4 en
haut. Conbrouse, t. IV, pl. 156 D, n°ˢ 10 à 12.

Quatre monnaies du même. Pl. in-4 en haut. Con-  636.
brouse, t. V, pl. 48.

Deux monnaies du même ou de Sigebert III. Partie d'une
pl. in-8 en haut. De Longpérier, Collection de M. J.
Rousseau, pl. 1 de la 1$^{re}$ série, n$^{os}$ 103, 104, p. 35, 36.

Monnaie du même, frappée à Marseille. Partie d'une
pl. in-8 en haut. Revue numismatique, 1845, B.
Fillon, pl. 18, n° 1, p. 346.

Monnaie du même. Partie d'une pl. in-8 en haut.
C. Robert, Monnaies mérovingiennes de la collection de feu M. Renault, n° 7, p. 25.

Tombeau de Clovis II, fils de Dagobert I$^{er}$ avec Charles
Martel, mort le 15 octobre 741, à l'abbaye de Saint-
Denis. Pl. in-8 en haut., grav. sur bois. Rabel, les
Antiquitez et singularitez de Paris, fol. 26, dans le
texte. = Même pl. Du Breul, les Antiquitez et choses
plus remarquables de Paris, fol. 62, verso, dans le
texte. = Dessin in-fol. en haut. Gaignières, t. I, 5.
= Partie d'un dessin in-4. Recueil Gaignières à
Oxford, t. II, fol. 7. = Partie de pl. in-fol. en haut.
Montfaucon, t. 1, pl. 13, n° 2. = Partie d'une pl.
in-8 en haut. Al. Lenoir, Musée des Monuments français, t. I, pl. 26, n° 10. = Partie d'une pl. in-fol.
en haut. Beaunier et Rathier, pl. 29. = Partie d'une
pl. in-8 en larg., lith. Begin, Metz depuis dix-huit
siècles, t. II, pl. 57.

> Cette figure a été faite sous saint Louis, et probablement
> d'après une plus ancienne.

Figure de Clovis, fils de Dagobert I$^{er}$, d'après les monuments du temps. Pl. ovale in-12 en haut., grav. sur

656.     bois. Du Tillet, Recueil des roys de France, p. 28, dans le texte.

Onze monnaies attribuées à Clovis I$^{er}$, mais qui sont de Clovis II. Neuf petites pl. en larg. Bouteroue, p. 194, 195, 196, 198, 199, 203, 206 (2), 207, 209 (2), dans le texte.

Monnaie de Clovis II. Petite pl. en larg. Bouteroue, p. 299, dans le texte.

Monnaie du même. Partie d'une petite pl. Le Blanc, p. 14, dans le texte.

Deux monnaies attribuées à Clovis I$^{er}$, mais qui sont de Clovis II. Partie d'une petite pl. Le Blanc, p. 14, dans le texte.

Trois monnaies attribuées à Clovis I$^{er}$, mais qui sont de Clovis II. Petite pl. Le Blanc, p. 16, dans le texte.

Monnaie de Clovis II. Partie d'une petite pl. Le Blanc, p. 54, dans le texte.

Quatre monnaies du même. Petite pl. en larg. Eckhart, Commentarii, etc., t. I, p. 238, dans le texte.

Quatre monnaies du même, frappées à Marseille, à Paris et à Orléans. Pl. in-4 en haut. Conbrouse, t. III, pl. 18.

Monnaie de Clovis II ou III. Partie d'une pl. in-4 en haut. Conbrouse, t. III, pl. 22, n° 2.

> Le catalogue à la fin du volume fait confusion pour les pièces de cette planche.

Monnaie du même, frappée à Arles. Partie d'une pl. in-4 en haut. Conbrouse, t. VII, l'avant-Pepin le Bref, pl. 16, n° 3.

Quatre monnaies du même. Partie d'une pl. in-8 en      656
haut. De Longpérier, Collection de M. J. Rousseau,
pl. 1 de la 1re série, nos 99 à 102, p. 34, 35.

Onze monnaies du même. Partie d'une pl. in-8 en
haut. Berry, Études, etc., pl. 5, nos 2 à 12, t. I,
p. 55 à 62.

· Monogramme de Clovis II. Pl. in-4 en haut. Conbrouse,
t. VI, pl. 207.

667.

Monument d'Éticho, duc d'Alsace et de sainte Odile,
· sa fille, sculpté sur la montagne de Sainte-Odile en
Alsace. Pl. in-fol. en haut. Mabillon, Annales ordinis
S. Benedicti, t. I, p. 490, dans le texte. = Partie
d'une pl. in-fol. en haut. Montfaucon, t. I, pl. 31,
n° 1. = Partie d'une pl. in-fol. en haut. Schœpflin,
Alsatia illustrata, t. I, pl. 2, n° 1, p. 763. = Partie
d'une pl. in-8 en haut. Schœpflin, Alsatia illustrata,
t. I, pl. 2, n° 3, p. 763. = Pl. in-fol. en haut. Beaunier et Rathier, pl. 27. = Partie d'une pl. in-fol. en
haut. Seroux d'Agincourt, Histoire de l'art, etc.,
sculpture, pl. 29, n° 20, t. II, d°, p. 59. = Pl. in-4
en haut., color. Comte de Viel Castel, n° 23, texte,
t. I, p. 23. = Partie d'une pl. lith. in-fol. max. en
haut. Du Sommerard, les Arts au moyen âge, album,
5e série, pl. 14. = Pl. in-8 en haut. lithogr. Begin,
Metz depuis dix-huit siècles, t. II, pl. 58.

Bas-relief en argent relatif à Éticho, duc d'Alsace, sur
lequel il est représenté avec Odile et Hildulf, conservé jadis dans le monastère de Moyen-Moutier en
Alsace. Partie d'une pl. in-fol. en haut. Schœpflin,
Alsatia illustrata, t. I, pl. 4, n° 2, p. 765-66

II                                                        4

667. Tombeau d'Étichus, duc d'Alsace, dans le monastère de Hohenburg, au mont Sainte-Odile, en Alsace. Partie d'une pl. in-fol. en haut. Schœpflin, Alsatia illustrata, t. I, pl. 1, n° 5, p. 756 et 763.

> Ce monument, détruit en 1547, fut rétabli en 1617, et placé ensuite dans le monastère d'Ebersheim.

Figure de saint Leodegare, évêque d'Autun, bas-relief sur la même pierre que celui qui représente Odile, ouvrage du xii° siècle. Partie d'une pl. in-fol. en haut. Schœpflin, Alsatia illustrata, t. I, pl. 2, n° 2, p. 764.

> Saint Léogare mourut vers 678.

Chronique d'Alsace et de Strasbourg, etc., par Jacob de Königshoven (en allemand). Strasb., Jos. Städel, 1698, in-4, fig. Ce volume, outre d'autres planches, renferme :

Divers sujets de la vie de sainte Attale, nièce de sainte Odile, d'après un manuscrit du temps. Deux frises de hauteur in-12, en larg. *J. A. Seupel, Sculp.*, p. 515 et 520.

## 670.

Tombeau qui paraît être celui de Clotaire III, roi de Bourgogne et de Neustrie, et de Childéric, roi d'Austrasie, fils de Clovis II et de Batilde, en pierre, dans le milieu de l'ancienne église dite de Saint-Pierre, dans l'abbaye de Jumièges. Dessin in-4, Recueil Gaignières à Oxford, t. II, fol. 20.

> Clotaire III mourut en 670 et Childeric en 673.

Figure de Clotaire III, d'après les monuments du temps. Pl. ovale in-12 en haut., grav. sur bois. Du Tillet, Recueil des roys de France, p. 30, dans le texte.

Un sceau qui paraît être de Clotaire III. Partie d'une 670.
pl. in-4 en haut. J. Heumann, Commentarii de Re
diplomatica imperatorum ac regum, t. II, pl. 3, n° 11.

> Il est difficile de trouver dans le texte ce que l'auteur dit de
> ce sceau.

Monnaie de Clotaire III, frappée à Marseille. Partie
d'une pl. in-4 en larg. Ruffi, Histoire de la ville de
Marseille, t. II, à la p. 328, cinquième monnaie,
dans le texte.

Monnaie du même, frappée à Verdun. Pl. in-4 en haut.
Conbrouse, t. III, pl. 19.

Monnaie du même. Partie d'une pl. in-8 en haut. Berry,
Études, etc., pl. 5, n° 13, t. I, p. 63.

## 671 ?

Vêtement ou cucule de saint Remacle, évêque de Ton-
gres et de Maëstricht, conservée dans le monastère
de Stavelo, dans les Pays-Bas, dont il avait été le
premier abbé. Pl. in-4 en haut. Voyage littéraire de
deux religieux bénédictins, 1724, p. 155, dans le
texte.

> Ce vêtement était certainement d'une époque postérieure.

## 672.

Monnaie de Recesvintus, roi des Visigoths. Partie d'une
pl. in-8 en haut. Revue de la Numismatique belge,
P, t. V, pl. 12, n° 12, p. 395.

## 673.

Tombeau de Childéric II, roi de France, en pierre, à
gauche du grand autel de l'église de l'abbaye de
Saint-Germain des Prez, à Paris. Dessin grand in-8,
Recueil Gaignières à Oxford, t. II, fol. 8. = Partie

673.  d'une pl. in-8 en haut. Al. Lenoir, Musée des monuments français, t. I, pl. 22, n° 427. = Pl. in-4 en
haut., grav. sur bois. Lacroix, le Moyen Age et la
Renaissance, t. III, Modes et Costumes, 3, dans le
texte. = Partie d'une pl. in-fol. max° en larg. Albert
Lenoir, Statistiq. monum. de Paris, livrais. 20, pl. 6.
    Cette figure est du xii° siècle.

Figure de Childéric II, d'après les monuments du
temps. Pl. ovale in-12 en haut., grav. sur bois. Du
Tillet, Recueil des roys de France, p. 31, dans le
texte.

Ornement d'or représentant un serpent trouvé dans le
sépulcre de Childéric II, au chœur de l'église de
Saint-Germain des Prez de Paris. Petite pl. Tristan,
Traicté du Lis, à la p. 71, dans le texte.

Figure de serpent à deux têtes, grav. sur une plaque
d'argent que l'on trouva dans le sarcophage du roi
Childéric, lorsqu'en 1656 on fouilla dans le chœur
de Saint-Germain des Pres de Paris, pour y placer
de nouvelles stalles. Partie d'une pl. in-fol. en haut.
Seroux d'Agincourt, Histoire de l'Art, etc., sculpture,
pl. 29, n° 15, t. II, d°, p. 59.

Trois monnaies de Childéric II. Trois petites pl. en larg.
Bouteroue, p. 304, 307, 308, dans le texte.

Trois monnaies du même, frappées à Marseille. Partie
d'une pl. in-4 en haut. Du Cange, Glossarium, 1840,
t. IV, pl. 1, n° 28 à 30.

Monnaie du même, frappée à Marseille. Partie d'une
pl. in-4 en haut. Du Cange, Glossarium, 1840, t. IV,
pl. 1, n° 32.

Trois monnaies du même, dont deux pourraient être      673.
également de Childéric III. Partie d'une petite pl.
Le Blanc, p. 54, dans le texte.

Monnaie du même, frappée à Marseille. Partie d'une
pl. in-4 en larg. Ruffi, Histoire de la ville de Marseille, t. II, à la p. 328, sixième monnaie, dans
le texte.

Trois monnaies du même. Petite pl. en larg. Eckhart,
Commentarii, etc., t. I, p. 254, dans le texte.

Trois monnaies du même, frappées à Marseille. Partie
d'une pl. in-4 en haut. Grosson, Recueil des antiquités et monuments marseillois, pl. 8, n$^{os}$ 4, 7, 8.

Monnaie du même. Partie d'une pl. in-4 en haut. Conbrouse, Monnaies mérovingiennes, pl. 1, texte, t. II.

Deux monnaies du même, frappées à Marseille. Pl.
in-4 en haut. Conbrouse, t. III, pl. 20.

Deux monnaies du même, dont une frappée à Marseille. Partie d'une pl. in-4 en haut. Conbrouse,
t. VII, l'Avant Pepin le Bref, pl. 16, n$^{os}$ 1, 2.

Monnaie du même. Partie d'une pl. in-8 en haut. De
Longpérier, Collection de M. J. Rousseau, pl. 1 de
la 1$^{re}$ série, n° 105, p. 36.

Sol d'or du même. Petite pl. grav. sur bois. Fillon,
Considérations — sur les monnaies de France,
p. 44, dans le texte.

Monnaie du même, frappée à Marseille. Petite pl. grav.
sur bois. Revue numismatique, 1845, B. Fillon,
p. 345, dans le texte.

Deux monnaies du même. Partie d'une pl. in-4 en

**673.**    haut. Robert, Études numismatiques, etc., pl. 3, nᵒˢ 9, 10, p. 109, 110.

Cinq monnaies du même. Partie d'une pl. in-8 en haut. Berry, Études, etc., pl. 5, nᵒˢ 14 à 18, t. I, p. 64 à 66.

## 674.

Tombeau de Bilihilde, femme de Childéric II, roi de France, à droite du grand autel de l'église de l'abbaye de Saint-Germain des Prez, à Paris. Dessin grand in-8, Recueil Gaignières à Oxford, t. II, fol. 9. == Partie d'une pl. in-fol. en haut., pl. 9. Albert Lenoir, Statistique monumentale de Paris, livrais. 31.

Tombeau de saint Drausius ou Drauscius, Drausin, évêque de Soissons. Partie d'une pl. in-fol. en larg. Mabillon, Annales ordinis sancti Benedicti, t. I, p. 622, 623, n° 72.

## 679.

Figure de Dagobert II, roi d'Austrasie, d'après les monuments du temps. Pl. ovale in-12 en haut., grav. sur bois. Du Tillet, Recueil des roys de France, p. 34, dans le texte.

Couronne de Dagobert II, conservée, suivant une tradition, à l'église de Munster, dans la vallée de Saint-Grégoire, dans la haute Alsace. Partie d'une pl. in-fol. en haut. Schœpflin, Alsatia illustrata, t. I, pl. 1, n° 1, p. 797.

Deux monnaies de Dagobert II, rôi d'Austrasie. Deux petites pl. en larg. Bouteroue, p. 309, 310, dans le texte.

Monnaie du même. Partie d'une pl. in-4 en haut. Du 679.
Cange, Glossarium, 1840, t. IV, pl. 1, n° 31.

Deux monnaies du même. Petite pl. en larg. Köhler,
t. IX, p. 33, dans le texte.

Trois monnaies du même, frappées à Jumièges. Pl.
in-4 en haut. Conbrouse, t. III, pl. 21.

Monnaie du même. Partie d'une pl. in-4 en haut.
Conbrouse, t. VII, l'Avant Pepin le Bref, pl. 16,
n° 7.

Trois monnaies du même, dont l'une pourrait être
aussi attribuée à Dagobert III. Partie d'une pl. lith.
in-8 en haut. Revue numismatique, 1840, Voillemier, pl. 2 (par erreur xx), n°s 3 à 5, p. 37.

Monnaie du même. Partie d'une pl. in-8 en haut.
Robert, Considérations sur la monnaie à l'époque
romane, etc., n° 1, p. 44.

Huit monnaies du même. Partie de deux pl. in-8 en
haut. Berry, Études, etc., pl. 5, n°s 19 à 23, pl. 6,
n°s 1 à 3, t. I, p. 66 à 73.

Figure de saint Amand, évêque de Saint-Amand, miniature d'un manuscrit, où il est placé à côté de
Baudemundus, moine de la même ville. Partie d'une
pl. in-fol. en haut. Mabillon, Annales ordinis sancti
Benedicti, t. I, à la p. 529.

Vision de Barontus, moine de Lonrey en Brenne (Lon-
goretensis), miniature d'un manuscrit de Rheims.
Pl. in-4 en larg. Mabillon, Annales ordinis sancti
Benedicti, t. I, à la p. 548, dans le texte.

## 680.

Monnaie de Wamba, roi des Visigoths. Partie d'une pl. in-8 en haut. Revue de la Numismatique belge, P, t. V, pl. 12, n° 13, p. 395.

Monnaie frappée à Vic, attribuée à un des rois d'Austrasie de la première race. Partie d'une pl. in-fol. en haut. Calmet, Histoire de Lorraine, t. V, pl. 1, n° 62.

## 684. Février.

Figure de sainte Aldegunde, abbesse du monastère qu'elle avait fondé à Maubeuge, miniature d'un manuscrit. Partie d'une pl. in-fol. en haut. Mabillon, Annales ordinis sancti Benedicti, t. I, p. 528, 529, n° 56.

## 685.

Figure de Mummolenus ou Mummolinus, évêque de Noyon, miniature d'un manuscrit, où il est placé à côté de saint Réolus, archevêque de Reims. Partie d'une pl. in-fol. en haut. Mabillon, Annales ordinis sancti Benedicti, t. I, p. 528, 529, n° 56. = Pl. in-4 en haut. Eckhart, Commentarii, etc., t. I, p. 270, dans le texte.

> Saint Mommelin, évêque de Noyon, mourut en 685, et saint Réole, archevêque de Reims, vers 693.

## 687.

Monnaie d'Ervigius, roi des Visigoths, frappée à Narbonne. Partie d'une pl. in-8 en haut. Revue de la Numismatique belge, C. Piot, t. I, pl. 9, n° 54, p. 278.

## 688.

Monnaie d'Ébroin, maire du palais. Partie d'une pl. in-8 en haut. De Longpérier, Collection de M. J. Rousseau, pl. 1 de la 2ᵉ série, n° 109. Répétée, petite pl. grav. sur bois, p. 38, dans le texte.

Monnaie d'Ébroin, maire du palais, ou qui paraît devoir lui être attribuée. Partie d'une pl. in-8 en haut. Fillon, Considérations sur les monnaies de France, pl. 1, n° 11.

## 690 ?

Figure de Baudemundus, moine de Saint-Amand, miniature d'un manuscrit, où il est placé à côté de saint Amand, évêque de cette ville. Partie d'une pl. in-fol. en haut. Mabillon, Annales ordinis sancti Benedicti, t. I, à la p. 529.

Voir à l'année 679.

## 691.

Sceau de Thierri ou Théodoric III, fils de Clovis II. Hennecius, pl. 3, n° 1.

Sceau du même. Petite pl. grav. sur bois. Nouveau Traité de diplomatique, t. IV, p. 104.

Sceau du même. Partie d'une pl. in-4 en haut. (De Migieu), Recueil des Sceaux du moyen âge, pl. 1, n° 5.

Sceau du même. Partie d'une pl. in-fol. en haut. Trésor de numismatique et de glyptique, Sceaux des rois et reines de France, pl. 1, n° 2.

Monnaie et sceau du même. Petite pl. Eckhart, Commentarii, etc., t. I, p. 290, dans le texte.

Monnaie du même. Petite pl. en larg. Bouteroue, p. 313, dans le texte.

Monnaie du même. Partie d'une pl. in-4 en haut. Du Cange, Glossarium, 1840, t. IV, pl. 1, n° 33.

Monnaie que l'on peut attribuer à Thierry ou Théodoric III. Partie d'une petite pl. Le Blanc, p. 54, dans le texte.

Autel avec inscription, trouvé dans l'église de Saint-Pierre du Ham, près de Valognes, qui paraît se rapporter au règne de Thierri III. Deux pl. lith., in-4 en larg. Mémoires de la Société des antiquaires de Normandie, 2e série, 7e vol. à la p. 213.

### 693 ?

Figure de saint Réolus ou Régulus, évêque de Rheims, miniature d'un manuscrit où il est placé à côté de Mummolénus, évêque de Noyon. Partie d'une pl. in-fol. en haut. Mabillon, Annales ordinis sancti Benedicti, t. I, p. 528, 529, n° 56. = Pl. in-4 en haut. Eckhart, Commentarii, etc., t. 1, p. 270, dans le texte.

Voir à l'année 685.

### 695.

Sceau de Clovis III. Mabillon, de Re diplomatica, pl. 20.

Sceau du même. Heineccius, pl. 3, n° 2.

Sceau du même. Petite pl. Eckhart, Commentarii, etc., t. I, p. 303, dans le texte.

Anneau ou sceau du même. Petite pl. grav. sur bois. Nouveau Traité de diplomatique, t. IV, p. 104.

Sceau du même. Partie d'une pl. in-4 en haut. (De Migieu), Recueil des sceaux du moyen âge, pl. I, n° 6.

Sceau du même, d'après Mabillon. Partie d'une pl. **695.**
in-fol. en haut. Beaunier et Rathier, pl. 65, n° 2.

Sceau du même. Partie d'une pl. in-fol. en haut. Trésor
de numismatique et de glyptique, Sceaux des rois
et reines de France, pl. I, n° 3.

Monnaie de Clovis III. Petite pl. en larg. Bouteroue,
p. 315, dans le texte.

Monnaie du même. Partie d'une pl. in-8 en haut. De
Longpérier, Collection de M. J. Rousseau, pl. 1 de
la 1re série, n° 106, p. 36.

Vingt-sept monnaies du même. Partie de deux pl. in-8
en haut. Berry, Études, etc., pl. 6, nos 5 à 23, pl. 7,
nos 1 à 8, t. I, p. 75 à 85.

### 696.

Monnaie d'Égica, roi des Visigoths. Partie d'une pl.
in-8 en haut. Revue de la Numismatique belge, P,
t. V, pl. 12, n° 14, p. 396.

### 700 ?

Figure d'un roi de France tenant son sceptre, dans une
lettre initiale d'un manuscrit de Saint-Martin de
Tournay. Pl. in-12 en haut., grav. sur bois. Voyage
littéraire de deux religieux bénédictins, 1724, p. 37,
dans le texte.

Figure d'une princesse assise, d'après une miniature
d'un manuscrit de la Sainte-Chapelle de Paris, du
viie siècle. Pl. in-4 en haut. Félix de Vigne, Vade-
mecum du peintre, t. I, pl. 37.

J'ignore quel est ce manuscrit, qui n'est pas indiqué autrement par l'auteur.

700 ? Officier normand ou saxon combattant, d'après une
miniature d'un manuscrit du vii⁰ siècle, cité par
Strutt. Partie d'une pl. in-fol. en larg. Beaunier et
Rathier, pl. 32.

Anneau ou sceau en or, portant le nom d'un Leude,
Franck ripuaire ou austrasien *Ragnethramnus.* (Renaud), trouvé dans la Loire en 1842. Partie d'une
pl. in-4 en haut. Conbrouse, t. VII, l'Avant Clhodovigh, pl. 39, n° 2.

Monuments austrasiens antérieurs au viii⁰ siècle, couronnes, trône, fibule, poignard, stylet d'or pour
écrire. Pl. in-8 en haut., lithogr. Begin, Metz depuis
dix-huit siècles, t. II, pl. 54.

> L'indication de ces monuments n'est pas donnée. Le trône
> est celui de Dagobert.

Haches et francisques, guerrier franc combattant,
figures tirées d'un manuscrit du vii⁰ siècle, maintenant en Angleterre. Partie d'une pl. in-4 en haut.,
coloriée. Comte de Viel Castel, n° 10, texte, t. I,
p. 8.

Vingt-six monnaies d'Auvergne de diverses époques.
Partie d'une pl. in-fol. en larg., lithogr. Bouillet,
Statistique monumentale du département du **Puy**-
de-Dôme, atlas, pl. 32.

## 701.

Monnaie d'Égica, roi des Visigoths, frappée à Narbonne. Petite pl. en larg. Florez, t. III, p. 280,
dans le texte.

Deux monnaies d'Égica et Witiza, rois des Visigoths.

Partie d'une pl. in-8 en haut. Revue de la Numisma- 701.
tique belge, P, t. V, pl. 12, n⁰ˢ 15, 16, p. 396.

## 709.

Figure de saint Bertin, abbé de Sithien, près Saint-
Omer, miniature d'un manuscrit où il est placé à
côté d'une figure de saint Jean. Partie d'une pl.
in-fol. en haut. Mabillon, Annales ordinis sancti
Benedicti, t. I, à la p. 529.

Figures du comte Vulsoalde et d'Adalsiude sa femme,
fondateurs de l'église de Saint-Michel; peinture à
fresque dans cette église. Partie d'une pl. in-fol. en
haut. Montfaucon, t. I, pl. 31, n° 2.

Portraits du comte Vulfoade et de la comtesse Adalsiude sa femme, peintures sur la muraille de la chapelle où ils avaient été inhumés, à l'abbaye de Saint-
Mihiel, dont le comte avait été fondateur en 709. =
Reliques qui furent trouvées à l'ouverture de leur
tombeau, en 1734. Pl. in-fol. en haut. Calmet, Notice de la Lorraine, t. I, pl. 6, n⁰ˢ 26 à 28.

## 711.

Sceau de Childebert III. Mabillon, de Re diplomatica,
pl. 22.

Sceau du même. Heineccius, pl. 3, n° 3.

Sceau et portrait grav. sur pierre fine du même. Petite
pl. Eckhart, Commentarii, etc., t. I, p. 315, dans
le texte.

Sceau du même. Petite pl. grav. sur bois. Nouveau
Traité de diplomatique, t. IV, p. 104.

Sceau du même. Partie d'une pl. in-4 en haut. (De

711.     Migieu), Recueil des Sceaux du moyen âge, pl. 1, n° 7.

Sceau du même, d'après Mabillon. Partie d'une pl. in-fol. en haut. Beaunier et Rathier, pl. 65, n° 1.

Sceau du même. Partie d'un pl. in-fol. en haut. Trésor de numismatique et de glyptique, Sceaux des rois et reines de France, pl. 1, n° 5.

Sceau en cire du même. Pl. in-4 en haut. Conbrouse, t. VI, pl. 204.

Sceau du même. Collection de sceaux moulés de l'École des beaux-arts.

Monnaie de Childebert III. Petite pl. en larg. Bouteroue, p. 317, dans le texte.

Monnaie du même, frappée à Lyon. Partie d'une pl. in-fol. en haut. Foulques, Essai historique, etc., pl. 1, n° 3, p. 26.

Monnaie du même. Partie d'une pl. in-4 en haut. Conbrouse, t. VII, l'Avant Pepin le Bref, pl. 16, n° 5.

Monnaie du même. Partie d'une pl. in-8 en haut. De Longpérier, Collection de M. J. Rousseau, pl. 1 de la 1re série, n° 107, p. 37.

## 714.

Sceau de Pepin de Héristal, maire du palais. Partie d'une pl. in-fol. en haut. Trésor de numismatique et de glyptique, Sceaux des rois et reines de France, pl. 1, n° 4.

Monnaie de Rodrigue, roi des Visigoths. Partie d'une pl. in-8 en haut. Revue de la Numismatique belge, P, t. V, pl. 12, n° 17, p. 396.

### 715.

Trois monnaies de Dagobert III. Trois petites pl. en larg. Bouteroue, p. 318, 319 (2), dans le texte.

Monnaie du même. Partie d'une pl. in-4 en haut. Conbrouse, t. II, monnaies mérovingiennes, pl. 1.

Monnaie du même. Partie d'une pl. in-8 en haut. De Longpérier, Collection de M. J. Rousseau, pl. 1 de la 1re série, n° 108, p. 37.

### 720.

Sceau de Chilpéric II. Mabillon, de Re diplomatica, pl. 22.

Sceau du même. Heineccius, pl. 3, n° 4.

Sceau du même. Petite pl. grav. sur bois. Nouveau Traité de diplomatique, t. IV, p. 105.

Sceau du même. Partie d'une pl. in-4 en haut. (De Migieu), Recueil des sceaux du moyen âge, pl. 1, n° 8.

Sceau du même, d'après Mabillon. Partie d'une pl. in-fol. en haut. Beaunier et Rathier, pl. 65, n° 3.

Sceau du même. Partie d'une pl. in-fol. en haut. Trésor de numismatique et de glyptique, Sceaux des rois et reines de France, pl. I, n° 6.

Sceau en cire du même, aux Archives du royaume, armoire de fer. Pl. in-4 en haut. Conbrouse, t. VI, pl. 205, t. VII, pl. 38, l'Avant Clhodowigh, n° 4.

Tombeau de saint Vodoalus, Vodoal ou Voel, solitaire et prêtre de Soissons, dans l'église de Sainte-Marie de cette ville. Partie d'une pl. in-fol. en larg. Ma-

**720 ?** billon, Annales ordinis sancti Benedicti, t. **I**, p. 622, 623, n° 72.

Tombeau de sainte Plectrude, fille de Pepin, au chevet de l'église de Sainte-Marie du Capitole à Cologne. Pl. in-8 en haut. Ph. Le Bas, Dictionnaire encyclopédique de la France, pl. 165.

Plectrude était femme de Pepin de Héristal.

## 722.

Sceau de Thiéri ou Théodoric IV, roi de France, à un diplôme pour le monastère de Murbach. Au bas d'une pl. in-fol. max° en larg. Schœpfling, Alsatiæ diplomatica, pl. 2, à la p. 7.

## 723.

Buste que l'on croit être celui d'Adalbert, duc d'Alsace, placé dans le mur d'une maison située rue Saint-Médard, à Strasbourg. Partie d'une pl. in-fol. en haut. Schœpflin, Alsatia illustrata, t. I, pl. 1, n° 3, p. 768.

Monnaie d'Adalbert, duc d'Alsace. Partie d'une pl. in-fol. en haut. Schœpflin, Alsatia illustrata, t. I, pl. 2, monnaies n° 6, p. 768.

## 735.

Couronne d'Eudes, duc d'Aquitaine, petit-fils de Charibert, roi de Toulouse et d'Aquitaine, trouvée dans son tombeau, découvert dans l'île de Ré, vers 1730. Partie d'une pl. in-fol. en haut. Montfaucon, t. IV, à la fin de la préface et du discours préliminaire, n° 1.

Couronne en cuivre trouvée en 1741 dans l'île de Ré,

attribuée à Eudes, duc d'Aquitaine. Pl. in-4 en lar- 735.
geur.

Cette estampe est jointe à des observations sur cette couronne, par Bompard, Histoire et Mémoires de l'Académie des
inscriptions et belles-lettres, Histoire, t. IX, p. 176, pl. IV.

## 741. Octobre.

Tombeau de Charles Martel avec Clovis II, fils de Dagobert I<sup>er</sup>, mort au commencement de 656, à l'abbaye de Saint-Denis. Pl. in-8 en haut., grav. sur
bois. Rabel, les Antiquitez et Singularitez de Paris,
fol. 26, dans le texte. = Même planche. Du Breul,
les Antiquitez et choses plus remarquables de Paris,
fol. 62, verso, dans le texte. = Dessin in-fol. en
haut. Gaignières, t. I, p. 6. = Partie d'un dessin
in-4, Recueil Gaignières à Oxford, t. II, f. 7. =
Partie d'une pl. in-fol. en haut. Montfaucon, t. I,
pl. 19, n° 1. = Partie d'une pl. in-8 en haut. Al.
Lenoir, Musée des Monuments français, t. I, pl. 26,
n° 11. = Partie d'une pl. in-fol. en haut. Beaunier
et Rathier, pl. 29.

Cette figure, suivant Montfaucon, est du temps de saint Louis.

## 747.

Tombeau de Luitfrid, duc d'Alsace, dans l'église de
Murbach. Partie d'une pl. in-fol. en haut. Schœpflin,
Alsatia illustrata, t. I, pl. 1, n° 4, p. 778.

Ce tombeau était une restitution, et non pas du temps.

## 749.

Peinture sur un édit de Ratchis, roi des Lombards, où
il est représenté avec un autre personnage. Pl. petit
in-fol. en haut. Baudi à Vesme, p. 152, 153.

MONUMENTS DES TEMPS DE LA PREMIÈRE RACE, SANS DATES
PRÉCISES.

## 750 ?

Deux miniatures représentant l'enterrement de sainte
Atale, et un miracle relatif à sa main qui avait été
détachée du corps. Pl. in-8 en larg. Mabillon, Annales ordinis sancti Benedicti, t. I, p. 493, dans le
texte.

> Cette sainte, parente du duc Eticho, d'Alsace, morte dans le
> viii<sup>e</sup> siècle, était honorée à Strasbourg.

Huit figures de saints, rois et reines, placées au troisième portail de Notre-Dame de Paris, du côté de
l'archevêché. Ces figures sont regardées comme représentant des roys mérovingiens et d'autres personnages de ce temps. Pl. in-fol. en haut. Montfaucon,
t. I, pl. 8.

> Montfaucon pense que ces figures faisaient partie de l'an-
> cienne église, et qu'elles ont été transportées à ce portail.
> Dom Plancher a établi que le portail de Saint-Bénigne de
> Dijon, qui a beaucoup de rapports avec celui-ci, est du xi<sup>e</sup> ou
> du xii<sup>e</sup> siècle. Il est placé à l'année 1050.

Statue de saint Pierre au portail latéral de la cathédrale de Paris, du côté de l'archevêché. Partie d'une
pl. in-fol. en haut. Seroux d'Agincourt, Histoire de
l'art, etc., sculpture, pl. 29, n° 6, t. II, d°, 59.

Deux statues faisant partie de quinze découvertes à
Paris, rue de la Santé, en décembre 1839, et qui
faisaient probablement partie de celles qui déco-
raient les portails de Notre-Dame de Paris. Partie
d'une pl. in-fol. en larg., lithogr. Mémoires de la

Société royale des antiquaires de France, t. XV. 750.
Nouvelle série, t. V, pl. 11, n^os 1, 2, p. 364.

Bas-reliefs qui décorent les dehors des murs de la partie
extérieure du chœur de l'église de Notre-Dame de
Paris. Deux pl. in-4, l'une en haut. et l'autre en
larg. Magasin encyclopédique, Fauris de Saint-Vincent, 1815, t. V, p. 125 à 176.

> Cet opuscule a été publié séparément. Paris, J. B. Sajou,
> 1815, in-8.

Bas-reliefs placés au-dessus de huit niches à la porte
de la Vierge, à Notre-Dame de Paris. Pl. in-4 en
larg., lith. Mémoires de la Société royale des antiquaires de France, t. XVI. Nouvelle série, t. VI,
pl. 111, à la page 191.

Figure du portail de Notre-Dame de Paris, tenant un
violon. Pl. in-12 en haut. Thibault IV, les poésies
du roy de Navarre, t. I, pl. 1.

> Montfaucon attribue cette figure au roi Chilpéric, t. I, p. 56.

Trois figures de rois placées dans la plus vieille partie
du cloître de l'abbaye de Saint-Denis, fondée longtemps avant Dagobert. Ces figures sont regardées
comme représentant des rois mérovingiens et d'autres personnages de ce temps. Partie d'une pl. in-fol.
en haut. Montfaucon, t. I, pl. 10.

Vingt statues des derniers rois mérovingiens qui étaient
à Saint-Denis. Trois pl. in-fol. en haut. Montfaucon,
t. I, pl. 16, 17, 18.

Figures de cinq rois et reines de la première race,
du cloître de l'abbaye et des portails de l'église de

**750.** Saint-Denis. Pl. in-fol. en larg. Beaunier et Rathier, pl. 25.

Les figures nᵒˢ 1, 2, 3, sont les trois premières de la planche de Montfaucon, t. I, pl. 10, et les 4ᵉ et 5ᵉ sont les figures de la planche 17.

Statue d'une reine de France de la première race, au portail du centre de la façade d'entrée de l'église de Saint-Denis. Partie d'une pl. in-fol. en haut. Seroux d'Agincourt, Histoire de l'art, etc., sculpture, pl. 29, nᵒ 14, t. II, dᵒ, p. 59.

Tombeau d'un roi inconnu à l'abbaye de Saint-Denis. Pl. in-8 en haut., grav. sur bois. Rabel, les Antiquitez et Singularitez de Paris, p. 68 verso, dans le texte. = Même pl. Du Breul, les Antiquitez et choses plus remarquables de Paris, p. 81, dans le texte.

Tombeaux de deux reines ou princesses inconnues, à l'abbaye de Saint-Denis. Deux pl. in-8 en haut., grav. sur bois. Rabel, les Antiquitez et Singularitez de Paris, p. 69 et 69 verso, dans le texte. = Mêmes pl. Du Breul, les Antiquitez et choses plus remarquables de Paris, p. 81 verso et 82, dans le texte.

Tombeau attribué à une comtesse de Flandres, à l'abbaye de Saint-Denis. Pl. in-8 en haut., grav. sur bois. Rabel, les Antiquitez et Singularitez de Paris, p. 61, dans le texte. = Même pl. Du Breul, les Antiquitez et choses plus remarquables de Paris, p. 76, dans le texte.

Deux figures de rois de la première race aux portails

de l'église de Saint-Denis. Partie d'une pl. in-fol. en 750. haut. Beaunier et Rathier, pl. 26.

Deux statues de rois mérovingiens tirées du vieux cloître de l'abbaye de Saint-Denis. Pl. in-4 en haut. Comte de Viel Castel, n° 15, texte, t. I, p. 13.

Hommes d'armes, figures du principal portail de Saint-Denis. Pl. in-fol. en haut. Beaunier et Rathier, pl. 35.

*Conspectus portæ majoris basilicæ S. Mariæ de Nigella.* Portail de l'église de Sainte-Marie de Nesle, dioseze de Troyes, sur lequel sont sculptées six figures de princes et princesses. Pl. in-fol. carrée. Mabillon, Annales ordinis S. Benedicti, t. I, p. 50, 51, n° 35.

> Ces personnages doivent être, suivant Mabillon, saint Pierre, Clovis, Clotilde sa femme (la reine Pédauque) et ses trois fils Clodomir, Childebert et Clotaire.

Cinq sceaux et le portail de Sainte-Marie de Nesle, diocèse de Troyes, relatifs aux derniers rois mérovingiens. Pl. in-fol. en haut. Montfaucon, t. I, pl. 15.

> Montfaucon pense, avec le P. Mabillon, que ce portail est du viiie siècle.

Bas-relief sculpté au-dessus de la principale porte de l'église de Sainte-Marie de Nesle, diocèse de Troyes, représentant un sujet sacré. Partie d'une pl. in-fol. en haut. Seroux d'Agincourt, Histoire de l'art, etc., sculpture, pl. 29, n° 16, t. II, d°, p. 59.

Statue d'un évêque du viiie siècle au portail de Sainte-Marie de Nesles, diocèse de Troyes. Partie d'une pl. in-fol. en haut. Seroux d'Agincourt, Histoire de l'art, etc., sculpture, pl. 29, n° 19, t. II, d°, p. 59.

750.  Roi inconnu de la première race ou du commencement
de la seconde, sans indication d'où est tiré ce monument. Partie d'une pl. in-fol. en larg. Beaunier et
Rathier, pl. 32.

> Histoire des Sequanois et de la province sequanoise,
> des Bourguignons et du premier royaume de Bourgo-
> gne, etc., par M. F. J. Dunod. Dijon et Paris, Brias-
> son, etc. 1735-40. 3 vol. in-4 fig. Cet ouvrage contient,
> parmi d'autres planches qui n'ont pas rapport à l'his-
> toire de France :

Portail de Château-Chalou, abbaye entre Poligny et
Lons-le-Saunier, sur lequel sont huit statues de saints
et de personnages divers. Pl. in-4 en larg., t. I, à
la page 176.

> Cet ouvrage ne contient aucuns détails relatifs à ce portail.
> Voir même volume, Histoire de l'église de Besançon, p. 140.

Façade de l'église de l'abbaye royale de la Madeleine
de Châteaudun. En bas : *Simonneau sculp.* =
Figures du portail de cette église. Deux pl. in-4 en
larg.

> Ces deux planches sont jointes à une description de ces mo-
> numents par Lancelot, Histoire et Mémoires de l'Académie des
> inscriptions et belles-lettres, Histoire, t. IX, p. 181, pl. v, vi.
> Les différentes figures qui se trouvaient sur ce portail ap-
> partenaient à la fin de la première race ou au commencement
> de la seconde.

Sept couronnes d'anciens rois de France de la première
et de la seconde race. Partie d'une pl. in-fol. en
larg. Montfaucon, t. I, pl. 2 (2ᵉ rang).

Quinze couronnes d'anciens rois de France de la première et de la seconde race. Partie d'une pl. in-fol.
en larg. Montfaucon, t. I, pl. 2.

Douze couronnes des rois de la première race, d'après
des figures du portail de l'église de Saint-Germain
des Prés de Paris, et de Notre-Dame de Paris. Pl.
in-fol. en haut. Beaunier et Rathier, pl. 24.

Vingt et une couronnes des rois et reines de la première race, sans indications d'où ces monuments
ont été tirés. Pl. in-fol. en haut. Beaunier et Rathier,
pl. 30.

Pierre gravée représentant une tête mérovingienne du
cabinet de Montigny. Pl. in-4 en haut. Conbrouse,
t. VI, pl. 206; t. VII, l'avant Clhodovigh, pl. 39,
n° 3.

Anneau d'or de l'époque mérovingienne. Petite pl.
grav. sur bois. Revue archéologique, 1849, Cha-
bouillet, à la page 350, dans le texte.

Anneau mérovingien en bronze, trouvé à Alonnes, près
du Mans. Petite pl. grav. sur bois. De Caumont,
Bulletin monumental, t. XVIII, à la page 309, dans
le texte.

Fibule mérovingienne. Petite pl. grav. sur bois. Bulletin monumental, E. Hucher, 2ᵉ série, t. X, 20ᵉ de
la collection, 1854, p. 370, dans le texte.

Divers objets en bronze et autres substances, agrafes,
anneaux, etc., trouvés dans un cimetière découvert
à Conlie (Sarthe), et qui paraissent être de l'époque
mérovingienne. Pl. in-4 en larg., lith. de Caumont,
Bulletin monumental, t. V, pl. non numérotée,
p. 520.

Coupe donnée à la cathédrale de Reims par les rois
mérovingiens, nommée calice de saint Remi, au ca-

750.    binet des antiques de la Bibliothèque royale. Pl.
in-8 en haut. Ph. Le Bas, Dictionnaire encyclopédique de la France, pl. 163.

Bouclier mérovingien trouvé à Londinières (Seine-
Inférieure), et autres monuments analogues. Pl. in-8
en haut. Bulletin du comité de la langue, de l'histoire et des arts de la France, t. I, à la page 210.

Armes diverses de l'époque mérovingienne. Musée de
l'artillerie, de Saulcy, nᵒˢ 15 à 18, 57, 62, 93 à 96.

Monnaie de monétaire frappée à Marseille. Petite pl.
grav. sur bois. Ruffi, Histoire de la ville de Marseille,
t. I, à la page 58, dans le texte.

Monnaie de monétaire frappée à Marseille. Partie d'une
pl. in-4 en larg. Ruffi, Histoire de la ville de Marseille, t. II, à la page 328, 4ᵉ monnaie, dans le texte.

Cinq monnaies attribuées à Teudomer ou Teodemer,
à Reccarede et à Merovée, qui doivent être classées
parmi les monétaires. Cinq petites pl. en larg. Bouteroue, p. 173, 179 (2), 184, 185, dans le texte.

> Les deux monnaies publiées par Bouteroue, à la page 179,
> et qu'il attribue à Reccarède, lequel régnait en l'an 672, sont
> de Vittaric, roi des Goths, mort en l'an 610, suivant Florez,
> t. III, p. 224.

Monnaie frappée à Arles, attribuée à Gondebaud, et
qui est un monétaire. Petite pl. en larg. Bouteroue,
p. 201, dans le texte.

Monnaie attribuée à Alaric, mais qui est un monétaire.
Petite pl. en larg. Bouteroue, p. 202, dans le texte.

Quatre monnaies attribuées à Chlodomire, et qui sont
des monétaires. Deux petites pl. en larg. Bouteroue,
p. 212, dans le texte.

Neuf monnaies attribuées à Guntchram, mais qui sont des monétaires. Cinq petites pl. en larg. Bouteroue, p. 241 (4), 255, 268 (3), 269, dans le texte.

750

Quatre monnaies attribuées à Brunehaut, femme de Sigebert Ier, mais qui sont des monétaires. Deux petites pl. en larg. Bouteroue, p. 280, dans le texte.

Monnaie de Childeric III. Petite pl. en larg. Bouteroue, p. 334, dans le texte.

Cent cinquante-trois monnaies des monétaires de la première race. Sept pl. in-fol. en haut. Bouteroue, p. 336, 342, 349, 354, 359, 364, 370, dans le texte.

Monnaie d'un monétaire, frappée à Lyon. Partie d'une pl. in-12 en haut. Jacques Spon, Recherches des antiquités et curiosités de la ville de Lyon, pl. n° 8, à la page 20.

Monnaie attribuée à Teudomer, roi des Français, mais qui doit être classée parmi les monétaires. Le Blanc, p. 11, dans le texte.

Deux monnaies attribuées à Guntchram ou Gontran, roi d'Orléans et de Bourgogne, et qui sont des monétaires. Petite pl. Le Blanc, p. 44, dans le texte.

Quatre-vingt-onze monnaies du temps de la première race, portant des figures de princes sans leurs noms, les noms des monétaires qui les ont fait frapper et ceux des lieux où elles ont été fabriquées. Quatre pl. in-4 en haut. Le Blanc, pl. 58 a à 58 d, à la page 58.

Quatre monnaies de la première race. Partie d'une

750.

pl. in-fol. en haut. Du Molinet, le cabinet de la Bibliothèque de Sainte-Geneviève, pl. 33, n^{os} 1 à 4.

Monnaie attribuée à Merovée, fils de Chilpéric, mais qui est un monétaire. Petite pl. Daniel, t. I, p. 233, dans le texte.

Monnaie attribuée à Chramn, fils de Clotaire, mais qui est un monétaire. Petite pl. Eckhart, Commentarii, etc., t. I, p. 89, dans le texte.

Monnaie attribuée à Merovée, mais qui est un monétaire. Petite pl. Eckhart, Commentarii, etc., t. I, p. 107, dans le texte.

Deux monnaies attribuées à Gunthcram, mais qui sont des monétaires. Petite pl. en larg. Eckhart, Commentarii, etc., t. I, à la page 149, dans le texte.

Quatre monnaies attribuées à Brunehaut, mais qui sont des monétaires. Petite pl. en larg. Eckhart, Commentarii, etc., p. 178, dans le texte.

Cinq monnaies de monétaires. Petite pl. en larg. Eckhart, Commentarii, etc., t. I, p. 284, dans le texte.

Quatre-vingt-une monnaies des monétaires. Deux pl. in-fol. en haut. Eckhart, Commentarii, etc., t. I, pl. 1, 2, p. 292, 293, dans le texte.

Cinquante-neuf monnaies de la première race. Six pl. pet. in-4 en haut. Explication de plusieurs antiquités recueillies par Paul Petau, pl. Q, R, S, T, V, X, faisant partie de celles qui forment le n° 23.

> Le n° 23 de ce volume est composé de 21 planches cotées A à X, représentant des monnaies gauloises, espagnoles, romaines, du Bas-Empire, et les cinquante-neuf françaises de cet article.

Monnaie monétaire d'or de la première ou peut-être de      750.
la seconde race, frappée à Bordeaux. Partie d'une
pl. in-4 en haut. Venuti. Dissertations sur les anciens
monuments de la ville de Bordeaux, n° 1.

Deux monnaies de monétaires de la première race.
Partie d'une pl. in-4 en haut. Tobiesen Duby, Monnaies des barons, supplément, pl. 10, n°s 15, 16. ·

Monnaie de monétaire de la première race qui a été
attribuée à Sigebert ou à la reine Brunehaut. Partie
d'une pl. in-4 en haut. Tobiesen Duby, Pièces obsidionales, Récréations numismatiques, pl. 1, n° 2.

Monnaie de monétaire de la première race. Partie
d'une pl. in-4 en haut. Tobiesen Duby, pièces obsidionales.—Récréations numismatiques, pl. 1, n° 5.

Monnaie de monétaire de la première race. Idem, pl. 1,
n° 7.

Deux monnaies des monétaires de la première race.
Idem, pl. 2, n°s 1, 3.

Monnaie de monétaire de la première race. Idem, pl. 3,
n° 11.

Quatre monnaies de monétaires mérovingiens. Partie
d'une pl. in-8 en haut. Mader, t. I, n°s 4 à 7, p. 23
à 25.

Quarante et une monnaies de monétaires mérovingiens.
Deux pl. in-8 en haut. Mader, t. III, pl. 1, 2, n°s 1
à 49, p. 1 à 19.

 Antiquités de la ville de Saintes et du département de
la Charente-Inférieure, par le baron Chaudruc de Crazannes. Paris, 1820, in-4 fig. Cet ouvrage, outre d'autres
planches relatives à des monuments anciens, contient :

Deux monnaies mérovingiennes de monétaires en or,

750.

dont l'une frappée à Saintes. Partie d'une pl. in-4 en haut., pl. 3, n^{os} 10, 13.

Monnaie mérovingienne de l'Auvergne. Partie d'une pl. in-8 en haut., lithogr. de Bastard, Recherches sur Randan, pl. 9 à la page 75.

> Elle rappelle celle donnée par Leblanc.

Monnaie mérovingienne du Gévaudan. Partie d'une pl. in-8 en haut. De Bastard, Recherches sur Randan, pl. 9, à la page 75.

> Citée et gravée par Leblanc.

Monnaie de l'époque mérovingienne. Partie d'une pl. in-fol. en larg., lithogr. Mémoires de la Société des antiquaires de Normandie, Gervais, 1831-1833, pl. 25, p. 435.

Monétaire de la première race, frappée à Amiens. Partie d'une pl. lithogr. in-8 en larg. Dusevel, Histoire de la ville d'Amiens, t. I, pl. 2, n° 1, p. 147.

Trois monnaies mérovingiennes trouvées en Normandie. Partie d'une pl. in-fol. en larg., lithogr. Mémoires de l'Académie des antiquaires de Normandie, E. Lambert, 1835, pl. 22, p. 165 et suiv.

Monnaie de l'abbaye de Jumiéges, frappée vers la fin de la première race. Partie d'une pl. in-fol. en larg., lithogr. Mémoires de l'Académie des antiquaires de Normandie, Cartier, 1835, pl. 22, p. 101.

Monnaie d'un monétaire de la première race, frappée à Châlon-sur-Saône. Petite pl. gr. sur bois. Revue de la Numismatique française, 1836, F. de Saulcy, p. 97, dans le texte.

**Deux monnaies de monétaires de la première race.**

Deux petites pl. grav. sur bois. Revue de la Numis- **750.**
matique française, 1836, E. Cartier, p. 128, 129,
dans le texte.

Vingt-trois monnaies de monétaires mérovingiens. Pl.
lithogr., grand in-8 en haut. Revue de la Numismatique française, 1836, Joachim Lelewel, pl. 9, n$^{os}$ 1
à 23, p. 321 et suiv.

> Cet article a aussi été publié dans la Revue du Nord. Voir
> ci-après.

Trente-deux monnaies de monétaires mérovingiens.
Pl. lithogr., grand in-8 en haut. Revue de la Numismatique française, 1836, E. Cartier, pl. 11, n$^{os}$ 1
à 32, p. 389.

Trois monnaies de monétaires mérovingiens. Deux petites pl. grav. sur bois. Revue de la Numismatique
française, 1836, R. Ch., p. 445, dans le texte.

Monnaie mérovingienne sur laquelle est la tête du roi
Teudemer. Partie d'un pl. in-fol. en haut. Foulques,
Essai historique, etc., pl. 1, n° 17, p. 12, 75.

Quatre monnaies de la ville de Mâcon, de la fin de la
première race ou du commencement de la seconde.
Partie d'une pl. in-fol., en haut. Foulques, Essai
historique, etc., pl. 1, n$^{os}$ 19 à 22, p. 41.

Monnaie d'Augusta Veremunduorum, Vermand, depuis Saint-Quentin, qui paraît frappée sous la première race. Partie d'une pl. lithogr., grand in-8 en
haut. Revue de la Numismatique française, 1837,
Desains, pl. 5, n° 13, p. 109.

Monnaie d'un monétaire mérovingien, frappée à Trèves. Partie d'une pl. lithogr. in-8 en haut. Revue de

750.        la Numismatique française, 1837. F. de Saulcy, pl. 9, n° 4.

> Le texte de la Notice (p. 288 à 294) indique par erreur cette pièce comme étant de Philippe Auguste, et frappée à Péronne, comme le n° 3. Voir à 1223.

Monnaie d'un monétaire mérovingien, frappée à Trèves. Partie d'une pl. lithogr., in-8 en haut. Revue de la Numism. française, 1837, F. de Saulcy, pl. 9, n° 5.

> Le texte de la Notice (p. 288 à 294) ne fait pas mention de cette pièce.

Cinq monnaies mérovingiennes de monétaires, frappées à Autun. Partie d'une pl. in-4 en haut. Ragut, Statistique du département de Saône-et-Loire, t. I, pl. lithogr., non numérotée, n°s 3 à 7, p. 413.

> L'une, à deux têtes conjuguées, est attribuée par Leblanc et Bouteroue à Sighebert, roi d'Austrasie.
>
> Lelewel l'attribue à Childebert II et Gonthram.
>
> Ragut y voit Brunehilde et son petit-fils Théoderik.

Neuf monnaies de monétaires, frappées à Châlon-sur-Saône. Partie d'une pl. in-4 en haut. Ragut, Statistique du département de Saône-et-Loire, t. I, pl. lithogr., non numérotée, n°s 1 à 9, p. 417.

Deux monnaies mérovingiennes. Partie d'une pl. lith., in-8 en haut. Desains, Recherches sur les monnaies de Laon, pl. 3, n°s 11, 12.

Cinq monnaies mérovingiennes. Partie d'une pl. lith., in-8 en haut. Desains, Recherches sur les monnaies de Laon, pl. 1, Rois, n°s 1 à 5.

Monnaie de monétaire de la première race, frappée à Boulogne. Partie d'une pl. lithogr., grand in-8 en haut. Revue numismatique, 1838, L. Deschamps, pl. 2, n° 2, p. 21.

Quatre monnaies mérovingiennes des villes d'Auch, de       750.
   Bazas et de Saintes. Partie d'une pl. lithogr., in-8 en
   haut. Revue numismatique, 1838, le baron Chaudruc de Crazannes, pl. 9, Ire partie, n[os] 1 à 4,
   p. 247.

Dix monnaies mérovingiennes de Saint – Martin de
   Tours, ou qui lui sont attribuées. Partie d'une pl.
   lithogr., in-8 en haut. Revue numismatique, 1838,
   E. Cartier, pl. 9, IIe partie, n[os] 1 à 10, p. 257
   (dans le texte, 5 à 14).

Vingt et une monnaies mérovingiennes. Pl. lithogr.,
   in-8 en haut. Revue numismatique, 1838, F. de
   Saulcy, pl. 10, n[os] 1 à 21, p. 266.

Deux monnaies mérovingiennes. Partie d'une pl. in-fol.
   en haut., lith. Morellet, le Nivernois, Atlas, pl. 119,
   n[os] 15, 16, t. II, p. 254.

Sept monnaies mérovingiennes frappées à Cahors.
   Partie d'une pl. lithogr. en haut. Revue numisma-
   tique, 1839, le baron Chaudruc de Crazannes, pl. 9,
   Ire partie, n[os] 1 à 9, p. 191.

Douze monnaies mérovingiennes. Partie d'une pl. lith.,
   in-8 en haut. Revue numismatique, 1839, E. Cartier, pl. 9, IIe partie, n[os] 1 à 12, p. 198.

Cinquante-quatre monnaies mérovingiennes. Deux pl.
   lithogr., in-8 en haut. Revue numismatique, 1839,
   E. Cartier, pl. 17, 18, p. 417 et suiv.

   Il y a confusion dans les numéros entre le texte et les
   planches.

Monnaie mérovingienne. Petite pl. grav. sur bois.
   Revue numismatique, 1839, E. Cartier, p. 424,
   dans le texte.

750.

Monétaires des rois mérovingiens, recueil de 920 monnaies en 62 planches avec leur explication (par G. Combrouse). Paris, les éditeurs MM. Rollin, 1843. Imprimerie de H. Fournier et comp. Gr. in-4, fig. Ce volume contient :

Soixante-deux planches représentant neuf cent vingt monnaies des rois et des monétaires mérovingiens. Plusieurs de ces planches ont des numéros barrés et chargés, in-4 en haut.

Une partie de ces planches portent des numéros barrés et changés, parce qu'elles ont été employées dans l'ouvrage du même auteur intitulé : Catalogue raisonné des monnaies nationales de France. D'autres ont été reproduites dans cet ouvrage.

Le nom de l'auteur, porté dans une note et orthographié Combrouse, est écrit dans ses autres ouvrages Conbrouse.

Cet auteur déclare ailleurs que, bien qu'il ait rédigé un court Index pour expliquer les dessins du présent ouvrage, il est resté étranger à sa publication. (Decameron numismat., p. 6.)

Monnaie de Metz, de monétaire. Partie d'une pl. in-4 en haut. Conbrouse, texte, t. II, monnaies mérovingiennes, pl. 1.

Quatre-vingt-dix monnaies de monétaires de la première race. Sept pl. in-4 en haut. Conbrouse, t. III, pl. 23 à 29.

Seize monnaies mérovingiennes ou cisrhenanes. Pl. in-4 en haut. Conbrouse, t. IV, pl. 156.

Trois monnaies de monétaires. Partie d'une pl. in-4 en haut. Conbrouse, t. IV, pl. 156 D, n$^{os}$ 13 à 15.

Quatorze monnaies de rois mérovingiens incertains. Pl. in-4 en haut. Conbrouse, t. IV, pl. 156 E.

Deux cent-vingt-quatre monnaies de monétaires. Dix-

sept pl. in-4 en haut. Conbrouse, t. IV, pl. 156 F
à J, 157, 158, 158 A à L.

780.

Quatorze de ces planches sont reproduites dans l'ouvrage de
M. Conbrouse, intitulé : Monétaires des rois mérovingiens, etc.

Douze monnaies mérovingiennes. Trois pl. in-4 en
haut. Conbrouse, t. VI, pl. 214 à 216.

Six monnaies que l'on peut considérer comme étant de
l'époque mérovingienne. Pl. in-4 en haut. Conbrouse, t. VI, pl. 219.

Trente-cinq monnaies mérovingiennes, ou que l'on
peut considérer comme telles. Quatre pl. in-4 en
haut. Conbrouse, t. VI, pl. 222 à 225.

Dix-sept monnaies mérovingiennes. Six pl. in-4 en
haut. Conbrouse, t. VI, pl. 228 à 233.

Neuf monnaies mérovingiennes. Trois pl. in-4 en haut.
Conbrouse, t. VI, pl. 234 à 236.

Monnaie mérovingienne du monétaire Vidal, frappée
à Paris. Partie d'une pl. in-4 en haut. Conbrouse,
t. VII, l'avant Clhodovigh, pl. 42, n° 3.

Monnaie mérovingienne incertaine. Partie d'une pl.
in-4 en haut. Conbrouse, t. VII, l'avant Pepin le
Bref, pl. 16, n° 6.

Monnaie mérovingienne, monétaire de Rouen, inexactement attribuée à Dagobert III. Partie d'une pl. in-4
en haut. Conbrouse, t. VII, l'avant Pepin le Bref,
pl. 16, n° 8.

Monnaie de monétaire frappée à Châlon-sur-Saône,
attribuée à Mérovée, fils de Chilpéric. Partie d'une
pl. in-4 en haut. Conbrouse, t. VII, l'avant Pepin
le Bref, pl. 16, n° 9.

750. Vingt-quatre monnaies mérovingiennes. Petites pl. grav. sur bois. Mémoires de la Société des antiquaires de l'Ouest, Lecointre-Dupont, 1839, p. 274 à 310, dans le texte.

Dix monnaies mérovingiennes. Partie d'une pl. in-fol. en larg., lithogr. Mémoires de la Société des antiquaires de l'Ouest, Lecointre-Dupont, 1839, pl. 7, n^os 1 à 10, p. 294 à 310.

Description de quelques monnaies mérovingiennes découvertes en Provence ; par le marquis de Lagoy. Aix, Nicot et Aubin, 1839. Cet opuscule contient :

Trente-six monnaies mérovingiennes. Pl. in-4 en haut. en tête de l'ouvrage. ——

Cinquante-quatre monnaies mérovingiennes. Deux pl. lithogr., in-8 en haut. Revue numismatique, 1840, E. Cartier, pl. 13, 14, p. 214.

Deux monnaies mérovingiennes. Petites pl. grav. sur bois. Revue numismatique, 1840, G. Lecointre-Dupont, p. 318, 319, dans le texte.

Dix monnaies mérovingiennes. Partie d'une pl. in-fol. en larg., lithogr. Histoire générale de Languedoc, par de Vic et Vaissete, édition de du Mège, t. I, à la p. 620.

Cinq monnaies frappées à Isernore et à Besançon, sous la première race. Partie d'une pl. in-8 en haut. Pl. 1, lithogr. Clerc, Essai sur l'histoire de la Franche-Comté, t. I, à la p. 136.

Deux monnaies de monétaires. Partie d'une pl. in-4 en haut. Pierquin de Gembloux, Histoire monétaire et philologique du Berry, pl. 7, n^os 12, 13.

Monnaie de monétaire mérovingien, attribuée à Gon-     750.
tran. Partie d'une pl. in-4 en haut. Du Cange, Glossarium, 1840, t. IV, pl. 1, n° 12.

Monnaie de monétaire mérovingien attribuée à Clovis.
Partie d'une pl. in-4 en haut. Du Cange, Glossarium,
1840, t. IV, pl. 1, n° 21.

Trois monnaies de monétaires mérovingiens. Partie
d'une pl. in-4 en haut. Du Cange, Glossarium, 1840,
t. IV, pl. 1, n°⁵ 34 à 36.

Triens mérovingien frappé à Dourdan. Petite pl. grav.
sur bois. Mémoires de la Société archéologique de
l'Orléanais, Ad. Duchalais, t. I, à la p. 201, dans
le texte.

Quatre monnaies de monétaires. Petites pl. R. (Rigolot),
Notice sur une feuille de diptyque d'ivoire, etc.,
p. 6, 7, dans le texte et à la fin.

Monétaire de la première race, en or, que l'on croit
frappé à l'un des deux lieux portant le nom d'Audun
en Lorraine. Petite pl. grav. sur bois. Société des
lettres, sciences et arts de Metz, v° année, à la
p. 101.

Monnaie d'or mérovingienne portant le nom de l'église
de Saint-Martin-aux-Jumeaux-d'Amiens. Partie d'une
pl. in-8 en haut., lithogr. Mémoires de l'Académie
— du département de la Somme, Rigollot, 1835,
pl. 1, p. 699.

Vingt-six monnaies mérovingiennes. Petites pl. grav.
sur bois. Lecointre-Dupont, Essai sur les monnaies
frappées en Poitou, aux p. 29 jusqu'à 52, dans le
texte.

750.  Neuf monnaies mérovingiennes. Partie d'une pl. lith., in-8 en haut. Hermand, Histoire monétaire de la province d'Artois, pl. 1, n[os] 1 à 6.

Dix monnaies mérovingiennes. Partie d'une pl. lith., in-8 en haut. Lecointre-Dupont, Essai sur les monnaies frappées en Poitou, pl. 1, n[os] 1 à 10.

Cinquante-quatre monnaies mérovingiennes. Deux pl. lithogr., in-8 en haut. Revue numismatique, 1840, E. Cartier, pl. 6, 7, p. 102 et suiv.

Monnaie mérovingienne frappée à Meaux. Partie d'une pl. lithogr., in-8 en haut. Revue numismatique, 1840, Ad. de Longpérier, pl. 8, n° 1, p. 130.

Monnaie mérovingienne que l'on peut attribuer à Limoges. Partie d'une pl. lithogr., in-8 en haut. Revue numismatique, 1841, E. Cartier, pl. 1, n° 1, p. 25.

Treize monnaies mérovingiennes frappées en Poitou. Petites pl. grav. sur bois. Revue numismatique, 1841, E. Cartier, p. 234–36, dans le texte.

Dix-huit monnaies mérovingiennes. Pl. lithogr., in-8 en haut. Revue numismatique, 1842, E. Cartier, pl. 22, p. 434 et suiv.

Monnaie mérovingienne. Partie d'une pl. lithogr., in-8 en haut. Revue numismatique, 1842, E. Cartier, pl. 24, n° 1, p. 443.

Monnaie mérovingienne de Brioverum-Saint-Lô. Petite pl. grav. sur bois. Revue numismatique, 1843, Lecointre-Dupont, p. 104, dans le texte.

Dix-sept monnaies mérovingiennes. Cinq petites pl. grav. sur bois, et pl. in-4 en haut., lith. Mémoires

de la Société des antiquaires de l'Ouest. Fillon et de 750.
Chasteigner, 1843, pl. 8, p. 377 à 405.

Monnaie mérovingienne de Saint-Martin de Tours. Petite pl. grav. sur bois. Revue numismatique, 1844,
B. Fillon, p. 271, dans le texte.

Deux monnaies mérovingiennes de Melle. Deux petites
pl. grav. sur bois. Revue numismatique, 1844, B.
Fillon, p. 272, dans le texte.

Quatre monnaies mérovingiennes. Petites pl. grav. sur
bois. Revue numismatique, 1844, E. Cartier, p. 387,
390, dans le texte.

Monnaie mérovingienne de Chartres. Partie d'une pl.
in-8 en haut. Revue numismatique, 1844, E. Cartier, pl. 13, n° 5, p. 424.

Deux monnaies mérovingiennes. Petites pl. grav. sur
bois. Mémoires de la Société des antiquaires de
l'Ouest, Fillon, 1844, p. 497, 502, dans le texte.

> Ces deux monnaies ont été aussi publiées dans la Revue
> numismatique. Voir ci-après.

Vingt monnaies mérovingiennes et carlovingiennes de
Lorraine, frappées ou trouvées à Vic-sur-Seille, Mar-
sal, Moyenvic et Lezoy (Meurthe). Pl. in-8 en haut.,
lithogr. Bulletin de la Société d'archéologie lorraine,
l'abbé Klein, t. I, Bulletin 2e, pl. 3, p. 127.

Trente et une monnaies des rois bourguignons et mérovingiens, frappées dans le pays des Éduens. Trois
pl. in-8 en haut., lithogr. Mémoires de la Société
éduenne, 1844, de Monard, pl. 7, 8, 9, p. 66
à 75.

Trois monnaies d'or mérovingiennes trouvées aux envi-

750.
rons d'Autun. Partie d'une pl. in-8 en haut., lith.
Mémoires de la Société éduenne, 1844, de Mouard,
pl. 11, p. 82 à 84.

Quinze monnaies de monétaires. Pl. grav. sur bois.
Autun archéologique, Société éduenne, p. 25 à 32,
dans le texte.

Vingt-trois monnaies de monétaires. Pl. in-8 en haut.
Revue du Nord, J. Lelewel, 2ᵉ série, t. I, à la p. 21.

> Cet article a aussi paru dans la Revue de la numismatique
> française. Voir ci-avant.

Quatre monnaies de l'époque mérovingienne, frappées
à Dinant et à Hui. Partie d'une pl. in-8 en haut.
Revue de la Numismatique belge, A. Perreau, t. II,
pl. 7, nᵒˢ 1 à 4, p. 338 à 340.

Monnaie mérovingienne trouvée à Bretteville l'Orgueil-
leuse. Petite pl. Mémoires de la Société des antiquaires de Normandie, Gervais, 1844, p. 130, dans
le texte.

Quinze monnaies mérovingiennes frappées dans le
Maine. Partie d'une pl. in-4 en haut. Hucher, Essai
sur les monnaies frappées dans le Maine, pl. 1, nᵒˢ 10
à 24, p. 17 à 22.

Vingt-cinq monnaies mérovingiennes. Pl. in-8 en haut.
Revue numismatique, 1845, B. Fillon, pl. 1, nᵒˢ 1
à 25, p. 44.

Cinq monnaies de monétaires · mérovingiens. Partie
d'une pl. in-8 en haut. Revue numismatique, 1845,
B. Fillon, pl. 18, nᵒˢ 2 à 6, p. 348, 349.

Deux monétaires mérovingiens. Petites pl. grav. sur

bois. Revue numismatique, 1845, L. de La Saussaye, 750.
p. 314, 315, dans le texte.

Ces deux monnaies avaient été déjà publiées dans les Mémoires de la Société des antiquaires de l'Ouest, par B. Fillon,
1844. Voir ci-avant.

Onze monnaies mérovingiennes frappées à Choe (Hui,
Hoei, Hoies, sur la Meuse). Pl. in-8 en haut. Revue
numismatique, 1846, D. Voillemier, pl. 6, p. 90.

Douze monnaies mérovingiennes. Partie d'une pl. in-8
en haut. Revue numismatique, 1846, E. Cartier,
pl. 7, 2e partie, nos 1 à 12, p. 117.

Monnaie mérovingienne, frappée à Mauriac. Petite pl.
grav. sur bois. Revue numismatique, 1846, C. Robert, p. 281, dans le texte.

Onze monnaies mérovingiennes. Pl. in-8 en haut.
Revue numismatique, 1847, E. Cartier, pl. 1, p. 17
et suiv.

Dix-huit monnaies mérovingiennes. Pl. in-8 en haut.
Revue numismatique, 1847, A Duchalais, pl. 5,
p. 95 et suiv.

Vingt-cinq monnaies, la plupart mérovingiennes, des
Ostrogots et des Burgundes. Deux pl. in-8 en haut.
Revue numismatique, 1848, Ch. Lenormant, pl. 7
et 8, p. 106 à 131.

Trente et une monnaies des plus anciennes de la série
mérovingienne. Trois pl. in-8 en haut. Revue numismatique, 1848, Ch. Lenormant, pl. 9 à 11,
p. 181 à 212.

Douze monnaies des plus anciennes de la série mérovingienne. Pl. in-8 en haut. Revue numismatique,
1849, Ch. Lenormant, pl. 1, p. 17 et suiv.

750.   Monnaie mérovingienne frappée à Toulouse. Petite pl.
        grav. sur bois. Revue numismatique, 1849, baron
        Chaudruc de Crazannes, p. 350, dans le texte.

        Dix monnaies mérovingiennes. Pl. in-8 en haut. Revue
        numismatique, 1850, C. Robert, pl. 1, p. 23 et
        suiv.

        Monnaie mérovingienne frappée à Lyon. Partie d'une
        pl. in-8 en haut. Revue numismatique, 1850, A.
        Duchalais, pl. 12, n° 1, p. 322.

        Monnaie mérovingienne frappée à Huy. Partie d'une
        pl. in-8 en haut. Revue numismatique, 1850, D.
        Voillemier, pl. 12, n° 2, p. 333.

        Vingt-deux monnaies mérovingiennes. Partie d'une pl.
        in-8 en haut. Fillon, Lettres à M. Dugast-Matifeux,
        pl. 10, n[os] 1 à 22, p. 54 à 59, 74, 140.

            Je n'ai pas trouvé dans le texte les détails relatifs aux n[os] 9
        à 22.

        Quatre monnaies mérovingiennes frappées dans le
        Maine. Partie d'une pl. in-4 en haut. Hucher, Essai
        sur les monnaies frappées dans le Maine, pl. 2, n[os] 2
        à 5, p. 17.

            Le texte ne mentionne pas le n° 5.

        Douze monnaies mérovingiennes. Partie d'une pl. in-8
        en haut. Cartier, Recherches sur les monnaies au
        type Chartrain, pl. 15, 2e partie, n[os] 1 à 12.

        Monnaie mérovingienne. Petite pl. grav. sur bois.
        Lecointre-Dupont, Lettres sur l'histoire monétaire
        de la Normandie, p. viii, dans le texte.

            Je n'ai pas trouvé que le texte fît mention de cette pièce.

        Monnaie mérovingienne de Brioverum-Saint-Lô. Petite

750.

pl. grav. sur bois. Lecointre-Dupont, Lettres sur
l'histoire monétaire de la Normandie, p. 33, dans
le texte.

Trente monnaies mérovingiennes de monétaires. Partie
de deux pl. in-8 en haut. De Longpérier, Collection
de M. J. Rousseau, pl. 2 de la 1$^{re}$ série, n$^{os}$ 116,
121, 126, 132 à 135, 138, 145, 148, 149, 151, 157,
159, 160, 170, 181, 183, 184, 186, 187, 189, 197,
198, 201, 202, 204, 205, pl. 1 de la 2$^e$ série, n$^{os}$ 176,
185 (cotée par erreur sur la pl. 158), ces deux dernières répétées. Petites pl. grav. sur bois, p. 76, 80,
dans le texte, p. 40 à 96.

Monnaie attribuée à Abbon, monétaire de Limoges.
Petite pl. grav. sur bois. Texier, Essai sur les argentiers et les émailleurs de Limoges, p. 43, dans le
texte.

Deux monnaies de monétaires. Partie d'une pl. in-4
en larg. Mémoires de la Société royale des antiquaires
de France, t. XII. Nouvelle série, t. II, Cartier, pl. 5,
n$^{os}$ 1, 2, p. 186.

Deux monnaies de la première race frappées à Rennes
et à Cahors. Partie d'une pl. in-4 en larg. Mémoires
de la Société royale des antiquaires de France,
t. XII. Nouvelle série, t. II, Cartier, pl. 5, n$^{os}$ 3, 4,
p. 189.

Cinq monnaies d'or mérovingiennes trouvées à Lucy,
près Neufchâtel. Partie d'une pl. in-4 en haut., lith.
Mémoires de la Société des antiquaires de Normandie,
2$^e$ série, IX$^e$ vol., XIX$^e$ de la collection, 3$^e$ livrais.,
l'abbé Cochet, à la p. 477.

Vingt-deux monnaies de la première race. Pl. in-4 en

750.　haut. Annales archéologiques. E. Cartier, t. VIII, à la p. 88. = Trente-six autres. Pl. in-4 en haut., idem, à la p. 194.

Deux monnaies mérovingiennes. Partie d'une pl. in-8 en haut. Revue de la Numismatique belge, Ed. Vanderstraeten, 2ᵉ série, t. III, 1853, pl. 1, nᵒˢ 9, 10, p. 1.

Monnaie mérovingienne frappée à Anvers. Petite pl. grav. sur bois, Revue de la Numismatique belge, P. Cuypers, 2ᵉ série, t. III, 1853, p. 353, dans le texte.

Monnaie mérovingienne que l'on peut attribuer à la ville de Huy. Petite pl. grav. sur bois. Revue de la Numismatique belge, de Coster, t. V, p. 385, dans le texte.

Monnaie mérovingienne frappée à Dinant. Partie d'une pl. in-8 en haut. Revue de la Numismatique belge, Ch. Piot, t. VI, pl. 9, nᵒ 1, p. 366.

Monnaie mérovingienne frappée à Hui. Partie d'une pl. in-8 en haut. Revue de la Numismatique belge, Ch. Piot, t. VI, pl. 9, nᵒ 3, p. 369.

Monnaie mérovingienne. Partie d'une pl. in-8 en haut. Revue numismatique belge, E. Vanderstraeten, 2ᵉ série, t. I, pl. 13, nᵒ 6, p. 330.

Vingt-sept monnaies mérovingiennes. Partie d'une pl. in-8 en haut. Berry, Études, etc., pl. 7, nᵒˢ 9 à 35, t. I, p. 86 à 88.

Monnaie de Melle, monétaire. Petite pl. grav. sur bois. Fillon, Considérations — sur les monnaies de France, p. 10, dans le texte.

Deux monnaies de Poitiers et de Saintes, monétaires.     750.
 Petite pl. grav. sur bois. Fillon, Considérations, etc.,
 p. 14, dans le texte.

Monnaie mérovingienne. Petite pl. grav. sur bois. Fillon, Considérations, etc., p. 36, dans le texte.

Sept monnaies mérovingiennes. Quatre petites pl. grav.
 sur bois. Fillon, Considérations, etc., p. 37, 38,
 dans le texte.

Deux monnaies mérovingiennes. Deux petites pl. grav.
 sur bois. Fillon, Considérations, etc., p. 218, 219,
 dans le texte.

Monnaie imitée des monnaies romaines, monétaire.
 Partie d'une pl. in-8 en haut. Fillon, Considérations, etc., pl. 1, n° 1.

Monnaie imitée des monnaies romaines, frappée à Marseille. Partie d'une pl. in-8 en haut. Fillon, Considérations, etc., pl. 1, n° 3.

  Cette pièce est placée parmi les monétaires, quoique étant
  une imitation des monnaies de Justinien.
  Elle est reproduite sur une petite planche gravée sur bois,
  placée sur la feuille servant de couverture à l'ouvrage, au
  titre.

Cinq monnaies de Limoges du vii<sup>e</sup> ou viii<sup>e</sup> siècle. Partie
 d'une pl. in-8 en haut. Fillon, Considérations, etc.,
 pl. 1, n<sup>es</sup> 5 à 9.

Monnaie mérovingienne. Partie d'une pl. in-8 en haut.
 Fillon, Considérations, etc., pl. 1, n° 10.

Monnaie mérovingienne ou postérieure de peu de temps.
 Partie d'une pl. in-8 en haut. Fillon, Considérations, etc., pl. 1, n° 12.

750.    Huit monnaies mérovingiennes. Partie d'une pl. in-8
        en haut. Fillon, Considérations, etc., pl. 4, n^os 1
        à 8.

        Cinq monnaies d'or mérovingiennes. Pl. in-8 en haut.
        Pl. 180, Revue archéologique, 1851, l'abbé Cochet,
        à la p. 747.

        Onze monnaies mérovingiennes. Pl. in-8 en haut. Let-
        tres du baron Marchant, pl. 12, p. 117 et suiv.

        Seize monnaies du Limousin, dont quelques-unes sont
        incertaines, et à classer aux monétaires. Pl. in-8 en
        haut. Revue numismatique, 1851, M. Ardant et
        comte de Gourgue, pl. 14, p. 252. Voir idem, p. 378;
        voir idem, 1852, p. 234.

        Dix-sept monnaies mérovingiennes de monétaires.
        Partie d'une pl. et pl. in-8 en haut. C. Robert, Mon-
        naies mérovingiennes de la collection de feu M. Re-
        nault, n^os 1, 2, 5, 6, 8 à 20.

        Cent six monnaies de monétaires. Huit pl. in-4 en haut.
        Robert, Études numismatiques, etc., pl. 4 à 11,
        p. 110 à 181.

        Neuf monnaies mérovingiennes. Partie d'une pl. in-8
        en haut. Robert, Considérations sur la monnaie à
        l'époque romane, etc., n^os 2 à 10, p. 47 et suiv.

        Seize monnaies de la première race, monétaires, etc.
        Pl. in-8 en haut. Revue numismatique, 1852, A.
        Duchalais, pl. 8, p. 237 et suiv.

        Cinquante-deux monnaies, dont une partie ont été
        frappées en France, et doivent être placées parmi
        les pièces mérovingiennes. Six pl. in-8 en haut.

Revue numismatique, 1853, Ch. Lenormant, pl. 6 à 9 et 15, 16, p. 99 à 139, 277 à 316. 750.

Cent quarante-deux monnaies mérovingiennes. Six pl. in-8 en haut., et deux petites pl. grav. sur bois. Fillon, Lettres à M. Dugast-Matifeux, pl. 1 à 6, p. 23 à 111, etc., p. 73, 76, dans le texte.

Deux monnaies mérovingiennes d'or de monétaires. Deux petites pl. Edme Thomas, Histoire de l'antique cité d'Autun, p. 29, dans le texte.

Quatre monnaies mérovingiennes. Partie d'une pl. in-8 en haut., lithogr. E. Thomas, Description de cinq monnaies franques, etc., n⁰ˢ 1 à 4.

Cinq monnaies mérovingiennes. Partie d'une pl. in-8 en haut., lithogr. L'abbé Cochet, la Normandie souterraine, pl. 9, nᶜˢ 1 à 5, p. 247.

Quatre monnaies mérovingiennes. Partie de deux pl. in-8 en haut., lithogr. L'abbé Cochet, la Normandie souterraine et E. Thomas, pl. 13 et pl. 17, n⁰ˢ 1 à 4, p. 288 et 391.

> Ces monnaies sont ainsi gravées deux fois dans l'ouvrage.

Six monnaies mérovingiennes. Petites pl. grav. sur bois. De Fontenay, Manuel de l'amateur de jetons, p. 23, dans le texte.

Deux monnaies mérovingiennes trouvées à Autun. Petites pl. grav. sur bois. De Fontenay, Manuel de l'amateur de jetons, p. 28, dans le texte.

> L'auteur dit que ces deux pièces offrent à ses yeux un grand problème, mais il n'indique pas précisément quel il est.

Deux monnaies mérovingiennes frappées à Nevers. Pe-

750.     tites pl. grav. sur bois. De Soultrait, Essai sur la Numismatique nivernaise, p. 8, 10, dans le texte.

Quatorze monnaies mérovingiennes de l'Armorique. Pl. in-8 en haut. Revue numismatique, 1854, Ch. Lenormant, pl. 11, p. 257, etc.

Vingt-six monnaies mérovingiennes. Deux pl. in-8 en haut., et deux petites pl. grav. sur bois. Revue numismatique, 1854, Ch. Lenormant, pl. 13, 14, p. 305, etc., les deux petites pl. dans le texte.

# SECONDE RACE.

## 751 ?

Couronne de Hunalde, compétiteur de Pepin, en cuivre
oxydé ; dans l'intérieur sont quatre ornements en fer
en forme de fer de lance. Au Louvre, Musée des
Souverains.

Provenant de la Bibliothèque impériale.

## 754.

Sceau de Childéric III. Mabillon, de Re diplomatica,
pl. 22.

Sceau du même. Heineccius, pl. 3, n° 5.

Sceau du même. Partie d'une pl. in-4 en haut. (De
Migieu), Recueil des sceaux du moyen âge, pl. 1,
n° 9.

Table en pierre représentant une croix, et constatant
la donation faite par Pepin, du village de Palaiseau,
à l'église de Saint-Vincent, depuis abbaye de Saint-
Germain des Prez, dans l'église de cette abbaye, à
Paris. Pl. in-8 en haut., grav. sur bois. Du Breul,
les Antiquitez et choses plus remarquables de Paris,
fol. 44 verso, dans le texte. = Même pl. Du Breul,
le Théâtre des antiquités de Paris, p. 337, dans le
texte.

Cette planche n'existe pas dans l'ouvrage de Rabel.

## 755.

Diplôme de Pepin, avec son sceau supposé, à Fulde,
   Pl. in-fol. en larg. Eckhart, Commentarii, etc., t. I,
   à la p. 554.

Monnaie que l'on peut attribuer à un comte Milon, et
   qui pourrait avoir été frappée à Narbonne. Partie
   d'une pl. in-8 en haut. Fillon, Lettres à M. Dugast-
   Matifeux, pl. 7, n° 1, p. 116.

## 756.

Peinture sur un édit d'Astolphe, roi des Lombards, où
   il est représenté, avec d'autres personnages. Pl. petit
   in-fol. en haut. Baudi à Vesme, p. 164, 165.

## 768. Septembre 24.

Tombeau de Pepin avec Berthe sa femme, morte le
   12 juillet 783, à l'abbaye de Saint-Denis. Pl. in-8
   en haut., grav. sur bois. Rabel, les Antiquitez et
   Singularitez de Paris, fol. 36, dans le texte. =
   Même pl. Du Breul, les Antiquitez et choses plus
   remarquables de Paris, fol. 65, dans le texte. =
   Dessin in-fol. en haut. Gaignières, t. I, 7. =
   Dessin in-4. Recueil Gaignières à Oxford, t. II,
   fol. 10. = Partie d'une pl. in-fol. en haut. Montfaucon, t. I, pl. 19, n° 2. = Partie d'une pl. in-8
   en haut. Al. Lenoir, Musée des Monuments français,
   t. I, pl. 26, n° 12. = Pl. in-4 en haut. Comte
   de Viel Castel, n° 32, texte, t. I, p. 28. = Partie
   d'une pl. in-8 en haut. Guilhermy, Monographie de
   Saint-Denis, à la p. 218.

   Cette figure, suivant Montfaucon, est du temps de saint
Louis.

Figure de Pepin sculptée sur un chapiteau de l'église
basse de Saint-Denis. Partie d'une pl. in-8 en haut.
Al. Lenoir, Musée des Monuments français, t. I, pl.
n° 514, p. 217.

Bas-relief représentant Pepin à cheval, vainqueur de
Waifre, appliqué sur le mur de la façade de l'église
de Sainte-Croix à Bordeaux. *Jac. Lavau, sculp.* Pl.
in-4 en larg. Venuti. Dissertations sur les anciens
monuments de la ville de Bordeaux, à la page 111.

Figure de Pepin, d'après une peinture du ix^e siècle,
tirée des capitulaires de Baluze. Partie d'une pl.
in-fol. magno en haut. Ad. Lenoir, Monuments des
arts libéraux, etc., pl. 9, p. 13. = Partie d'une pl.
in-fol. en larg. Beaunier et Rathier, pl. 32. = Pl.
in-4 en haut., coloriée. Comte de Viel Castel, n° 35,
texte, t. I, p. 28.

Statue de Pepin dans l'église de Fulde. Pl. in-4 en haut.
Tristan, Traicté du lis, p. 33, dans le texte. = Dessin
in-fol. en haut. Gaignières, t. 1, 8. = Partie d'une
pl. in-fol. en haut. Montfaucon, t. I, pl. 20. = Pl.
in-fol. en haut. Beaunier et Rathier, pl. 31. = Pl.
in-4 en haut. Comte de Viel Castel, n° 31, texte, t. I,
p. 28. Le texte porte, par erreur, pl. 30.

   Montfaucon pense que cette statue, dont l'attribution est incertaine, est du x^e ou du xi^e siècle.

Figure de Pepin ou d'un des rois suivants. Partie
d'une pl. in-fol. en haut. Montfaucon, t. I, pl. 21,
n° 1.

Inscription de Pepin à l'abbaye de Saint-Germain des
Prés. Partie d'une pl. in-fol. max° en larg. Albert

768.
Septemb. 24.

Lenoir, Statistique monumentale de Paris, livrais. 15, pl. 1.

Couronne de Pepin ou de l'un de ses fils ou petits-fils. Partie d'une pl. in-fol. en larg. Montfaucon, t. I, pl. 2 (6ᵉ rang., n° 1).

Pierre gravée, agate, représentant les bustes de cinq personnages que l'on croit être ceux de Pepin et de sa famille. Elle ornait la couverture d'un ancien manuscrit des Évangiles, conservé dans le monastère de Saint-Maximin, à Trèves. Pl. in-12 en larg. Eckhart, Comm., etc., t. I, p. 597, dans le texte.

Deux sceaux de Pepin. Partie d'une pl. in-fol. en haut. Montfaucon, t. I, pl. 21, n°ˢ 2, 3.

Sceau ayant servi au roi Pepin, représentant une tête de Bacchus indien. Mabillon, de Re diplomatica, pl. 23. = Heineccius, pl. 3, n° 6. = Pl. de la grandeur de l'original, grav. sur bois. Nouveau Traité de diplomatique, t. IV, p. 51. = Partie d'une pl. in-4 en haut. (De Migieu), Recueil des sceaux du moyen âge, pl. 1, n° 10.

Deux sceaux de Pepin. Partie d'une pl. in-8 en larg. Eckhart, Commentarii, etc., t. I, p. 599, dans le texte.

Sceau ou anneau de Pepin, maire du palais sous Childeric III. Pl. de la grandeur de l'original, grav. sur bois. Nouveau Traité de diplomatique, t. IV, p. 105.

Sceau de Pepin. Pl. de la grandeur de l'original, grav. sur bois. Nouveau Traité de diplom., t. IV, p. 68.

Sceau du même. Pl. de la grandeur de l'original, grav.

sur bois. Nouveau Traité de diplomatique, t. IV, p. 109.

768.
Septemb. 24

Quatre monnaies de Pepin, premier roi de la seconde race. Petite pl. Le Blanc, p. 71, dans le texte.

Monnaie du même. Petite pl. Daniel, t. I, p. 551, dans le texte.

Sept monnaies du même. Partie d'une pl. in-8 en larg. Eckhart. Commentarii, etc., t. I, p. 599, dans le texte.

Monnaie du même. Partie d'une pl. in-8 en haut. Mader, t. I, n° 8, p. 31.

Deux monnaies du même. Partie d'une pl. in-8 en haut. Mader, t. IV, pl. 1, n°s 2, 3, p. 3 à 5.

Monnaie du même. Partie d'une pl. in-fol. en haut. Foulques, Essai historique, etc., pl. 1, n° 1, p. 13.

Deux monnaies du même. Partie d'une pl. lithogr., grand in-8 en haut. Revue de la Numismatique française, 1837, E. Cartier, pl. 8, n°s 4, 5, p. 259, 334.

Pièce attribuée à tort à Pepin par Mader et autres auteurs, qui est allemande, et même probablement fausse. Partie d'une pl. lithogr., in-8 en haut. Revue numismatique, 1838, F. de Saulcy, pl. 12, n° 2, p. 320.

Monnaie de Pepin, frappée à Lyon. Partie d'une pl. lithogr., in-8 en haut. Revue numismatique, 1839, F. Fougères, pl. 3, n° 1, p. 96.

Monnaie du même, frappée à Lyon. Partie d'une pl. lithogr., in-8 en haut. Revue numismatique, 1839, E. Cartier, pl. 4 (vie par erreur), n° 21, p. 105.

**768.**
**Septemb. 24.**

Monnaie du même. Petite pl. grav. sur bois. Mémoires de la Société des antiquaires de l'Ouest, Lecointre-Dupont, 1839, p. 313, dans le texte.

Cette pièce peut être aussi donnée aux premières années du règne de Charlemagne.

Trois monnaies du même. Partie d'une pl. in-fol. en larg., lithogr. Mémoires de la Société des antiquaires de l'Ouest. Lecointre-Dupont, 1839, pl. 7, n$^{os}$ 11, 12, 13, p. 313, 314.

Monnaie du même, frappée à Lyon. Partie d'une pl. in-4 en haut. Conbrouse, t. III, pl. 30.

Trois monnaies du même, frappées à Marseille. Partie d'une pl. in-4 en haut. Conbrouse, t. III, pl. 30 bis, n$^{os}$ 1 à 3, reproduite t. IV, sans numéro.

Le catalogue à la fin du volume ne fait pas mention de cette planche.

Monnaie du même, frappée à Utrecht ou à Trèves. Partie d'une pl. in-4 en haut. Conbrouse, t. III, pl. 33.

Deux monnaies du même, dont une frappée à Melle. Partie d'une pl. in-4 en haut. Conbrouse, t. III, pl. 37, n$^{os}$ 2, 3.

Le catalogue à la fin du volume fait confusion pour les pièces de cette planche.

Quinze monnaies du même. Deux pl. in-4 en haut. Conbrouse, t. IV, pl. 159, 160.

Vingt-cinq monnaies du même Parties de diverses pl. lithogr., in-4 en haut. Fougères et Conbrouse, Description des monnaies de la deuxième race. Détail à la table, p. 59.

Deux monnaies du même. Partie d'une pl. in-4 en
haut. Du Cange, Glossarium, 1840, t. IV, pl. 2,
n<sup>es</sup> 1, 2.

768.

Septemb. 24.

Monnaie attribuée à Pepin. Petite pl. grav. sur bois.
Lecointre-Dupont, Essai sur les monnaies frappées
en Poitou, p. 55, dans le texte.

Trois monnaies attribuées à Pepin. Partie d'une pl.
lithogr., in-8 en haut. Lecointre-Dupont, Essai sur
les monnaies frappées en Poitou, pl. 1, n<sup>os</sup> 11 à 13.

Monnaie de Pepin le Bref. Partie d'une pl. lithogr.,
in-8 en haut. Revue numismatique, 1841, J. de
S. Quintino, pl. 3, n° 11, p. 54.

Monnaie du même. Partie d'une pl. lithogr., in-8 en
haut. Revue numismatique, 1842, E. Cartier, pl. 24,
n° 2, p. 443.

Monnaie du même, attribuée à la ville d'Arras. Partie
d'une pl. lithogr., in-8 en haut. Hermand, Histoire
monétaire de la province d'Artois, pl. 1, n° 7.

Monnaie du même. Petite pl. grav. sur bois. Revue
numismatique, 1844, Ad. de Longpérier, p. 93,
dans le texte.

Monnaie du même, frappée à Saint-Martin de Tours.
Petite pl. grav. sur bois. Revue numismatique, 1844,
B. Fillon, p. 273, dans le texte.

> Cette monnaie est douteuse quant à son authenticité.

Monnaie que l'on peut attribuer à Pepin. Partie d'une
pl. in-8 en haut. Revue numismatique, 1846,
E. Cartier, pl. 7, 3<sup>e</sup> partie, n° 1, p. 123.

Deux monnaies de Pepin. Partie d'une pl. in-8 en haut.

768.
Septemb. 24. De Longpérier, Collection de M. J. Rousseau, pl. 3 de la 1<sup>re</sup> série, n<sup>os</sup> 220, 224, p. 97, 100.

Deux monnaies du même. Deux petites pl. grav. sur bois. Fillon, Considérations — sur les monnaies de France, p. 48, dans le texte.

Trois monnaies du même. Partie d'une pl. in-8 en haut. Fillon, idem, pl. 1, n<sup>os</sup> 13 à 15.

Deux monnaies du même. Partie d'une pl. in-4 en haut. Robert, Études numismatiques, etc., pl. 12, n<sup>os</sup> 1, 4, p. 186.

Douze monnaies du même. Partie d'une pl. in-8 en haut. Berry, Études, etc., pl. 8, n<sup>os</sup> 1 à 12, t. I, p. 110 à 116.

Cinq monnaies du même. Partie d'une pl. in-8 en haut. Fillon, Lettres à M. Dugast-Matifeux, pl. 7, n<sup>os</sup> 2 à 6, p. 117, 118.

Deux monnaies du même. Partie d'une pl. in-8 en haut. Revue de la Numismatique belge, de Coster, 2<sup>e</sup> série, t. III, 1853, pl. 18, n<sup>os</sup> 3, 4, p. 357, etc.

Monnaie du même, frappée à Nevers. Petite pl. grav. sur bois. De Soultrait, Essai sur la Numismatique nivernaise, p. 12, dans le texte.

## 771.

Décembre 4. Tombeau de Carloman, fils de Pepin, avec Hirmintrude, femme de Charles le Chauve, morte le 6 octobre 869, à l'abbaye de Saint-Denis. Pl. in-8 en haut., grav. sur bois. Rabel, les Antiquitez et Singularitez de Paris, fol. 45, dans le texte. = Même pl. Du Breul, les Antiquitez et choses plus remar-

quables de Paris, fol. 69, dans le texte. = Dessin
in-fol. en haut. Gaignières, t. 1, fol. 11. = Dessin
in-4. Recueil Gaignières à Oxford, t. II, fol. 11. = ·
Partie d'une pl. in-fol. en haut. Montfaucon, t. I,
pl. 19, n° 4. = Partie d'une pl. in-8 en haut. Al.
Lenoir, Musée des Monuments français, t. I, pl. 26,
n° 13. = Pl. in-4 en haut. Comte de Viel Castel,
n° 33, texte, t. I, p. 28.

771.

Décembre 4.

> Cette figure, suivant Montfaucon, est du temps de saint Louis.

Statue de Carloman dans l'église de Fulde. Pl. in-4 en
haut. Tristan, Traicté du lis, p. 32, dans le texte.
= Dessin in-fol. en haut. Gaignières, t. I, fol. 10.
= Partie d'une pl. in-fol. en haut. Montfaucon, t. I,
pl. 20. = Pl. in-4 en haut. Comte de Viel Castel,
n° 34, texte, t. I, p. 28. = Pl. in-4 en haut. Félix
de Vigne, Vade mecum du peintre, t. I, pl. 44.

> Cette figure a été aussi publiée dans les Antiquités de Fulde
> par le P. Christophe Brower.

Portrait de Carloman, frère de Charlemagne, à l'âge
de quatorze ans, assis, qui paraît tiré d'un manuscrit. Partie d'une pl. petit in-4 en larg. Patachich, à
la page 85.

Figure de Carloman d'après les monuments du temps.
Pl. ovale, in-12 en haut., grav. sur bois. Du Tillet,
Recueil des roys de France, p. 41, dans le texte.

Sceau de Carloman. Mabillon, de Re diplomatica,
pl. 23.

Sceau du même. Heineccius, pl. 3, n° 7.

Sceau du même. Partie d'une pl. in-fol. en haut. Montfaucon, t. 1, pl. 21, n° 4.

771.
Décembre 4.

Sceau du même. Pl. de la grandeur de l'original, grav.
sur bois. Nouveau Traité de diplomatique, t. IV,
p. 110.

> Dans Mabillon, la figure regarde à droite. En réalité, elle
> regarde à gauche. Voir page précédente.

Sceau du même, des Archives de l'église de Sainte-
Croix. Pl. de la grandeur de l'original, grav. sur
bois. Nouveau Traité de diplomatique, t. IV, p. 120.

Sceau du même. Partie d'une pl. in-4 en haut. (De
Migieu), Recueil des sceaux du moyen âge, pl. 1,
n° 11.

Sceau du même. Partie d'une pl. in-fol. en haut.
Trésor de numismatique et de glyptique, Sceaux des
rois et reines de France, pl. 1, n° 7.

Grande médaille représentant une tête couronnée de
lauriers avec le mot : vmilitas, et des légendes en
hébreu : Rev. post tenebras spero lucem felicitatis
judex dies ultimus. Le centre lisse, 170 millimètres
de diamètre. On croit que la tête est celle de Carloman ou bien celle de Louis le Débonnaire. Partie
d'une pl. in-fol. en haut. Menestrier, Histoire de la
ville de Lyon, à la page 220. = Pl. in-fol. en haut.
Eckhart, Commentarii, etc., t. I, à la page 611.

> Cette grande médaille est d'une époque de beaucoup pos-
> térieure. Le P. Ménestrier l'a indiquée comme trouvée à Lyon
> en 1654. Elle pourrait être de ce temps.

Monnaie de Carloman I$^{er}$, frère de Charlemagne, frappée à Arles. Partie d'une pl. en haut. Conbrouse,
t. III, pl. 37, n° 1.

> Le catalogue à la fin du volume fait confusion pour les
> pièces de cette planche.

Monnaie du même. Partie d'une pl. lithogr., in-4 **771.**
en haut. Fougères et Conbrouse, Description des Décembre 4.
monnaies de la deuxième race, n° 8.

Monnaie du même. Partie d'une pl. in-4 en haut. Du
Cange, Glossarium, 1840, t. IV, pl. 2, n° 7.

Monnaie du même, frappée à Autun. Petite pl. grav.
sur bois. Autun archéologique, Société éduenne,
p. 21, dans le texte.

Monnaie du même. Partie d'une pl. in-8 en haut. Berry,
Études, etc., pl. 8, n° 13, t. I, p. 117.

Monnaie du même, frappée à Autun. Petite pl. grav.
sur bois. De Fontenay, Manuel de l'amateur de
jetons, p. 25, dans le texte.

## 772.

Sceau de Charlemagne à une charte pour le monastère
de Murbach, au bas d'une pl. in-fol., max° en larg.
Schœpfling, Alsatia diplomatica, pl. 7, à la page 44.

## 778.

Figures de Roland et de Roger, les deux paladins de
Charlemagne, bas-reliefs en pierre au-dessus de la
porte de la cathédrale de Vérone. Partie d'une pl.
in-fol. en haut. Seroux d'Agincourt, Histoire de
l'art, etc., sculpture, pl. xxvi, n° 14, t. II, d°,
p. 53.

Ces monuments sont du ix° siècle.

De vita Caroli magni et Rolandi historia Joanni Tur-
pino archiepiscopo remensi vulgo tributa a Sebastiano

778.     Ciampi. Florentiæ Molini, 1822, in-8. Ce volume contient :

Épée très-ancienne que l'on croit avoir appartenu à Roland. Pl. in-fol. en larg., lithogr. à la fin de l'ouvrage.

—

Épée dite de Roland, qui ne lui a pas appartenu, mais qui est évidemment de cette époque, et se rapporte à celle de Charlemagne, conservée à Nuremberg. Pl. in-fol. en larg. Ach. Jubinal. *La Armeria real,* de Madrid, t. I, pl. 31.

### 780 ?

Figure de Gerberge, femme de Carloman, roi d'Austrasie, sur un tombeau à gauche dans le chœur de l'église de l'abbaye de Saint-Denis, à côté de son mari. Dessin in-fol. en haut. Gaignières, t. I, 12. = Partie d'une pl. in-fol. en haut. Montfaucon, t. I, pl. 19, n° 5.

> Cette figure, suivant Montfaucon, est du temps de saint Louis.

Agate gravée, représentant cinq personnages que l'on croit être Ada, fille du roi Pepin, sœur de Charlemagne et ses enfants, placée sur la couverture d'un texte des Évangiles, manuscrit très-ancien de la bibliothèque de l'abbaye de Saint-Maximin à Trèves. Pl. in-8 en larg. Voyage littéraire de deux religieux bénédictins, 1724, p. 290, dans le texte.

Habits des moines de Saint-Denis sous l'abbé Fulrad. Pl. in-fol. en haut. Mabillon, Annales ordinis sancti Benedicti, t. II, p. 254, dans le texte.

## 783.

Statue d'Hildegarde, femme de Charlemagne, faisant Avril 30. partie du tombeau d'Otegrius et Benedictus, guerriers et moines à la basilique de Saint-Faron, la Fère
en Tardenois. Pl. in-fol. en larg. Mabillon, Annales
ordinis sancti Benedicti, t. II, p. 376.

Voir à l'année 806.

Figure sculptée, placée à l'avant-bec de la pile d'une
écluse près de Metz, que l'on nommait la reine Gi-
lette ou Dihou, et qui paraît être la reine Hildegarde,
femme de Charlemagne. Partie d'une pl. in-fol. en
haut. Calmet, Notice de la Lorraine, t. I, pl. 5,
n° 24, texte, col. 816.

Tombeau de Berthe, femme de Pepin, avec son mari, Juillet 12. mort le 24 septembre 768, à l'abbaye de Saint-
Denis. Pl. in-8 en haut., grav. sur bois. Rabel, les
Antiquitez et Singularitez de Paris, fol. 36, dans le
texte. = Même pl. Du Breul, les Antiquitez et choses
plus remarquables de Paris, fol. 65, dans le texte.
= Dessin in-fol. en haut. Gaignières, t. I, 9. =
Partie d'une pl. in-fol. en haut. Montfaucon, t. I,
pl. 19, n° 3. = Partie d'une pl. in-8 en haut. Al.
Lenoir, Musée des Monuments français, t. I, pl. 26,
n° 12. = Partie d'une pl. in-8 en haut. Guilhermy,
Monographie de Saint-Denis, à la page 218.

Cette figure, suivant Montfaucon, est du temps de saint Louis.

Statue présumée de la reine Berthe, en pierre noire,
au portail de l'ancienne abbaye de Saint-Pourçain,
dans le Bourbonnais; elle a un pied d'oie. Partie
d'une pl. in-fol. magno en haut. Al. Lenoir, Monuments des arts libéraux, etc., pl. 9, p. 13.

783.  Cette figure de femme à pied d'oie se trouve dans quelques monuments des temps de la première race et du commencement de la seconde. On la nommait la reine Pédauque ; et ces représentations ont été attribuées soit à la reine Clotilde, femme de Clovis, soit à la reine Berthe, femme de Pepin.

On a vu, à l'année 543, l'indication de deux statues de cette nature.

Voir une lettre manuscrite du 25 janvier 1650, sans signature, adressée à l'abbé Ménage, à laquelle sont joints deux dessins de statues de la reine Pédauque, dont celle de Saint-Bénigne de Dijon. Bibl. impér., manuscrits, collection Dupuy, t. 760-762, fol. 116-120.

## 787.

Monnaie de Grimoald, duc de Bénévent, avec le nom de Charlemagne. Petite pl. Le Blanc, Dissertation historique sur quelques monnoyes de Charlemagne, etc., p. 74, dans le texte.

## 790 ?

Monnaie de Milon, comte de Narbonne. Partie d'une pl. in-8 en haut. De Longpérier, Collection de M. J. Rousseau, pl. 3 de la 1re série, n° 247, p. 115.

Monnaie du même. Petite pl. grav. sur bois. Fillon, Considérations—sur les monnaies de France, p. 49, dans le texte.

## 791.

Évangéliaire de Charlemagne. Manuscrit sur vélin de 126 feuillets de couleur pourpre, sur lesquels se détachent l'écriture en lettres d'or et les ornements de couleurs diverses. Petit in-fol., reliure du xvie siècle, en velours vert, avec coins et plaques en argent. Au Louvre, Musée des Souverains. Ce volume contient :

Miniatures représentant les quatre évangélistes. Pièces

petit in-fol. en haut., aux 1<sup>er</sup> et 2<sup>e</sup> feuillets recto et    791.
verso.

Miniature représentant le Christ assis ; il est sans barbe.
Pièce petit in-fol. en haut., au feuillet 3 recto.

Miniature représentant un temple à colonnes, des animaux, coqs, paon, faisans, cerf. Pièce petit in-fol.
en haut. au feuillet 3 verso. — Ornementations.

> Les derniers feuillets sont remplis par un calendrier et une
> prière. On y trouve aussi des détails sur l'origine de ce ma-
> nuscrit.
>
> Il fut peint par un artiste nommé Godescal, sur l'ordre de
> Charlemagne et d'Hildegarde, à Pâques de l'année 791, lors-
> que cet empereur alla à Rome faire baptiser son fils Pepin.
>
> Ce très-précieux manuscrit existait à Toulouse dans la sa-
> cristie des reliques de Saint-Sernin.
>
> Egaré en 1793, il fut retrouvé sur l'indication de M. Casi-
> mir Marcassus de Puymaurin. La ville de Toulouse en fit de-
> puis hommage à l'empereur Napoléon, qui le fit placer à la
> Bibliothèque du Louvre, d'où il a passé au Musée des Sou-
> verains.
>
> Ces miniatures, d'exécution peu précise, sont fort curieuses
> sous le rapport de l'époque à laquelle elles ont été exécutées ;
> elles offrent quelques détails d'ameublements intéressants. La
> conservation du volume n'est pas bonne.

Figures diverses d'après des miniatures de ce manuscrit. Pl. petit in-fol. en haut. Dibdin, A Bibliographical — tour, t. II, à la page 372.═Deux pl. lithogr.
et color., in-fol. max° en haut. Du Sommerard, les
Arts au moyen âge, album, 7<sup>e</sup> série, pl. 39, 40. ═
Pl. in-4 en haut. Lacroix, le Moyen Age et la Renaissance, t. II, miniatures, pl. 3 bis.

## 793.

Miniatures de l'Évangéliaire donné en 793 par Charlemagne, à son gendre Angilbert, alors abbé de Saint-Riquier, manuscrit sur vélin, de la bibliothèque d'Abbeville. Pl. lithogr. et coloriée in-fol. max° en haut. Du Sommerard, les Arts au moyen âge, album, 8ᵉ série, pl. 11.

## 799.

Mosaïque du triclinium construit en 797 par Léon III, dans l'ancien palais de Latran, à Rome, représentant saint Pierre assis, et à ses pieds Léon III recevant les insignes sacrés, et Charlemagne tenant l'étendard, tous les deux agenouillés. Partie d'une pl. lith. et coloriée, in-fol. max° en haut. Du Sommerard, les Arts au moyen âge, album, 8ᵉ série, pl. 10, n° 1.

Deux bas-reliefs du triclinium, construit par ordre du pape Léon III, à Saint-Jean de Latran, sur lesquels se trouve la figure de Charlemagne. Pl. in-8 en larg. Eckhart, Commentarii, etc., t. I, p. 786, dans le texte.

Deux peintures représentant Charlemagne et le pape Léon III, à Saint-Jean de Latran, à Rome. Pl. in-fol. en haut. Mabillon, Annales ordinis sancti Benedicti, t. II, p. 343, dans le texte.

Charlemagne et le pape Léon III, miniature d'un manuscrit de la bibliothèque du Vatican. Pl. in-8 en haut. Eckhart, Commentarii, etc., t. I, p. 785, dans le texte.

## 800.

Sceau de plomb relatif à la déclaration de Charlemagne comme empereur à Rome. Petite pl. Le Blanc, Dissertation historique sur quelques monnoyes de Charlemagne, etc., p. 44, dans le texte.

MONUMENTS DU VIIIᵉ SIÈCLE, SANS DATES PRÉCISES.

## 800 ?

Figure d'un homme en costume du VIIIᵉ siècle, sculptée sur un chapiteau de l'ancienne abbaye de Saint-Denis. Pl. in-4 en haut. Félix de Vigne, Vade mecum du peintre, t. I, pl. 39.

Bas-relief représentant des personnages du VIIIᵉ siècle. Pl. in-8 en larg. Al. Lenoir, Musée des Monuments français, t. V, pl. 207, nº 514 bis.

Cérémonies funèbres d'après l'ouvrage de Strutt. Partie d'une pl. in-fol. en larg. Beaunier et Rathier, pl. 46.

Pierre gravée représentant la cité du Mans protégée par la dextre divine et ses deux patrons saint Gervais et saint Protais, travail de l'époque carlovingienne. Partie d'une pl. in-4 en haut. Conbrouse, t. VII, l'Avant Clhodovigh, pl. 41, nº 4. = Petite pl. grav. sur bois. De Caumont, Bulletin monumental, E. Hucher, t. XVIII, à la page 326, dans le texte. = Partie d'une pl. in-4 en haut. Hucher, Essai sur les monnaies frappées dans le Maine, pl. 1, nº 28, p. 11, 16. = Petite pl. grav. sur bois. Revue numismat., 1840, A. Duchalais, p. 123, dans le texte. = Petite pl. grav. sur bois. Fillon, Considérations—sur les monnaies de France, p. 59, dans le texte.

Saint Matthieu assis, miniature d'un évangéliste de la bibliothèque d'Abbeville, provenant de l'abbaye de Saint-Riquier. Pl. in-8 en haut., lithogr. Mémoires de la Société des antiquaires de Picardie, t. III, p. 301, atlas, pl. 3, nº 4.

800 ?　Portrait de Godelgaudus, prêtre et moine de Reims, miniature d'un manuscrit du temps. Pl. in-fol. en haut., grav. sur bois. Mabillon, Annales ordinis sancti Benedicti, t. II, p. 353, dans le texte.

Fauteuil en marbre cipolin, de l'époque mérovingienne ou carlovingienne, dans la cathédrale de Metz. Petite pl. grav. sur bois. Begin, Histoire — de la cathédrale de Metz, vol. 1er, p. 19, dans le texte.

Châsse de saint Calmin conservée dans l'abbaye de Mauzac. Pl. in-8 en larg. Ph. Le Bas, Dictionnaire encyclopédique de la France, pl. 318.

Vue de l'église souterraine de Saint-Denis, chapiteaux ornés de bas-reliefs de la même église; divers détails et ornements de l'architecture lombarde en France. Trois pl. in-4 et in-fol. en haut., et petite pl. en larg. A. Lenoir, Histoire des Arts en France, pl. 13 à 15.

Tombeau antique de marbre blanc, qui fut employé pour ensevelir le corps de saint Mauront, abbé et évêque de Marseille, à l'abbaye de Saint-Victor, à Marseille. Pl. in-8 en larg., grav. sur bois. Ruffi, Histoire de la ville de Marseille, t. II, à la page 129, dans le texte.

> Saint Mauront, évêque de Marseille, mourut vers 800. Ce tombeau antique, que l'on croit avoir servi à sa sépulture, n'étant qu'une commémoration de ce saint, peut être placé à la date de sa mort.

Sarcophage que l'on croit celui de saint Piat, martyr, l'un des premiers prédicateurs de Flandre, mort au IIIe siècle à Séclin, près Lille, dans le caveau, sous le chœur de l'église de cette commune. *Pl. I. S. de R.*

Pl. lithogr., in-8 en haut. Lucien de Rosny, Histoire    800 ?
de Lille, à la page 18.

> Ce sarcophage est un monument incertain que l'on peut
> placer au viii<sup>e</sup> siècle.

Portail nord de l'église de Saint-Benoît-sur-Loire. Partie d'une pl. in-fol. en larg. Mémoires de la Société
royale des sciences, belles-lettres et arts d'Orléans,
t. II, 1838, Léon de Buzonnière, p. 261.

Trois figures sculptées en bas-relief sur la façade principale de l'église de Basse-OEuvre, à Beauvais. Partie
d'une pl. in-fol. en haut. Woillez, Archéologie des
monuments religieux de l'ancien Beauvoisis, Basse-
OEuvre, pl. 2, n° 8.

> L'époque de ces figures est très-incertaine. On les a crues
> romaines, et des iii<sup>e</sup>, vi<sup>e</sup> ou viii<sup>e</sup> siècles.

Cinq sceaux de rois de France du viii<sup>e</sup> siècle. Collection
de sceaux moulés de l'École des beaux-arts.

Deux monnaies d'Angoulême et de Saintes. Partie d'une
pl. lith., in-8 en haut. Revue numismatique, 1841,
E. Cartier, pl. 13, n<sup>os</sup> 7, 8, p. 273.

Monnaie d'Autun. Petite pl. grav. sur bois. Revue numismatique, 1847, A. Barthélemy, p. 300, dans le
texte.

Monnaie attribuée à la ville d'Auxonne. Petite pl. grav.
sur bois. Revue numismatique, 1847, A. Barthélemy,
p. 300, dans le texte.

Monnaie de Huy, frappée sous la seconde race. Partie
d'une pl. in-8 en haut. Revue de la Numismatique
belge, Ch. Piot, 2<sup>e</sup> série, t. I, pl. 13, n° 5, p. 254.

Monnaie ou médaille que l'on croit avoir été frappée

806 ?　　par suite d'un traité conclu entre l'évêque de Maguelone et des forbans sarrasins, auxquels cette ville
servait de refuge. Petite pl. grav. sur bois. Perrot,
Lettres sur Nismes, t, I, p. 373, dans le texte.

## 801.

Deux monnaies de Carloman, roi de Bavière. Partie
de deux pl. lithogr., in-4 en haut. Fougères et Conbrouse, Description — des monnaies de la deuxième
race, n$^{os}$ 146, 148.

> Les attributions et les dates de cet article et du suivant
> doivent être inexactes.

## 802.

Trois monnaies de Louis III. Partie de deux pl. lithogr.,
in-4 en haut. Fougères et Conbrouse, idem, n$^{os}$ 198,
501, 504.

## 806.

Tombeau d'Otgerius et Benedictus, guerriers et moines
sous Charlemagne, à la basilique de Saint-Faron,
la Fère en Tardenois; parmi les figures qui le décorent, sont celles de Charlemagne et d'Hildegarde.
Pl. in-fol. en larg.; autre pl. in-fol. en haut. Mabillon, Annales ordinis sancti Benedicti, t. II, p. 376
et 378, dans le texte.

> La planche de la page 376 a été placée aussi dans l'ouvrage
> de dom Mabillon, intitulé : Acta sanctorum ordinis sancti Be-
> nedicti in sæculorum classes distributa. Lutetiæ Parisiorum,
> Billaine, 1668-1701, iv$^e$ siècle, à la page 664.

## 814.

Janvier 28.　　Portrait de Charlemagne, en habit de patrice de Rome,
assis entre deux chanceliers, miniature d'un manu-

scrit du temps. Pl. in-8 carrée. Chiflet, Anastasis
Childerici, à la page 130, dans le texte. = Pl. petit
in-4 en haut. Explication de plusieurs antiquités recueillies par Paul Petau, pl. 24. = Pl. in-8 carrée.
Mabillon, Annales ordinis sancti Benedicti, t. II,
p. 228, dans le texte. = Pl. in-8 carrée. Mabillon,
de Re diplomatica, supplementum, p. 40, dans le
texte. = Partie d'une pl. in-fol. en haut. Montfaucon,
t. I, pl. 21, n$^{os}$ 5 à 10 = Pl. in-12 carrée. Eckhart,
Commentarii, etc., t. I, p. 628, dans le texte. =
Partie d'une pl. in-fol. en haut. Patachich, à la
page 85. = Pl. in-4 en haut. Comte de Viel Castel,
n° 42, texte, t. I, p. 35. = Pl. in-8 en larg., lith.
Begin, Metz depuis dix-huit siècles, pl. 60.

814.
Janvier 28.

Bas-relief en marbre, représentant Charlemagne entre
deux guerriers, du IXe siècle. Pl. in-4 en haut., lith.
Barrois, Dactylogie, pl. 61.

Figure de Charlemagne, mosaïque faite par ordre du
pape Léon III. Pl. in-fol. en haut. Beaunier et Rathier, pl. 33.

Figure de Léon III, pape, mosaïque faisant pendant à
celle qui représente Charlemagne, faite également
par ordre de Léon III. Pl. in-fol. en haut. Beaunier
et Rathier, pl. 34.

Mosaïque représentant le pape Léon III recevant de
saint Pierre le pallium, et remettant à Charlemagne
l'étendard de la ville de Rome, dans le palais dit
*triclinium*, près de Saint-Jean de Latran à Rome.
Pl. in-4 en haut. Le Blanc, Dissertation historique
sur quelques monnoyes de Charlemagne, etc., p. 36,
dans le texte.

814.
Janvier 28.

Mosaïque représentant saint Pierre assis, ayant à ses côtés le pape Léon III et l'empereur Charlemagne, à Saint-Jean de Latran. Pl. in-8 en haut. Daniel, t. II, p. 115, dans le texte.

Mosaïque de Saint-Jean de Latran, représentant saint Pierre assis, donnant d'une main une espèce d'étole au pape Léon III, et de l'autre une bannière à Charlemagne. Pl. in-4 en haut. Comte de Viel Castel, n° 36, texte, t. I, p. 32.

Mosaïque représentant Charlemagne assis, à Saint-Jean de Latran à Rome. Petite pl. grav. sur bois. Annales archéologiques, F. de Guilhermy, t. VIII, à la page 257.

Deux miniatures représentant Charlemagne, l'une à Saint-Jean de Latran, et l'autre qui était à Sainte-Suzanne à Rome, et qui a été détruite. Pl. in-fol. en haut. Montfaucon, t. I, pl. 22.

Mosaïque de Sainte-Suzanne, représentant le pape Léon III et Charlemagne. Pl. in-4 en haut. Comte de Viel Castel, n° 37, texte, t. I, p. 32. Le texte porte, par erreur, pl. 32.

Portrait de Charlemagne en pied, mosaïque de l'église de Sainte-Suzanne à Rome. Pl. in-8 en haut. Bulletin polymatique du Muséum d'instruction publique de Bordeaux, t. XVII, à la page 271.

Figurine équestre de bronze de Charlemagne, de 27 centimètres de hauteur, du cabinet de M. Albert Lenoir. Pl. in-8 en haut. Ph. Le Bas, Dictionnaire encyclopédique de la France, pl. 166. = Partie d'une pl. in-fol. magno en haut. Al. Lenoir, Monuments des arts libéraux, etc., pl. 9, p. 13.

Cette petite figure, que l'on pensait avoir appartenu au
trésor de la cathédrale de Metz, a fait longtemps partie de la
collection d'antiquités de feu Alexandre Lenoir. Son fils,
M. Albert Lenoir, ayant été obligé, en dernier lieu, pour des
arrangements de famille, de se priver de ce monument, il a
été proposé à des personnes chargées de l'administration de
diverses collections publiques, et, sur leur refus, il a été vendu
.pour être porté en Angleterre.

814.
Janvier 28.

Charlemagne donnant la main à Constantin, empereur
d'Orient, peinture sur verre, au chevet de l'église
de Saint-Denis. Partie d'une pl. in-fol. en larg. Montfaucon, t. I, pl. 24. = Pl. in-fol. en haut. Beaunier
et Rathier, pl. 38 (par erreur 36 à la pl. et 32 au
texte. = Pl. in-4 en haut. Comte de Viel Castel,
n° 43, texte, t. I, p. 36.

Ce vitrail est du xii<sup>e</sup> siècle, ainsi que le suivant.

Charlemagne recevant à Paris les ambassadeurs de
l'empereur grec Constantin Porphirogenète, peinture sur verre, au chevet de l'église de Saint-Denis.
Partie d'une pl. in-fol. en haut. Montfaucon, t. I,
pl. 25, n° 1. = Partie d'une pl. in-fol. en haut.
Seroux d'Agincourt, Histoire de l'art, etc., peinture,
pl. clxiv, n° 24, t. II, d°, p. 135. = Pl. in-4 en
haut. Comte de Viel Castel, n° 44, texte, t. I, p. 36.

Portrait de Charlemagne à l'âge de dix-huit ans,
assis, qui paraît tiré d'un manuscrit. Partie d'une
pl. petit in-4 en larg. Patachich, à la page 85.

Figure de Charlemagne qui était au chapitre de l'abbaye de Notre-Dame-la-Grasse, diocèse de Carcas-
sone. Partie d'une pl. in-fol. en haut. Montfaucon,
t. I, pl. 25, n° 2. = Pl. in-4 en haut., coloriée.
Comte de Viel Castel, n° 51, texte, t. I, p. 42.

814.
Janvier 28.

Figure de Charlemagne, sculptée sur un chapiteau de l'église basse de l'abbaye de Saint-Denis. Partie d'une pl. in-8 en haut. Al. Lenoir, Musée des Monuments français, t. I, pl. n° 514, p. 217.

Quatre figures de Charlemagne existant à Aix-la-Chapelle. Partie d'une pl. in-fol. en haut. Montfaucon, t. I, pl. 23, n°s 1 à 4.

Figure de Charlemagne, à Aix-la-Chapelle, à l'entrée de l'église de Notre-Dame. Partie d'une pl. in-fol. en haut. Montfaucon, t. IV, à la fin de la préface et du discours préliminaire, n° 2.

Figure de Charlemagne, d'après Montfaucon. Partie d'une pl. in-fol. en haut. Beaunier et Rathier, pl. 44.

Mosaïque représentant Charlemagne debout, d'après Montfaucon. Partie d'une pl. in-fol. magno en haut. Al. Lenoir, Monuments des arts libéraux, etc., pl. 9, p. 13.

The history of Charlemagne, by G. P. R. James esq. London. Longman, etc., 1832, in-8. Ce volume contient:

Portrait de Charlemagne à mi-corps, d'après une miniature conservée dans le monastère de Saint-Caliste à Rome. *W. H. Lizars, sculp.* Pl. in-8 en haut., en face du titre.

Figure de Charlemagne peinte à Fresque au ixe siècle, au Vatican, *Museo sacro.* Partie d'une pl. in-fol., max° en haut., lithogr. et coloriée. Du Sommerard, les Arts au moyen âge, album, 2e série, pl. 11.

Portrait de Charlemagne, d'après une peinture du ixe siècle, à la bibliothèque du Vatican à Rome.

Partie d'une pl. in-4 en haut. Félix de Vigne, Vade-
mecum du peintre, t. I, pl. 58.

Charlemagne, statue du xi<sup>e</sup> au xii<sup>e</sup> siècle, autrefois à
l'église Saint-Julien le Pauvre, à Paris. Pl. in-8 en
haut., grav. sur bois. Lacroix, le Moyen âge et la
Renaissance, t. III, Vie privée, 4, dans le texte.

Portrait de Charlemagne, émail d'un reliquaire de
l'abbaye de Corbie, in-12 en haut. Tristan, Traicté
du Lis, p. 35, dans le texte.

Deux figures de Charlemagne, tirées de manuscrits
conservés à Aix, en Provence. Pl. in-4 en haut.,
coloriée. Comte de Viel Castel, n° 41, texte, t. I,
p. 35.

Figure de Charlemagne, d'après les monuments du
temps. Pl. ovale, in-12 en haut., grav. sur bois.
Du Tillet, Recueil des roys de France, p. 42, dans
le texte.

Portrait de Charlemagne, miniature d'un manuscrit
représentant tous les souverains de la Bavière jusqu'au xiv<sup>e</sup> siècle, époque où ce manuscrit a été fait.
Pl. in-fol. en haut. Beaumier et Rathier, pl. 43.

De Morinis et Morinorum rebus — a Jacob. Mal-
brancq. Tornaci Nerviorum. Ad. Quinque 1639-1654,
3 vol. in-4, fig. Dans cet ouvrage se trouve :

Bas-relief représentant J. C. en croix, et de chaque
côté les figures de Charlemagne et de sainte Gysle-
bergue ou Isbergue, à genoux, qui paraîtrait avoir
existé à Hesdin. Partie d'une pl. représentant le pays
des Morini, qui était situé dans l'Artois, et dont

la capitale était Térouane. In-fol. en larg., t. II,
fol. 432.

> Cet ouvrage contient d'autres planches qui ne sont pas rela-
> tives à l'histoire de France.

Statue de Charlemagne, faisant partie du tombeau
d'Otgerius et Benedictus, guerriers et moines, à la
basilique de Saint-Faron, la Fère en Tardenois. Pl.
in-fol. en larg. Mabillon, Annales ordinis sancti Benedicti, t. II, p. 376.

> Voir à l'année 806.

Figure de Charlemagne à genoux, sans indication d'où
était ce monument. Pl. in-fol. en haut. Beaunier et
Rathier, pl. 37. (Par erreur, 31 au texte.)

Buste de Charlemagne, gravé sur une pierre précieuse;
médailles ou monnaies de quelques-uns des neveux
de cet empereur. Pl. petit in-4 en haut. Explications de plusieurs antiquités recueillies par Paul
Petau, pl. 25.

Les portraits des anciens rois de France depuis Pharamond jusqu'à Charlemagne, miniature d'un manuscrit contenant l'histoire de Charlemagne, de la
bibliothèque de Bruxelles. Pl. in-4 en larg. Chiflet,
Anastasis Childerici, à la page 3, dans le texte.

> L'indication du manuscrit donnée par l'auteur n'est pas
> suffisante pour pouvoir le désigner positivement.

Portrait de Charlemagne vu jusqu'aux genoux, de
grandeur double nature, avec les habits impériaux
et la couronne, tenant l'épée et le globe, peint par
Albrecht Durer, d'après un sceau conservé au Vatican; tableau faisant partie de la collection de l'École
royale des beaux-arts de Nuremberg.

Ce tableau est fort remarquable sous le rapport des orne-    814.
ments impériaux authentiques qu'il représente, et aussi pour    Janvier 28.
la figure de Charlemagne telle que l'a conçue le grand artiste
auteur de ce portrait. M. Albert Reindel a gravé, d'après ce
précieux tableau, avec beaucoup de soin et d'exactitude, la
planche ci-après indiquée.

Portrait de Charlemagne d'après le tableau peint par
Albrecht Durer, qui est dans la collection de l'École
royale des beaux-arts de Nuremberg, grav. par Albert Reindel, directeur de cette école. Pl. in-fol. en
haut.

Tombeau de Charlemagne à Aix-la-Chapelle ; le bas-relief de ce sarcophage est une copie grossièrement
exécutée d'un tombeau antique représentant la fable
de Proserpine. Pl. in-8 en larg. Al. Lenoir, Musée
des Monuments français, t. 1, pl. 24.

Ce tombeau fut transporté à Paris vers 1795.

Couronne de Charlemagne, en or, enrichie de rubis,
saphirs et émeraudes, du trésor de l'église de l'abbaye de Saint-Denis. *N. Guerard, sculp.* Partie d'une
pl. in-fol. en larg. Felibien, Histoire de l'abbaye
royale de Saint-Denys, pl. 4, H.

Quatre couronnes de Charlemagne. Partie d'une pl.
in-fol. en larg. Montfaucon, t. I, pl. 2 (5e rang,
n[os] 5 à 8).

Couronne de Charlemagne. Pl. très-petite, grav. sur
bois. Nouveau Traité de diplomatique, t. IV, p. 82.

Couronne, sceptre, main de justice, épée de Charlemagne. Dessin in-fol. en larg. Percier, croquis faits
à Paris, etc., Recueil manuscrit de la bibliothèque
de l'Institut.

314.
Janvier 28.
Couronne et un des étriers de Charlemagne, du trésor
de l'église de Notre-Dame de Paris. Pl. in-fol. en
haut. Beaunier et Rathier, pl. 48.

Couronne de Charlemagne, tirée d'un sceau de ce
prince, ayant appartenu à Mgr. Blanchini, prélat
romain. Partie d'une pl. in-fol. en haut. Seroux
d'Agincourt, Histoire de l'art, etc., sculpture,
pl. xxix, n° 23, t. II, d°, p. 59.

La couronne de Charlemagne. Partie d'une pl. in-4 en
haut. Félix de Vigne, Vade-mecum du peintre, t. I,
pl. 58.

Sceptre de Charlemagne, surmonté d'une fleur de lis,
sur laquelle est assis ce prince, au trésor de Saint-
Denis. Pl. in-fol. en haut. Tristan, Traicté du Lis, à
la page 39.

Sceptre d'or long de cinq pieds dix pouces; sur le haut
est un lis d'or émaillé, où est représenté Charlemagne assis sur son trône, avec ces mots gravés
au-dessous : Sanctus Karolus magnus, Italia, Roma,
Gallia, Germania, du trésor de l'église de l'abbaye
de Saint-Denis. *N. Guerard, sculp.* Partie d'une pl.
in-fol. en larg. Felibien, Histoire de l'abbaye royale
de Saint-Denys, pl. 4, P.

Eginhartus de vita et gestis Caroli magni cum commentario Joh. Friderici Besselii, etc., curante Joh. Her-
manno Schminckio. Trajecti ad Rhenum. G. Van de
Water, 1711, in-4, fig. Ce volume contient :

Petite statue de Charlemagne placée au haut d'un sceptre, et dix monnaies de cet empereur. Pl. in-fol. en
haut., p. 1.

—

Sceptre et main de justice qui servaient aux sacres des
rois de France, et qui étaient conservés au trésor de
l'abbaye de Saint-Denis. Dessin in-fol. en haut. Gaignières, t. I, 13.

814.
Janvier 28.

Sceptre ancien formé par un bâton, surmonté par un
globe d'où sort une fleur; sur cette fleur est posé un
trône sur lequel est assis un empereur. Ce sceptre
était conservé au trésor de l'abbaye de Saint-Denis,
et il servait encore aux sacres des rois de France
dans le xviiiᵉ siècle. Partie d'une pl. in-fol. en larg.
Montfaucon, t. I, pl. 3.

> Montfaucon pense que ce sceptre est de quelque temps pos-
> térieur à Charlemagne, et qu'il fut donné à l'abbaye de Saint-
> Denis par Charles le Chauve.

Sceptre représentant la figure d'un empereur assis. Pl.
in-8 en haut. Billardon-Sauvigny, Essais historiques
sur les mœurs des Français, t. IV, à la page 3.

Sceptre représentant un aigle et main de justice. Pl.
in-8 en haut. Billardon-Sauvigny, Essais sur les
mœurs des Français, t. IV, à la page 7.

Le sceptre et la main de justice de Charlemagne. Partie
d'une pl. in-fol. en haut. Beaunier et Rathier, pl. 36.

Sceptre, sceaux, épée, ceinture et chaussure de Charlemagne. Trois pl. in-4 en haut., color. Comte de
Viel Castel, nᵒˢ 38, 39, 40, texte, t. I, p. 32, 33.
Le texte porte, par erreur, dans une note, pl. 36, 37,
39 et 40.

Sceptre de Charlemagne, orné d'imitations de pierres
fines, d'émaux, de sujets en repoussés et d'une sta-
tuette de l'empereur, assis dans un lis. Ces orne-

ments paraissent être du xiii^e siècle ; l'émail a disparu probablement à l'époque du sacre de Charles X.

Au Louvre, musée des Souverains. Provenant de l'abbaye de Saint-Denis.

Main de justice dont le bâton est d'or, et la main de corne de licorne, placé à côté de l'épée et des éperons de Charlemagne, du trésor de l'église de l'abbaye de Saint-Denis. *N. Guerard, sculp.* Partie d'une pl. in-fol. en larg. Felibien, Histoire de l'abbaye royale de Saint-Denys, pl. 4, S.

Main de justice qui était conservée au trésor de l'abbaye de Saint-Denis, et qui servait encore aux sacres des rois de France dans le xviii^e siècle. Partie d'une pl. in-fol. en larg. Montfaucon, t. I, pl. 3.

Montfaucon pense que cette main de justice est du temps de Charlemagne.

Il fait observer que c'est par erreur du dessinateur que cette main de justice est représentée comme si c'était une main gauche. L'original était effectivement une main droite. T. II, p. 212.

Main de justice de Charlemagne, ornée de médaillons et de pierres précieuses gravées et autres.

Au Louvre, musée des Souverains.
Provenant de l'abbaye de Saint-Denis.

Diadème de Charlemagne, conservé au trésor impérial de Vienne (Autriche). Pl. in-12 carrée, grav. sur bois sans bords. Lacroix, le Moyen âge et la Renaissance, t. III. Vie privée, 6, dans le texte.

Couronne de Charlemagne et figures servant à faire connaître sa forme primitive.=Épée de Charlemagne. = Tuniques dites de Charlemagne. = Ceinture et

chaussures dites de Charlemagne. Quatre pl. dont
deux color., in-fol. en haut. Willemin, pl. 19
à 22.

814.
Janvier 28.

> Ces objets ne sont point authentiques, quant à l'époque à
> laquelle la tradition voudrait les rattacher. Ce qui est positif
> relativement à la couronne spécialement, c'est qu'elle est an-
> cienne, mais postérieure de beaucoup à Charlemagne, et
> qu'elle a peut-être été modifiée et changée à diverses époques.
> L'épée est aussi d'une haute antiquité, mais il n'est pas pos-
> sible d'affirmer qu'elle soit de l'époque de Charlemagne. Les
> autres objets sont également d'époques plus ou moins reculées,
> sans données certaines.
>
> Ces objets étaient autrefois conservés à l'hôtel de ville de
> Nuremberg, d'où on les transportait, à chaque élection d'em-
> pereur, dans la ville choisie pour le couronnement. La cou-
> ronne et l'épée y figuraient spécialement. Elles sont mainte-
> nant conservées à Vienne.

Chape de Charlemagne conservée dans la cathédrale
de Metz. Trois pl. de diverses grandeurs, grav. sur
bois. De Caumont, Bulletin monumental, t. XIV,
p. 410, 411, dans le texte. = Pl. in-8 en larg.,
lithogr. Begin, Metz depuis dix-huit siècles, t. II,
pl. 61.

Épée de Charlemagne, dont la garde, la poignée et le
pommeau sont d'or et ses éperons en or, du trésor
de l'église de l'abbaye de Saint-Denis. *N. Guerard,
sculp.* Partie d'une pl. in-fol. en larg. Felibien, Histoire de l'abbaye royale de Saint-Denys, pl. 4, R. =
Dessin in-fol. en haut. Gaignières, t. I, 14. = Partie
d'une pl. in-fol. en larg. Montfaucon, t. I, pl. 24.
= Partie d'une pl. in-fol. en haut. Seroux d'Agincourt, Histoire de l'art, etc., sculpture, pl. XXIX,
n° 21, t. II, d°, p. 59.

814.
Janvier 28.

Épée de Charlemagne, ornée de parties en or, d'amethystes, cristaux de roche et aigues-marines.

> Au Louvre, musée des Souverains.
> Provenant de l'abbaye de Saint-Denis et du garde-meuble de la Couronne.

Épée de Charlemagne conservée à Nuremberg. Partie d'une pl. in-fol. en haut. Montfaucon, t. I, pl. 23, n° 5. = Pl. in-4 en haut., color. Comte de Viel Castel, n° 45, texte, t. I, p. 36.

Épée de Charlemagne conservée à Aix-la-Chapelle. Partie d'une pl. in-4 en haut., color. Comte de Viel Castel, n° 44, texte, t. I, p. 35.

Deux épées de Charlemagne, l'une conservée jadis à Aix-la-Chapelle, l'autre à Saint-Denis. = Trois couronnes du même prince, sans désignation. Pl. in-fol. en haut. Beaunier et Rathier, pl. 42 (par erreur au texte 36.)

Épée dite de Charlemagne, conservée dans le trésor impérial de Vienne. Pl. in-8 en haut., grav. sur bois. Lacroix, le Moyen âge et la Renaissance, t. III. Cérémonial, 10, dans le texte.

Croix en or et olifant en ivoire, trouvés dans le tombeau de Charlemagne, à Aix-la-Chapelle. Partie d'une pl. in-4 en haut. Félix de Vigne, Vade-mecum du peintre, t. I, pl. 58.

Éperons de Charlemagne, restaurés pour le sacre du roi Charles X.

> Au Louvre, musée des Souverains.
> Provenant de l'abbaye de Saint-Denis et du garde-meuble de la Couronne.

Oratoire de Charlemagne, reliquaire en or, orné de

perles et de pierreries, du trésor de Saint-Denis, où
il était désigné sous le nom d'écrin. Partie d'une
pl. in-fol. magno en haut. Al. Lenoir, Monuments
des arts libéraux, etc., pl. 10, p. 14.

> Le soubassement, formé d'arcades en ogive, paraît être
> une adjonction faite dans le XIII<sup>e</sup> siècle.

Sceau de Charlemagne à la charte pour un privilége
donné au monastère de Saint-Maximin de Trèves,
au mois d'août de la XI<sup>e</sup> année de son règne. Partie
d'une pl. in-fol. max° en larg. Henschenius et Papebrochius, Acta sanctorum aprilis, tab. III, à la
page 12.

Deux sceaux du même. Mabillon, De re diplomatica,
pl. 23, 24, 25.

Sept sceaux du même. Heineccius, pl. 1, n° 9, pl. 3,
n<sup>os</sup> 8, 9, 11, pl. 4, n<sup>os</sup> 1, 2, 3.

Cachet ayant servi à Charlemagne, représentant une
tête de Jupiter Serapis. Mabillon, De re diplomatica, pl. 24. = Heineccius, pl. 3, n° 10. = Pl. de
la grandeur de l'original, grav. sur bois. Nouveau
Traité de diplomatique, t. IV, p. 51.

Sceau de Charlemagne. Pl. in-4 en haut. Daniel, t. II,
p. 175.

Six sceaux du même. Partie d'une pl. in-fol. en haut.
Montfaucon, t. I, pl. 21.

Sceau du même. Partie d'une pl. in-fol. en haut. Montfaucon, t. I, pl. 25, n° 4.

Cinq sceaux du même. Pl. in-8 en larg. Eckhart, Commentarii, etc., t. II, p. 91, dans le texte.

Sceau du même. Petite pl. Eckhart, Commentarii, etc.,
t. II, p. 864, dans le texte.

814.
Janvier 28.

814.
Janvier 28.     Sceau à un diplôme de Charlemagne. Partie d'une pl.
in-fol. maximo en larg. Patachich, à la page 85.

Sceaux et bulle de Charlemagne. Partie d'une pl. in-fol.
en haut. Patachich, à la page 85.

Sceau du même, à une charte de 781. Petite pl. grav.
sur bois. Argelati, t. III, appendix, p. 101, dans le
texte.

Deux sceaux du même. Pl. de la grandeur de l'original,
grav. sur bois. Nouveau Traité de diplomatique,
t. IV, p. 110.

Sceau du même. Pl. de la grandeur de l'original, grav.
sur bois. Nouveau Traité de diplomatique, t. IV,
p. 111.

Bulle du même. Pl. de la grandeur de l'original, grav.
sur bois. Nouveau Traité de diplomatique, t. IV,
p. 112.

Sceau de Charlemagne ou de Charles II le Chauve. Pl.
de la grandeur de l'original, grav. sur bois. Nouveau Traité de diplomatique, t. IV, p. 113.

Deux sceaux de Charlemagne. Partie d'une pl. in-4 en
haut. (de Migieu), Recueil des sceaux du moyen
âge, pl. 1, n^os 12, 13.

     Eginharti vita Caroli magni edita — a Gabriele Godo-
fredo Bredow. Helmstadii, 1806, in-12. Ce volume contient :

Portrait de Charlemagne de face, d'après Golzius, pl.
ronde, in-12, devant le titre. Deux sceaux de Charlemagne. Petite pl. en larg. sur le titre.

     La première figure est entièrement imaginaire.

—

Sceau de Charlemagne. Partie d'une pl. in-fol. en haut. 814.
Beaunier et Rathier, pl. 65, n° 4.

Deux sceaux du même. Partie d'une pl. in-fol. en haut.
Trésor de numismatique et de glyptique, Sceaux des
rois et reines de France, pl. 1, n$^{os}$ 8, 9.

Bulle en plomb attachée à un diplôme de l'empereur
Charlemagne, du cabinet de France. Partie d'une
pl. in-4 en haut. Conbrouse, t. VII, l'Avant-Clhodovigh, pl. 41, n° 3.

Bulle en plomb de Charlemagne, au cabinet des médailles de la Bibliothèque royale. Petite pl. grav. sur
bois. Revue numismatique, 1840, A. Duchalais,
p. 120, dans le texte.

Sceau et monnaie du même. Partie d'une pl. in-8 en
haut. Revue de la Numismatique belge, C. Piot,
t. IV, pl. 14, n$^{os}$ 1, 2, p. 393.

Bulle en plomb du même. Petite pl. grav. sur bois.
Fillon, Considérations — sur les monnaies de France,
p. 55, dans le texte.

Médaillon d'or représentant l'empereur Charlemagne,
en buste, au cabinet du roy. Dessin in-8, rond, sur
une feuille in-fol. Miscellanea eruditæ antiquitatis, etc.,
ex museo J. du Tilliot, Recueil manuscrit in-fol.,
4 vol. de la bibliothèque de l'Arsenal, t. IV.

Médaillon d'argent de Charlemagne, du cabinet des
médailles et antiques de la Bibliothèque royale. Partie
d'une pl. in-4 en haut. Conbrouse, texte, t. II,
types — numismatiques, pl. 3, n° 1, ═ t. VII, pl. 41,
n° 6.

Médaille de Charlemagne, Rev. FUNDATOR TEMPLI, etc.

Partie d'une pl. in-fol. en haut. Trésor de numismatique et de glyptique, Médailles françaises, 1ʳᵉ partie,
pl. 1, n° 1.

> Cette médaille parait être du commencement du xvıᵉ siècle,
> et avoir fait partie d'une suite de portraits des rois de France,
> dont il reste peu de pièces. Je ne la cite que pour ne pas l'ex-
> clure de celles données dans ce recueil.

Vingt-huit monnaies de Charlemagne. Deux pl. in-4
en haut. Le Blanc, pl. 87, 88, aux pages 87, 88.

Quatorze monnaies que l'on peut attribuer à Charlemagne, mais qui peuvent être aussi attribuées à
Charles le Chauve ou à Charles le Gros. Pl. in-4 en
haut. Le Blanc, pl. 92, à la p. 92.

Monnaie de Charlemagne sur laquelle il est représenté
tenant l'étendard de la ville de Rome. Petite pl. Le
Blanc, Dissertation historique sur quelques monnoyes de Charlemagne, etc., p. 39, dans le texte,
et en vignette sur le titre de l'ouvrage.

Monnaie du même. Partie d'une pl. in-fol. en haut.
Du Molinet, le Cabinet de la bibliothèque de Sainte-
Geneviève, pl. 33, n° 5.

Monnaie du même, comme duc de Bénévent. Petite
pl. Daniel, t. II, p. 62, dans le texte.

Quarante-cinq monnaies du même. Pl. in-fol. en haut.
Eckhart, Commentarii, etc., t. II, p. 92, dans le
texte.

Monnaies diverses du même. Partie d'une pl. in-fol. en
haut. Patachich, à la page 58.

> La plupart de ces pièces sont des médailles modernes ou
> imaginaires.

Monnaies diverses du même. Pl. in-fol. en haut. Patachich, à la page 58.

814.
Janvier 28.

Deux monnaies du même, frappées à Rome. Partie
d'une pl. in-4 en haut., grav. sur bois. Argelati,
t. I, pl. 1, n^{os} 3, 4.

Deux monnaies du même, frappées à Pavie. Partie
d'une pl. in-4 en haut., grav. sur bois. Argelati,
t. I, pl. 11, n^{os} 1, 2.

Monnaie du même, frappée à Milan. Partie d'une pl.
in-4 en haut., grav. sur bois. Argelati, t. I, pl. 13,
n° 1.

Deux monnaies du même, frappées à Lucques. Partie
d'une pl. in-4 en haut., grav. sur bois. Argelati, t. I,
pl. 21, n^{os} 3, 4.

Deux monnaies du même, frappées à Trévise. Partie
d'une pl. in-4 en haut., grav. sur bois. Argelati,
t. I, pl. 73, n^{os} 1, 2.

Deux monnaies du même. Partie d'une pl. in-4 en
haut., grav. sur bois. Argelati, t. I, pl. 80, n^{os} 1, 2.

Cinq monnaies du même. Partie d'une pl. in-8 en haut.
Mader, t. IV, pl. 1, n^{os} 4 à 8, p. 6 à 8.

Monnaie du même. Partie d'une pl. in-8 en haut. Mader,
t. V, n° 40, p. 161.

Deux monnaies du même, frappées à Amiens. Partie
d'une pl. in-8 en larg., lithogr. Dusevel, Histoire
de la ville d'Amiens, t. I, pl. 2, n^{os} 2, 3, p. 132,
148.

Deux monnaies du même. Partie d'une pl. in-fol. en
haut. Trésor de numismatique et de glyptique, His-

toire par les monuments de l'art monétaire chez les
modernes, pl. 1, n^os 4, 5.

Monnaie du même. Partie d'une pl. in-fol. en haut.
Foulques, Essai historique, etc., pl. 1, n° 2, p. 13.

Quatre monnaies du même. Partie d'une pl. grand in-8
en haut., lithogr. Revue de la Numismatique française, 1837, E. Cartier, pl. 8, n^os 1, 6, 7, 8, p. 254,
261.

Monnaie du même, frappée à Uzès. Partie d'une pl.
lithogr., in-8 en haut. Revue numismatique, 1838,
F. de Saulcy, pl. 12, n° 3, p. 320.

Deux monnaies du même, frappées à Saint-Martin de
Tours et à Tours. Partie d'une pl. lithogr., in-8 en
haut. Revue numismatique, 1838, E. Cartier, pl. 15,
n^os 1, 2, p. 370, 371.

Monnaie du même. Partie d'une pl. in-fol. en haut.,
lithogr. Morellet, le Nivernois, atlas, pl. 119, n° 17,
t. II, p. 254.

Monnaie d'or du même, frappée à Uzès. Petite pl. grav.
sur bois. Revue numismatique, 1839, Ad. de Longpérier, p. 301, dans le texte.

>    Tirée du Bulletin de la Société archéologique de Beziers,
>    tome I.

Sept monnaies du même, frappées à Lucques, Reims,
Strasbourg, Tournay, etc. Partie d'une pl. in-8 en
haut., lithogr. Revue numismatique, 1839, F. Fougères, pl. 3, n^os 2 à 8, p. 97 et suiv.

Monnaie du même, frappée probablement à Angers.
Partie d'une pl. lithogr., in-8 en haut. Revue numismatique, 1839, E. Cartier, pl. 4 (vi^e par erreur),
n° 22, p. 105.

Monnaie du même. Petite pl. grav. sur bois. Mémoires de la Société des antiquaires de l'Ouest, Lecointre-Dupont, 1839, p. 317, dans le texte.

814.
Janvier 28.

Deux monnaies du même. Partie d'une pl. in-fol. en larg., lithogr. Mémoires de la Société des antiquaires de l'Ouest, Lecointre-Dupont, 1839, pl. 7, n$^{os}$ 14, 15, p. 317.

Monnaie du même. Partie d'une pl. lithogr., in-4 en haut. Conbrouse, texte, t. I, frontispice. = Répétition sur cuivre aux frontispices des t. II, III, IV.

Treize monnaies du même, frappées à Verdun, Marseille, etc. Partie d'une pl. in-4 en haut. Conbrouse, t. III, pl. 30 bis, n$^{os}$ 4 à 16, reproduite t. IV, sans numéro.

> Le catalogue à la fin du volume ne fait pas mention de cette planche.

Trois monnaies du même, frappées à Lucques, à Uzès et par Grimoald III, prince de Bénévent. Pl. in-4 en haut. Conbrouse, t. III, pl. 31.

Monnaie du même, frappée à Paris. Partie d'une pl. in-4 en haut. Conbrouse, t. III, pl. 33.

Monnaie du même, frappée à Rome. Partie d'une pl. in-4 en haut. Conbrouse, t. III, pl. 41.

Monnaie du même. Partie d'une pl. in-4 en haut. Conbrouse, t. III, pl. 42, n° 1.

> Le catalogue à la fin du volume fait confusion pour les pièces de cette planche.

Monnaie de Hugues. . . . . . ? au nom de Charlemagne, frappée à Toulouse. Partie d'une pl. in-4 en haut. Conbrouse, t. III, pl. 43, n° 6.

> Idem.

814.
Janvier 28.
Cinquante-quatre monnaies de Charlemagne. Sept pl. in-4 en haut. Conbrouse, t. IV, pl. 161 à 167.

Neuf monnaies de Charlemagne ou de Charles II le Chauve. Pl. in-4 en haut. Conbrouse, t. IV, pl. 172.

Quarante-deux monnaies de Charlemagne. Deux pl. in-4 en haut. Conbrouse, t. VII, l'Avant-Hugues-Capet, pl. 13, 14.

Cent trente-neuf monnaies du même. Partie de diverses pl. lithogr., in-4 en haut. Fougères et Conbrouse, Description — des monnaies de la deuxième race; détail à la table, p. 59, 61.

> Le n° 445, cité dans la table, n'est pas gravé.

Quatre monnaies du même. Partie d'une pl. in-4 en haut. Du Cange, Glossarium, 1840, t. IV, pl. 2, n°$^{os}$ 3 à 6.

Monnaie attribuée à Charlemagne, frappée à Bourges. Partie d'une pl. in-4 en haut. Pierquin de Gembloux, Histoire monétaire et philologique du Berry, pl. 2, n° 13.

Monnaie de Charlemagne. Petite pl. grav. sur bois. Lecointre-Dupont, Essai sur les monnaies frappées en Poitou, p. 60, dans le texte.

Monnaie du même. Partie d'une pl. lithogr., in-8 en haut. Lecointre-Dupont, Essai sur les monnaies frappées en Poitou, pl. 1, n° 14.

Monnaie du même, frappée à Paderborn ou plutôt à Pavie. Partie d'une pl. lithogr., in-8 en haut. Revue numismatique, 1841, J. de S. Quintino, pl. 3, n° 12, p. 54.

Trois monnaies du même, dont deux frappées à Lyon

et à Arles. Partie d'une pl. in-4 en larg., lithogr. 814.<br>Janvier 28.
Mémoires de la Société royale des antiquaires de
France, t. XII. Nouvelle série, t. II, Cartier, pl. 5,
n$^{os}$ 5, 6, 7, p. 186, 192.

Monnaie d'or du même. Partie d'une pl. in-8 en larg.,
lithogr. Bulletin de la Société archéologique de Beziers, t. I, pl. 6, n° 3.

Trois monnaies du même, attribuées à Castrilocus
(Mons). Partie d'une pl. in-8 en haut. Revue de la
Numismatique belge, R. Chalon, 2$^e$ série, t. II, pl. 3,
n$^{os}$ 1, 2, 3, p. 134.

Monnaie du même, frappée à Maestricht. Partie d'une
pl. in-8 en haut. Revue de la Numismatique belge,
Ch. Piot, 2$^e$ série, t. II, pl. 3, n° 5, p. 140.

Monnaie du même. Petite pl. grav. sur bois. Revue
numismatique belge, L. Decoster, 2$^e$ série, t. II,
p. 399, dans le texte.

Douze monnaies restituées à Charlemagne. Pl. in-8 en
haut. Revue de la Numismatique belge, L. Decoster,
2$^e$ série, t. II, pl. 13, n$^{os}$ 1 à 12, p. 369.

Monnaie de Charlemagne, attribuée à Terouane. Partie
d'une pl. lithogr., in-8 en haut. Hermand, Histoire
monétaire de la province d'Artois, pl. 1, n° 8.

Monnaie ou pièce d'un usage incertain, de Charlemagne. Partie d'une pl. lithogr., in-8 en haut. Hermand, Histoire monétaire de la province d'Artois,
pl. 1, n° 9.

Quatre monnaies de Charlemagne, ou frappées postérieurement avec son monogramme. Partie d'une pl.

in-8 en haut. Revue numismatique, 1845, B. Fillon, pl. 18, n^os 7, 8, 9, 12.

Monnaie du même, frappée en Bretagne. Partie d'une pl. in-8 en haut. Revue numismatique, 1846, Al. Ramé, pl. 5, n° 1, p. 56.

Trois monnaies du même. Partie d'une pl. in-8 en haut. Revue numismatique, 1846, E. Cartier, pl. 7, 3^e partie, n^os 2 à 4, p. 124.

Monnaie du même, frappée à Mâcon. Partie d'une pl. in-8 en haut. Revue numismatique, 1846, Hucher, pl. 10, n° 15, p. 183.

Six monnaies du même. Partie de deux pl. en haut. De Longpérier, Collection de M. J. Rousseau, pl. 3 de la 1^re série, n^os 226, 233, 239, 242, 245, pl. 1^re de la 2^e série, n° 232. Cette dernière répétée. Petite pl. grav. sur bois, p. 106, dans le texte, p. 100, 114.

Sol du même, pièce de plaisir, frappé à Uzès. Petite pl. grav. sur bois. Fillon, Considérations — sur les monnaies de France, p. 49, dans le texte.

Monnaie bractéate du même. Petite pl. grav. sur bois. Fillon, Considérations — sur les monnaies de France, p. 63, dans le texte.

Monnaie du même. Partie d'une pl. in-8 en haut. Fillon, Considérations — sur les monnaies de France, pl. 2, n° 1.

Monnaie du même, frappée à Arles. Partie d'une pl. in-8 en haut. Fillon, Considérations — sur les monnaies de France, pl. 2, n° 2.

Quatre monnaies du même. Partie d'une pl. in-4 en

haut. Robert, Études numismatiques, pl. 12, nᵒˢ 2, 3, 5, 6, p. 188, 189.

Quarante-deux monnaies du même. Partie de pl. et deux pl. in-8 en haut. Berry, Études, etc., pl. 8, nᵒˢ 14 à 27, pl. 9, nᵒˢ 1 à 19, pl. 10, nᵒˢ 1 à 9, t. I, p. 118 à 141.

Deux monnaies du même. Partie d'une pl. in-8 en haut. Berry, Études, etc., pl. 21, nᵒˢ 1, 2, t. I, p. 246.

Trois monnaies du même. Partie d'une pl. in-8 en haut. Fillon, Lettres à M. Dugast-Matifeux, pl. 7, nᵒˢ 7, 8, 9, p. 119 à 122.

Monnaie du même, frappée à Noyon. Partie de deux pl. in-8 en haut. lithogr. L'abbé Cochet, La Normandie souterraine et E. Thomas, pl. 13 et pl. 17, nᵒ 5, p. 288 et 391.

    Cette monnaie est ainsi gravée deux fois dans l'ouvrage.

Monnaie du même, frappée à Noyon. Partie d'une pl. in-8 en haut., lithogr. E. Thomas, Description de cinq monnaies franques, etc., nᵒ 5.

Portraits des trois femmes de Charlemagne, médaillons. Partie d'une pl. in-fol. en haut. Patachich, à la page 58.

    Ces portraits sont probablement imaginaires.

## 818.

Chapelle, dite Chambre des Reliques, à Erstein (Bas-Rhin), et sépulture de la reine Irmengarde, femme de Louis le Débonnaire. Pl. in-8 en larg., lithogr. Begin, Metz, depuis dix-huit siècles, t. II, pl. 63 ter.

## 820 ?

Livre d'évangiles latin écrit pour Louis le Débonnaire, et conservé à l'abbaye de Saint-Médard de Soissons. Manuscrit sur vélin du ixᵉ siècle, in-fol., veau marbré; de la Bibliothèque impériale, Manuscrits, supplément latin, n° 686. Ce volume contient :

Dix miniatures représentant des personnages et des sujets sacrés. Pièces in-fol. en haut., dans le texte.

Un calendrier avec sujets; ornementations, lettres et légendes, peintes dans le texte.

> Ces miniatures sont d'un grand intérêt, particulièrement sous le rapport de l'époque à laquelle ces peintures ont été exécutées. La conservation est bonne.

Figures diverses d'après des miniatures de ce manuscrit. Pl. in-fol. en haut. Beaunier et Rathier, pl. 45. = Six pl. in-fol. max° en haut., color. Comte de Bastard, livrais. 1, 2, 4.

> Les indications données dans ce dernier ouvrage rendent peu certaines les attributions à tel ou tel manuscrit des miniatures reproduites par l'auteur. Il faudrait, pour acquérir une entière certitude à cet égard, des examens longs et de difficile exécution.

Portraits des sept forestiers de Flandre, depuis Lideric, dit le Buc, jusqu'à Odoacre, très-petits portraits sur une ligne. Pl. in-12 en larg., frise. Wree, la Généalogie des comtes de Flandre, collée en tête du volume.

> Ces portraits sont entièrement imaginaires.

> Sacramentaire latin de l'abbaye de Gellone. Manuscrit sur vélin du commencement du ixᵉ siècle. Petit infol. maroquin rouge de la Biblioth. impér., fonds de

Saint-Germain des Prés, latin, n° 163. Ce volume con-          820.
tient :

Un grand nombre de miniatures, dont quelques-unes
seulement représentent des sujets figurés de personnages saints. La presque totalité de ces petites peintures offrent des lettres avec ornements ou représentations diverses. Pièces de diverses grandeurs, dans
le texte.

> Ces peintures offrent peu d'intérêt, et sont principalement
> remarquables sous le rapport de leur date. La conservation
> est bonne.
>
> L'abbaye de Gellone ou Saint-Guillem du désert à Lodève,
> diocèse de Narbonne, fut fondée vers la fin du vii\* siècle. Voir
> Gallia Christiana : Sanctus Guillelmus de desertis Al. Gello-
> nense monasterium, t. VI, p. 580.

Figures diverses d'après des miniatures de ce manuscrit. Pl. in-fol. en larg. Silvestre, Paléographie universelle, t. III, 102. = Pl. in-4 en haut., color.
Lacroix, le Moyen âge et la Renaissance, t. II, miniatures, pl..3.

## 825.

Canons d'évangiles, saint Luc et saint Jean évangélistes.
Quatre miniatures d'un manuscrit latin, livre des
évangiles donné par Ébon, archevêque de Reims, à
l'abbaye d'Hautvillers, de la bibliothèque d'Epernay.
Deux pl. in-fol. max° en larg., color. Le comte de
Bastard, livrais. 6.

## 826.

Sceau de Louis le Débonnaire, à une charte pour le
monastère de Saint-Grégoire, en Alsace ; donnée
par lui et Lothaire, empereur. Au bas d'une pl. in-fol.

826.     max° en larg. Schœpflin, Alsatia diplomatica , pl. 9, à la page 72.

## 838.

Cinq monnaies de Pepin, roi d'Aquitaine, fils de Louis I<sup>er</sup> le Débonnaire. Petite pl. Le Blanc, p. 105, dans le texte.

Cinq monnaies du même. Petite pl. Eckhart, Commentarii, etc., t. II, p. 312, dans le texte.

Monnaie du même. Petite pl. en larg. Köhler, t. XX, p. 401, dans le texte.

Monnaie du même. Partie d'une pl. in-4 en haut. Venuti, Dissertations sur les anciens monuments de la ville de Bordeaux, n° 4.

Douze monnaies du même. Partie de diverses pl. lith., in-4 en haut. Fougères et Conbrouse, Description des monnaies de la deuxième race, détail à la table, p. 64.

Deux monnaies du même. Partie d'une pl. lithogr., in-8 en haut. Revue numismatique, 1839, F. Fougères, pl. 4 (6<sup>e</sup> par erreur), n<sup>os</sup> 16, 17, p. 102.

Trois monnaies du même. Partie d'une pl. in-4 en haut. Du Cange, Glossarium, 1840, t. IV, pl. 4, n<sup>os</sup> 1 à 3.

Monnaie du même, frappée à Bourges. Partie d'une pl. in-4 en haut. Pierquin de Gembloux, Histoire monétaire et philologique du Berry, pl. 8, n° 6.

Cinq monnaies du même. Partie de deux pl. in-8 en haut. Berry, Études, etc., pl. 12, n<sup>os</sup> 17, 18, pl. 13, n<sup>os</sup> 1 à 3, t. I, p. 163, 164.

## 840.

Statue de Louis Ier le Débonnaire, roi de France et     Juin 23.
empereur, placée sur son tombeau dans l'église de
Saint-Arnoul, à Metz, et transportée en l'année 1603.
&#61; Vue du tombeau de ce roi dans la même église,
transporté par Henri II, en 1552, par C. Chastillon.
Pl. in-fol. en haut. Boisseau et Chastillon, Topographie françoise, n° 67.

Figure de Louis le Débonnaire placée sur son tombeau
dans l'église de Saint-Arnoul, de Metz. Partie d'une
pl. in-fol. en haut. Montfaucon, t. I, pl. 25, n° 3.
= Partie d'une pl. in-fol. en haut. Beaunier et Rathier, pl. 44. = Pl. in-4 en haut., color. Comte de
Viel Castel, n° 52, texte, t. I, p. 42.

> Ademari Chronicon, etc. Manuscrit sur vélin du xe et
> peut-être même du ixe siècle, in-fol., maroquin rouge,
> de la Biblioth. impér., Manuscrits, ancien fonds latin,
> n° 5927. Colbert 797. Regius 4902[3]. Ce vol. contient :

Un dessin colorié représentant un prince assis entre
deux personnages également assis, qui semblent dis-
courir ; ces figures sont placées dans un édifice en
haut duquel on voit un fer de lance ou une fleur de
lis imparfaite. In-4 carré, à la page 157, dans le
texte.

> Ce dessin, sans aucun mérite sous le rapport de l'art, est
> curieux à cause de l'époque à laquelle il a été exécuté, et
> principalement aussi par la représentation du principal person-
> nage qui y est figuré. D'après le texte du manuscrit, il paraît
> positif que ce personnage est Louis Ier le Débonnaire. L'âge du
> manuscrit est d'accord avec cette attribution ; il est très-pro-
> bablement du ixe ou du commencement du xe siècle, et, dans

tous les cas, de l'époque de Louis Ier, ou du moins exécuté peu après la mort de ce roi. La conservation est médiocre.

———

Figure de Louis Ier le Débonnaire, d'après les monu-ments du temps Pl. ovale in-12 en haut., grav. sur bois. Du Tillet, Recueil des roys de France, p. 44, dans le texte.

Histoire de l'abbaye royale et de la ville de Tournus, par le P. Pierre-François Chifflet. Dijon, v[e] Phil. Cha-vance, 1664, in-4. Ce volume contient :

Sceau de Louis Ier le Débonnaire, empereur, à deux chartes de 837 et 839. Petite pl. en haut., aux pages 195 et 262, dans le texte.

———

Sceau du même. Pl. de la grandeur de l'original, grav. sur bois. Pérard, Recueil de plusieurs pièces cu-rieuses servant à l'histoire de Bourgogne, p. 19, dans le texte.

Sceaux du même. Mabillon, de Re diplomatica, pl. 26, 28.

Sept sceaux du même. Heineccius, pl. 4, n[os] 4, 5, 6, 7, 8, 9, 10.

Deux sceaux du même. Partie d'une pl. in-fol. en haut. Montfaucon, t. I, pl. 25, n[os] 5, 6.

Dix sceaux et quatre monnaies du même. Pl. et partie d'une autre in-4 en haut. J. Heumann, Commen-tarii de re diplomatica imperatorum ac regum, etc., t. I, pl. 5, 6, n[os] 1 à 14.

Bulle d'or du même. Pl. de la grandeur de l'original, grav. sur bois. Nouveau Traité de diplomatique, t. I, p. 114.

Deux sceaux du même. Pl. de la grandeur de l'original, grav. sur bois. Nouveau Traité de diplomatique, t. IV, p. 113.

Sceau du même, à un diplôme pour l'abbaye de Sainte-Colombe de Sens. Pl. in-fol. en larg. Nouveau Traité de diplomatique, t. V, pl. 93.

Sceau du même. Partie d'une pl. in-4 en haut. ( de Migieu), Recueil des Sceaux du moyen âge, pl. 1, n° 14.

Deux sceaux du même. Partie d'une pl. in-fol. en haut. Trésor de numismatique et de glyptique. Sceaux des rois et reines de France, pl. 1, n°s 10, 11.

Monnaie de Louis Ier le Débonnaire , frappée à Châlon-sur-Saône. Partie d'une pl. in-4 en haut. Léon Bertaut et Pierre Cusset, l'Illustre Orbandale, pl. non numérotée, p. 100.

Six monnaies de la seconde race, et particulièrement de Louis le Débonnaire. Pl. in-8 en haut. Mercure Galant, 1686, janvier, à la page 269.

Quarante-deux monnaies de Louis Ier le Débonnaire. Trois pl. in-4 en haut. Le Blanc, pl. 100, 102 a, 102 b, aux pages 100, 102.

Monnaie du même. Partie d'une pl. in-fol. en haut. Du Molinet, le Cabinet de la bibliothèque Sainte-Geneviève, pl. 33, n° 6.

Monnaie du même. Petite pl. Daniel, t. II, p. 282, dans le texte.

Quarante-cinq monnaies et quatre sceaux du même. Deux pl. in-fol. en haut. Eckhart, Commentarii, etc., t. II, p. 328, 329, dans le texte.

840.
Juin 23.

840.

Juin 23.

Trois monnaies du même, frappées à Rome. Partie d'une pl. in-4 en haut., grav. sur bois. Argelati, t. I, pl. 1, n^{os} 6, 7, 8.

Monnaie du même, frappée à Pavie. Partie d'une pl. in-4 en haut., grav. sur bois. Argelati, t. I, pl. 11, n° 3.

Deux monnaies du même, frappées à Milan. Partie d'une pl. in-4 en haut., grav. sur bois. Argelati, t. I, pl. 13, n^{os} 2, 3.

Monnaie du même, frappée à Vannes (Venecias). Partie d'une pl. in-4 en haut., grav. sur bois. Argelati, t. I, pl. 80, n° 5.

Deux monnaies de Louis I^{er} le Débonnaire, comme roi d'Aquitaine. Partie de pl. in-4 en haut. Venuti, Dissertations sur les anciens monuments de la ville de Bordeaux, n^{os} 2, 3.

Monnaie du même, frappée à Marseille. Partie d'une pl. in-4 en haut. Grosson, Recueil des antiquités et monuments marseillois, pl. 6, n° 1.

Treize monnaies du même. Partie de deux pl. in-8 en haut. Mader, t. I, n^{os} 15 à 27, p. 51 à 64.

Monnaie du même. Partie d'une pl. in-8 en haut. Mader, t. IV, pl. 1, n° 9, p. 9.

Monnaie du même. Partie d'une pl. lithogr., in-4 en larg. De Caumont, Bulletin monumental, t. II, pl. 1, n° 15.

Monnaie du même. Partie d'une pl. in-fol. en haut. Trésor de numismatique et de glyptique, Histoire par les monuments de l'art monétaire chez les modernes, pl. 1, n° 6.

Monnaie du même, frappée à Lyon. Partie d'une pl. in-fol. en haut. Foulques, Essai historique, etc., pl. 1, n° 4, p. 27.

Monnaie du même, représentant deux marteaux et deux coins. Partie d'une pl. in-fol. en haut. Foulques, Essai historique, etc., pl. 1, n° 5, p. 26.

Deux monnaies du même, frappées à Vienne en Dauphiné. Partie d'une pl. in-fol. en haut. Foulques, Essai historique, etc., pl. 1, n°ˢ 12, 13, p. 50.

Deux monnaies de Vienne en Dauphiné, du temps de Louis le Débonnaire. Partie d'une pl. in-fol. en haut. Foulques, Essai historique, etc., pl. 1, n°ˢ 15, 18, p. 52.

> Le n° 18 n'est pas cité dans le texte.

Cinq monnaies du même. Partie d'une pl. lithogr., grand in-8 en haut. Revue de la Numismatique française, 1837, E. Cartier, pl. 8, n°ˢ 2, 3, 9, 10, 11, p. 255, 261.

Monnaie de Louis Iᵉʳ le Débonnaire, frappée à Venise, que l'on peut aussi attribuer à Lothaire empereur. Partie d'une pl. lithogr., grand in-8 en haut. Revue de la Numismatique française, 1837, E. Cartier, pl. 8, n° 20, p. 273.

Onze monnaies du même. Pl. lithogr., grand in-8 en haut. Revue de la Numismatique française, 1837, F. de Saulcy, pl. 11, n°ˢ 1 à 11, p. 347.

Deux monnaies du même. Partie d'une pl. lithogr., in-8 en haut. Revue numismatique, 1838, le marquis de Pina, pl. 7, n°ˢ 1, 2, p. 124.

Monnaie du même. Partie d'une pl. lithogr., in-8 en

haut. Revue numismatique, 1838, F. de Saulcy, pl. 12, n° 4, p. 320.

Quatorze monnaies du même, frappées à Saint-Martin de Tours, Melle, Toulouse, Clermont, Reims, Bolduc. Pl. in-4 en haut. Conbrouse, t. III, pl. 32.

Monnaie du même, frappée à Melle. Partie d'une pl. lithogr., in-8 en haut. Revue numismatique, 1839, E. Cartier, pl. 4 (6ᵉ par erreur), n° 23, p. 105.

Monnaie du même. Partie d'une pl. lithogr., in-8 en haut. Revue numismatique, 1839, E. Cartier, pl. 4 (6ᵉ par erreur), n° 24, p. 105.

Six monnaies du même. Petites pl. grav. sur bois. Mémoires de la Société des antiquaires de l'Ouest, Lecointre–Dupont, 1839, p. 320, 321, dans le texte.

Monnaie du même, frappée à Toulouse. Partie d'une pl. in-4 en haut. Conbrouse, t. III, pl. 33.

Monnaie du même. Partie d'une pl. in-4 en haut. Conbrouse, t. III, pl. 41.

Monnaie du même. Partie d'une pl. in-4 en haut. Conbrouse, t. III, pl. 42, n° 2.

> Le catalogue à la fin du volume fait confusion pour les pièces de cette planche, et aussi pour les suivantes de la planche 43.

Monnaie du même, frappée à Tours-Chinon. Partie d'une pl. in-4 en haut. Conbrouse, t. III, pl. 43, n° 2.

Monnaie du même, frappée à Langres. Partie d'une pl. in-4 en haut. Conbrouse, t. III, pl. 43, n° 3.

> Cette pièce peut aussi se rapporter à Louis V.

Monnaie de Sens, au nom de Louis I<sup>er</sup>. Partie d'une
pl. in-4 en haut. Conbrouse, t. III, pl. 43, n° 15.

840.
Juin 23.

Vingt-six monnaies du même. Quatre pl. in-4 en haut.
Conbrouse, t. IV, pl. 168 à 171.

Deux monnaies du même. Partie d'une pl. in-4 en haut.
Conbrouse, t. IV, pl. 177, n<sup>os</sup> 1, 2.

Quarante-deux monnaies du même. Deux pl. in-4 en
haut. Conbrouse, t. VII, l'Avant-Hugues-Capet,
pl. 20, 21.

Monnaie du même, frappée à Meaux. Partie d'une pl.
in-4 en haut. Conbrouse, t. VII, l'Avant-Clhodovigh,
pl. 42, n° 4.

Monnaie du même, posthume, frappée à Chinon. Partie
d'une pl. in-4 en haut. Conbrouse, t. VII, l'Avant-
Hugues-Capet, pl. 42, n° 1.

Quatre-vingt-quatre monnaies du même. Partie de diverses pl. lithogr., in-4 en haut. Fouques et Conbrouse, Description — des monnaies de la deuxième
race. Détail à la table, p. 61. (Les n<sup>os</sup> 468, 470,
474, cités dans la table, ne sont pas gravés.)

Deux monnaies du même. Partie d'une pl. in-8 en
haut. Revue de la Numismatique belge, J. Lelewel,
t. I, pl. 2, n<sup>os</sup> 7, 9, p. 113, etc.

Le texte ne mentionne qu'une de ces deux monnaies.

Sceau et monnaie du même. Partie d'une pl. in-8 en
haut. Revue de la Numismatique belge, C. Piot,
t. IV, pl. 14, n<sup>os</sup> 3, 4, p. 393.

Quatre monnaies du même. Partie d'une pl. in-8 en
haut. Revue de la Numismatique belge, de Coster,

840.
·Juin 23.

2ᵉ série, t. III, 1853, pl. 18, nᵒˢ 1, 2, 12 et 0, p. 357, etc.

Onze monnaies du même. Partie d'une pl. in-4 en haut. Du Cange, Glossarium, 1840, t. IV, pl. 2, nᵒˢ 8 à 18.

Quatre monnaies du même, frappées à Bourges. Partie de deux pl. in-4 en haut. Pierquin de Gembloux, Histoire monétaire et philologique du Berry, pl. 2, nᵒ 14, pl. 8, nᵒˢ 2, 3, 8.

Six monnaies du même. Petites pl. grav. sur bois. Lecointre-Dupont, Essai sur les monnaies frappées en Poitou, p. 63, 64, dans le texte.

Trois monnaies du même, frappées à Meaux. Partie d'une pl. lithogr., in-8 en haut. Revue numismatique, 1840, Ad. de Longpérier, pl. 8, nᵒˢ 2 à 4, p. 130, 31.

Monnaie du même. Partie d'une pl. in-8 en larg. Friedlaender, Numismata inedita, p. 40, dans le texte.

Deux monnaies du même. Partie d'une pl. in-fol. en larg. Mémoires de la Société des antiquaires de Normandie, 2ᵉ série, 1ᵉʳ vol. nᵒ 1, à la page 279.

Monnaie du même. Partie d'une pl. lithogr., in-8 en haut. Revue numismatique, 1842, E. Cartier, pl. 24, nᵒ 3, p. 443.

Monnaie du même, attribuée à Saint-Omer (*Sitdiu* ou *Sithiu*). Partie d'une pl. lithogr., in-8 en haut. Hermand, Histoire monétaire de la province d'Artois, pl. 1, nᵒ 10.

Quatre monnaies du même. Partie de deux pl. in-8 en haut. De Longpérier, Collection de M. J. Rousseau,

pl. 3 de la 1ʳᵉ série, n° 252, pl. 2 de la 2ᵉ série,        840.
n°ˢ 270, 271, 277, ces trois dernières répétées, pe-    Juin 23.
tites pl. grav. sur bois., p. 127, 129, 130, dans le
texte, p. 121, 130.

Monnaie du même, frappée à Rome. Partie d'une pl.
in-8 en haut. De Longpérier, Collection de M. J.
Rousseau, pl. 6 de la 2ᵉ série, n° 589. Répétée,
petite pl. grav. sur bois, p. 246, dans le texte;
p. 246, 249.

Monnaie du même, frappée à Ratisbonne. Petite pl.
grav. sur bois. Revue archéologique, 1848, dans le
texte, à la page 496.

Quatre monnaies du même, de Melle. Quatre petites
pl. grav. sur bois. Fillon, Considérations — sur les
monnaies de France, p. 58 et 118, dans le texte.

Monnaie du même. Partie d'une pl. in-8 en haut. Fillon,
Considérations — sur les monnaies de France, pl. 2,
n° 4.

Cinq monnaies du même. Partie d'une pl. in-4 en haut.
Robert, Études numismatiques, etc., pl. 12, n°ˢ 7
à 11, p. 190 à 193.

Trente-trois monnaies du même. Partie de deux pl., et
pl. in-8 en haut. Berry, Études, etc., pl. 10, n°ˢ 10
à 20, pl. 11, n°ˢ 1 à 20, pl. 12, n°ˢ 1, 2, t. I, p. 142
à 155.

> Les deux monnaies de la planche 12 ne sont pas mention-
> nées dans le texte.

Six monnaies du même. Partie de deux pl. in-8 en
haut. Fillon, Lettres à M. Dugast-Matifeux, pl. 7,
n°ˢ 10 à 14, pl. 10, n° 23, p. 123 à 126.

## 847.

Cinq monnaies de Charles le Gros, roi de Lorraine. Partie d'une pl. in-4 en haut. Robert, Études numismatiques, etc., pl. 15, n^{os} 1 à 5, p. 209 à 211.

## 850 ?

Bible de Charles le Chauve. Manuscrit sur vélin de 433 feuillets, du IX^e siècle, gr. in-fol. maroquin rouge aux armes de Colbert. Au Louvre, musée des Souverains. Ce volume contient :

Sept miniatures représentant des sujets de l'Histoire sainte, ou sacrés, avec de nombreuses figures. Pièces in-fol. magno en haut., dans le texte.

Miniature représentant Charles le Chauve assis, auquel deux personnages indiquent trois religieux qui lui offrent le manuscrit. Deux autres personnages et un guerrier sont assis près du roi. En bas d'autres religieux. Pièce in-fol. en haut., au feuillet dernier recto.

Nombreuses lettres majuscules peintes, ornementations, un zodiaque, etc., dans le texte.

Ce manuscrit très-précieux provient de la Bibliothèque impériale, ancien fonds latin, n° 1.

Ces miniatures sont fort remarquables, sous le rapport de l'époque à laquelle elles ont été peintes, comme exécution, et pour beaucoup de détails de vêtements, ameublements, édifices, accessoires, instruments de musique, etc. La conservation est bonne.

Une mention en tête du volume porte qu'il fut offert à Charles le Chauve, par le comte Vivian, recteur de l'église de Saint-Martin de Tours, et par onze moines de la même église en l'année 850 ou 851.

Une autre mention placée au-dessus de la précédente et

850.

signée par Étienne Baluze, porte que ce manuscrit existant jadis dans la cathédrale de Metz, fut donné par les chanoines de cette église, à Colbert, en 1675 ; Longueval et D. Calmet ont aussi rapporté cette opinion : c'était une erreur qui a été réfutée par D Mabillon et D. Rivet. (Voir Le Prince, tableau historique de la bibliothèque du roi, p. 201.)

Cette erreur provenait d'une confusion faite avec le manuscrit des heures de Charles le Chauve. (Voir à l'année 869.)

Cette Bible se trouvait conservée dans l'abbaye de Saint-Denis, lorsque, en 1595, il fut représenté au roi que les religieux de cette abbaye songeaient à s'en défaire. Un arrêt du parlement du 20 août de cette année ordonna que cette Bible serait placée dans la bibliothèque royale, ce qui fut fait dans la même année. (Voir Le Prince, tableau historique de la bibliothèque du roi, p. 35.—Catalogue des livres imprimés de la bibliothèque du roi, t. I, préface.)

Les manuscrits qui ont quelque analogie entre eux et dont les miniatures ont été reproduites par plusieurs auteurs, offrent quelquefois des difficultés pour établir bien positivement ceux de ces manuscrits auxquels se rapportent les reproductions publiées. Ces difficultés proviennent du peu d'exactitude des auteurs, en citant les numéros et même les titres des manuscrits. Pour obtenir une entière certitude à cet égard, il faudrait comparer toutes les reproductions avec les miniatures elles-mêmes, travail possible s'il ne s'agissait que d'un seul manuscrit, mais long et difficile quand il s'agit de beaucoup de ces volumes. Il y a donc des incertitudes sous le point de vue de ces attributions.

Cette observation, qui a déja été faite, s'applique particulièrement à ce manuscrit, à celui du livre de prières de Charles le Chauve (année 869) et à quelques autres de la même nature.

Figures diverses d'après des miniatures de ce manuscrit, savoir : Partie d'une pl. in-fol. en larg. Montfaucon, t. I, pl. 26. = Pl. in-fol. en haut. Eckhart, Commentarii, etc., t. II, à la page 410. = Pl. diverses in-fol. Beaunier et Rathier, nos 49, 54, 55, 56, 57.

830.

= Pl. in-4 carrée. A. Lenoir, Histoire des arts en France, pl. 18.=Pl. in-4 en haut. Dibdin, A. Biblio-graphical—tour., t. II, à la page 162.= Planches in-4 color. Comte de Viel Càstel, n^os 55 à 67 (moïns 58). = Planches in-fol. max° en haut., color. Comte de Bastard, livrais. 1, 2 et 3, 5, 10. = Cinq pl. in-4 en haut., color. Félix de Vigne, Vade-mecum du pein-tre, t. I, pl. 45, 48 à 51. = Partie d'une pl. in-fol. max° en haut., color. Du Sommerard, les Arts au moyen âge, album, 8^e série, pl. 10, n° 2. = Partie d'une pl. in-fol. mag° en haut. Al. Lenoir, Monu-ments des arts libéraux, etc., pl. 11, p. 15. = Deux pl. in-8 et in-4 sans bords, grav. sur bois. Lacroix, le Moyen âge et la Renaissance, t. III, vie privée, 6, t. IV, armurerie, 3, dans le texte.

———

Roi inconnu du commencement de la deuxième race, de l'église de Saint-Denis. Pl. in-fol. en haut. Beau-nier et Räthier, pl. 39 (par erreur 33 au texte.)

> Cette figure était au musée des Monuments français. Cette attribution est fort douteuse.

Deux bas-reliefs de la cathédrale d'Amiens, représen-tant Salomon et la reine de Saba, et quatre médail-lons. Pl. in-8 en haut., grav. sur bois. De Caumont, Bulletin monum. t. X, à la page 351, dans le texte.

Croix d'or enrichie de grenats, de saphirs et de perles, donnée au trésor de l'église de Saint-Denis, par Charles le Chauve. Partie d'une pl. in-fol. magno en haut. Al. Lenoir, Monuments des arts libéraux, etc., pl. 10, p. 14.

> Les deux têtes de chérubins qui supportent la croix sont modernes.

## 855.

Figure de Lothaire I<sup>er</sup>, empereur, roi d'Italie, de Lor- Septemb. 28.
raine, fils de Louis I<sup>er</sup> le Débonnaire, sur son tombeau, dans l'église de Prum. Pl. in-4 en haut. Mabillon, Annales ordinis sancti Benedicti, t. VI, p. 582,
dans le texte.

Figure du même, assis, miniature du temps, sans
désignation d'où elle est tirée. Partie d'une pl. lith.
et color., in-fol. mag° en haut. Du Sommerard, les
Arts au moyen âge, album, 8<sup>e</sup> série, pl. 10, n° 3.

Figure du même, assis, miniature placée à la tête d'un
psautier, manuscrit de l'abbaye de Saint-Hubert,
près de Liége. Pl. in-4 en haut. Voyage de deux
religieux bénédictins, 1724, p. 136, dans le texte. =
Partie d'une pl. lithogr. et color., in-fol. mag° en
haut. Du Sommerard, les Arts au moyen âge, album, 8<sup>e</sup> série, pl. 10, n° 4.

Couronne du même. Partie d'une pl. in-fol. en larg.
Montfaucon, t. I, pl. 2 (6<sup>e</sup> rang, n° 2.)

Chapelle dite chambre des reliques à Erstein (Bas-Rhin),
et sépulture de l'empereur Lothaire. Pl. in-8 en larg.,
lithogr. Begin, Metz depuis dix-huit siècles, t. II,
pl. 63 bis.

Epitaphes de Lothaire et de Pepin le Bâtard, fils de
Charlemagne, à Prum. Manuscrit du XVII<sup>e</sup> siècle, deuxième
tiers; de la Bibliothèque des ducs de Bourgogne,
n° 6762. Marchal, t. I, p. 136. Ce volume contient :

Des dessins.

Pepin le Bâtard, fils de Charlemagne, mourut en l'an 811.

855.
Septemb. 28.
Sceau de Lothaire I<sup>er</sup>, empereur. Mabillon, de Re di-
plomatica, pl. 30.

Trois sceaux du même. Partie d'une pl. in-fol. en
haut., copiés de l'ouvrage de Schannat, tab. III,
Acta eruditorum, 1725, p. 299.

Deux sceaux du même. Partie d'une pl. in-fol. en haut.
Montfaucon, t. I, pl. 28.

Sceau du même. Partie d'une pl. in-4 carrée, Eckhart,
Commentarii, etc., t. II, p. 445, dans le texte.

Cinq sceaux du même. Partie de deux pl. in-4 en haut.
J. Heumann, Commentarii de re diplomatica imperatorum et regum, etc., t. I, pl. 6, n<sup>os</sup> 1 à 4, et
pl. 7, n° 5.

Sceau du même, à une charte de 835. Petite pl. grav.
sur bois. Argelati, Appendix, t. III, p. 104, dans
le texte.

Deux sceaux du même. Pl. de la grandeur de l'original, grav. sur bois. Nouveau Traité de diplomatique,
t. IV, p. 114.

Deux sceaux du même. Partie d'une pl. in-fol. en haut.
Beaunier et Rathier, pl. 65, n<sup>os</sup> 7, 8.

Sceau du même. Partie d'une pl. in-fol. en haut. Trésor
de numismatique et de glyptique, sceaux des rois et
reines de France, pl. 1, n° 12.

Dix monnaies de Lothaire empereur. Partie d'une pl.
in-4 en haut. Le Blanc, pl. 106, n<sup>os</sup> 1 à 10, à la
page 106.

Deux monnaies du même. Partie d'une pl. in-fol. en
haut. Du Molinet, le cabinet de la Bibliothèque de
Sainte-Geneviève, pl. 33, n<sup>os</sup> 12, 13.

Deux monnaies du même, frappées à Tours et à Lyon.
Partie d'une pl. in-fol. en haut. Menestrier, Histoire
— de la ville de Lyon, à la page 220.

855.
Septemb. 28.

Treize monnaies du même. Partie d'une pl. in-4 carrée.
Eckhart, Commentarii, etc., t. II, p. 445, n^{os} 1 à
13, dans le texte.

Monnaie de Lothaire, empereur, avec le pape Benoist III.
Petite pl. en larg. Köhler, t. XX, p. 305, dans le
texte.

Monnaie de Lothaire, empereur. Partie d'une pl. in-4.
en haut. J. Heumann, Commentarii de re diplomatica imperatorum et regum, t. I, pl. 6, sans n°.

Trois monnaies du même, frappées à Rome. Partie
d'une pl. in-4 en haut., grav. sur bois. Argelati, t. I,
pl. 1, n^{os} 9, 10, 11.

Monnaie du même, frappée à Milan. Partie d'une pl.
in-4 en haut., grav. sur bois. Argelati, t. I, pl. 13,
n° 4.

Monnaie du même, frappée à Pavie. Partie d'une pl.
in-4 en haut., grav. sur bois. Argelati, t. I, pl. 11,
n° 4.

Monnaie du même. Partie d'une pl. in-4 en haut.,
grav. sur bois. Argelati, t. III, Appendix, pl. 1,
n° 9.

Monnaie du même. Partie d'une pl. in-8 en haut. Mader, t. I, n° 28, p. 65.

Deux monnaies du même. Partie d'une pl. in-8 en
haut. Mader, t. IV, pl. 1, n^{os} 10, 11, p. 10.

Monnaie du même. Partie d'une pl. lithogr., grand

in-8 en haut. Revue de la Numismatique française,
1837, E. Cartier, pl. 8, n° 12, p. 263.

Monnaie du même, que l'on peut croire frappée à
Hœchst, près de Mayence. Petite pl. grav. sur bois.
Revue numismatique, 1839, Lecointre-Dupont,
p. 344, dans le texte.

Monnaie du même. Partie d'une pl. lithogr., in-8 en
haut. Revue numismatique, 1839, F. Fougères, pl. 3,
n° 9, p. 99.

Quatre monnaies du même. Partie d'une pl. in-4 en
haut. Conbrouse, t. VII, l'Avant-Hugues-Capet,
pl. 45, n$^{os}$ 1 à 4.

Quinze monnaies du même. Partie d'une pl. in-4 en
haut. Conbrouse, t. VII, l'Avant-Hugues-Capet,
pl. 49, n$^{os}$ 1 à 15.

Vingt-deux monnaies du même. Partie de diverses pl.
lithogr., in-4 en haut. Fougères et Conbrouse, Description — des monnaies de la deuxième race. Détail
à la table, p. 64.

Quatre monnaies du même. Partie d'une pl. in-4 en
haut. Du Cange, Glossarium, 1840, t. IV, pl. 4,
n$^{os}$ 11 à 14.

Monnaie du même. Partie d'une pl. in-4 en larg., lith.
Mémoires de la Société royale des antiquaires de
France, t. XII. Nouvelle série, t. II, Cartier, pl. 5,
n° 10, p. 200.

Monnaie du même, frappée à Rome. Partie d'une pl.
in-8 en haut. De Longpérier, Collection de M. J.
Rousseau, pl. 6 de la 2$^e$ série, n° 592. Répétée. Petite pl. grav. sur bois, p. 249, dans le texte.

Deux monnaies du même. Partie d'une pl. in-8 en
haut. De Longpérier, Collection de M. J. Rousseau,
pl. 3 de la 1ʳᵉ série, nᵒˢ 322, 324, p. 140, 141.

855.
Septemb. 28.

Neuf monnaies carlovingiennes portant le nom de Venise, que l'on attribue à Louis 1ᵉʳ le Débonnaire ou
à Lothaire empereur, qui paraissent avoir été frappées pour constater les droits de ces princes sur
Venise, mais non pas dans cette ville. Pl. in-8 en
haut. Revue numismatique, 1849, E. Cartier, pl. 6,
p. 190 et suiv.

> Extrait de l'ouvrage de M. G. de San Quintino, intitulé :
> Osservazioni critiche intorno all'origine ed antiquità della mo-
> neta Veneziana. Torino, dalla stamperia reale, 1847, in-4, fig.

Monnaie de Lothaire, empereur, frappée à Bordeaux.
Partie d'une pl. in-8 en haut. Fillon, Considérations
— sur les monnaies de France, pl. 2, n° 5.

Six monnaies du même. Partie d'une pl. in-4 en haut.
Robert, Études numismatiques, etc., pl. 13, nᵒˢ 1
à 6, p. 193 à 196.

Quatorze monnaies du même. Partie d'une pl. in-8 en
haut. Berry, Études, etc., pl. 12, nᵒˢ 3 à 16, t. I,
p. 158 à 161.

> Les Évangiles en latin. Manuscrit sur vélin du ixᵉ siècle.
> Petit in-fol. maroquin rouge, de la Bibliothèque impé-
> riale. Manuscrits, ancien fonds latin, n° 266. Ce volume
> contient :

Miniature représentant Lothaire empereur assis sur son
trône; derrière lui sont deux soldats. Petit in-4 en
haut. En tête du volume.

Quelques miniatures représentant les quatre Évangélistes et des sujets ou personnages saints. In-4 en haut. Autres miniatures d'ornements.

La miniature représentant Lothaire est fort curieuse, ayant été peinte à l'époque où vivait cet empereur, ou du moins peu de temps après. Les autres miniatures sont intéressantes, sous le rapport du temps pendant lequel elles ont été exécutées. La conservation est bonne.

Ce manuscrit paraît avoir été exécuté pour Lothaire; mais rien n'indique précisément qu'il ait été peint en France. Il est désigné comme ayant été donné par ce prince à l'abbaye royale de Saint-Martin de Tours, ou bien au monastère de ce nom près de Metz.

Figures diverses d'après des miniatures de ce manuscrit, savoir : Partie d'une pl. in-fol. en larg. Montfaucon, t. I, pl. 26. = Pl. in-4 en haut. Eckhart, Commentarii, etc., t. II, p. 352, dans le texte. = Pl. in-4 en haut. Dibdin, A. Bibliographical — tour., t. II, à la page 164. = Pl. in-4 en haut., color. Comte de Viel Castel, n° 54 (le texte porte par erreur 53). = Planches in-fol. max° en larg., color. Comte de Bastard, livrais. 4, 17.

## 860 ?

Tableau représentant Baudouin Ier, comte de Flandres, entouré de ses douze conseillers, parmi lesquels est le comte de Hesdin, tous assis. Ce tableau était à Gand dans la chambre de justice. On lit au bas : L'INSTITUTION DU COMTÉ DE FLANDRE, ETC., *Boutrois, sculp.* Pl. in-4 en larg. Hennebert, Histoire générale de la province d'Artois, t. I, à la page 355.

Cette peinture était très-probablement de beaucoup postérieure à Baudouin Ier.

## 863.

Deux monnaies de Charles, fils de Lothaire, et roi de Provence. Partie d'une pl. in-8 en haut. Fillon, Lettres à M. Dugast–Matifeux, pl. 7, n^{os} 15, 16, p. 128.

## 865.

Deux monnaies attribuées à Charles, fils de Charles le Chauve, roi d'Aquitaine. Partie d'une pl. lithogr., in-4 en haut. Fougères et Conbrouse, Description — des monnaies de la deuxième race, n^{os} 123, 124.

Ces monnaies ont été aussi attribuées à Charles le Chauve.

Quatre monnaies de Pepin II, roi d'Aquitaine. Partie d'une pl. lithogr., in-8 en haut. Lecointre-Dupont, Essai sur les monnaies frappées en Poitou, pl. 2, n^{os} 1 à 4.

Pepin II fut déposé en 855, et mourut en prison à Senlis, en 865.

Monnaie du même. Partie d'une pl. in-8 en haut. De Longpérier, Collection de M. J. Rousseau, pl. 2 de la 2^e série, n° 331. Répétée. Petite pl. grav. sur bois, p. 145, dans le texte, p. 143, 146.

Monnaie du même. Partie d'une pl. in-8 en haut. Fillon, Considérations — sur les monnaies de France, pl. 4, n° 9.

Huit monnaies de Pepin I^{er} et II, rois d'Aquitaine, que je place à Pepin II. Partie d'une pl. in-4 en haut. Conbrouse, t. VII, l'Avant–Hugues-Capet, pl. 43, n^{os} 1 à 8.

## 866.

Monnaie de Charles, roi d'Aquitaine, fils de Charles le   Septemb. 29.

866.
Septemb. 29.

Chauve. Partie d'une pl. in-4 en haut. Du Cange,
Glossarium, 1840, t. IV, pl. 4, n° 18.

## 868.

Détails des chapiteaux sculptés de l'église de Notre-
Dame du Port, à Clermont-Ferrand, représentant
des figures de soldats et autres personnages. Deux
pl. et partie d'une autre, lithogr., in-fol. en haut.
Mallay, Essai sur les églises romanes du département
du Puy-de-Dôme, pl. 7, 8, 49.

## 869.

Juillet 12.

Méreau de Gerlon, 37e évêque de Limoges, pour la
cathédrale de cette ville. Partie d'une pl. in-8 en
haut. Revue numismatique, 1851, M. Ardant, pl. 11,
n° 1, p. 218.

> Il est probable que ce méreau est d'une époque postérieure.
> On a donné aussi à cet évêque les noms de Zerlon et de Gillon.

Août 7.

Sceau de Lothaire II, roi de Lorraine, à une charte de
l'an 868. Partie d'une pl. in-fol. max° en larg. Henschenius et Papebrochius, Acta sanctorum aprilis,
tab. 3, à la page 12.

Sceau du même, à une charte pour le monastère de
Saint-Grégoire, en Alsace. Au bas d'une pl. in-fol.
max° en larg. Schœpflin, Alsatia diplomatica, pl. 11,
à la page 86, n° 1.

Deux monnaies de Lothaire, roi de Lorraine. Partie
d'une pl. in-4 en haut. Le Blanc, pl. 106, n°s 13,
14, à la page 106.

Deux monnaies du même. Petite pl. Eckhart, Commentarii, etc., t. II, p. 549, dans le texte.

Monnaie du même. Partie d'une pl. lithogr., in-8 en haut. Revue numismatique, 1839, F. Fougères, pl. 4 (vi par erreur), n° 15, p. 101.

1869.
Août 7.

Monnaie du même, frappée à Verdun. Partie d'une pl. in-4 en haut. Conbrouse, t. III, pl. 37, n° 5.

Quatre monnaies du même. Partie de deux pl. lithogr., in-4 en haut. Fougères et Conbrouse, Description — des monnaies de la deuxième race. Détail à la table, p. 64, 65.

Deux monnaies du même. Partie d'une pl. in-4 en haut. Du Cange, Glossarium, 1840, t. IV, pl. 4, n°s 15, 16.

Monnaie du même. Partie d'une pl. in-4 en larg., lith. Mémoires de la Société royale des antiquaires de France, t. XII. Nouvelle série, t. II, pl. 5, n° 22, à la page 186.

Six monnaies du même. Partie d'une pl. in-4 en haut. Robert, Études numismatiques, etc., pl. 13, n°s 7 à 12, p. 196 à 198.

Trois monnaies du même. Partie d'une pl. in-8 en haut. Berry, Études, etc., pl. 15, n°s 8, 9, 10, t. I, p. 184, 185.

Tombeau d'Hirmintrude ou Ermentrude, femme de Charles le Chauve, avec Carloman, fils de Pepin, mort le 4 décembre 771, à l'abbaye de Saint-Denis. Pl. in-8 en haut., grav. sur bois. Rabel, les Antiquitez et Singularitez de Paris, fol. 45, dans le texte. = Même planche. Du Breul, les Antiquitez et choses plus remarquables de Paris, fol. 69, dans le texte. = Partie d'une pl. in-8 en

Octobre 6.

869.

haut. Al. Lenoir, Musée des Monuments français, t. I, pl. 26, n° 13.

> Livre de prières de Charles le Chauve. Manuscrit sur vélin, de 172 feuillets, petit in-fol., reliure du temps, avec ornements en argent, pierres précieuses, et deux plaques d'ivoire sculptées. Au Louvre, Musée des souverains. Ce volume contient :

Miniature représentant cinq danseurs jouant d'instruments de musique. Pièce petit in-4 carrée, au feuillet 1 verso.

Miniature représentant Charles le Chauve assis. Pièce petit in-4 en haut., au feuillet 3 verso.

Miniature représentant un clerc assis, écrivant. Pièce petit in-4 en haut., au feuillet 4 recto.

Lettres capitales peintes, ornementations. Deux miniatures in-4 en haut., aux feuillets 4 verso, et 5 recto.

Les deux plaques d'ivoire placées sur les deux plats du volume représentent, l'une, un enfant assis sur un ange protégé par le Christ, et attaqué par des lions et des hommes armés ; l'autre, le prophète Nathan reprochant à David le meurtre d'Urie. Ces plaques sont entourées de pierres de couleur.

> Le nom de l'écrivain de ce précieux manuscrit est porté à la dernière page ; il s'appelait Lithuard.
>
> Ce volume provient de la Bibliothèque Colbert, n° 1339, et de la Bibliothèque impériale. Manuscrits, fonds latin, n° 1152. — 4559 ³.
>
> Les trois miniatures de ce manuscrit sont remarquables par les détails de vêtements que l'on y trouve. Celle qui représente Charles le Chauve est fort curieuse. Les deux peintures où l'on voit des lettres majuscules entremêlées d'ornementations offrent un modèle peu fréquent de ce genre d'embellis-

sements des lettres. La conservation du volume est belle, ce 869.
qui est à remarquer, attendu l'âge de ce manuscrit.

Les deux bas-reliefs d'ivoire, en forme de dyptiques, placés
sur la reliure de ce volume, sont évidemment des productions
françaises de cette époque, et non pas des monuments antérieurs. Ils sont curieux sous le rapport des sujets qu'ils
représentent.

Une mention, au premier feuillet, porte que ce manuscrit
fut écrit entre les années 842 et 869.

Une autre mention, au-dessus de la précédente, et signée
par Et. Baluze, porte que ce livre de prières de Charles le
Chauve, jadis conservé dans la cathédrale de Metz, fut donné
par les chanoines de cette église à la Bibliothèque Colbert,
en 1674. La lettre d'envoi au Ministre est datée du 14 octobre
1674. (Voir Le Prince, tableau historique de la Bibliothèque
du roi, p. 202.)

C'est un fait curieux que celui d'un chapitre de chanoines
prenant un manuscrit précieux appartenant à son église et le
donnant à un ministre qui l'accepte. Mais il y a eu d'autres
faits de cette nature.

Figures diverses d'après des miniatures et les deux
ivoires de ce manuscrit. Partie d'une pl. in-fol. en
haut., color. Willemin, pl. 7. = Pl. in-fol. en haut.
Beaunier et Rathier, pl. 61. = Pl. in-4 en haut.,
color. Comte de Viel Castel, n° 53, texte, t. I, p. 43
(le texte porte par erreur pl. 54). = Deux pl. in-4
en haut. Félix de Vigne, Vade-mecum du peintre,
t. I, pl. 46, 47. = Pl. in-8 en haut., lithogr. Begin,
Metz depuis dix-huit siècles, t. II, pl. 67. = Deux
pl. in-8 en haut. Cahier (Charles) et Arthur Martin,
t. I, pl. 10, 11, p. 27. = Pl. in-4 en larg. Lacroix,
le Moyen âge et la Renaissance, t. V, reliure de
livres, pl. 3. = Pl. in-8 en haut., lithogr., pl. 113.
Revue archéologique, A. Leleux, 1849, Ch. Cahier,

869 à la page 48. = Voir : Revue archéologique, A. Leleux, 1848, Paul Durand, p. 733.

## 870.

Statue d'Angilvin ou Angelvin, comte d'Amiens, de
l'époque de Charles le Chauve. Partie d'une pl. in-8
en larg., lithogr. Dusevel, Histoire de la ville d'A-
miens, t. I, pl. 2, n° 5, p. 123, 124.

> Les Évangiles. Manuscrit exécuté pour Charles le
> Chauve, en l'année 870, trente et unième de son règne,
> écrit par Berenger et Liuthard, prêtres et frères germains.
> Manuscrit sur parchemin, in-fol. maximo. Il est couvert
> du côté de dessus de lames d'or sur lesquelles sont ciselées
> en relief des figures et des compositions de sujets sacrés ;
> le tout est entouré d'un grand nombre de pierres pré-
> cieuses et de perles. A la bibliothèque royale de Munich,
> Cod. lat. n° 14 000. Ce manuscrit contient :

Miniature représentant Charles le Chauve assis sur son
trône, entouré de quatre figures, qui sont la France,
l'Aquitaine et deux guerriers ; en haut on voit deux
anges ; légendes latines, dont l'une porte le nom de
Charles le Chauve. Pièce in-fol. max° en haut., au
feuillet 5 verso.

Quelques miniatures, lettres et ornements, dans le
texte.

> Ces miniatures sont fort curieuses sous le rapport de l'épo-
> que à laquelle elles ont été peintes ; celle qui représente
> Charles le Chauve est d'un grand intérêt.
>
> La conservation de ce précieux volume est bonne.
>
> Divers auteurs, Mabillon, Eckhart et autres, disent que
> Charles le Chauve fit présent de ce livre d'évangiles à l'abbaye
> Saint-Denis, et qu'il fut ensuite cédé à l'empereur Arnould
> qui le déposa dans le trésor de l'abbaye de Saint-Emmeran,
> à Ratisbonne.

Un moine du x1ᵉ siècle a raconté que, vers l'année 893, l'em-    870.
pereur Arnould, venu en France, enleva le corps de Saint-
Denis, qui ne fut rendu sur les plaintes d'Ebulon, abbé de
Saint-Denis, qu'en exigeant la remise de cet évangéliaire de
Charles le Chauve, et qu'Arnould donna ensuite ce volume à
l'abbaye de Saint-Emmeran.

Un annaliste de Bavière dit qu'Arnould ayant donné le
gouvernement de la France occidentale à Otton, ce gouver-
neur pilla les églises, et enleva l'évangéliaire de Charles le
Chauve de l'abbaye de Saint-Denis et en fit présent à l'empereur.

Quoi qu'il en soit de ces récits plus ou moins inexacts, le fait
est que ce très-précieux volume, après avoir appartenu à l'abbaye de Saint-Denis, a été longtemps à Saint-Emmeran, et
qu'il est maintenant à la Bibliothèque royale de Munich.

Voir : Mabillon, Itin. Germaniæ, p. 52. = Idem,
Annales ordinis sancti Benedicti, liv. 37, nº 10.
= Histoire littéraire de la France (D. Rivet, D. Taillandier et D. Clemencet), t. V, p. 514. = Eckhart,
Commentarii, etc., t. II, p. 562. = Dissertatio in
aureum ac pervetustum S. S. Evangeliorum codicem
M. S. monasterii S. Emmerani Ratisbonnæ, auctore
P. Colomanno Sauftl. Ratisbonæ Englerth, 1786,
in-4. = Seroux d'Agincourt, Histoire de l'art, etc.,
t. III, p. 108. = Silvestre, Paléographie universelle,
t. II, p. 63.

Figures diverses d'après la miniature et la couverture
de ce manuscrit. Pl. in-fol. en haut. Dissertatio, etc.,
auctore Sauftl. (voir ci-avant), tab. 3, p. 42. = Pl.
in-fol. en haut. Eckhart, Commentarii, etc., t. II,
à la page 564. = Pl. in-fol. magno en haut. Patachich, à la page 121 ; voir p. 184, nº 328.

## 875.

Sceau de Louis II, empereur, dit le Jeune. Partie d'une pl. in-fol. en larg. J. Heumann, Commentarii de re diplomatica imperatorum ac regum, etc., t. I, pl. 7.

Quatre sceaux qui paraissent appartenir à Louis le Jeune. Partie d'une pl. in-4 en haut. J. Heumann, Commentarii de re diplomatica imperatorum ac regum, t. II, pl. 3, n$^{os}$ 7 à 10, p. 314.

> Il est difficile de trouver dans le texte ce que l'auteur dit relativement à ces sceaux.

Trois sceaux du même. Heinnecius, pl. 4, n$^{os}$ 11, 12, 13.

Sceau du même. Petite pl. Eckhart, Commentarii, etc., t. II, p. 890, dans le texte.

> Cette attribution est douteuse.

Deux monnaies de Louis II, empereur, dit le Jeune. Partie d'une pl. in-4 en haut. Le Blanc, pl. 106, n$^{os}$ 11, 12, à la page 106.

Trois monnaies du même. Partie d'une pl. in-4 en haut., grav. sur bois. Argelati, t. III, appendix, pl. 1, n$^{os}$ 7, 8, 10.

Sept monnaies du même. Partie de deux pl. lithogr., in-4 en haut. Fougères et Combrouse, Description — des monnaies de la deuxième race. Détail à la table, p. 64.

Monnaie du même. Partie d'une pl. in-8 en haut. Berry, Études, etc., pl. 15, n° 7, t. I, p. 183.

Six monnaies du même, frappées à Rome. Partie de

deux pl. in-4 en haut., grav. sur bois. Argelati, t. I,
pl. 1, n°ˢ 12, 13, 14, pl. 2, n°ˢ 15, 16, 17.

> Cette attribution et celles des deux articles suivants sont
> douteuses.

Monnaie du même, frappée à Bénévent. Partie d'une
pl. in-4 en haut., grav. sur bois. Argelati, t. I,
pl. 23, n° 8.

Deux monnaies du même, frappées à Arles. Partie
d'une pl. in-4 en haut. Conbrouse, t. VII, l'Avant-
Hugues-Capet, pl. 43, n°ˢ 11, 12.

Débris d'armes et d'équipements militaires. Partie de
deux pl. in-8 en haut. Bulletin de la Société des
sciences historiques et naturelles de l'Yonne, C. Dormois, t. III, p. 94.

?

Deux monnaies de Troyes et du Mans. Partie de deux
pl. in-8 en haut. Idem, idem. — Bulletin de la Société des sciences historiques et naturelles de l'Yonne,
C. Dormois, t. III, p. 94.

> Sacramentaire de l'église métropolitaine de Metz, en
> latin. Manuscrit sur vélin, de 130 feuillets, du ıxᵉ siècle,
> grand in-4, reliure en velours bleu, dans lequel sont placés
> sur chacun des côtés neuf petits bas-reliefs en ivoire,
> représentant des sujets saints ou de la Bible. De la Biblio-
> thèque impériale. Manuscrits. Supplément latin, n° 645.
> Ce volume contient :

Un grand nombre de lettres initiales peintes, des titres
ornés, des ornementations diverses; dans ces diverses peintures se trouvent quelques sujets figurés,
religieux.

> Ces miniatures d'un travail peu remarquable, mais curieux,
> sous le rapport de l'époque à laquelle ce manuscrit a été peint,
> offrent de l'intérêt pour quelques détails de vêtements et

875.

autres, outre celui qui résulte de sa rareté. La conservation de ce précieux volume est parfaite.

Les dix-huit petits bas-reliefs placés sur la reliure paraissent être du même temps que le manuscrit lui-même.

Figures diverses d'après des miniatures et les ivoires de ce manuscrit. Pl. in-8 en larg. Ph. Le Bas, Dictionnaire encyclopédique de la France, pl. 175. = Deux pl. in-fol. en haut. Trésor de numismatique et de glyptique, Recueil général de bas-reliefs et d'ornements, pl. 18, 19. = Cinq pl. in-fol. max° en haut. et en larg., color. Le comte de Bastard, livrais. 1, 3, 5, 6, 18. = Pl. in-fol. en haut. Silvestre, Paléographie universelle, t. II, 146. = Pl. in-4 en haut. Lacroix, le Moyen âge et la Renaissance, t. II, miniatures, pl. 4.

## 876.

Août 28.

Sceau de Louis le Germanique, empereur, roi de Germanie, troisième fils de Louis le Débonnaire, à une charte pour le monastère de Saint-Étienne à Strasbourg. Au bas d'une pl. in-fol. max° en haut. Schepflin, Alsatia diplomatica, pl. 12, à la page 86, n° 2.

Sept sceaux qui paraissent appartenir à Louis le Germanique. Pl. in-fol. en larg., pl. in-4 en haut., et partie d'une idem. J. Heumann, Commentarii de re diplomatica imperatorum ac regum, t. II, pl. 1, 3 et 4, n°s 1 à 6, p. 198, etc.

Il est difficile de trouver dans le texte ce que l'auteur veut exposer relativement à ces sceaux.

Monnaie de Louis le Germanique, frappée à Namur. Partie d'une pl. in-8 en haut. Revue de la Numismatique belge, Ch. Piot, 2ᵉ série, t. II, pl. 3, n° 6, p. 140.

Deux monnaies du même, frappées à Mayence. Partie d'une pl. in-4 en haut. Conbrouse, t. III, pl. 38, nᵒˢ 1, 2.

L'une de ces pièces peut être donnée à Louis II.

Monnaie du même. Partie d'une pl. in-4 en haut. Conbrouse, t. III, pl. 43, n° 1.

Cette monnaie peut aussi être attribuée à Louis IV.

Le catalogue, à la fin du volume, fait confusion pour les pièces de cette planche.

Monnaie du même, frappée à Mayence. Partie d'une pl. lithogr., in-4 en haut. Fougères et Conbrouse, Description — des monnaies de la deuxième race, n° 249.

Deux monnaies du même. Partie d'un pl. in-4 en haut. Du Cange, Glossarium, 1840, t. IV, pl. 4, nᵒˢ 19 et 22.

### 877.

Tombeau de Charles le Chauve, en bronze, à l'abbaye de Saint-Denis. Pl. in-8 en haut., grav. sur bois. Rabel, les Antiquitez et Singularitez de Paris, fol. 24, dans le texte. = Même planche. Du Breul, les Antiquitez et choses plus remarquables de Paris, fol. 62, dans le texte. = Dessin in-fol. en haut. Gaignières, t. I, 16. = Dessin in-8. Recueil Gaignières à Oxford, t. II, fol. 12. = Partie d'une pl. in-fol. en haut. Montfaucon, t. I, pl. 28. = Pl. in-fol. en haut. Beaunier et Rathier, pl. 50. = Partie d'une pl. in-fol. en haut. Seroux d'Agin-

877.
Octobre 6.

court, Histoire de l'art, etc., sculpture, pl. xxix, n° 32, t. II, d°, p. 59. = Pl. in-4 en haut., color. Comte de Viel Castel, n° 68. On a mis, par erreur, au bas de la pl., Lothaire, texte, t. I, p. 66.

Charles le Chauve assis sur un trône, entouré de quatre personnages, avec les quatre vertus cardinales. Miniature d'une bible manuscrite longtemps conservée à l'église de Saint-Paul hors des murs, à Rome, et depuis au monastère de Saint-Calixte. Pl. in-fol. en haut. Montfaucon, t. I, pl. 27. = Pl. color., in-fol. en haut. Willemin, pl. 6. = Pl. in-fol. en haut., et partie d'une autre idem. Seroux d'Agincourt, Histoire de l'art, etc., peinture, pl. xl, xli, t. II, d°, p. 59.

> Plusieurs auteurs ont donné des détails et émis diverses opinions sur ce manuscrit; on peut citer Bianchini, Mabillon, Montfaucon, Eckhart, Baluze, D. Toustain et D. Tassin — Nouveau Traité de diplomatique, Seroux d'Agincourt. Quelques-uns d'entre eux pensent que la miniature de ce volume représente Charlemagne; mais Mabillon et Montfaucon la regardent comme étant le portrait de Charles le Chauve. Seroux d'Agincourt, qui a longtemps habité Rome, et qui a pu examiner avec soin ce précieux volume, doute entre ces deux attributions.
>
> On peut juger par ces courtes indications de l'intérêt qui s'est attaché à ce manuscrit.
>
> Je le classe à Charles le Chauve, cette opinion me paraissant devoir être préférée.

Figure de Charles le Chauve, de sa femme avec une suivante, et de deux seigneurs de sa cour, tirée d'une Bible manuscrite conservée dans le couvent du Mont-Cassin, et qui fut imprimée en 1625, par Nicolas

Alemani. Deux pl. in-4 en haut., color. Comte de
Viel Castel, nᵒˢ 69 et 70, texte, t. I, p. 65.

877.
Octobre 6.

> On a cru que cette figure était le portrait de Charlemagne,
> mais ce ne peut être que Charles le Chauve, suivant l'opinion
> de Montfaucon.

Figure du même, miniature d'un livre d'évangiles;
manuscrit ayant appartenu à ce prince, de la collection privée de l'empereur d'Autriche, à Vienne.
Petite pl. Dibdin, A Bibliographical — tour., t. III,
à la page 591, dans le texte.

Tombeau que l'on croit être celui de Hincmar, archevêque de Reims, sur lequel est une figure de roi qui
paraît représenter Charles le Chauve, dans l'église
de l'abbaye de Saint-Remi, à Reims. Pl. in-8 en larg.
Voyage littéraire de deux religieux bénédictins, partie II, p. 81, dans le texte. = Partie d'une pl. in-fol.
en haut. Montfaucon, t. I, pl. 28. = Pl. in-fol. en
larg. Beaunier et Rathier, pl. 63. = Partie d'une pl.
in-fol. en haut. Seroux d'Agincourt, Histoire de
l'art, etc., sculpture, pl. xxix, nᵒ 22, t. II, dᵒ, p. 59.
= Pl. in-4 en larg., color. Comte de Viel Castel,
nᵒ 71, texte, t. I, p. 66. = Partie d'une pl. lithogr.,
in-fol. maxᵒ en haut. Du Sommerard, les Arts au
moyen âge, album, 5ᵉ série, pl. 14.

> Voir à l'année 882.

Charles le Chauve sur son trône, entouré de quatre
personnages; au-dessus sont quatre saints ou saintes
et deux anges. Pl. in-4 en haut. Daniel, t. II,
p. 488.

Trois portraits du même, en habits divers, sans indications des monuments d'où ils sont tirés. Partie
d'une pl. in-fol. en haut. Patachich, à la page 166.

Figure du même, d'après les monuments du temps.
Pl. ovale in-12 en haut., grav. sur bois. Du Tillet,
Recueil des roys de France, p. 47, dans le texte.

Couronne du même. Partie d'une pl. in-fol. en larg.
Montfaucon, t. 1, pl. 2 (6ᵉ rang, nᵒ 5).

Le sceptre et la couronne du même, tirés de ses heures,
à la Bibliothèque royale. Pl. très-petite, grav. sur
bois. Nouveau Traité de diplomatique, t. IV, p. 82.

Sceaux du même. Mabillon, de re diplomatica,
pl. 31, 32.

Quatre sceaux du même. Heineccius, pl. 1, nᵒ 11, pl. 4,
nᵒ 14, pl. 3, nᵒˢ 13, 14.

Trois sceaux du même. Partie d'une pl. in-fol. en haut.
Montfaucon, t. I, pl. 28.

Six sceaux du même. Partie d'une pl. in-fol. en larg.
J. Heumann, Commentarii de re diplomatica imperatorum ac regum, etc., t. I, pl. 7, nᵒˢ 1 à 6.

Bulle du même. Pl. de la grandeur de l'original, grav.
sur bois. Nouveau Traité de diplomatique, t. IV,
p. 112.

Trois sceaux du même. Pl. de la grandeur de l'original,
grav. sur bois. Nouveau Traité de diplomatique,
t. IV, p. 116.

Bulle d'or du même, de l'église de Saint-Martin de
Tours. Pl. de la grandeur de l'original, grav. sur
bois. Nouveau Traité de diplomatique, t. IV, p. 118.

Deux sceaux du même. Partie d'une pl. in-4 en haut.
(de Migieu), Recueil des sceaux du moyen âge, pl. 1,
nᵒˢ 16, 17.

Sceau du même. Partie d'une pl. in-fol. en haut. Beaunier et Rathier, pl. 65, n° 5.

877.
Octobre 6.

Sceau du même. Partie d'une pl. in-fol. en haut. Beaunier et Rathier, pl. 71, n° 3.

Sceau du même. Partie d'une pl. in-fol. en haut. Trésor
de numismatique et de glyptique, Sceaux des rois et
reines de France, pl. 2, n° 1.

Scel du même, d'une donation faite à Hadebert, l'un
de ses officiers, de l'année 870. Partie d'une pl.
lithogr., in-8 en haut. De Santeul, le Trésor de
Notre–Dame de Chartres, pl. 1, n° 2 (le texte
porte 1).

Sceau du même, à une charte relative à Saint-Martin
d'Autun, de l'année 856. Petite pl. grav. sur bois.
Bulliot, Essai historique sur l'abbaye de Saint-Martin
d'Autun, chartes et pièces justificatives, à la page 5,
dans le texte.

Sceau du même. Partie d'une pl. in-8 en haut. Fillon,
Considérations — sur les monnaies de France, pl. 2,
n° 3.

Sceau attribué à Charlemagne, mais plus probablement
à Charles le Chauve, et dont l'authenticité est douteuse. Petite pl. grav. sur bois. Morellet, le Nivernois, t. I, p. 12, dans le texte.

Monogramme de Charles II le Chauve, sur un diplôme
de 872. Partie d'une pl. in-4 en haut. Conbrouse,
t. VII, l'Avant-Clhodovigh, pl. 41, n° 5.

Médaillon d'argent, du même, du cabinet des médailles et antiques de la Bibliothèque royale. Partie
d'une pl. in-4 en haut. Conbrouse, texte, t. II,

types numismatiques, pl. 3, n° 2, = t. VII, pl. 41, n° 7.

Monnaie de Charles le Chauve, frappée à Châlon-sur-Saône. Partie d'une pl. in-4 en haut. Léon Bertaut et Pierre Cusset, l'illustre Orbandale, pl. non numérotée, p. 100.

Seize monnaies du même. Petites pl. Le Blanc, p. 122, 123, 124, 126, 129, 138, 139, dans le texte.

Cinq monnaies du même. Partie d'une pl. in-fol. en haut. Du Molinet, le cabinet de la Bibliothèque de Sainte-Geneviève, pl. 33, n°ˢ 7 à 11.

Deux monnaies que l'on peut attribuer au même. Partie d'une pl. in-4 en haut. Mabillon, de re diplomatica, supplementum, p. 48, dans le texte.

Monnaies du même. Partie d'une pl. in-fol. en haut. Patachich, à la page 166.

> Une partie de ces pièces sont des médailles modernes ou imaginaires.

Dix monnaies du même, frappées à Rome. Partie d'une pl. in-4 en haut., grav. sur bois, Argelati, t. I, pl. 2, n°ˢ 18 à 27.

Deux monnaies du même, dont une pourrait aussi être attribuée à Charles le Gros. Partie d'une pl. in-4 en haut., grav. sur bois. Argelati, t. I, pl. 80, n°ˢ 3, 4.

Monnaie du même, comme roi d'Aquitaine. Partie d'une pl. in-4 en haut. Venuti, Dissertations sur les anciens monuments de la ville de Bordeaux, n° 5.

> Le Blanc pense que cette monnaie peut être aussi de Charles le Simple.

Monnaie de Charles le Chauve. Petite pl. Köhler, t. V, p. 289, dans le texte.

877.
Octobre 6

Deux monnaies que l'on peut attribuer au même. Partie d'une pl. in-4 en haut. Tobiesen Duby, Monnaies des barons, supplément, pl. 10, n^{os} 17, 18.

Cinq monnaies du même. Partie d'une pl. in-8 en haut. Mader, t. I, n^{os} 9, 10, 12, 13, 14, p. 33 à 50.

Monnaie du même. Partie d'une pl. in-8 en haut. Mader, t. IV, pl. 1, n° 12, p. 10.

Monnaie du même. Partie d'une pl. in-8 en haut. Mader, t. IV, pl. 1, n° 14, p. 12.

Trois monnaies du même. Partie de deux pl. in-8 en haut. Mader, t. IV, pl. 1, n° 16, pl. 2, n^{os} 17, 18, p. 14, 16.

Monnaie du même, frappée à Amiens. Partie d'une pl. in-8 en larg., lithogr. Dusevel, Histoire de la ville d'Amiens, t. I, pl. 2, n° 4, p. 148.

Trois monnaies du même. Partie d'une pl. lithogr., grand in-8 en haut. Revue de la Numismatique françoise, 1837, Desains, pl. 5, n^{os} 1 à 3, p. 110.

Monnaie du même, frappée à Blois. Partie d'une pl. lithogr., grand in-8 en haut. Revue de la Numismatique françoise, 1837, E. Cartier, pl. 8, n° 13, p. 267, 334.

Monnaie du même, frappée à Sens. Partie d'une pl. lithogr., in-8 en haut. Revue numismatique, 1838, F. de Saulcy, pl. 12, n° 5, p. 320.

Quatre monnaies du même, frappées à Avallon, Or–

léans, Bourges et Châteaudun. Partie d'une pl. lith., in-8 en haut. Revue numismatique, 1838, L. de La Saussaye, pl. 13, n^{os} 1 à 4, p. 345 à 349.

Monnaie du même. Partie d'une pl. lithogr., in-8 en haut. Desains, Recherches sur les monnaies de Laon, pl. 1, Rois, n° 6.

Monnaie du même, frappée à Baugency. Petite pl. grav. sur bois. Revue numismatique, 1839, A. Duchalais, p. 204, dans le texte.

Monnaie du même. Partie d'une pl. lithogr., in-8 en haut. Revue numismatique, 1839, E. Fougères, pl. 3, n° 10, p. 100.

Douze monnaies du même. Partie d'une pl. in-fol. en larg., lithogr. Mémoires de la Société des antiquaires de l'Ouest, Lecointre-Dupont, 1839, pl. 7, n^{os} 16 à 27, p. 326 à 329.

Monnaie du même. Partie d'une pl. in-fol. en larg., lithogr. Idem, Lecointre-Dupont, 1839, pl. 8, n° 1, p. 323 et 347.

Monnaie du même. Petite pl. grav. sur bois. Idem, Lecointre-Dupont, 1839, p. 325, dans le texte.

Monnaie du même. Partie d'une pl. in-fol. en haut., lithogr. Morellet, le Nivernois, atlas, pl. 119, n° 18, t. II, p. 254.

Six monnaies du même, frappées à Bourges. Partie de deux pl. in-4 en haut. Pierquin de Gembloux, Histoire monétaire et philologique du Berry, pl. 2, n^{os} 15, 16, 17, 19, pl. 8, n^{os} 4, 5.

Il y a de l'incertitude sur ces attributions.

Monnaie du même, frappée à Orléans. Partie d'une pl. in-4 en haut. Conbrouse, t. III, pl. 33.

877.
Octobre 6.

Cinq monnaies du même, frappées à Paris, Bourges, Châteaudun. Partie d'une pl. in-4 en haut. Conbrouse, t. III, pl. 34, n^{os} 1 à 5.

Monnaie du même, frappée à Bourges. Partie d'une pl. in-4 en haut. Conbrouse, t. III, pl. 37, n° 4.

> Le catalogue, à la fin du volume, fait confusion pour les pièces de cette planche.

Deux monnaies du même, dont une sous le pontificat de Jean VIII. Partie d'une pl. in-4 en haut. Conbrouse, t. III, pl. 42, n^{os} 5, 6.

> Idem.

Vingt-sept monnaies du même. Quatre pl. in-4 en haut. Conbrouse, t. IV, pl. 173 à 176.

Dix monnaies du même. Partie d'une pl. in-4 en haut. Conbrouse, t. IV, pl. 177, n^{os} 3 à 12.

Quatre-vingt-neuf monnaies du même. Quatre pl. in-4 en haut. Conbrouse, t. VII, l'Avant-Hugues-Capet, pl. 27 à 30.

Deux monnaies du même, dont l'une pourrait être de son fils Charles d'Aquitaine. Partie d'une pl. in-4 en haut. Conbrouse, t. VII, l'Avant-Hugues-Capet, pl. 43, n^{os} 9, 10.

Monnaie attribuée à Charles le Chauve, qui pourrait être également de Charles le Simple, frappée à Boulogne-sur-Mer. Partie d'une pl. in-4 en haut. Conbrouse, t. VII, l'Avant-Hugues-Capet, pl. 52 (sans numéro), n° 1.

Cent trente-trois monnaies de Charles II, le Chauve.

877.
Octobre 6.

Partie de diverses pl. lithogr., in-4 en haut. Fougères et Conbrouse, Description — des monnaies de
la deuxième race. Détail à la table, p. 61, 63 (les
n^os 489, 491, 492, 496 et deux de quatre planches
non numérotées, ne sont pas gravés.)

Six monnaies du même. Partie d'une pl. in-4 en haut.
Du Cange, Glossarium, 1840, t. IV, pl. 2, n^os 19
à 24.

Monnaie du même. Partie d'une pl. in-4 en haut. Du
Cange, Glossarium, 1840, t. IV, pl. 4, n° 17.

Monnaie du même. Petite pl. grav. sur bois. Lecointre-
Dupont, Essai sur les monnaies frappées en Poitou,
p. 68, dans le texte.

Huit monnaies du même. Partie d'une pl. lithogr., in-8
en haut. Idem, pl. 2, n^os 5 à 12.

Monnaie du même. Partie d'une pl. lithogr., in-8 en
haut. Idem, pl. 3, n^r 1.

Monnaie du même. Partie d'une pl. in-fol. en larg.
Mémoires de la Société des antiquaires de Normandie, 2^e série, 1 vol., n° 2, à la page 279.

Monnaie du même, frappée à Meaux. Partie d'une pl.
lithogr., in-8 en haut. Revue numismatique, 1840,
A. de Longpérier, pl. 8, n° 5, p. 131.

Neuf monnaies du même, frappées à Arras, Thérouane,
Boulogne, Lens et Saint-Omer. Partie de deux pl.
lithogr., in-8 en haut. Hermand, Histoire monétaire
de la province d'Artois, pl. 1, 2, n^os 11 à 18.

Monnaie du même, frappée à Saint-Martin de Tours.
Petite pl. grav. sur bois. Revue numismatique, 1844.
B. Fillon, p. 274, dans le texte.

Deux monnaies du même. Partie d'une pl. in-8 en haut. **877.**
Revue numismatique, 1845, B. Fillon, pl. 18, Octobre 6.
n^{os} 10, 11, p. 351.

Cinq monnaies du même, frappées dans le Maine. Pl.
in-8 en haut., exécutée en relief par le moulage,
procédé de M. Hucher. Revue numismatique, 1845,
E. Cartier, pl. 21, n^{os} 1 à 5, p. 409.

Quinze monnaies du même, frappées dans le Maine.
Partie d'une pl. in-4 en haut. Hucher, Essai sur les
monnaies frappées dans le Maine, pl. 2, n^{os} 6 à 20,
p. 23, 26 à 29.

Deux monnaies du même, frappées à Autun. Petites
pl. grav. sur bois. Mémoires de la Société éduenne,
1845, le docteur Loydreau, p. 61 et 62, dans le
texte.

Monnaie du même, frappée en Bretagne. Partie d'une
pl. in-8 en haut. Revue numismatique, 1846, Al.
Ramé, pl. 5, n° 2, p. 56.

Sept monnaies du même. Partie d'une pl. in-8 en haut.
Revue numismatique, 1846, E. Cartier, pl. 8, n^{os} 1,
4, 5, 9, 10, 11, 14, p. 124 et suiv.

Monnaie du même, comme roi d'Aquitaine, frappée à
Toulouse. Petite pl. grav. sur bois. De Longpérier,
Collection de M. J. Rousseau, p. 159, dans le texte.

Six monnaies du même, les cinq premières comme roi
d'Aquitaine, la sixième frappée en Espagne. Partie
de trois pl. in-8 en haut. De Longpérier, Collection
de M. J. Rousseau, pl. 3 de la 1^{re} série, n^{os} 332, 335,
pl. 2 de la 2^e série, n° 360; pl. 3 de la 2^e série,
n^{os} 362, 366, 455. Ces quatre dernières répétées,

877.                petites pl. grav. sur bois, p. 156, 157, 162, 184,
Octobre 6.          dans le texte, p. 146 à 185.

Monnaie du même, frappée à Ravenne. Partie d'une
pl. in-8 en haut. De Longpérier, Collection de M. J.
Rousseau, pl. 3 de la 1ʳᵉ série, n° 598, p. 253.

Deux monnaies du même. Partie d'une pl. in-8 en
haut. De Longpérier, Collection de M. J. Rousseau,
pl. 5 de la 2ᵉ série, nᵒˢ 549, 563, répétées, petites
pl. grav. sur bois, p. 222, 227, dans le texte, p. 222,
227; le n° 549 est placé (par erreur) dans le texte
au n° 550.

Deux monnaies du même, frappées à Gand. Partie
d'une pl. in-8 en haut. Revue de la Numismatique
belge, Ch. Piot, t. VI, pl. 9, nᵒˢ 4, 5, p. 368.

Monnaie du même, frappée à Hui. Petite pl. grav. sur
bois. Revue de la Numismatique belge, Ch. Piot,
t. VI, à la page 370, dans le texte.

Monnaie du même. Partie d'une pl. in-8 en haut. Revue
numismatique belge, D. Voillemier, 2ᵉ série, t. I,
pl. 8, n° 2, p. 99.

Monnaie du même, frappée à Dinant. Partie d'une pl.
in-8 en haut. Revue de la Numismatique belge, Ch.
Piot, 2ᵉ série, t. II, pl. 3, n° 4, p. 139.

Deux monnaies du même, frappées à Bourges. Partie
d'une pl. in-4 en larg. Mémoires de la Société royale
des antiquaires de France, t. XII. Nouvelle série,
t. II, Cartier, pl. 5, nᵒˢ 8, 9, p. 198.

Cinq monnaies du même. Partie d'une pl. in-4 en larg.
Mémoires de la Société royale des antiquaires de

France, t. XII. Nouvelle série, t. II, Cartier, pl. 5,
n⁰ˢ 11 à 15, p. 202.

877.
Octobre 6.

Deux monnaies du même. Partie d'une pl. in-8 en haut.
Fillon, Lettres à M. Dugast-Matifeux, pl. 8, n⁰ˢ 1, 2,
p. 129, 130.

Monnaie du même. Petite pl. grav. sur bois. Fillon,
Considérations — sur les monnaies de France, p. 51,
dans le texte.

Monnaie du même, frappée en Poitou. Petite pl. grav.
sur bois. Fillon, idem, p. 95, dans le texte.

Huit monnaies du même. Partie de deux pl. in-4 en
haut. Robert, Études numismatiques, etc., pl. 14,
n⁰ˢ 1 à 7, pl. 15, n° 6, p. 199 à 205.

Trois monnaies du même. Partie d'une pl. in-4 en
haut. Robert, idem, pl. 14, n⁰ˢ 8, 9, 10, p. 205
à 207.

Trente-cinq monnaies du même. Partie d'une pl. et pl.
in-8 en haut. Berry, Études, etc., pl. 13, n⁰ˢ 4 à 19,
pl. 14, n⁰ˢ 1 à 19, t. I, p. 166 à 178.

Deux monnaies du même. Partie d'une pl. in-8 en
haut. Berry, Études, etc., pl. 21, n⁰ˢ 3, 4, p. 246.

Neuf monnaies du même, frappées à Bruges, Cassel,
Courtrai et Gand. Pl. in-4 en haut. Gaillard, Recherches sur les monnaies des comtes de Flandre, pl. 1,
n⁰ˢ 1 à 9, p. 8 à 10.

Monnaie du même. Petite pl. Edme Thomas, Histoire
de l'antique cité d'Autun, p. 352, dans le texte.

Trois monnaies du même, attribuées à Curtisson, et de
Saint-Nazaire d'Autun. Trois petites pl. grav. sur

bois. De Fontenay, Manuel de l'amateur de Jetons,
p. 24, 25, 26, dans le texte.

Deux monnaies du même, frappées à Nevers. Petites
pl. grav. sur bois. De Soultrait, Essai sur la Numismatique nivernaise, p. 17, 18, dans le texte.

Monnaie française au type de Charles le Chauve. Partie
d'une pl. in-8 en haut. Fillon, Lettres à M. Dugast-
Matifeux, pl. 9, n° 2, p. 156.

> Cette monnaie est d'une époque postérieure à Charles le
> Chauve.

Relativement aux monnaies du Mans de Charles
le Chauve et antérieures, voir : Singularités historiques et littéraires, etc. (par Dom Liron), Paris,
Didot, 1738-40, in-12, 4 vol., t. I, p. 145.

Deux monnaies épiscopales d'Autun, du temps de
Charles le Chauve. Pl. grav. sur bois. Autun Archéologique, Société éduenne, p. 20, 21, dans le
texte.

Monnaie d'Oliba II, comte de Carcassonne, que l'on
pourrait aussi attribuer à Oliba I<sup>er</sup>, en 836. Partie
d'une pl. in-4 en haut. Tobiesen Huby, Monnoies
des barons, pl. 105, n° 1.

## 878.

Peinture sur un édit d'Adelchis, duc de Bénévent, où
il est représenté avec deux autres personnages. Pl.
in-4 en larg. Baudi à Vesme, p. 200, 201.

## 879.

Sceau de Louis II le Bègue. Mabillon, de re diplomatica, pl. 33.

Sceau du même. Heineccius, pl. 3, n° 15.

879.
Avril 10.

Sceau du même. Partie d'une pl. in-fol. en haut. Montfaucon, t. I, pl. 28.

Sceau du même. Partie d'une pl. in-fol. en larg. J. Heumann, Commentarii de re diplomatica imperatorum ac regum, etc., t. I, pl. 7.

Sceau du même. Pl. de la grandeur de l'original, grav. sur bois. Nouveau Traité de Diplomatique, t. IV, p. 115.

Sceau du même. Pl. de la grandeur de l'original, grav. sur bois. Nouveau Traité de Diplomatique, t. IV, p. 120.

Sceau du même. Partie d'une pl. in-4 en haut. (De Migieu), Recueil des Sceaux du moyen âge, pl. 1, n° 19.

Sceau du même. Partie d'une pl. in-fol. en haut. Trésor de numismatique et de glyptique, Sceaux des rois et reines de France, pl. 2, n° 2.

Deux monnaies de Louis II le Bègue. Partie d'une pl. in-4 en haut. Le Blanc, pl. 142, à la page 142.

Cinq monnaies du même. Petite pl. Eckhart, Commentarii, etc., t. II, p. 603, dans le texte.

Deux monnaies du même, frappées à Arles. Petite pl. Eckhart, Commentarii, etc., t. II, p. 634, dans le texte.

Deux monnaies frappées à Toul, dont l'une paraît être de Louis II le Bègue. Partie d'une pl. in-fol. en haut. Calmet, Histoire de Lorraine, t. V, pl. 1, n°ˢ 63, 64.

879.
Avril 10.

Monnaie de Louis le Bègue. Partie d'une pl. in-8 en haut. Mader, t. IV, pl. I, n° 13, p. 11.

Monnaie du même. Partie d'une pl. lithogr., grand in-8 en haut. Revue de la Numismatique française, 1837, E. Cartier, pl. 8, n° 14, p. 268.

Monnaie du même, frappée à Tours. Partie d'une pl. lithogr., in-8 en haut. Revue numismatique, 1838, L. de La Saussaye, pl. 13, n° 5, p. 354.

Monnaie du même, frappée à Blois. Partie d'une pl. in-4 en haut. Conbrouse, t. III, pl. 33.

Monnaie du même, frappée à Tours. Partie d'une pl. in-4 en haut. Conbrouse, t. III, pl. 34, n° 6.

Monnaie du même, avec le pape Nicolas ou Jean VIII. Partie d'une pl. in-4 en haut. Conbrouse, t. III, pl. 42, n° 4.

> Le catalogue, à la fin du volume, fait confusion pour les pièces de cette planche.

Monnaie du même, frappée à Namur. Partie d'une pl. in-4 en haut. Conbrouse, t. VII, l'Avant-Hugues-Capet, pl. 52 (sans numéro), n° 5.

Quinze monnaies du même. Partie de diverses pl. lithogr., in-4 en haut. Fougères et Conbrouse, Description — des monnaies de la deuxième race. Détail à la table, p. 63. (La médaille de Reims gravée au commencement des quatre planches de médailles non numérotées, est attribuée dans la table à Louis II, et sur la planche à Louis III.)

Monnaie du même, frappée à Chinon. Partie d'une pl. lithogr., in-8 en haut. Revue numismatique, 1839, E. Cartier, pl. 4 (VI par erreur), n° 25, p. 106.

Monnaie du même. Partie d'une pl. in-4 en haut. Du Cange, Glossarium, 1840, t. IV, pl. 3, n° 1.

879.
Avril 10.

Monnaie du même. Partie d'une pl. in-4 en haut. Du Cange, Glossarium, 1840, t. IV, pl. 3, n° 21.

Monnaie du même, frappée à Hui. Petite pl. grav. sur bois. Revue de la Numismatique belge, Ch. Piot, t. VI, à la page 370, dans le texte.

Deux monnaies du même. Partie d'une pl. in-8 en haut. Revue numismatique, 1846, E. Cartier, pl. 8, n°s 6, 7, p. 126.

Monnaie du même. Partie d'une pl. in-8 en haut. De Longpérier, Collection de M. J. Rousseau, pl. 5 de la 2ᵉ série, n° 564 (le numéro n'est pas gravé sur la planche). Répétée, petite pl. grav. sur bois, p. 227, dans le texte.

Monnaie du même, frappée à Huy. Partie d'une pl. in-8 en haut. Revue numismatique, 1850, D. Voillemier, pl. 12, n° 3, p. 334.

Six monnaies du même. Partie d'une pl. in-8 en haut. Berry, Études, etc., pl. 15, n°s 1 à 6, t. I, p. 180 à 182.

## 880.

Figure de Carloman, roi de Bavière et d'Italie, assis sur son trône avec d'autres personnages, miniature d'un manuscrit de l'église de Saint-Paul à Rome. Pl. in-4 en haut. Eckhart, Commentarii, etc., t. II, p. 624, dans le texte.

On a cru que cette figure était celle de Charlemagne.

880.    Monnaie du même. Partie d'une pl. in-4 en haut. Conbrouse, t. III, pl. 42, n° 8.

> Le catalogue, à la fin du volume, fait confusion pour les
> pièces de cette planche.

> L'Archiviste françois, ou méthode sûre pour apprendre
> à arranger les archives et déchiffrer les anciennes écritures,
> seconde édition ; par Battheney. Paris, Le Clerc, 1775,
> in-4, fig. Ce volume contient :

Titre de Louis III, relatif à des dons et honneurs faits
à plusieurs fidèles de son royaume, de l'année 880,
avec le sceau de ce roi, pl. 41.

## 882.

Janvier 20.    Sceau et monnaie de Louis I ou II, roi de Germanie.
Petite pl. Eckhart, Commentarii, etc., t. II, p. 614,
dans le texte.

Monnaie de Louis II le Jeune, roi de Lorraine, dit de
Saxe, fils de Louis le Germanique, frappée à Vizet.
Partie d'une pl. in-4 en haut. Conbrouse, t. III,
pl. 37, n° 6.

Monnaie du même, frappée à Zurich. Partie d'un pl.
in-4 en haut. Conbrouse, t. III, pl. 39, n° 1.

Six monnaies du même. Partie de diverses pl. lithogr.,
in-4 en haut. Fougères et Conbrouse, Description
— des monnaies de la deuxième race. Détail à la
table, p. 65.

Deux monnaies du même. Partie d'une pl. in-4 en haut.
Robert, Études numismatiques, etc., pl. 14, n°s 11,
12, p. 207, 208.

Trois monnaies du même. Partie d'une pl. in-8 en

haut. Berry, Études, etc., pl. 16, nᵒˢ 11, 12, 13, t. I, p. 198, 199.　　　　　　　　　　　　　　882.

Tombeau de Louis III avec Carloman, mort le 8 dé-　Août 4.
cembre 884, bâtards de Louis II le Bègue, à l'abbaye
de Saint-Denis. Pl. in-8 en haut., grav. sur bois.
Rabel, les Antiquitez et Singularitez de Paris, fol. 37
verso, dans le texte. = Même pl. du Breul, les Antiquitez et choses plus remarquables de Paris, fol. 65
verso, dans le texte. = Dessin in-fol. en haut. Gaignières, t. I, 17. = Dessin in-4, Recueil Gaignières
à Oxford, t. I, f. 13. = Partie d'une pl. in-fol. en
haut. Montfaucon, t. I, pl. 29, nᵒ 1. = Partie d'une
pl. in-8 en haut. Al. Lenoir, Musée des Monuments
français, t. I, pl. 27, nᵒ 14. = Partie d'une pl. in-4
en larg. Annales archéologiques, baron de Guilhermy, t. VII, à la page 198. = Partie d'une pl.
in-8 en haut. Guilhermy, Monographie — de Saint-
Denis, à la page 223.

    Suivant Montfaucon, cette figure est du temps de saint
Louis. Voir à 884.

Six monnaies de Louis III, fils de Louis le Bègue. Partie
d'une pl. in-4 en haut. Le Blanc, pl. 142, nᵒˢ 1 à 6,
à la page 142.

Monnaie du même. Partie d'une pl. in-8 en haut. Mader, t. IV, pl. 1, nᵒ 15, p. 12.

Deux monnaies que l'on peut attribuer au même. Partie
d'une pl. in-8 en haut. Mader, t. IV, pl. 2, nᵒˢ 19,
20, p. 17, 18.

Monnaie du même. Partie d'une pl. lithogr., grand
in-4 en haut. Revue de la Numismatique française,
1837, E. Cartier, pl. 8, nᵒ 15, p. 269.

882.
Août 4.

Monnaie du même, frappée à Provins. Partie d'une pl. in-4 en haut. Conbrouse, t. III, pl. 34, n° 7.

Monnaie du même, frappée à Tours. Partie d'une pl. in-8 en haut. De Longpérier, Collection de M. J. Rousseau, pl. 3 de la 2ᵉ série, n° 463. Répétée, petite pl. grav. sur bois, p. 189, dans le texte.

Deux monnaies du même. Partie d'une pl. in-8 en haut. Berry, Études, etc., pl. 15, nᵒˢ 11, 12, t. I, p. 187.

Décemb. 23.

Tombeau que l'on croit être celui de Hincmar, archevêque de Reims, sur lequel est une figure que l'on attribue à Charles le Chauve. Voir à l'année 877, octobre 6.

Restauration du tombeau de Hincmar, archevêque de Reims, d'après les auteurs. Pl. in-4 en larg. Marlat, Histoire de la ville, cité et université de Reims, t. II, à la page 486.

> Cette restauration n'offre pas d'authenticité. C'est cependant un document qui peut être cité. La date de cette sculpture est, dans tous les cas, postérieure à celle de la mort d'Hincmar.

## 884.

Décembre 6.

Tombeau de Carloman avec Louis III, mort le 4 août 882, bâtards de Louis II le Bègue, à l'abbaye de Saint-Denis. Pl. in-8 en haut., grav. sur bois. Rabel, les Antiquitez et Singularitez de Paris, fol. 37 verso, dans le texte. = Même pl. du Breul, les Antiquitez et choses plus remarquables de Paris, fol. 65 verso, dans le texte. = Dessin in-fol. en haut. Gaignières, t. I, 18. = Dessin in-4. Recueil Gaignières, à Oxford, t. II, f. 3 = Partie d'une pl. in-fol. en haut.

Montfaucon, t. I, pl. 29, n° 2. = Partie d'une pl.
in-8 en haut. Al. Lenoir, Musée des Monuments
français, t. I, pl. 27, n° 14. = Partie d'une pl. in-4
en larg. Annales archéologiques, baron de Guilhermy, t. VII, à la page 198. = Partie d'une pl.
in-8 en haut. Guilhermy, Monographie — de Saint-
Denis, à la page 223.

884.
Décembre 6.

> Suivant Montfaucon, cette figure est du temps de saint
> Louis. Voir à 882.

Six monnaies de Carloman, fils de Louis le Bègue.
Partie d'une pl. in-4 en haut. Le Blanc, pl. 142,
n°s 1 à 6, à la page 142.

Monnaie du même. Partie d'une pl. in-8 en haut. Mader, t. I, n° 29, p. 66.

Monnaie du même, frappée à Château-Landon. Petite
pl. grav. sur bois. Revue de la Numismatique française, 1837, E. Cartier, p. 340, dans le texte.

Cinq monnaies du même, frappées à Sustancion et à
Arles. Partie d'une pl. lithogr., in-8 en haut. Revue
de la Numismatique française, 1837, E. Cartier,
pl. 10, n°s 1 à 5, p. 340.

Deux monnaies du même, frappées à Troyes. Partie
d'une pl. in-4 en haut. Conbrouse, t. III, pl. 34,
n°s 8, 9.

Monnaie du même, frappée à Arles. Partie d'une pl.
in-4 en haut. Conbrouse, t. IV, pl. 178, n° 1. La
planche porte Charles II, par erreur.

Six monnaies du même. Partie d'une pl. in-4 en haut.
Conbrouse, t. VII, l'Avant-Hugues-Capet, pl. 32,
n°s 1 à 6.

Monnaie du même, frappée à Limoges. Partie d'une

884.
Décembre 6.

pl. in-4 en haut. Conbrouse, t. VII, l'Avant-Hugues-
Capet, pl. 52 (sans numéro), n° 2.

Dix monnaies du même. Partie de diverses pl. lithogr.,
in-4 en haut. Fougères et Conbrouse, Description
— des monnaies de la deuxième race. Détail à la
table, p. 63.

Monnaie du même, frappée à Toulouse. Partie d'une
pl. lithogr., in-8 en haut. Revue numismatique,
1839, F. Fougères, pl. 4 (vi[e] par erreur), n° 14,
p. 101.

Deux monnaies du même. Partie d'une pl. in-4 en
haut. Du Cange, Glossarium, 1840, t. IV, pl. 3,
n[os] 2, 3.

Monnaie du même, frappée à Autun. Petite pl. grav.
sur bois. Mémoires de la Société éduenne, 1845, le
docteur Loydreau, p. 63, dans le texte.

Deux monnaies du même. Partie d'une pl. in-8 en haut.
De Longpérier. Collection de M. J. Rousseau, pl. 3
de la 1re série, n[os] 466, 467, p. 192.

Monnaie du même. Petite pl. grav. sur bois. Revue
numismatique, 1847, A. Barthélemy, p. 300, dans
le texte.

> Publiée aussi dans les Mém. de la Société éduenne, 1845.

Dix monnaies du même. Partie de deux pl. in-8 en
haut. Berry, Études, etc., pl. 15, n[os] 13 à 17, pl. 16,
n[os] 1 à 5, t. I, p. 190 à 192.

Monnaie du même. Partie d'une pl. in-8 en haut. Berry,
Études, etc., pl. 21, n° 5, t. I, p. 247.

Monnaie portant le nom de Carloman, frappée probablement par un évêque d'Autun, au xiie siècle, en

commémoration de ce prince ou pour rappeler une charte carlovingienne. Petite pl. grav. sur bois. De Longpérier, Collection de M. J. Rousseau, p. 191, dans le texte.

884.
Décembre 6.

## 886 ?

Monnaie de Carloman, fils aîné de Louis le Germanique, compétiteur de Louis le Bègue, pour succéder à Charles le Chauve. Petite pl. Edme Thomas, Histoire de l'antique cité d'Autun, p. 353, dans le texte.

## 888.

Un sceau de Charles le Gros, roi de Lorraine, de Germanie, empereur, roi de France. Heineccius, pl. 4, n° 16.

Janvier 12.

Trois sceaux et quatre monnaies du même. Pl. in-8 en larg. Eckhart, Commentarii, etc., t. II, p. 697, dans le texte.

Sceaux et monnaies divers du même. Portrait de Richarde sa femme. Pl. in-fol. en haut. Patachich, à la page 224.

> Six de ces pièces sont des médailles modernes ou imaginaires.

> Le portrait de Richarde est également imaginaire. Cette princesse mourut le 19 août 911.

Sceau du même, de la Bibliothèque royale. Pl. de la grandeur de l'original, grav. sur bois. Nouveau Traité de Diplomatique, t. IV, p. 121.

Bulle du même. Pl. de la grandeur de l'original, grav. sur bois. Nouveau Traité de Diplomatique, t. IV, p. 121.

888.        Sceau du même, à un diplôme en faveur de l'église de
Janvier 12.      Langres, de 886. Pl. in-fol. en larg. Nouveau Traité
de Diplomatique, t. V, pl. 95.

Trois monnaies de Louis II le Bègue et de Charles le
Gros. Petite pl. Eckhart, Commentarii, etc., t. II,
p. 642, dans le texte.

Onze monnaies de Charles le Gros, frappées à Arles,
Usez, Nîmes et Beziers. Partie d'une pl. lithogr.,
in-8 en haut. Revue de la Numismatique française,
1837, E. Cartier, pl. 10, n$^{os}$ 6 à 16, p. 341 et suiv.

Monnaie du même, frappée à Dinant. Partie d'une pl.
in-8 en haut. Revue de la Numismatique belge, Ch.
Piot, t. VI, pl. 9, n° 2, p. 367.

Monnaie du même. Partie d'une pl. in-4 en haut. Conbrouse, t. III, pl. 42, n° 7.

> Le catalogue, à la fin du volume, fait confusion pour les
> pièces de cette planche.

Quatre monnaies du même. Partie d'une pl. in-4 en
haut. Conbrouse, t. VII, l'Avant-Hugues-Capet,
pl. 49, n$^{os}$ 16 à 19.

Six monnaies du même. Partie d'une pl. in-4 en haut.
Conbrouse, t. VII, l'Avant-Hugues-Capet, pl. 50,
n$^{os}$ 1 à 6.

Trois monnaies attribuées au même. Partie d'une pl.
in-4 en haut. Conbrouse, t. VII, l'Avant-Hugues-
Capet, pl. 45, n$^{os}$ 8 à 10.

Dix-huit monnaies du même. Partie de diverses pl.
lithogr., in-4 en haut. Fougères et Conbrouse, Description — des monnaies de la deuxième race. Détail
à la table, p. 63.

Monnaie du même, frappée probablement à Pavie. 888.
Partie d'une pl. lithogr., in-8 en haut. Revue nu- Janvier 12.
mismatique, 1839, L. Deschamps, pl. 16, n° 1,
p. 383.

Trois monnaies du même. Partie d'une pl. in-4 en
haut. Du Cange, Glossarium, 1840, t. IV, pl. 3,
n°s 4 à 6.

Monnaie du même. Partie d'une pl. in-8 en haut. De
Longpérier, Collection de M. J. Rousseau, pl. 3 de
la 2e série, n° 471. Répétée, petite pl. grav. sur bois,
p. 194, dans le texte.

Monnaie du même. Partie d'une pl. in-8 en haut.
Fillon, Lettres à M. Dugast-Matifeux, pl. 8, n° 3,
p. 130.

Monnaie d'argent du même, frappée à Trieste. Petite
pl. grav. sur bois. Revue archéologique, 1848, à la
page 499, dans le texte.

Monnaie que l'on peut attribuer à Charles le Gros,
frappée à Huy. Partie d'une pl. in-8 en haut. Revue
numismatique, 1850, docteur Voillemier, pl. 12,
n° 4, p. 335.

Monnaie du même. Petite pl. grav. sur bois. Robert,
Études numismatiques, etc., p. 209, dans le texte.

Dix monnaies du même. Partie de deux pl. in-8 en
haut. Berry, Études, etc., pl. 16, n°s 14 à 18, pl. 17,
n°s 1 à 5, t. 1, p. 202 à 205.

Dans le texte p. 203, par erreur, pl. xvii, n° 16, au lieu
de n° 1.

Monnaie de la fin du ixe siècle, et que l'on peut attribuer à Charles le Gros, frappée à Nevers. Petite pl.

grav. sur bois. De Soultrait, Essai sur la Numismatique nivernaise, p. 19, dans le texte.

## 889.

Portrait de Boson, premier roi d'Arles, d'après un
manuscrit de la couronne royale d'Arles, par Bouis,
prêtre de l'église de Saint-Pierre d'Avignon. Pl. in-8
en haut. Bouche, la Chorographie — de Provence,
t. I, p. 758, dans le texte.

   Ce portrait est très-probablement imaginaire.

Monnaie de Boson, roi de Provence, d'Arles et de
Bourgogne. Petite pl. Le Blanc, p. 136, dans le
texte.

Monnaie du même. Petite pl. Eckhart, Commentarii, etc., t. II, p. 645, dans le texte.

Monnaie du même, frappée à Vienne. Petite pl. en larg.
Kohler, t. IX, p. 185, dans le texte.

Monnaie du même. Partie d'une pl. in-4 en haut.
Papon, Histoire générale de Provence, t. II, pl. 1,
n° 1.

Monnaie du même. Partie d'une pl. in-4 en haut.
Tobiesen Duby, Monnoies des barons, pl. 100, n° 1.

Monnaie du même, frappée à Vienne en Dauphiné.
Partie d'une pl. in-fol. en haut. Foulques, Essai historique, etc., pl. 1, n° 14, p. 50.

Monnaie du même, frappée à Vienne en Dauphiné.
Partie d'une pl. in-4 en haut. Conbrouse, t. III,
pl. 40, n° 1.

Monnaie du même, frappée à Vienne. Partie d'une
pl. lithogr., in-4 en haut. Fougères et Conbrouse,

Description — des monnaies de la deuxième race, 889.
n° 224.

Monnaie du même, frappée à Vienne. Partie d'une pl.
in-4 en haut. Du Cange, Glossarium, 1840, t. IV,
pl. 4, n° 8.

Trois monnaies du même. Partie d'une pl. in-8 en
haut. Berry, Études, etc., pl. 16, n°ˢ 6, 7, 8, t. I,
p. 194.

## 890 ?

Tête de Richilde, seconde femme de Charles le Chauve,
pierre gravée. Partie d'une pl. in-fol. en haut. Montfaucon, t. I, pl. 28. = Partie d'une pl. in-4 en haut.
J. Heumann, Commentarii de re diplomatica imperatricum, n° 9, p. 86. = Partie d'une pl. in-fol. en
haut. Beaunier et Rathier, pl. 65, n° 6.

## 893 ?

Monnaie de Guillaume Iᵉʳ ou II, créé duc d'Aquitaine
par Eudes, en 893. Partie d'une pl. in-8 en haut.
Revue numismatique, 1843, comte de Gourgue,
pl. 14, n° 9, p. 377.

## 894.

Deux monnaies de Wido ou Gui, ou Guy de Spolette, Décembre.
empereur. ℞. Renovatio regni Francorum. Trois
petites pl. Eckhart, Commentarii, etc., t. II, p. 725,
755, dans le texte.

> Une de ces deux monnaies est donnée deux fois.

Trois monnaies du même, deux comme roi et une
comme empereur, frappées probablement à Pavie.
Partie d'une pl. lithogr., in-8 en haut. Revue nu-

894.
Décembre.

mismatique, 1839, L. Deschamps, pl. 16, nᵒˢ 2 à 4, p. 383.

Deux monnaies du même et de Lambert son fils. Partie d'une pl. in-4 en haut. Conbrouse, t. III, pl. 42, nᵒˢ 13, 14.

> Le catalogue à la fin du volume fait confusion pour les pièces de cette planche.

Deux monnaies du même. Partie d'une pl. in-4 en haut. Conbrouse, t. VII, l'Avant-Hugues-Capet, pl. 50, nᵒˢ 14, 15.

Monnaie du même. Partie d'une pl. lithogr., in-4 en haut. Fougères et Conbrouse, Description — des monnaies de la deuxième race, nᵒ 272.

## 895.

Monnaie d'Arnould, roi de Lorraine, frappée à Mayence. Partie d'une pl. in-4 en haut. Conbrouse, t. III, pl. 38, nᵒ 3.

Janvier 3.

## 898.

Tombeau d'Eudes ou Odon, roi de France, avec Hugues-Capet, mort le 24 octobre 996, à l'abbaye de Saint-Denis. Pl. in-8 en haut., grav. sur bois. Rabel, les Antiquitez et Singularitez de Paris, fol. 30 verso, dans le texte. = Même pl. Du Breul, les Antiquitez et choses plus remarquables de Paris, fol. 63, dans le texte. = Dessin in-fol. en haut. Gaignières, t. I, 19. = Partie d'une pl. in-fol. en haut. Montfaucon, t. I, pl. 29, nᵒ 4. = Partie d'une pl. in-8 en haut. Al. Lenoir, Musée des Monuments français, t. I, pl. 27, nᵒ 15.

> Suivant Montfaucon, cette figure est du temps de saint Louis.

Sceau d'Eudes ou Odon, roi de France. Pl. in-12.    898.
Mabillon, Annales ordinis sancti Benedicti, t. III,   Janvier 3.
p. 271, dans le texte.

Sceau du même. Mabillon, de Re diplomatica, pl. 34.

Sceau du même. Pl. in-12 ovale, en haut. Mabillon, de
Re diplomatica. Supplementum, p. 47, dans le texte.

Sceau du même. Heineccius, pl. 3, n° 17.

Deux sceaux du même. Partie d'une pl. in-fol. en haut.
Montfaucon, t. I, pl. 29.

Sceau du même. Pl. de la grandeur de l'original, grav.
sur bois. Nouveau Traité de Diplomatique, t. IV,
p. 122.

Sceau du même. Partie d'une pl. in-4 en haut. (De
Migieu), Recueil des sceaux du moyen âge, pl. I,
n° 19 bis.

Sceau du même. Partie d'une pl. in-fol. en haut. Beaunier et Rathier, pl. 65, n° 12.

Trois monnaies d'Eudes ou Odon, roi de France.
Partie d'une pl. in-8 en haut. Le Blanc, p. 145,
dans le texte.

Deux monnaies du même, frappées à Limoges et à
Toulouse. Partie d'une pl. in-8 en haut. Mader, t. V,
pl. 1, n°$^{os}$ 1, 2, p. 7, 8.

Quatre monnaies du même, frappées à Blois, Châteaudun, Tours, Paris. Partie d'une pl. in-4 en haut.
Conbrouse, t. III, pl. 35, n°$^{os}$ 1 à 4.

> Le catalogue à la fin du volume fait confusion pour les pièces
> de cette planche.

Monnaie d'Eudes ou de Raou.. Partie d'une pl. in-4 en haut. Conbrouse, t. III, pl. 35, n° 5.

Idem.

Monnaie d'Eudes, pièce posthume, frappée à Limoges. Partie d'une pl. in-4 en haut. Cronbrouse, t. III, pl. 43, n° 4.

Idem.

Monnaie du même, frappée à Lectoure. Partie d'une pl. in-4 en larg., lithogr., Mémoires de la Société archéologique du midi de la France, t. III, 1836–1837, Chaudruc de Crazannes, p. 127, dans le texte, n° 1, p. 119.

Monnaie du même. Partie d'une pl. lithogr., grand in-8 en haut. Revue de la Numismatique française, 1837, E. Cartier, pl. 8, n° 16, p. 270.

Deux monnaies du même, frappées à Tours. Partie d'une pl. lithogr., in-8 en haut. Revue numismatique, 1838, E. Cartier, pl. 5, n°$^{os}$ 1, 2, p. 97.

Cinq monnaies du même, frappées à Blois, Châteaudun, Paris et Tours. Partie d'une pl. lithogr., in-8 en haut. Revue numismatique, 1838, L. de La Saussaye, pl. 13, n°$^{os}$ 6 à 10, p. 358 à 363.

Monnaie du même. Partie d'une pl. in-8 en haut. Société des sciences naturelles et d'antiquités de la Creuse, 1838, pl. 5, n° 10, p. 43.

Monnaie du même, frappée à l'abbaye de Saint-Denis. Partie d'une pl. lithogr., in-8 en haut. Revue numismatique, 1839, E. Cartier, pl. 4 (vi par erreur), n° 26.

Cinq monnaies du même. Partie d'une pl. in-4 en haut.

Conbrouse, t. VII, l'Avant-Hugues-Capet, pl. 32, n^{os} 7 à 11.

898.
Janvier 3.

Treize monnaies du même. Pl. in-4 en haut. Conbrouse, t. VII, l'Avant-Hugues-Capet, pl. 33.

Trois monnaies du même, frappées à Compiègne, à Laon et à Angers. Partie d'une pl. in-4 en haut. Conbrouse, t. VII, l'Avant-Hugues-Capet, pl. 52 (sans numéro), n^{os} 3, 4, 4 bis.

Vingt-quatre monnaies du même. Partie de diverses pl. lithogr., in-4 en haut. Fougères et Conbrouse, Description — des monnaies de la deuxième race. Détail à la table, p. 63. (Le n° 505 cité dans la table n'est pas gravé.)

Trois monnaies du même. Partie d'une pl. in-4 en haut. Du Cange, Glossarium, 1840, t. IV, pl. 3, n^{os} 7 à 9.

Cinq monnaies du même. Partie d'une pl. in-4 en larg., lithogr. Mémoires de la Société royale des antiquaires de France, t. XII; nouvelle série, t. II, Cartier, pl. 5, n^{os} 16 à 20, p. 207.

Monnaie d'argent du même, frappée dans la ville de Lectoure. Partie d'une pl. in-4 en larg. Ducourneau, la Guienne historique et monumentale, t. I, 1^{re} partie, à la page 140, n° 1.

Monnaie d'Eudes, frappée à Arras. Partie d'une pl. lithogr., in-8 en haut. Hermand, Histoire monétaire de la province d'Artois, pl. 2, n° 19.

Trois monnaies du même. Partie d'une pl. in-8 en haut. Revue numismatique, 1846, E. Cartier, pl. 8, n^{os} 3, 8, 12, p. 125 et suiv.

898.
Janvier 3.

Quatre monnaies du même, dont la première comme
roi d'Aquitaine. Partie d'une pl. in-8 en haut. De
Longpérier. Collection de M. J. Rousseau. Pl. 4 de
la 2e série, nos 479, 491, 498, 500. Répétées. Petites
pl. grav. sur bois, p. 197 à 202 ; le no 498 présente
des différences entre les deux pl. , p. 197 à 202,
dans le texte.

Monnaie du même. Petite pl. grav. sur bois. Fillon,
Considérations — sur les monnaies de France, à la
page 85, dans le texte.

> Cette planche est reproduite sur la feuille servant de cou-
> verture à l'ouvrage, à la fin.

Quatorze monnaies du même. Partie de deux pl. in-8
en haut. Berry, Études, etc., pl. 17, nos 6 à 17, pl. 18,
nos 1, 2, t. I, p. 208 à 212.

> Dans le texte, p. 212, par erreur, pl. xvii au lieu de
> pl. xviii.

Monnaie du même. Partie d'une pl. in-8 en haut. Berry,
Études, etc., pl. 21, no 6, t. I, p. 248.

Monnaie de Lambert, fils de Guy de Spolète, frappée
probablement à Pavie. Partie d'une pl. lithogr., in-8
en haut. Revue numismatique, 1839, L. Deschamps,
pl. 16, no 5, p. 383.

Deux monnaies du même. Partie d'une pl. in-4 en
haut. Conbrouse, t. VII, l'Avant-Hugues-Capet,
pl. 50, nos 16, 17.

Deux monnaies du même. Partie de deux pl. lithogr.,
in-4 en haut. Fougères et Conbrouse, Description
— des monnaies de la deuxième race, nos 275, 410.

## 899.

Trois sceaux d'Arnulphe ou Arnoul, fils de Carloman, Novemb. 29.
roi de Germanie et de Lorraine. Petite pl. Eckhart,
Commentarii, etc., t. II, p. 786, dans le texte.

Monnaie du même. Partie d'une pl. in-4 en haut. Conbrouse, t. III, pl. 42, n° 9.

> Le catalogue à la fin du volume fait confusion pour les pièces
> de cette planche.

Monnaie du même, avec Bérenger, frappée à Milan.
Partie d'une pl. in-4 en haut. Conbrouse, t. III,
pl. 42, n° 11.

> Idem.

Deux monnaies du même. Partie de deux pl. lithogr.,
in-4 en haut. Fougères et Conbrouse, Description—
des monnaies de la deuxième race, n^os 401, 539.

Monnaie du même, frappée probablement à Pavie.
Partie d'une pl. lithogr., in-8 en haut. Revue numismatique, 1839, L. Deschamps, pl. 16, n° 6,
p. 384.

Monnaie du même, frappée à Mayence. Partie d'une
pl. in-4 en haut. Du Cange, Glossarium, 1840,
t. IV, pl. 4, n° 20.

## 900.

Sceau de Zuentebold, roi de Lorraine et d'Austrasie.     Août 13.
Mabillon, de Re diplomatica, pl. 35.

Sceau du même. Heineccius, pl. 3, n° 19.

Sceau du même. Partie d'une pl. in-fol. en haut. Montfaucon, t. I, pl. 29.

Sceau du même. Petite pl. Eckhart, Commentarii, etc.,
t. II, p. 789, dans le texte.

900.
Août 13.

Sceau du même, à un diplôme de l'abbaïe de Saint-Miel sur la Meuse. Pl. de la grandeur de l'original, grav. sur bois. Nouveau Traité de Diplomatique, t. IV, p. 123.

Sceau du même, à une charte pour le monastère de Saint-Grégoire en Alsace. Au bas d'une pl. in-fol. m° en larg. Schœpflin, Alsatia diplomatica, pl. 14, à la page 97.

Sceau du même. Partie d'une pl. in-fol. en haut. Beaunier et Rathier, pl. 65, n° 11.

Monnaie du même, frappée à Cambray. Partie d'une pl. in-4 en haut. Conbrouse, t. III, pl. 37, n° 7.

Monnaie du même. Partie d'une pl. lithogr., in-4 en haut. Fougères et Conbrouse, Description — des monnaies de la deuxième race, n° 402.

Monnaie du même. Partie d'une pl. in-4 en haut. Du Cange, Glossarium, 1840, t. IV, pl. 4, n° 21.

### MONUMENTS DU IXᵉ SIÈCLE, SANS DATES PRÉCISES.

Les Évangiles, en latin. Manuscrit sur vélin du IXᵉ siècle. Petit in-fol. veau brun, de la Bibliothèque impériale, Manuscrits, ancien fonds latin, n° 257. Ce volume contient :

Quelques miniatures représentant les quatre évangélistes et des sujets saints. Pièces in-4 en haut. Autres miniatures d'ornements.

Ces miniatures, d'un faire peu remarquable, sont curieuses sous le rapport du temps où elles ont été peintes. La conservation est belle.

Il est douteux que ce manuscrit ait été exécuté en France. Il est désigné sous le nom d'Évangiles de François II.

Figures d'après des miniatures de ce manuscrit. Pl. in-fol. max° en larg. , color. Comte de Bastard, livrais. 4.

900.

Livre des Évangiles en latin, conservé dans le trésor de l'église du Mans pendant l'épiscopat de Gervais de Château-du-Loir. Manuscrit sur vélin du ixᵉ siècle, in-4, maroquin rouge, de la Bibliothèque impériale, ancien fonds latin, n° 261, Colbert 1947, Regius 3937 ².². Ce volume contient :

Quelques miniatures représentant des saints personnages ; ornementations, bordures, un calendrier, dans le texte.

Ces peintures sont fort curieuses sous le rapport de l'époque à laquelle elles ont été exécutées. La conservation est médiocre.

Gervais de Château-du-Loir fut éveque du Mans de 1036 à 1055.

Figures d'après des miniatures de ce manuscrit. Pl. in-fol. max° en larg., color. Comte de Bastard, livrais. 19.

Les Évangiles en latin. Manuscrit sur vélin du ixᵉ siècle, in-4, maroquin rouge, de la Bibliothèque impériale, Manuscrits, ancien fonds latin, n° 265. Ce volume contient :

Des miniatures représentant deux des quatre évangélistes. Petit in-4 en haut. ; des ornements.

Ces miniatures, d'un travail médiocre, ont de l'intérêt, à cause de l'époque à laquelle elles ont été peintes. La conservation est belle.

Il est douteux que ce manuscrit ait été exécuté en France.

Les Évangiles en latin. Manuscrit sur vélin du ixᵉ siècle. Petit in-fol., maroquin rouge, de la Bibliothèque impériale, Manuscrits, ancien fonds latin, n° 275. Ce volume contient :

900.    Quatre miniatures représentant les quatre évangélistes. Pièce in-4 en haut. Autres miniatures d'ornements.

> Ces miniatures sont d'un travail peu remarquable et du style de l'époque à laquelle elles ont été peintes. La conservation est parfaite.
>
> Rien ne caractérise que ce manuscrit ait été exécuté en France.

Codex theodosianus. Manuscrit sur vélin du ixe siècle. in-fol., maroquin rouge, de la Bibliothèque impériale, Manuscrits, ancien fonds latin, n° 4404, Colbert 2436, Regius 4890 [2.2.] Ce volume contient :

Trois miniatures ou dessins coloriés représentant des figures de princes ou de personnages saints. Pièces In-fol. en haut., aux feuillets 1, 2, 197.

> Ces dessins, d'un travail très-médiocre, sont fort intéressants sous le rapport de l'époque à laquelle ils ont été exécutés, et pour les vêtements des personnages qu'ils représentent. La conservation n'est pas bonne.

Evangéliaire. Manuscrit sur vélin du ixe siècle. Petit in-fol., bois, de la Bibliothèque impériale, Manuscrits, supplément latin, n° 1118. Ce volume contient :

Miniatures représentant des sujets de sainteté; la première paraît donner la figure du moine, auteur du livre, entre deux anges. Pièces in-8 en haut. Lettres ornées.

> La reliure en bois de ce volume est ornée du côté de devant d'un bas-relief en ivoire représentant la sainte Vierge, et l'enfant Jésus, entouré de quatre figures de sainteté en cuivre en bas-relief; aux angles sont quatre rosaces en pierres de couleur et perles.
>
> Le côté de derrière est orné d'une plaque d'argent sur laquelle est gravée en creux une image de Jésus-Christ ayant sous ses pieds deux chimères.
>
> Ce volume est précieux principalement eu égard à l'époque

à laquelle il a été peint, et aussi pour sa reliure. Les miniatures offrent de l'intérêt sous le rapport des vêtements et
d'autres détails. La conservation est belle.

Sacramentorum liber S. Gregorii papæ. Manuscrit sur
vélin in-fol. de la Bibliothèque du séminaire d'Autun,
n° 19 bis. Catalogue général des manuscrits des Bibliothèques publiques des départements, t. I, p. 14. Ce
manuscrit contient :

Diverses miniatures représentant des sujets de l'histoire
sainte.

Voir : Voyage littéraire de deux religieux bénédictins, t. I, partie I, p. 151 et suiv.

—

Quatorze lettres et ornements divers figurés, miniatures d'un manuscrit intitulé : *Liber psalmorum cum
canticis et antiquis litaniis*. Pet. in-fol. sur vélin, de
la bibliothèque communale d'Amiens, provenant de
l'abbaye de Corbie. Quatre pl. in-8 en larg. et en
haut., lithogr. Mémoires de la Société des antiquaires
de Picardie, t. III, p. 306 à 318, atlas, pl. 4 à 7,
n<sup>os</sup> 5 à 18.

Sept figures représentant des peintures qui se trouvent
dans un manuscrit intitulé : *Historia genealogica*,
de la bibliothèque de Saint-Omer, n° 764. Ces peintures sont relatives à la vie de saint Vandrille, et
représentent des faits de l'histoire de ce saint. Sept
pl. de différentes grandeurs lithogr. Mémoires de la
Société des antiquaires de la Morinie, t. V, 1839,
1840, Louis Deschamps, pl. 2, 3, 4, 5, 6, 6 bis et 7,
p. 173.

Saint Vandrille, abbé de Fontenelle en Normandie, mourut
en 667.

Un roi et plusieurs soldats, tirés des miniatures d'un

900.

900.

manuscrit du ix<sup>e</sup> siècle, de la Bibliothèque impériale. Pl. in-fol. en haut. Beaunier et Rathier, pl. 53.

Les auteurs n'ont pas donné la désignation du manuscrit.

Guerriers du ix<sup>e</sup> siècle, bas-relief au-dessus de la porte de l'orient à l'église de Saint-Denis. Pl. in-fol. en haut. Beaunier et Rathier, pl. 47.

Figure de femme inconnue, à l'église cathédrale de Chartres, du viii<sup>e</sup> ou ix<sup>e</sup> siècle. Pl. in-fol. en haut. Beaunier et Rathier, pl. 40 (par erreur 34 au texte).

Figure d'un roi ou autre personnage inconnu, au portail de la cathédrale de Chartres. Pl. in-fol. en haut. Beaunier et Rathier, pl. 52.

David pinçant le psalterion, miniature d'un manuscrit du ix<sup>e</sup> siècle, existant à Angers. — Divers instruments de musique dans des manuscrits, et autres monuments du ix<sup>e</sup> siècle, et postérieurs. Pl. in-4 en haut., et pl. de diverses formes. Annales archéologiques, E. de Coussemaker, t. III, à la page 78 et suiv. Idem, p. 147 et suiv. Suite, idem, t. IV, p. 25. Suite, idem, t. IV, p. 94.

Deux bas-reliefs représentant des sujets relatifs à des saints personnages, dans l'église de Saint-Thomas, à Strasbourg. Pl. in-4 en larg. Cahier (Charles) et Arthur Martin, t. IV, pl. 28, p. 266.

Deux miniatures représentant un Juif lépreux touché par un rabbin, et un évêque baptisant une femme juive agenouillée. Partie d'un manuscrit du trésor des dames de Sainte-Glossinde de Metz. Pl. in-8 en haut., lithogr. Mémoires de l'Académie royale de Metz, 1842-1843, à la page 158. = Deux pl. in-8

en haut., lithogr. Begin, Metz, depuis dix-huit siè- 900.
cles, t. II, pl. 65, 66.

Figure du moine Radulfe, vêtu de l'ancien habit mo-
nastique des religieux de Saint-Wast, d'un manuscrit
des psaumes de saint Augustin, de la bibliothèque
de l'abbaye de Saint-Wast, à Arras. Pl. in-12 carrée.
Voyage de deux religieux bénédictins, 1724, p. 64,
dans le texte.

Crucifix de saint Odon, à l'abbaye de Saint-Martin
d'Autun, célèbre par ses miracles. Pl. in-8 en haut.,
lith. Bulliot, Essai historique sur l'abbaye de Saint-
Martin d'Autun, à la page 113.

Figures représentant un *flabellum*, éventail que deux
diacres tenaient de chaque côté de l'autel, pendant
la messe, pour empêcher les petits animaux volants
de tomber dans le calice. Deux pl. in-fol. en haut.,
Pierre Juenin, nouvelle histoire de l'abbaye de
Saint-Filibert et de la ville de Tournus, à la page 46.
= Pl. lithogr. et color., in-fol. m° en haut. Du Sommerard, les Arts au moyen âge, atlas, chap. xiv,
pl. 4, texte, t. V, p. 231. = Pl. lithogr. et color.,
in-fol. m° en haut. Du Sommerard, les Arts au moyen
âge, album, 9e série, pl. 17.

Voir : Mabillon, Annales ordinis sancti Benedicti,
t. IV, p. 356. = Voyage littéraire de deux religieux
bénédictins (D. Martène et D. Durand), t. I, p. 232.

Objets divers d'orfévrerie du ixe siècle. Pl. in-4. Lacroix,
le Moyen âge et la Renaissance, t. III, orfévrerie,
pl. sans numéro.

Divers instruments de musique du ixe siècle. Pl. diverses grav. sur bois. Lacroix, le Moyen âge et la

900.    Renaissance, t. IV. Instruments de musique, p. 10 à
17, dans le texte.

Vases, armes et instruments de musique, d'après des
miniatures de manuscrits du ix⁰ siècle, de la Bibliothèque royale. Pl. in-fol. en haut. Beaunier et
Rathier, pl. 18.

> Les auteurs n'ont pas donné les désignations des manuscrits.

Danse et jeux au son des instruments, miniatures d'un
manuscrit du ix⁰ siècle, de la Bibliothèque royale.
Pl. in-fol. en haut. Beaunier et Rathier, pl. 41 (par
erreur au texte, 35.)

> Idem.

Tentes et armes tirées de Strutt, des ix⁰ et x⁰ siècles et
temps antérieurs. Pl. in-fol. en larg. Beaunier et
Rathier, pl. 72.

Un vaisseau saxon du ix⁰ siècle, d'après Strutt. Pl.
in-fol. en larg. Beaunier et Rathier, pl. 54.

Le labour des champs—chasse à l'oiseau—moisson-
neurs, miniatures d'un manuscrit du ix⁰ siècle. Pl.
in-fol. en larg. Beaunier et Rathier, pl. 17.

> Les auteurs n'ont pas donné la désignation du manuscrit.

Quatre chapiteaux de l'église de Sainte-Croix à Saint-Lo,
représentant saint Éloi, saint Hubert, le pèsement
des âmes, et un diable faisant rôtir un homme. Partie
d'une pl. in-fol. en larg., lithogr. Mémoires de la
Société des antiquaires de Normandie, de Gerville,
1825, pl. 7, p. 96.

Quatre chapiteaux allégoriques de la nef de l'abbaye
de Saint-Austremoine, à Issoire. Pl. in-4 carrée.
A. Lenoir, Histoire des arts en France, pl. 22.

Trois sceaux de rois de France du ix<sup>e</sup> siècle, moulages    900.
de la collection de l'École des beaux-arts.

Dix-huit monnaies carlovingiennes. Partie d'une pl.
et pl. entière in-8 en haut. Cartier, Recherches sur
les monnaies au type Chartrain, pl. 15, 3<sup>e</sup> partie,
n<sup>os</sup> 1 à 4, pl. 16, n<sup>os</sup> 1 à 14.

Monnaie française au type de Louis le Débonnaire, de
la seconde moitié du ix<sup>e</sup> siècle. Partie d'une pl. in-8
en haut. Fillon, Lettres à M. Dugast-Matifeux, pl. 9,
n° 1, p. 150.

Sept monnaies trouvées en 1835, des barons d'Angoulême, de saint Martial de Limoges, des seigneurs de
Deels, des princes de Souvigny, des comtes de Gien
et d'un archevêque de Lyon. Partie d'une pl. in-8 en
haut. Société des sciences naturelles et d'antiquités
de la Creuse, 1838, pl. 5, n<sup>os</sup> 1, 2, 9, 11 à 14.

Monnaie que l'on peut attribuer à Auxerre. Partie d'une
pl. in-8 en larg. Bulletin de la Société des sciences
historiques et naturelles de l'Yonne, C. Dormois,
t. II, p. 199.

Seize monnaies des pirates danois ou normands (rois
de la mer), sur lesquels on lit les noms de Siefrid (?),
Sievert, Canut, Olaf (?), et des noms incertains. Pl.
in-4 en haut. Poey d'Avant, pl. 3, n<sup>os</sup> 1 à 16, p. 34
à 39.

> Les numismatistes ne sont pas d'accord sur les lieux où ces
> monnaies ont été frappées, soit en France soit en Angleterre,
> et jusqu'à ce moment, les arguments se balancent.

Dix monnaies anglo-normandes de l'époque carlovingienne, frappées par les pirates danois ou normands,
rois de la mer, et dont quelques-unes ont été fabri-

900.    quées en France. Pl. lithogr., in-8 en haut. Revue
numismatique, 1842, E. Cartier, pl. 23, p. 439.

Revers de monnaie non désignée, indiquant une trans-
formation du monogramme et du mot *Rex*. Petite pl.
grav. sur bois. Fillon, Considérations—sur les monnaies de France, p. 93, dans le texte.

Monnaie de l'époque carlovingienne, ayant quelque
rapport avec celles des évêques de Maguelone ou de
Montpellier. Partie d'une pl. lithogr., in-fol. en larg.
Mémoires de la Société des antiquaires de Normandie,
2ᵉ série, 2ᵉ vol., nº 1, à la page 322.

Quatre monnaies des abbés de Tournus, probablement
antérieures au règne de Charles le Simple. Partie
d'une pl. in-4 en haut. Tobiesen Duby, Monnoies
des barons, pl. 17, nᵒˢ 4 à 7.

Monnaie frappée à Tournus, avant Charles le Simple.
Partie d'une petite pl. Iuenin, nouvelle Histoire de
l'abbaye—de Saint-Filibert et de la ville de Tournus,
à la page 64, dans le texte.

Sept monnaies diverses, frappées à Tournus. Partie
d'une pl. in-4 en haut. Ragut, Statistique du département de Saône-et-Loire, t. I, pl. lithogr., non
numérotée, nᵒˢ 1 à 7, p. 424.

Monnaie de Saint-Martin de Poitiers. Petite pl. grav.
sur bois. Fillon, Considérations — sur les monnaies
de France, p. 77, dans le texte.

Essai sur l'origine de la ville de Blois, et sur ses ac-
croissements jusqu'au xᵉ siècle, par L. de La Saussaye.
Extr. du tome I des Mém. de la Société des sciences et

des lettres de la ville de Blois. Paris, Techener, 1833,
in-8, fig. Cet opuscule contient :

Monnaies de Blois antérieures au x^e siècle. *Pl. III*,
in-8 en haut., lithogr.

—

Monnaie de Saint-Martin, abbaye de Tours, au type
du temple carlovingien. Partie d'une pl. in-4 en
haut. Conbrouse, t. III, pl. 43, n° 14.

> Le catalogue à la fin du volume fait confusion pour les
> pièces de cette planche.

Monnaie de plaisir de la fin du ix^e siècle. Partie d'une
pl. in-8 en haut. Fillon, Lettres à M. Dugast-Matifeux, pl. 8, n° 6, p. 139.

Monnaie de Melle au nom de Charles I^er ou III (xii^e siècle). Partie d'une pl. in-4 en haut. Conbrouse, t. III,
pl. 43, n° 5.

> Il y a erreur pour cette monnaie que je place à la fin du
> ix^e siècle.
> Le catalogue à la fin du volume fait confusion pour les pièces
> de cette planche.

## 910 ?

Trois miniatures représentant saint Vandrille et sa
femme, Dagobert, et une troupe d'hommes armés,
d'un manuscrit contenant la vie de saint Vandrille,
de la bibliothèque communale de Saint-Omer, provenant de l'ancienne abbaye de Saint-Bertin. Partie
d'une pl. in-8 en haut., lithogr. Mémoires de la
Société des antiquaires de Picardie, t. III, p. 325-
26, atlas, pl. 8, n^os 19 à 21.

Candélabre de la reine Frederonne, au musée de Reims.

910 ?    Pl. in-4 en haut., lithogr. Prosper Tarbé, Trésors
des églises de Reims, à la page 215.

> Frederoune ou Frederune, seconde femme de Charles III le
> Simple en 907, avait fait don de ce candélabre au monastère
> de Saint-Remi de Reims.

Monnaie frappée au Mans, au commencement du $x^e$ siècle. Petite pl. grav. sur bois. Revue numismatique,
1840, A. Duchalais, p. 437, dans le texte. = Reproduite, idem, 1843, A. de Longpérier, p. 62, dans
le texte.

Monnaie du commencement du $x^e$ siècle, que l'on peut
attribuer à Cateau-Cambresis. Petite pl. grav. sur
bois. Revue numismatique, 1840, A. Duchalais,
p. 438, dans le texte.

## 912.

Sceau de Louis III ou IV, roi de Germanie. Petite pl.
Eckhart, Commentarii, etc., t. II, p. 829, dans le
texte.

Sceau du même, à un diplôme de 877. Pl. de la grandeur de l'original, grav. sur bois. Nouveau Traité
de Diplomatique, t. IV, p. 119.

Sceau de Louis IV, roi de Germanie, empereur, à un
diplôme pour l'abbaïe de Weissenbourg, de l'an 902.
Au bas d'une pl. in-fol. en larg. Schœpflin, Alsatia
diplomatica, pl. 15, à la page 100.

Deux monnaies de Louis IV, roi de Lorraine, empereur.
Petite pl. Eckhart, Commentarii, etc., t. II, p. 794,
dans le texte.

Trois monnaies du même, frappées à Rome. Partie

d'une pl. in-4 en haut., grav. sur bois. Argelati, 912.
t. I, pl. 3, n°ˢ 31, 32, 33.

Deux monnaies du même, dont l'une frappée à Verdun.
Partie d'une pl. lithogr., in-8 en haut. Revue numismatique, 1838, F. de Saulcy, pl. 12, n°ˢ 6, 7,
p. 320.

Monnaie de Louis IV, roi de Germanie, roi de Lorraine, et de Otton 1ᵉʳ, roi de Germanie, empereur.
Partie d'une pl. in-4 en larg., lithogr. Mémoires de
la Société royale des antiquaires de France, t. XII.
Nouvelle série, t. II, pl. 5, n° 24, à la page 186.

Monnaie de Louis III, roi de Lorraine, IV du nom
comme empereur, frappée à Cologne. Partie d'une
pl. in-4 en haut. Conbrouse, t. III, pl. 38, n° 4.

Monnaie du même, frappée à Cologne. Partie d'une
pl. lithog., in-4 en haut. Fougères et Conbrouse,
Description — des monnaies de la deuxième race,
n° 268.

> Ce prince est le dernier de la race de Charlemagne dans
> l'empire d'Occident.
> Leblanc attribue cette pièce à Louis IV d'Outremer.

Monnaie du même. Partie d'une pl. in-8 en haut. De
Longpérier, Collection de M. J. Rousseau, pl. 5 de
la 2ᵉ série, n° 575. Répétée, petite pl. grav. sur bois,
p. 234, dans le texte.

Monnaie du même, de la collection de la monnaie de
Paris. Petite pl. grav. sur bois. De Longpérier, Collection de M. J. Rousseau, p. 235, dans le texte.

Monnaie du même, frappée à Dinant. Partie d'une pl.
in-8 en haut. Revue numismatique belge, Ch. Piot,
2ᵉ série, t. I, pl. 13, n° 3, p. 253.

912. Six monnaies du même. Partie d'une pl. in-4 en haut.
Robert, Études numismatiques, etc., pl. 15, n°ˢ 7 à
12, p. 215 à 217.

Deux monnaies du même. Partie d'une pl. in-8 en
haut. Berry. Études, etc., pl. 19, n°ˢ 8, 9, t. I,
p. 225.

## 918.

Décemb. 23. Monnaie de Conrad, empereur. Partie d'une pl. lith..
in-4 en haut. Fougères et Conbrouse, Description
— des monnaies de la deuxième race, n° 413.

## 920 ?

Coupe antique en sardoine, représentant les attributs
de Bacchus, conservée dans le trésor de Saint-Denis,
montée sur un pied doré, enrichi de pierres, sur
lequel est une inscription portant que Charles III du
nom a donné ce vase à Jésus-Christ. Partie d'une
pl. in-fol. m° en larg. Montfaucon, l'Antiquité expliquée, t. I, seconde partie, pl. 167, p. 256 et suiv.
= Partie d'une pl. lithogr. et color., in-fol. m° en
larg. Du Sommerard, les Arts au moyen âge, album,
5ᵉ série, pl. 37, n° 3.

> Ce monument antique n'est indiqué ici que sous le rapport
> du pied sur lequel il a été placé, et dont l'inscription paraît
> indiquer positivement que ce vase était un don du roi Charles III
> le Simple. Cette inscription porte : *hoc vas tibi mente dicavit*
> *tertius in francos regmine Karlus.*
>
> Cette coupe était jadis conservée dans le trésor de l'abbaye
> de Saint-Denis, d'où elle a été transportée, à l'époque de la
> suppression de cette abbaye, au Cabinet des médailles et an-
> tiques de la Bibliothèque royale.

Détails de sculptures de l'église de Capellebrouck, près
Dunkerque. Pl. in-4 en larg., lithogr., pl. 4, Bulletin

de la Commission historique du département du Nord,
t. II, à la page 195.

920 ?

Monnaie de Toulouse, au nom du roi Eudes. Partie
d'une pl. in-4 en haut. Poey d'Avant, pl. 14, n° 7,
p. 212.

## 922.

Figure de Charles III le Simple, d'après les monuments
du temps. Pl. ovale, in-12 en haut., grav. sur bois.
Du Tillet, Recueil des roys de France, p. 52, dans
le texte.

> Charles III le Simple abandonna ses Etats en 923, se retira
> en Allemagne, et ensuite chez Herbert comte de Vermandois,
> qui le fit enfermer au château de Péronne, où il mourut le
> 7 octobre 929.

Sceau de Charles III le Simple. Mabillon, de re diplomatica, pl. 33.

Sceau du même. Heineccius, pl. 3, n° 18.

Sceau du même. Partie d'une pl. in-fol. en haut. Montfaucon, t. I, pl. 29, n° 3.

Sceau du même. Pl. de la grandeur de l'original, grav.
sur bois. Nouveau Traité de Diplomatique, t. IV,
p. 122.

Sceau du même. Partie d'une pl. in-4 en haut. (De
Migieu), Recueil des sceaux du moyen âge, pl. 1,
n° 18.

Sceau du même. Partie d'une pl. in-fol. en haut.
Trésor de numismatique et de glyptique. Sceaux
des rois et reines de France, pl. 2, n° 3.

Quatorze monnaies de Charles III le Simple. Pl. in-4
en haut. Le Blanc, à la page 146.

922.

Monnaie du même. Partie d'une pl. in-fol. en haut. Du Molinet, le Cabinet de la bibliothèque de Sainte-Geneviève, pl. 34, n° 1.

Quatre monnaies du même. Partie d'un pl. petit in-4 en haut. Explication de plusieurs antiquités recueillies par Paul Petau, pl. 26.

Quatre monnaies incertaines, frappées sous Charles le Chauve ou Charles le Simple. Partie d'une pl. lith., in-8 en haut. Revue de la Numismatique française, 1837, E. Cartier, pl. 10, n°⁵ 17 à 20, p. 343 et suiv.

Monnaie de Charles III le Simple. Partie d'une pl. lithogr., in-8 en haut. Desains, Recherches sur les monnaies de Laon, pl. 1, rois, n° 7.

Monnaie du même, frappée à Tours. Partie d'une pl. lithogr., in-8 en haut. Revue numismatique, 1838, E. Cartier, pl. 5, n° 3, p. 97.

Monnaie du même, frappée à Verdun. Partie d'une pl. lithogr., in-8 en haut. Revue numismatique, 1838, F. de Saulcy, pl. 12, n° 8, p. 320.

Six monnaies du même. Partie d'une pl. in-8 en haut. Société des Sciences naturelles et d'antiquités de la Creuse, 1838, pl. 5, n°⁵ 3 à 8, p. 43.

Monnaie de Charles III et Eudes, frappée à Orléans. Partie d'une pl. in-4 en haut. Conbrouse, t. III, pl. 34, n° 10.

Six monnaies de Charles III le Simple, frappées à Sens, Quentowic, Paris, Dinant, Orléans. Partie d'une pl. in-4 en haut. Conbrouse, t. III, pl. 35, n°⁵ 8 à 13.

Le catalogue à la fin du volume fait confusion pour les pièces de cette planche.

Deux monnaies du même, frappées à Meaux et à Saint-    922.
Denis. Partie d'une pl. in-4 en haut. Conbrouse,
t. IV, pl. 178, nᵒˢ 2, 3.

Six monnaies attribuées au même. Partie d'une pl.
in-4 en haut. Conbrouse, t. VII, l'Avant-Hugues-
Capet, pl. 35, nᵒˢ 10 à 15.

Vingt-trois monnaies du même. Pl. in-4 en haut. Conbrouse, t. VII, l'Avant-Hugues-Capet, pl. 36.

Monnaie attribuée à Charles Iᵉʳ ou III, que je place à
ce dernier. Partie d'une pl. in-4 en haut. Conbrouse,
t. VII, l'Avant-Hugues-Capet, pl. 42, nᵒ 3.

Trente-six monnaies de Charles III le Simple. Partie de
diverses pl. lithogr., in-4 en haut. Fougères et Conbrouse, Description — des monnaies de la deuxième
race. Détail à la table, p. 63, 64. (Le nᵒ 518 cité
dans la table n'est pas gravé.)

> Les monnaies de Charles le Simple sont difficiles à distinguer.
> Ces trente-six pièces doivent bien être attribuées à ce roi,
> suivant l'opinion des auteurs de cet ouvrage. Cependant ils
> pensent que l'on peut aussi les classer autrement.

Monnaie du même, frappée à Étampes. Partie d'une
pl. lithogr., in-8 en haut. Revue numismatique,
1839, F. Fougères, pl. 3, nᵒ 11, p. 100.

Monnaie du même, qui peut avoir été frappée à Chaté,
petite ville de Lorraine. Partie d'une pl. lithogr.,
in-8 en haut. Revue numismatique, 1839, F. Fougères, pl. 3, nᵒ 13, p. 100.

Trois monnaies du même. Partie d'une pl. in-4 en
haut. Du Cange, Glossarium, 1840, t. IV, pl. 3,
nᵒˢ 10 à 12.

922.   Trois monnaies du même. Partie de deux pl. in-4 en
       haut. Du Cange, Glossarium, 1840, t. IV, pl. 4,
       n° 24, et pl. 5, n⁰ˢ 1, 2.

Six monnaies du même, frappées à Bourges. Partie de
       deux pl. in-4 en haut. Pierquin de Gembloux, His-
       toire monétaire et philologique du Berry, pl. 2,
       n⁰ˢ 18, 20, 21, pl. 3, n⁰ˢ 1, 3, 5.

Deux monnaies du même, frappées à Meaux. Partie d'une
       pl. lithogr., in-8 en haut. Revue numismatique,
       1840, A. de Longpérier, pl. 8, n⁰ˢ 6, 7. p. 132, 134.

Quatre monnaies du même, frappées à Arras et à Saint-
       Omer. Partie d'une pl. lithogr., in-8 en haut. Her-
       mand, Histoire monétaire de la province d'Artois,
       pl. 2, n⁰ˢ 20 à 23.

Monnaie du même. Partie d'une pl. in-4 en larg. Mé-
       moires de la Société royale des antiquaires de France,
       t. XII. Nouvelle série, t. II, Cartier, pl. 5, n° 21,
       p. 213.

Monnaie du même. Partie d'une pl. in-8 en haut. Revue
       numismatique, 1846, E. Cartier, pl. 8, n° 2, p. 125.

Deux monnaies du même. Partie d'une pl. in-8 en haut.
       De Longpérier, Collection de M. J. Rousseau, pl. 5
       de la 2ᵉ série, n⁰ˢ 577, 580. Répétées, petites pl. grav.
       sur bois, p. 236, 238, dans le texte.

Sept monnaies du même. Partie d'une pl. in-4 en haut.
       Robert, Études numismatiques, etc., pl. 16, n⁰ˢ 1 à 7,
       p. 217 à 219.

Dix-huit monnaies du même. Partie de deux pl. in-8
       en haut. Berry, Études, etc., pl. 18, n⁰ˢ 3 à 18, pl. 19,
       n⁰ˢ 1 à 7, t. I, p. 216 à 224.

Monnaie du même. Partie d'une pl. in-8 en haut. Berry,      922.
Études, etc., pl. 21, n° 7, t. I, p. 248.

Monnaie de Rodolphe ou Raoul, roi de Bourgogne,
qui envahit le royaume d'Italie en 922, et fut roi de
France en 923, frappée à Pavie. Partie d'une pl. in-4
en haut., grav. sur bois. Argelati, t. I, pl. 11, n° 8.

Monnaie d'argent du duc d'Aquitaine, frappée sous
Charles le Simple. Partie d'une pl. in-4 en haut.
Venuti, Dissertations sur les anciens monuments de
la ville de Bordeaux, n° 6.

Monnaie du chapitre de Saint-Nazaire à Autun, frappée
sous Charles le Simple. Petite pl. Edme Thomas,
Histoire de l'antique cité d'Autun, p. 353, dans le
texte.

## 923.

Monnaie de Robert, frère d'Eudes ou Odon, roi sacré     Juin 15.
à Reims. Partie d'une pl. in-8 en haut. Le Blanc,
p. 145, dans le texte.

Monnaie de Robert, frère de Eudes, élu roi à Soissons
en 922, et tué dans une bataille que lui livra Charles
le Simple. Partie d'une pl. lithogr., in-4 en haut.
Fougères et Conbrouse, Description — des monnaies
de la deuxième race, n° 359.

Monnaie du même, frappée à Orléans. Partie d'une
pl. in-4 en haut. Conbrouse, t. III, pl. 35, n° 6.
> Le catalogue à la fin du volume fait confusion pour les pièces
> de cette planche.

Monnaie du même, frappée à Paris. Partie d'une pl.
in-4 en haut. Du Cange, Glossarium, 1840, t. IV,
pl. 3, n° 13.

923.
Juin 15.

Monnaie du même. Petite planche, mémoires de la Société d'histoire et d'archéologie de Châlon-sur-Saône, 1844 - 1846. Joseph de Fontenay, à la page 284, dans le texte.

Monnaie du même. Partie d'une pl. in-8 en haut. De Longpérier, Collection de M. J. Rousseau, pl. 4 de la 2e série, n° 504, p. 203. Répétée, petite pl. grav. sur bois, p. 203, dans le texte.

Deux monnaies du même. Partie d'une pl. in-8 en haut. Berry, Études, etc., pl. 19, n$^{os}$ 10, 11, t. I, p. 227.

### 924.

Mars.

Trois monnaies de Berenger, roi d'Italie, frappées à Pavie. Partie d'une pl. in-4 en haut. Argelati, t. I, pl. 11, n$^{os}$ 5, 6, 7.

Sept monnaies du même. Partie d'une pl. in-4 en haut. Conbrouse, t. VII, l'Avant-Hugues-Capet, pl. 50, n$^{os}$ 7 à 13.

Huit monnaies du même. Partie de diverses pl. lithogr., in-4 en haut. Fougères et Conbrouse, Description — des monnaies de la deuxième race. Détail à la table, p. 65.

Deux monnaies du même, frappées probablement à Pavie. Partie d'une pl. lithogr., in-8 en haut. Revue numismatique, 1839, E. Deschamps, pl. 16, n$^{os}$ 7, 8, p. 384.

Monnaie du même. Partie d'une pl. in-4 en larg. Mémoires de la Société royale des antiquaires de France, t. XII. Nouvelle série, t. II, Cartier, pl. 5, n° 25, p. 219.

Monnaie d'un des Berenger, rois d'Italie, frappée à

Pavie. Partie d'une pl. in-4 en haut. Argelati , t. III,       924.
appendix, pl. 2, n° 2.

## 927.

Monnaie de Guillaume II le Jeune, comte de Bourges.
Pierquin de Gembloux, Histoire monétaire et philologique du Berry, indiquée pl. 8, n° 17, mais n'existant pas dans les planches de cet ouvrage.

Guillaume II mourut en 926 ou 927.

Monnaie attribuée au même. Petite pl. grav. sur bois.
Fillon, Considérations — sur les monnaies de
France, p. 90, dans le texte.

Monnaie de Guillaume II, comte de Bourges, qui pour-
rait être aussi attribuée à Guillaume Iᵉʳ, mort en 918.
Petite pl. grav. sur bois. Revue numismatique, 1839,
Ad. de Longpérier, p. 366, dans le texte.

Si cette attribution est certaine, cette monnaie serait la première, en date, des monnaies baronales.

Statue de Rollon, duc de Normandie, placée sur son
tombeau. Partie d'une pl. lithogr., in-4 en haut.
Ducarel, Antiquités anglo-normandes, pl. 7, n° 16.

Figure de Rollon, premier duc de Normandie, sur son
tombeau dans la cathédrale de Rouen. Pl. in-8 en
haut. Achille Deville, Tombeaux de la cathédrale de
Rouen, pl. 2.

Cette figure ne représente nullement les traits de Rollon. Ce
tombeau fut fait, pour y déposer ses restes, par le bienheureux
Maurice, archevêque de Rouen, en 1063.

La figure est de beaucoup postérieure même à cette seconde
inhumation de Rollon. Elle est du xivᵉ ou du xvᵉ siècle. On
peut seulement penser qu'elle a quelque analogie avec une
figure antérieure.

927. Vingt et une monnaies normandes que l'on peut attribuer au temps de Robert I$^{er}$, dit Rollon, duc de Normandie. Pl. in-8 en haut. Berry, Études, etc., pl. 23, n$^{os}$ 1 à 21, t. I, p. 307 et p. 488 à 491.

Robert I, dit Rollon, abdiqua en 927.

### 931.

Sceau de Raoul, roi de Bourgogne et d'Arles. Moulage de la collection de l'École des beaux-arts.

### 932.

Monnaie de Louis III l'Aveugle, roi de Bourgogne et de Provence, frappée à Vienne. Partie d'une pl. lith., in-8 en haut. Revue numismatique, 1839, F. Fougères, pl. 4 (vi par erreur), n° 18, p. 102.

Monnaie du même. Partie d'une pl. in-4 en haut. Conbrouse, t. III, pl. 40, n° 2.

Monnaie du même, que l'on peut aussi attribuer à Louis IV l'Enfant. Partie d'une pl. in-4 en haut. Conbrouse, t. III, pl. 42, n° 10.

Le catalogue à la fin du volume fait confusion pour les pièces de cette planche.

Six monnaies du même. Partie de deux pl. lithogr., in-4 en haut. Fougères et Conbrouse, Description — des monnaies de la deuxième race, n$^{os}$ 263 à 267, 536.

Monnaie du même. Partie d'une pl. in-4 en haut. Du Cange, Glossarium, 1840, t. IV, pl. 4, n° 9.

Deux monnaies du même. Partie d'une pl. in-8 en haut. Berry, Études, etc., pl. 16, n$^{os}$ 9, 10, t. 1, p. 196, 197.

Monnaie de Louis III l'Aveugle, roi de Provence, Italie,

empereur, avec le pape Benoît IV. Partie d'une pl.            932.
in-4 en haut. Conbrouse, t. III, pl. 42, n° 12.

> Le catalogue à la fin du volume fait confusion pour les pièces
> de cette planche.

Monnaie attribuée à Louis III, roi d'Arles. Partie d'une
petite pl. grav. sur bois. Revue de la Numismatique
française, 1836, D. Promis, p. 348, dans le texte.

Deux monnaies archiépiscopales de Vienne en Dauphiné, frappées sous Louis III l'Aveugle, roi de Provence et d'Italie, empereur. Partie d'une pl. in-4 en
haut. Morin, Numismatique féodale du Dauphiné,
pl. 1, n^{os} 1, 2, p. 5, 6.

## 933.

Crosse de l'archevêque de Sens, Atulde, mort en 933,
trouvée dans son tombeau, placé dans le chœur de
la cathédrale de Sens. Pl. color., in-fol. en haut.
Willemin, pl. 29. = Partie d'une pl. in-4 en haut.
Félix de Vigne, Vade mecum du peintre, t. I, pl. 42,
n° 4.

## 936.

Figure de Raoul, roi de France, d'après les monuments    Janvier 15
du temps. Pl. ovale, in-12 en haut., grav. sur bois.
Du Tillet, Recueil des roys de France, p. 53, dans
le texte.

Deux monnaies de Raoul ou Rodolphe I^{er}, duc de Bourgogne, roi de France en 923, frappées à Lyon. Pl.
en longueur, in-4. Ménestrier, Histoire — de la ville
de Lyon, p. 258, dans le texte.

Trois monnaies de Raoul, roi de France. Partie d'une
pl. in-8 en haut. Le Blanc, p. 145, dans le texte.

936.
Janvier 15.

Monnaie du même. Partie d'une pl. lithogr., grand in-8 en haut. Revue de la Numismatique française, 1837, E. Cartier, pl. 8, n° 17, p. 270.

Monnaie du même, frappée à Meaux. Partie d'une pl. in-4 en haut. Conbrouse, t. III, pl. 35, n° 7.

> Le catalogue à la fin du volume fait confusion pour les pièces de cette planche.

Neuf monnaies du même, dont deux douteuses. Partie d'une pl. in-4 en haut. Conbrouse, t. VII, l'Avant-Hugues-Capet, pl. 35, n°s 1 à 9.

Dix monnaies du même. Partie de diverses pl. lithogr., in-4 en haut. Fougères et Conbrouse, Description des monnaies de la deuxième race. Détail à la table, p. 64.

Monnaie du même, frappée à Châteaudun. Partie d'une pl. lithogr., in-8 en haut. Revue numismatique, 1839, F. Fougères, pl. 3, n° 12, p. 100.

Monnaie du même, frappée à Meaux. Partie d'une pl. lithogr., in-8 en haut. Revue numismatique, 1840, A. de Longpérier, pl. 8, n° 8, p. 134.

Deux monnaies du même, frappées à Paris et à Orléans. Partie d'une pl. in-4 en haut. Du Cange, Glossarium, 1840, t. IV, pl. 3, n°s 14, 15.

Monnaie du même. Partie d'une pl. in-8 en haut. Revue numismatique, 1846, E. Cartier, pl. 8, n° 13, p. 128.

Monnaie du même. Partie d'une pl. in-8 en haut. De Longpérier, Collection de M. J. Rousseau, pl. 3 de la 1re série, n° 534, p. 213.

Neuf monnaies du même. Partie de deux pl. in-8 en

haut. Berry, Études, etc., pl. 19, n<sup>os</sup> 12 à 18, pl. 20, n<sup>os</sup> 1, 2, t. I, p. 230 à 233.

Le n° 16 de la planche 19 n'est pas mentionné dans le texte.

Monnaie du même, frappée à Château-Landon. Petite pl. grav. sur bois. Revue numismatique, 1853, Ph. Salmon, p. 419, dans le texte.

Monnaie du même, frappée à Nevers. Petite pl. grav. sur bois. De Soultrait, Essai sur la numismatique nivernaise, p. 20, dans le texte.

Quatre monnaies de Chartres, Nogent et Dreux, au monogramme du roi Raoul. Partie d'une pl. in-8 en haut. Revue numismatique, 1849, E. Cartier, pl. 7, n<sup>os</sup> 1, 4 à 6, p. 280, 282.

Deux monnaies de Henri I<sup>er</sup> l'Oiseleur, empereur, frappées probablement à Verdun. Partie d'une pl. lith., in-8 en haut. Desains, Recherches sur les monnaies de Laon, pl. 3, n<sup>os</sup> 6, 7.

Monnaie du même, frappée à Verdun. Partie d'une pl. in-4 en haut. Conbrouse, t. III, pl. 37, n° 8.

Le catalogue, à la fin du volume, fait confusion pour les pièces de cette planche.

Deux monnaies du même, frappées à Strasbourg. Partie d'une pl. in-4 en haut. Conbrouse, t. VII, l'Avant-Hugues-Capet, pl. 45, n<sup>os</sup> 12, 13.

Quatre monnaies du même. Partie d'une pl. lithogr., in-4 en haut. Fougères et Conbrouse, Description des monnaies de la deuxième race, n<sup>os</sup> 414 à 416, 418.

Monnaie du même, frappée à Lyon. Partie d'une pl.

930.
Janvier 15.

Juillet 2.

in-4 en haut. Du Cange, Glossarium, 1840, t. IV, pl. 4, n° 10.

Deux monnaies du même, frappées à Strasbourg et à Verdun. Partie d'une pl. in-4 en haut. Du Cange, Glossarium, 1840, t. IV, pl. 5, n°ˢ 3, 4.

Onze monnaies du même, frappées en Lorraine. Partie d'une pl. in-4 en haut. Robert, Études numismatiques, etc., pl. 17, n°ˢ 1 à 11, p. 225 à 229.

### 937.

Sceau de Rodolphe II, roi de la Bourgogne transjurane et d'Allemagne, et premier du nom, quatrième roi d'Arles, de Provence et de la Bourgogne cisjurane supérieure. Bouche, la Chorographie — de Provence, t. I, p. 797, dans le texte.

Monnaie du même, frappée à Pavie. Partie d'une pl. in-4 en haut. Conbrouse, t. III, pl. 42, n° 16.

> Le catalogue, à la fin du volume, fait confusion pour les pièces de cette planche.

Monnaie attribuée au même, frappée à Lyon. Partie d'une pl. in-4 en haut. Conbrouse, t. VII, l'Avant-Hugues-Capet, pl. 43, n° 13.

Monnaie du même. Partie d'une pl. lithogr., in-4 en haut. Fougères et Conbrouse, Description — des monnaies de la deuxième race, n° 406.

Monnaie du même. Partie d'une pl. in-4 en haut. Du Cange, Glossarium, 1840, t. IV, pl. 4, n° 4.

### 938 ?

Monnaie de Foulques Iᵉʳ, dit le Roux, comte d'Anjou.

Partie d'une pl. in-8 en haut. Berry, Études, etc., 938 ?
pl. 22, n° 12, t. 1, p. 494.

Chapiteaux sculptés, représentant des sujets saints et
autres, et les signes du zodiaque, de l'église d'Issoire.
Trois pl. lithogr., in-fol. en haut. Mallay, Essai sur
les églises romanes — du département du Puy-de-
Dôme, pl. 17 à 19.

## 941 ?

Crosse de Ragenfroy, élu évêque de Chartres, vers 941,
dans le cabinet de M. Crochard, à Chartres. Pl.
color., in-fol. en haut. Willemin, pl. 30.

> Cette crosse pourrait être du xii<sup>e</sup> siècle. La Borde, Notice
> des émaux, p. 33.
> Rogenfroy (Ragenfredus) fut évêque de Chartres depuis 942
> environ jusqu'à 960 environ.
> Cette crosse n'est plus en France.

## 943.

Figure de Guillaume, dit Longue Épée, fils de Rollon, Décemb. 17.
premier duc de Normandie, sur son tombeau, dans
la cathédrale de Rouen. Pl. in-8 en haut. Achille
Deville, Tombeaux de la cathédrale de Rouen,
pl. 3.

> Cette figure ne représente pas les traits de Guillaume Longue
> Epée. Ce tombeau fut fait, pour y déposer ses restes, par le
> bienheureux Maurice, archevêque de Rouen.
> La figure est très-postérieure à cette seconde inhumation
> de Guillaume; elle est du xiv<sup>e</sup> ou du xv<sup>e</sup> siècle.
> On peut conjecturer seulement qu'elle a des rapports avec
> une figure antérieure.
> Ces détails sont semblables à ceux qui se rapportent à la
> figure de Rollon (voir à 927). Il faut ajouter ici que la statue
> de Guillaume est peinte, et que des actes manuscrits de la ca-
> thédrale indiquent que cette peinture a eu lieu en 1468. C'est

943.

Décemb. 17.

une indication intéressante pour cês deux monuments, et sous le rapport de l'usage de peindre les statues des tombeaux.

Monnaie de Guillaume Iᵉʳ, dit Longue Épée, duc de Normandie. Partie d'une pl. lithogr., in-8 en haut. Revue numismatique, 1843, A. de Longpérier, pl. 5, n° 1, p. 52 et suiv.

Monnaie du même. Partie d'une pl. in-8 en haut. Berry, Études, etc., pl. 22, n° 4, t. 1, p. 305 et p. 489.

947.

Avril 24.

Monnaie de Hugues, comte de Provence, qui prit possession du royaume d'Italie en 926, frappée à Milan. Partie d'une pl. in-4 en haut., grav. sur bois. Argelati, t. 1, pl. 13, n° 5.

Monnaie du même. Partie d'une pl. in-4 en haut. Conbrouse, t. VII, l'Avant-Hugues-Capet, pl. 50, n° 18.

Deux monnaies du même. Partie d'une pl. lithogr., in-4 en haut. Fougères et Conbrouse, Description — des monnaies de la deuxième race, n°ˢ 408, 409.

Sceau de Hugues, troisième roi d'Arles et de la Bourgogne cisjurane, et de son fils Lothaire. Pl. in-12 carrée. Bouche, la Chorégraphie—de Provence, t. I, p. 785, dans le texte.

Monnaie de Hugues, comte de Provence, qui prit possession du royaume d'Italie, en 926, et de Lothaire son fils, qu'il associa à la royauté en 930, frappée à Milan. Partie d'une pl. in-4 en haut., grav. sur bois. Argelati, t. 1, pl. 13, n° 6.

Monnaie du même, frappée à Milan. Partie d'une pl. in-4 en haut. Conbrouse, t. III, pl. 42, n° 15.

Le catalogue, à la fin du volume, fait confusion pour les     947 ?
pièces de cette planche.

Portrait de Boson I$^{er}$, comte de Provence. *M. Fresne
fecit.* Pl. in-12 en haut. Ruffi, Histoire des comtes
de Provence, p. 29, dans le texte.

    Ce portrait est imaginaire, ainsi que le suivant.

Portrait du même. Pl. in-12 en haut. Bouche, la Chorographie — de Provence, t. II, p. 27, dans le
texte.

Denier de Boson I$^{er}$, roi d'Arles. Partie d'une pl. in-4
en haut. Saint-Vincens, Monnaies des comtes de
Provence, pl. 1, n° 1.

## 950.

Monnaie de Lothaire, fils de Hugues de Provence, roi     Novembre.
d'Italie. Partie d'une pl. in-4 en haut. Conbrouse,
t. VII, l'Avant-Hugues-Capet, pl. 50, n° 19.

Monnaie du même. Partie d'une pl. lithogr., in-4 en
haut. Fougères et Conbrouse, Description — des
monnaies de la deuxième race, n° 411.

Monnaie de Guillaume II, comte de Lyon. Partie d'une     950 ?
pl. in-8 en haut. Fillon, Lettres à M. Dugast-Matifeux, pl. 10, n° 26, p. 165. (Le texte porte par
erreur pl. xi.)

Monnaie de l'évêque du Mans. Petite pl. grav. sur bois.
Fillon, Considérations — sur les monnaies de France,
p. 83, dans le texte.

Calice, patène et couverture d'évangéliaire en orfévrerie, qui ont servi à saint Gozlin, évêque de Toul,
de 922 à 962. Trois pl. in-12 de diverses dimensions,
grav. sur bois. Bulletin de la Société d'archéologie

950 ?      lorraine. Aug. Digot, t. II, p. 5 et suiv., dans le
           texte. = Mêmes pl. De Caumont, Bulletin monu-
           mental, Aug. Digot, t. XII, aux p. 510, 512, 514,
           dans le texte.

Trois trônes tirés, l'un d'un manuscrit grec du com-
    mencement du xe siècle, et les deux autres de Strutt,
    qui les attribue aux ixe et xe siècles. Pl, in-fol. en
    haut. Beaunier et Rathier, pl. 66.

Saint Matthieu et saint Luc, deux miniatures d'un
    manuscrit latin, livre d'évangiles de l'ancienne ab-
    baye des Célestins Saint-Paul de Paris, de la biblio-
    thèque de l'Arsenal, évangiles des Célestins. Pl.
    in-fol. max° en larg. Col., le comte de Bastard,
    livrais. 4.

        Ce manuscrit n'est pas suffisamment désigné.

Char traîné par des chevaux, miniature d'un Prudence,
    manuscrit du xe siècle, de la Bibliothèque royale
    (n° 265, Belgique). Pl. in-fol. en haut. Beaunier et
    Rathier, pl. 69.

        Idem.

Chapiteaux de l'église de Sainte-Geneviève à Paris,
    antérieurs à la reconstruction faite vers 990. Partie
    d'une pl. in-fol. magno en haut. Al. Lenoir, Monu-
    ments des arts libéraux, etc., pl. 14, p. 19.

Quatre jetoirs des temps des derniers rois de la seconde
    race. Partie d'une pl. lithogr., in-8 en haut. De Fon-
    tenay, Fragments d'histoire métallique, pl. 6, n°s 1
    à 4.

Douze monnaies de Chartres, Orléans, Étampes, No-
    gent-le-Rotrou, Dreux, Beaugency et Châteaudun,
    de la première moitié du xe siècle. Pl. in-8 en haut.

Cartier, Recherches sur les monnaies au type Char-    950 ?
train, pl. 18, n<sup>os</sup> 1 à 12.

Trois monnaies des comtes de Poitou, incertaines.
Partie d'une pl. in-4 en haut. Poey d'Avant, pl. 7,
n<sup>os</sup> 1 à 3, p. 100, 101.

Monnaie des comtes de Poitou. Partie d'une pl. in-fol.
en larg., lithogr. Mémoires de la Société des antiquaires de l'Ouest, Lecointre-Dupont, 1839, pl. 8,
n° 2, p. 343 et 347.

Cinq monnaies des comtes de Lyon, au nom de Guil-
laume, que l'on peut attribuer au I<sup>er</sup> ou au II<sup>e</sup>. Partie
d'une pl. in-4 en haut. Poey d'Avant, pl. 17, n<sup>os</sup> 9 à
13, p. 249, 250.

Quatre monnaies de la ville de Vienne, royaume de
Provence. Partie d'une pl. in-4 en haut. Poey d'A-
vant, pl. 17, n<sup>os</sup> 1 à 4, p. 242, 244.

## 951.

Denier de l'empereur Otton, frappé à Pavie, à l'époque
de son mariage avec Adélaïde, fille de Rodolphe II,
roi de Bourgogne, sainte. Partie d'une pl. in-4 en
haut. Papon, Histoire générale de Provence, t. II,
pl. I, n° 3.

## 954.

Figure de Louis IV d'Outremer, sur son tombeau à    Septemb. 10.
l'église de Saint-Remi de Reims. Pl. in-8 en haut.
Mabillon, Annales ordinis sancti Benedicti, t. III,
p. 520, dans le texte. = Partie d'une pl. in-fol. en
haut. Montfaucon, t. 1, pl. 30, n<sup>os</sup> 1, 2. = Partie
d'une pl. in-fol. en haut. Beaunier et Rathier, pl. 59.
== Partie d'une pl. in-fol. en haut. Seroux d'Agin-

court, Histoire de l'art, etc., sculpture, pl. xxix, n° 27, t. II, d°, p. 59.

Quelques auteurs ont fixé la date de la mort de Louis IV au 15 ou au 16 octobre, ou bien au 10 décembre de l'année 954.

Sceptre de Louis IV d'Outremer, de sa statue à côté du maître autel de l'abbaye de Saint-Remi, à Reims. Partie d'une pl. in-12 en larg., grav. sur bois. Voyage littéraire de deux religieux bénédictins, 1724, p. 36, dans le texte.

Figure de Louis IV d'Outremer, d'après les monuments du temps. Pl. ovale in-12 en haut., grav. sur bois. Du Tillet, Recueil des roys de France, p. 55, dans le texte.

Sceau de Louis IV d'Outremer. Mabillon, de re diplomatica, pl. 36.

Sceau du même. Heineccius, pl. 3, n° 16.

Sceau du même. Pl. de la grandeur de l'original, grav. sur bois. Nouveau Traité de Diplomatique, t. IV, p. 123.

Sceau du même. Partie d'une pl. in-4 en haut. (De Migieu), Recueil des sceaux du moyen âge, pl. 1, n° 20.

Sceau du même. Partie d'une pl. in-fol. en haut. Beaunier et Rathier, pl. 65, n° 9.

Quatre monnaies de Louis IV d'Outremer. Partie d'une pl. in-12 en haut. Le Blanc, p. 148, dans le texte.

Huit monnaies du même. Partie d'une pl. petit in-4 en haut. Explication de plusieurs antiquités recueillies par Paul Petau, pl. 26.

Monnaie du même. Partie d'une pl. lithogr., grand in-8

en haut. Revue de la Numismatique française, 1837,          954.
E. Cartier, pl. 8, n° 18, p. 272.                     Septemb. 10.

Deux monnaies du même, frappées à Langres et à
   Châlon-sur-Saône, que l'on peut aussi attribuer à
   Louis V. Partie d'une pl. lithogr., in-8 en haut.
   Revue numismatique, 1838, F. de Saulcy, pl. 12,
   n°s 9, 10, p. 320.

Deux monnaies du même, frappées à Metz et Paris.
   Partie d'une pl. in-4 en haut. Conbrouse, t. III,
   pl. 36, n°s 1, 2.
   > Le catalogue, à la fin du volume, fait confusion pour les
   > pièces de cette planche.

Monnaie de Louis IV ou de Louis V. Partie d'une pl.
   in-4 en haut. Conbrouse, t. III, pl. 36, n° 3.
   > Idem.

Monnaie de Louis IV d'Outremer. Partie d'une pl. in-4
   en haut. Conbrouse, t. VII, l'Avant-Hugues-Capet,
   pl. 37, n° 1.

Monnaie du même, douteuse. Partie d'une pl. in-4 en
   haut. Conbrouse, t. VII, l'Avant-Hugues-Capet,
   pl. 45, n° 7.

Monnaie du même, frappée à Wurtzbourg. Partie d'une
   pl. in-4 en haut. Conbrouse, t. VII, l'Avant-Hugues-
   Capet, pl. 52 (sans numéro), n° 6.

Six monnaies du même. Partie de diverses pl. lithogr.,
   in-4 en haut. Fougères et Conbrouse, Description —
   des monnaies de la deuxième race. Détail à la table,
   p. 64. (Le n° 522 cité dans la table n'est pas gravé.)

Monnaie du même. Partie d'une pl. in-4 en haut. Du
   Cange, Glossarium, 1840, t. IV, pl. 3, n° 16.

Monnaie du même. Partie d'une pl. in-4 en haut. Du Cange, Glossarium, 1840, t. IV, pl. 4, n° 23.

Monnaie du même. Partie d'une pl. in-8 en haut. Revue de la Numismatique belge, Ch. Piot, t. VI, pl. 9, n° 22, p. 376.

Monnaie du même, frappée à Bourges. Partie d'une pl. in-8 en haut. Fillon, Considérations — sur les monnaies de France, pl. 2, n° 6.

Cinq monnaies du même. Partie d'une pl. in-4 en haut. Robert, Études numismatiques, etc., pl. 16, n°ˢ 8 à 12, p. 220, 221.

Six monnaies du même. Partie d'une pl. in-8 en haut. Berry, Études, etc., pl. 20, n°ˢ 3 à 8, t. I, p. 234 à 237.

> Le texte indique comme étant de Louis IV les deux monnaies n°ˢ 9 et 10 de la planche 20, qui sont de Lothaire, et également décrites à l'article de ce prince, p. 239.

Monnaie du même. Partie d'une pl. in-8 en haut. Fillon, Lettres à M. Dugast-Matifeux, pl. 8, n° 4, p. 162.

Monnaie du même, frappée à Chinon. Partie d'une pl. in-8 en haut. Fillon, Lettres à M. Dugast-Matifeux, pl. 9, n° 4, p. 158.

Monnaie du même, frappée à Nevers. Petite pl. grav. sur bois. De Soultrait, Essai sur la Numismatique nivernaise, p. 25, dans le texte.

## 956.

Monnaie de Hugues le Grand, père de Hugues-Capet. Partie d'une pl. in-8 en haut. Berry, Études, etc., pl. 24, n° 1, t. I, p. 556.

Monnaie d'Alberic de Toscane, beau-fils de Hugues de     956.
Provence, roi d'Italie. Partie d'une pl. in-4 en haut.
Conbrouse, t. VII, l'Avant-Hugues-Capet, pl. 56,
n° 20.

Monnaie du même. Partie d'une pl. lithogr., in-4 en
haut. Fougères et Conbrouse, Description — des
monnaies de la deuxième race, n° 412.

## 958.

Monnaie de Foulques II le Bon, comte d'Anjou. Partie
d'une pl. in-8 en haut. Berry, Études, etc., pl. 22,
n° 13, t. I, p. 494.

Monnaie du même. Partie d'une pl. in-4 en haut. Poey
d'Avant, pl. 6, n° 10, p. 88.

> Le texte indique par erreur comme étant du même duc le
> n° 11, qui est de Foulques Nerra III, mort en 1040.

Monnaie de Foulques I<sup>er</sup>, comte d'Anjou, mort en 938,
ou de son fils Foulques II le Bon. Partie d'une pl.
lithogr., in-8 en haut. Revue numismatique, 1841,
E. Cartier, pl. 13, n° 9, p. 275.

## 960 ?

Le comte Aymon terrassant un dragon à deux têtes, à
Saint-Spire de Corbeil. Partie d'une pl. in-4 en larg.
Millon, Antiquités nationales, t. II, n° XXII, pl. 1,
(n° 3).

> Ce monument est du milieu du xv<sup>e</sup> siècle.
> Le texte ne fait pas positivement mention de cette figure.

Tombeau du comte Aymon, comte de Corbeil, à Saint-
Spire de Corbeil. Partie d'une pl. in-4 en larg. Mil-

960.

lin, Antiquités nationales, t. II, n° xxii, pl. 2, n° 3, et pl. 3, n° 1.

> Ce tombeau est de la moitié du xv° siècle.
>
> Le texte de Millin porte par erreur pl. 2, n° 1 (au lieu de pl. 3, n° 1).

Deux monnaies de Vienne, en Provence, émises par les comtes. Partie d'une pl. in-4 en haut. Poey d'Avant, pl. 17, n°ˢ 5, 6, p. 244.

### 961.

Sceau de Roricon, évêque de Laon. Mabillon, de re diplomatica, pl. 53.

Sceau du même, à un acte de 961. Planche de la grandeur de l'original, grav. sur bois. Nouveau Traité de Diplomatique, t. IV, p. 321.

> Le nouveau Traité de diplomatique dit que Mabillon s'est trompé en donnant ce sceau à Didon, évêque de Laon, mort vers la fin du ix° siècle. Mabillon, de re diplomatica, p. 133-188.

### 963.

Trois monnaies de Guillaume I^er, dit Tête d'Etoupes, duc de Guyenne. Partie d'une pl. in-8 en haut. Berry, Études, etc., pl. 22, n°ˢ 7 à 9, t. I, p. 491, 492.

### 964.

Monnaie d'Adalberon I^er, évêque de Metz. Partie d'une pl. in-fol. en larg., lithogr. De Saulcy, Supplément aux recherches sur les monnaies des évêques de Metz, pl. 1, n° 1.

Monnaie du même. Petite pl. grav. sur bois. Begin, Metz depuis dix-huit siècles, t. II, p. 391, dans le texte.

Deux monnaies d'Otton I^er le Grand, empereur, et

Adalberon 1er, évêque de Metz. Partie d'une pl. in-4   964.
en haut. Robert, Études numismatiques, etc., pl. 18,
nos 2, 3, p. 230, 231.

### 965.

Sceau d'Arnoul 1er le Grand, troisième comte de Flan-   Mars  7.
dre. Petite pl. Wree, Sigilla comitum Flandriæ, p. 2,
dans le texte.

### 968 ?

Sceau de Louis Bozon, deuxième roi d'Arles et de Provence et de la Bourgogne cisjurane supérieure, et
quatrième du nom, empereur d'Occident, dit l'A-
veugle. Pl. in-12 en larg. Bouche, la Chorographie
— de Provence, t. 1, p. 770, dans le texte.

### 970 .

Tombeau de saint Hilaire, évêque de Carcassonne,
mort dans le vie siècle, à l'abbaye de Saint-Saturnin
et de Saint-Hilaire, près de Carcassonne. Pl. lithogr.,
in-fol. en larg. Mémoires de la Société archéologique
du midi de la France, t. 1, pl. vi, p. 83 et suiv.

Monnaie d'un évêque de Laon, incertaine. Partie d'une
pl. lithogr., in-8 en haut. Desains, Recherches sur
les monnaies de Laon, pl. 1, évêques, n° 1.

### 973.

Deux monnaies d'Othon 1er, empereur. Parties de deux   Mai 7.
pl. lithogr., in-4 en haut. Fougères et Conbrouse,
Description — des monnaies de la deuxième race,
nos 271, 417.

Monnaie du même, frappée à Strasbourg. Partie d'une
pl. in-4 en haut. Du Cange, Glossarium, 1840, t. IV,
pl. 5, n° 5.

973.　Monnaie du même et de Charles, duc de Lorraine.
Mai 7.　　Partie d'une pl. in-4 en haut. Du Cange, Glossarium,
　　　　1840, t. IV, pl. 5, n° 6.

Denier du même, appelé denier ottonien. Partie d'une
　pl. in-4 en haut. Saint-Vincens, Monnaies des comtes
　de Provence, pl. 1, n° 3.

Monnaie du même, frappée à Cologne. Partie d'une
　pl. in-4 en larg. Mémoires de la Société royale des
　antiquaires de France, t. XII. Nouvelle série, t. II,
　Cartier, pl. 5, n° 24, p. 217.

Deux monnaies du même, frappées à Toul. Partie de
　deux pl. in-4 en haut. Robert, Études numismati-
　ques, etc., pl. 17, n° 12, pl. 18, n° 1, p. 229.

Quatre monnaies du même. Partie d'une pl. in-4 en
　haut. Robert, Études numismatiques, etc., pl. 18,
　n°⁵ 4 à 7, p. 232, 233.

## 974.

Monnaie d'un Renaud, seigneur ou comte de Hainaut.
　Partie d'une pl. in-4 en haut. Chalon, Recherches
　sur les monnaies des comtes de Hainaut. Supplé-
　ments, pl. 1, n° 1, p. xi.

## 975.

Monnaie de Provins du dernier tiers du x° siècle. Partie
　d'une pl. in-8 en haut. Fillon, Lettres à M. Dugast-
　Matifeux, pl. 9, n° 7, p. 162.

## 978.

Monnaie de Thibault le Tricheur, comte de Blois, frap-
　pée à Beaugency. Petite pl. grav. sur bois. Revue nu-
　mismat., 1846, A. Duchalais, p. 344, dans le texte.

Deux monnaies du même, frappées à Chartres et à          978.
    Beaugency. Partie d'une pl. in-8 en haut. Revue
    numismatique, 1849, E. Cartier, pl. 7, n⁰ˢ 7, 8,
    p. 282, 283.

## 980.

Vase de Lothaire, en ivoire, cerclé d'orfévrerie et de
    pierres précieuses. Il porte autour deux rangs de figu-
    rines sculptées en bas-reliefs dans des arcades ;
    ces figures représentent dans le rang supérieur
    l'empereur Lothaire et sept prélats ; dans le rang
    inférieur sont des portes fortifiées, et dans chacune
    d'elles un guerrier. Ce vase est conservé dans la ca-
    thédrale d'Aix-la-Chapelle.

    Plâtre moulé à Aix-la-Chapelle par M. le comte de Viel-
    Castel.

Statues de trois rois et d'une reine inconnus, de la
    deuxième race, du portail de l'église de Château-
    dun et de l'église de Chartres. Pl. in-fol. en larg.
    Beaunier et Rathier, pl. 60.

Monnaie de saint Nazaire d'Autun. Partie d'une pl.
    in-4 en haut. Poey d'Avant, pl. 26, n⁰ 9, p. 463.

## 983.

Monnaie attribuée à Othon II le Sanguinaire, roi de
    Germanie, frappée à Strasbourg. Partie d'une pl.
    in-4 en haut. Conbrouse, t. VII, l'Avant-Hugues-
    Capet, pl. 45, n⁰ 11.

## 984.

Deux monnaies de Théodoric ou Thierry I⁰ʳ, évêque de   Septembre 7.
    Metz. Partie d'une pl. in-fol. en larg., lithogr. De
    Saulcy, Recherches sur les monnaies des évéques de
    Metz, pl. 1, n⁰ˢ 1, 2.

984.  Seize monnaies du même. Partie d'un pl. in-fol. en
Septembre 7.  larg., lithogr. De Saulcy, Supplément aux recherches sur les monnaies des évêques de Metz, pl. 1,
n^{os} 2 à 17.

?  Monnaie de Sanche-Sanchez ou de Guillaume Sanche,
comtes de Bordeaux, fils de Sanche-Garcie. Partie
d'une pl. in-8 en haut. Fillon, Considérations — sur
les monnaies de France, pl. 2, n° 7.

> Guillaume Sanche mourut vers l'année 984, suivant l'Art
> de vérifier les dates.

## 986.

Mars 2.  Figure de Lothaire sur son tombeau, dans l'église de
Saint - Remi, à Reims. Partie d'une pl. in-fol. en
haut. Mabillon, Annales ordinis sancti Benedicti,
t. IV, p. 33, dans le texte.=Partie d'une pl. in-fol.
en haut. Montfaucon, t. 1, pl. 30, n° 4. = Partie
d'une pl. in-fol. en haut. Seroux d'Agincourt, Histoire de l'art, etc., sculpture, pl. XXIX, n° 29, t. II,
d°, p. 59. = Partie d'une pl. in-fol. en haut. Beaunier et Rathier, pl. 59.

Le Père éternel dans les nues, étendant ses mains, la
droite sur Lothaire et Louis son fils, et la gauche sur
la reine Emma et Othon, fils de Lothaire, miniature
d'un manuscrit du temps. Partie d'une pl. in-fol. en
haut. Mabillon, Annales ordinis sancti Benedicti,
t. IV, p. 33, dans le texte. = Partie d'une pl. in-fol.
en haut. Montfaucon, t. 1, pl. 30, n° 5. = Partie
d'une pl. in-fol. en larg. Beaunier et Rathier, pl. 64.
= Partie d'une pl. in-fol. en haut. Seroux d'Agincourt, Histoire de l'art, etc., peinture, pl. CLXIV,
n° 21, t. II, d°, p. 135.

Figure de Lothaire, d'après les monuments du temps. Pl. ovale in-12 en haut., grav. sur bois. Du Tillet, Recueil des roys de France, p. 57, dans le texte.

La reine Emme, femme de Lothaire II, et son fils Othon, chanoine de l'église de Reims, sans indication d'où était ce monument. Partie d'une pl. in-fol. en haut. Beaunier et Rathier, pl. 26.

Sceptre de Lothaire, fils de Louis IV, de sa statue à côté du maître autel de l'abbaye de Saint-Remi, à Reims. Partie d'une pl. in-12 en larg., grav. sur bois. Voyage littéraire de deux religieux bénédictins, 1724, p. 36, dans le texte.

Couronnes de Lothaire II, roi de France, et de son fils Louis. Partie d'une pl. in-fol. en larg. Montfaucon, t. 1, pl. 2 (6e rang, n° 4).

Couronne de la reine Emme, femme de Lothaire II, roi de France, et mère de Louis V. Partie d'une pl. in-fol. en larg. Montfaucon, t. 1, pl. 2 (6e rang, n° 3).

Sceau de Lothaire, roi de France. Mabillon, de re diplomatica, pl. 37.

Trois sceaux du même. Heinnecius, pl. 3, nos 12, 20, pl. 4, n° 15.

Sceau du même. Partie d'une pl. in-fol. Montfaucon, t. I, pl. 30, n° 3.

Sceau du même. Partie d'une pl. in-fol. en larg. J. Heumann, Commentarii de re diplomatica imperatorum ac regum, etc., t. I, pl. 7.

Sceaux de Hugon et de Lothaire à une charte de 941.

Petite pl. grav. sur bois. Argelati, t. III, Appendix, p. 105, dans le texte.

Sceau et contre-sceau de Lothaire, roi. Pl. in-8 en larg., grav. sur bois. Argelati, t. III, Appendix, p. 107, dans le texte.

Sceau du même, à une charte de 972. Pl. de la grandeur de l'original, grav. sur bois. Nouveau Traité de Diplomatique, t. IV, p. 124.

Sceau du même. Partie d'une pl. in-4 en haut. (De Migieu), Recueil des sceaux du moyen âge, pl. 1, n° 15.

Sceau du même. Partie d'une pl. in-4 en haut. (De Migieu), Recueil des sceaux du moyen âge, pl. 2, n° 21.

Sceau du même. Partie d'une pl. in-fol. en haut. Beaunier et Rathier, pl. 65, n° 10.

Trois monnaies de Lothaire, roi de France. Partie d'une pl. in-12 en haut. Le Blanc, p. 148, dans le texte.

Dix monnaies de Louis Ier le Débonnaire, Charles II le Chauve, Louis II le Bègue et Lothaire, frappées à Rome. Pl. in-4 en haut. Le Blanc, Dissertation historique sur quelques monnaies de Charlemagne, etc., p. 73, dans le texte.

Les attributions de ces pièces ne sont pas toutes certaines.

Monnaie de Lothaire, roi de France. Partie d'une pl. in-fol. en haut. Du Molinet, le Cabinet de la bibliothèque de Sainte-Geneviève, pl. 34, n° 2.

Monnaie frappée à Tournus, sous Lothaire. Partie d'une petite pl. Juenin, nouvelle Histoire de l'abbaye —

de Saint-Filibert et de la ville de Tournus, à la page 61,
dans le texte.

986.
Mars 2.

Cinq monnaies carlovingiennes frappées à Strasbourg,
de Charles le Chauve, Louis II et Lothaire. Partie
d'une pl. in-fol. en haut. Schœpflin, Alsatia illustrata, t. I, pl. 2, monnaies n^os 1 à 5, p. 763, 765,
818.

Trois monnaies des abbés de Tournus, sous Lothaire.
Partie d'une pl. in-4 en haut. Tobiesen Duby, Monnaies des barons, pl. 17, n^os 1 à 3.

Monnaie de Lothaire. Partie d'une pl. lithogr., grand
in-8 en haut. Revue de la Numismatique française,
1837, E. Cartier, pl. 8, n° 19, p. 272.

Monnaie du même. Partie d'une pl. lithogr., in-8 en
haut. Revue numismatique, 1839, F. Fougères, pl. 4
(vi^e par erreur), n° 19, p. 102.

Monnaie du même. Partie d'une pl. lithogr., in-8 en
haut. Revue numismatique, 1839, E. Cartier, pl. 4
(vi^e par erreur), n° 20, p. 104.

Deux monnaies du même. Partie d'une pl. in-4 en haut.
Conbrouse, t. III, pl. 36, n^os 4, 5.

> Le catalogue à la fin du volume fait confusion pour les
> pièces de cette planche.

Monnaie du même. Partie d'une pl. in-4 en larg. Conbrouse, t. III, pl. 41.

Monnaie du même. Partie d'une pl. in-4 en haut. Conbrouse, t. III, pl. 42, n° 3.

> Le catalogue à la fin du volume fait confusion pour les
> pièces de cette planche.

Sept monnaies du même, frappées à Mâcon, Châlon-sur-Saône, Bourges, Meaux, Troyes, York. Partie d'une pl. in-4 en haut. Conbrouse, t. III, pl. 43, n⁰ˢ 7 à 13.

Monnaie du même. Partie d'une pl. in-4 en haut. Conbrouse, t. VII, l'Avant-Hugues-Capet, pl. 37, n° 4.

Monnaie du même, frappée à Bourges. Partie d'une pl. in-4 en haut. Conbrouse, t. VII, l'Avant-Hugues-Capet, pl. 42, n° 2.

Deux monnaies du même, frappées à Strasbourg et au type du temple. Partie d'une pl. in-4 en haut. Conbrouse, t. VII, l'Avant-Hugues-Capet, pl. 45, n⁰ˢ 5, 6.

Neuf monnaies du même. Partie de diverses pl. lith., in-4 en haut. Fougères et Conbrouse, Description — des monnaies de la deuxième race. Détail à la table, p. 64.

Quatre monnaies du même. Partie d'une pl. in-4 en haut. Du Cange, Glossarium, 1840, t. IV, pl. 3, n⁰ˢ 17 à 20.

Monnaie du même, frappée à Arras. Partie d'une pl. lithogr., in-8 en haut. Hermand, Histoire monétaire de la province d'Artois, pl. 2, n° 23 bis.

Monnaie du même, frappée à Verdun. Partie d'une pl. in-4 en larg. Mémoires de la Société royale des antiquaires de France, t. XII. Nouvelle série, t. II, Cartier, pl. 5, n° 22, p. 214.

Cinq monnaies du même, frappées à Bourges. Partie de trois pl. in-4 en haut. Pierquin de Gembloux, Histoire monétaire et philologique du Berry, pl. 3, n⁰ˢ 4, 8, pl. 7, n° 1, pl. 8, n⁰ˢ 9, 10.

Monnaie de Lothaire, probablement avec Adalberon,
évêque de Laon. Partie d'une pl. lithogr., in-8 en
haut. Mallet et Rigollot, Notice sur une découverte
de monnaies picardes, n° 81.

Monnaie de Lothaire, que l'on peut croire frappée à
Mâcon, après la mort de ce roi. Partie d'une pl.
lithogr., in-8 en haut. Mallet et Rigollot, Notice sur
une découverte de monnaies picardes, n° 89.

> C'est la même que celle du catalogue raisonné des monnaies
> nationales de France, par Conbrouse, n. 358.

Sept monnaies du même. Partie d'une pl. in-8 en haut.
Revue de la Numismatique belge, de Coster, 2ᵉ série,
t. III, 1853, pl. 18, nᵒˢ 5 à 11, p. 357, etc.

Huit monnaies du même. Partie d'une pl. in-8 en haut.
Berry, Études, etc., pl. 20, nᵒˢ 9 à 16, t. I, p. 238
à 240.

> Pour les nᵒˢ 9, 10, voir à Louis IV d'Outremer.

Monnaie du même. Partie d'une pl. in-8 en haut. Berry,
Études, etc., pl. 21, n° 8, t. I, p. 248.

Deux monnaies de l'abbaye de Saint-Martin de Tours,
de l'époque carlovingienne. Partie d'une pl. in-4 en
haut. Poey d'Arant, pl. 1, nᵒˢ 2, 3, p. 5.

## 987.

Monnaie de Geoffroi Iᵉʳ Grisegonelle, comte d'Anjou.
Partie d'une pl. in-8 en haut. Berry, Études, etc.,
pl. 22, n° 14, t. I, p. 494.

Monnaie du même. Partie d'une pl. in-4 en haut. Poey
d'Arant, pl. 6, n° 12, p. 89.

> Le texte porte par erreur n° 11.

Figure d'Adèle de Vermandois, femme de Geoffroy

987.   Grisegonelle, comte d'Anjou, en pierre, sur son
tombeau, dans la muraille, à gauche du grand autel
de l'église de Saint-Aubin d'Angers, lequel fut rétabli en 1103. Elle vivait encore en 973. Dessin
in-fol. en haut. Gaignières, t. I, 20. = Partie d'une
pl. in-fol. en larg. Montfaucon, t. I, pl. 32, n° 3.
= Pl. in-fol. en haut. Beaunier et Rathier, pl. 62.
= Pl. in-4 en haut. Comte de Viel Castel, n° 120,
texte, t. II, p. 19. = Partie d'une pl. in-fol. magno
en haut. Al. Lenoir, Monuments des arts libéraux, etc., pl. 13, p. 17.

Trois monnaies d'Angoulême du temps de la seconde
race. Partie d'une pl. lithogr., in-8 en haut. Mémoires
de la Société des antiquaires de l'Ouest, t. I, pl. 11,
n°s 1 à 3.

Deux monnaies frappées à Besançon, sous la deuxième
race. Partie d'une pl. lithogr., in-8 en haut. *Pl.* 1.
Clerc, Essai sur l'histoire de la Franche-Comté, t. I,
à la page 136.

Dix-sept monnaies de la seconde race. Petites pl. grav.
sur bois, tirées sur quatre feuilles in-4. Hautin,
fol. 3, 5, 7, 9.

Monnaie que l'on peut attribuer à Hugues, comte de
Paris. Partie d'une pl. in-8 en haut. Revue de la
Numismatique belge, C. Piot, t. V, pl. 2, n° 1,
p. 77.

Monnaie que l'on peut attribuer à Louis V le Fainéant,
frappée à Verdun. Partie d'une pl. in-4 en haut.
Conbrouse, t. III, pl. 36, n° 8.

. Le catalogue à la fin du volume fait confusion pour les
pièces de cette planche.

Monnaie attribuée à Louis V, frappée à Verdun. Partie 987.
d'une pl. in-4 en haut. Conbrouse, t. IV, pl. 178,
n° 4.

Monnaie de Louis V, frappée à Nevers, mais postérieurement à sa mort. Partie d'une pl. in-4 en haut. Conbrouse, t. VII, l'Avant-Clhodovigh, pl. 42, n° 5.

Deux monnaies attribuées à Louis V. Partie d'une pl.
in-4 en haut. Conbrouse, t. VII, l'Avant-Hugues-
Capet, pl. 37, n$^{os}$ 2, 3.

Six monnaies de Louis V le Fainéant. Partie de diverses
pl. lithogr., in-4 en haut. Fougères et Conbrouse,
Description — des monnaies de la deuxième race.
Détail à la table, p. 64.

Trois monnaies de Louis IV d'Outremer, ou plutôt de
Louis V le Fainéant. Partie d'une pl. in-4 en haut.
Du Cauge, Glossarium, 1840, t. IV, pl. 3, n$^{os}$ 22
à 24.

Monnaie de Louis V le Fainéant. Partie d'une pl. in-8
en haut. De Longpérier, Collection de M. J. Rousseau, pl. 3 de la 1$^{re}$ série, n° 542, p. 217.

Deux monnaies du même. Partie d'une pl. in-8 en
haut. Barry, Études, etc., pl. 20, n$^{os}$ 17, 18, t. I,
p. 241, 242.

> Une troisième monnaie, qui peut être de ce roi, est dans la
> même planche n° 20, sans qu'elle soit mentionnée dans le
> texte.

Monnaie d'Étampes, frappée entre la mort de Louis V
et l'établissement de Hugues-Capet. Partie d'une pl.
in-4 en haut. Conbrouse, t. III, pl. 43, n° 16.

> Le catalogue à la fin du volume fait confusion pour les
> pièces de cette planche.

987.

MONUMENTS DES DERNIERS TEMPS DE LA SECONDE RACE
ET DU X<sup>e</sup> SIÈCLE, SANS DATES PRÉCISES.

*Manuscrits à miniatures.*

Biblia sacra. Manuscrit sur vélin du x<sup>e</sup> siècle, in-fol.
magno. Quatre volumes couverts en velours rouge. De
la Bibliothèque impériale. Manuscrits. Ancien fonds latin.
n° 6.¹.².³.⁴. Ce manuscrit contient :

Un grand nombre de dessins coloriés représentant des
sujets de la Bible et de sainteté ; ceux du premier
volume et d'une partie du second sont terminés, les
autres sont seulement au trait. Beaucoup de ces dessins ont été enlevés, coupés ou déchirés.

Ces dessins sont curieux sous le rapport des costumes et
d'autres détails intéressants, eu égard surtout à l'époque où ils
ont été faits.

On croit que cette Bible a appartenu à l'abbaye de Saint-
Pierre de Roses, dans l'ancien comté d'Empurias. Elle passa
ensuite chez le maréchal de Noailles, et fut enfin placée à la
Bibliothèque royale, où elle fut désignée sous le nom de Bible
de Noailles. La conservation est médiocre.

Figures d'après des miniatures de ce manuscrit, savoir :
Pl. in-fol. en haut. Silvestre, Paléographie universelle, t. II, 150. = Pl. in-4 en haut. Lacroix, le
Moyen âge et la Renaissance, t. II, miniatures,
pl. 8.

Les Évangiles en latin. Manuscrit sur vélin du x<sup>e</sup> siècle.
Petit in-fol. veau brun. De la Bibliothèque impériale, Manuscrits. Ancien fonds latin, n° 269. Ce volume contient :

Deux miniatures représentant deux saintes femmes
assises. In-4 en haut. Deux dessins au bistre et dorés,

représentant les évangélistes saint Marc et saint Luc,
in-4 en haut. Autres dessins d'ornements.

Ces deux miniatures, d'un travail peu remarquable, sont
curieuses sous le rapport de l'époque à laquelle elles ont été
peintes. Les deux dessins sont peu importants. La conservation
n'est pas bonne.

Évangiles en latin. Manuscrit sur vélin du xᵉ siècle.
Petit in-fol. maroquin rouge. De la Bibliothèque impériale. Manuscrits. Ancien fonds latin, n° 894. Colbert,
2573. Regius 3865,'. Ce volume contient :

Un dessin au trait représentant un crucifix, supporté
par une figure d'une forme singulière. In-fol. en
haut. Vers la fin du volume.

Ce dessin, d'une exécution médiocre, n'est intéressant que
sous le rapport de l'époque à laquelle il a été exécuté. La
conservation est médiocre.

Salustius. Bellum catilinarium. Manuscrit sur vélin du
xᵉ siècle. Petit in-fol. veau marbré. De la Bibliothèque
impériale. Manuscrits. Ancien fonds latin, n° 5748. Ce
volume contient :

Un dessin colorié représentant un homme debout, dans
un portique, au feuillet 1 verso.

Ce dessin, d'une très-médiocre exécution, n'est curieux que
comme échantillon de costume du xᵉ siècle. La conservation
n'est pas bonne.

Vetus missale sanctæ Genovefæ. Manuscrit sur vélin
du xᵉ siècle. = Prières diverses en latin. Manuscrit sur
vélin du xivᵉ siècle. Petit in-fol. veau brun. De la Bibliothèque Sainte-Geneviève B. B. L. 1. Ce volume contient :

Deux miniatures représentant Jésus en croix avec deux
saints personnages, et assis avec les attributs des

987    quatre évangélistes, fonds d'or. Pièces in-4 en haut.
Dans le texte du premier ouvrage.

Quelques miniatures représentant des sujets de sainteté. Petites pièces de diverses grandeurs. Dans le
texte du second ouvrage.

> Les deux premières miniatures sont de style byzantin; les
> autres offrent peu d'intérêt. La conservation est médiocre.

> Chronique des abbés de S. Bertin, en vers. Manuscrit
> in-4 sur peau de vélin. De la Bibliothèque centrale de
> Boulogne-sur-Mer. G. Haenel 87, n° 144. Ce manuscrit
> contient :

De belles miniatures, des lettres et noms peints.

### Faits historiques.

Pierre gravée, intaille-sardonix, représentant probablement la donation faite par Reginboldus, comte de
Mortagne, à Gisla, première abbesse de Remiremont,
d'une urne apportée de Grèce, appartenant à la ville
de Remiremont. Pl. in-8 en haut., lithogr. Mémoires
de la Société royale des sciences, lettres et arts de
Nancy, 1846, à la page 285.

Le baptême de Jésus-Christ, miniature du bénédiction-
naire de saint Aethelwold, de la bibliothèque du duc
de Devonshire. Pl. in-8 en haut. Langlois, Essai sur
la Calligraphie des manuscrits du moyen âge, à la
page 10 (pl. 2).

> John Gage a donné une description de ce manuscrit dans
> l'Archæologia, t. XXIV, p. 1.

La Vierge et l'enfant Jésus, figure en ivoire du x$^e$ siècle,
au Musée de l'hôtel de Cluny, n° 388.

Peinture de la coupole de l'abbaye de Cluny, du x$^e$ siè-

cle. Pl. in-8 en haut. A. Lenoir, Histoire des arts en       987.
France, pl. 17.

Six chapiteaux sculptés de l'église de Mauzac, représentant divers sujets. Pl. lithogr., in-fol. en haut.
Mallay, Essai sur les églises romanes — du département du Puy-de-Dôme, pl. 32.

Sept chapiteaux sculptés de l'église du village de Saint-
Nectaire, représentant des sujets sacrés. Pl. et partie
d'une pl. lithogr., in-fol. en haut. Mallay, Essai sur
les églises romanes — du département du Puy-de-
Dôme, pl. 44, 45.

Chapiteau roman de l'église de Saint-Ouen, de Pont-
Audemer, représentant deux personnages combattant. Partie d'une pl. in-fol. en larg., lithogr. Mémoires de la Société des antiquaires de Normandie,
1827, 1828, pl. 5, n° 5, p. 502.

Chapiteaux sculptés et autres sculptures de l'église
d'Anzy, près Autun. Neuf pl. lithogr. in-8 en larg.
et en haut., et deux petites pl. grav. sur bois.
Bulliot, Essai historique sur l'abbaye de Saint-Martin
d'Autun, à la page 179, et p. 379, dans le texte.

Chapiteaux sculptés de la nef de l'abbaye Saint-Austremoine, à Issoire en Auvergne. Partie d'une pl. in-fol.
magno en haut. Al. Lenoir, Monuments des arts
libéraux, etc., pl. 21, p. 27.

*Vêtements, Armures.*

Figure d'un roi assis, jouant de la lyre, d'après un
psalterium manuscrit du x° siècle, de la Bibliothèque
royale, n° 30. Pl. in-4 en haut., color. Félix de
Vigne, Vade-mecum du peintre, t. I, pl. 84.

987.　　　J'ignore quel est ce manuscrit dont la désignation donnée par l'auteur n'est pas suffisante.

Figure d'une reine assise, d'après un psalterium manuscrit du x⁰ siècle, de la Bibliothèque royale, n° 30. Pl. in-4 en haut., color. Félix de Vigne, Vade-mecum du peintre, t. I, pl. 82.

　　　Même note.

Plaque d'ivoire représentant un roi sur son trône et une figure de chevalier. Partie d'une pl. in-fol. en larg. Montfaucon, t. I, pl. 32, n° 2.

　　　Montfaucon regarde ce monument comme étant de la fin de la seconde race ou du commencement de la troisième.

Monument en ivoire représentant un roi assis, auquel un chevalier rend hommage, du cabinet de l'abbé Fauvel. Partie d'une pl. in-4 en haut., color. Comte de Viel Castel, n° 115, 1, texte, t. II, p. 19.

Bas-relief représentant une statue d'évêque, sur la pointe de l'ogive de la porte de l'église d'Ansacq, dans le Beauvoisis, probablement saint Lucien, patron de cette église. Partie d'une pl. in-fol. en haut. Woillez, Archéologie des monuments religieux de l'ancien Beauvoisis, Ansacq, pl. 2, nᵒˢ 2, 6.

Figure d'un évêque inconnu, à l'église cathédrale de Chartres, portail du côté de l'hospice. Pl. in-fol. en haut. Beaunier et Rathier, pl. 58.

Miniature représentant deux guerriers combattant, tirée du manuscrit 7722 de la Bibliothèque du roi. Petite pl. lithogr. Mémoires de la Société archéologique du midi de la France, t. I, dans le texte, p. 92.

　　　J'ai vu ce manuscrit, et je n'y ai pas trouvé cette miniature.

Deux miniatures représentant deux figures et un cava-

lier, d'une bible latine écrite en France, manuscrit 987.
de la Bibliôthèque du roi. Partie d'une pl. lithogr.
in-8 en haut. , Mémoires de la Société des antiquaires de Picardie, t. III, p. 326 et suiv. , pl. 8,
n^{os} 22, 23.

> La désignation de ce manuscrit n'est pas suffisante.

Guerrier à cheval, tiré d'une miniature d'un manuscrit
de la Bibliothèque royale, sans autre indication.
Partie d'une pl. in-fol. en haut. Beaunier et Rathier,
pl. 82, n° 1.

> Même note.

Un chevalier du commencement de la troisième race,
tiré d'une miniature d'un manuscrit de la Bibliothèque royale, sans autre indication. Partie d'une pl.
in-fol. en haut. Beaunier et Rathier, pl. 82, n° 3.

> Même note.

Costumes du x^e siècle, extraits de divers manuscrits de
la Bibliothèque royale. Pl. in-fol. en haut. Willemin,
pl. 26.

> Les désignations des manuscrits ne sont pas données par
> l'auteur.

Figure d'un prêtre à l'un des portails de la cathédrale
de Chartres. Pl. in-fol. en haut. Beaunier et Rathier,
pl. 21.

> Cette figure est probablement du temps où l'église a été
> reconstruite par l'évêque Fulbert. Le costume est du x^e au
> xi^e siècle.

Buste de prêtre, tenant des bustes d'hommes sur une
banderole, miniature d'un manuscrit de la bibliothèque de Metz. Petite pl. grav. sur bois. Begin,
Metz depuis dix-huit siècles, t. II, p. 388, dans le
texte.

987.  Deux miniatures représentant, la première, les costumes des ordres sacrés et des ordres mineurs; et la
seconde, la bénédiction épiscopale comme on la
donnait avant la communion, d'un sacramentaire de
saint Grégoire, de la bibliothèque de la cathédrale
d'Autun. Pl. in-4 en haut., et pl. in-8 carrée. Voyage
littéraire de deux religieux bénédictins, partie Ire,
p. 153, 154, dans le texte.

Habits des religieux dominicains d'après des miniatures
du temps. Pl. in-4 en haut. Mabillon, Annales ordinis sancti Benedicti, t. II, præfatio, p. 4, dans le
texte.

Costume des moines du mont Saint-Michel au xe siècle.
Partie d'une pl. lithogr., in-4 en larg. Desroches,
Histoire du mont Saint-Michel, atlas, pl. 5 (de la
description).

Trois bergers d'après Strutt. Partie d'une pl. in-fol. en
larg. Beaunier et Rathier, pl. 64.

Diverses figures sculptées dans l'église de Bury en Beau-
voisis. Partie d'une pl. in-fol. en haut. Woillez,
Archéologie des monuments religieux de l'ancien
Beauvoisis, Bury, pl. 2.

Le diable et les lépreux, miniature d'un manuscrit de
la bibliothèque de Metz. Pl. in-8 en haut., lithogr.
Begin, Metz depuis dix-huit siècles, t. II, pl. 68.

Différentes armes, sans indication d'où elles sont
tirées. Pl. in-fol. en haut. Beaunier et Rathier,
pl. 78.

*Objets divers.*

Anneau représentant le Christ entre un marié et une mariée, dont on faisait usage à Marseille pour les mariages vers cette époque. Petite pl. grav. sur bois, Ruffi, Histoire de la ville de Marseille, t. II, à la page 391, dans le texte.

Anneau ou bague qui porte le nom de saint Lenbasse, qui vécut au vi$^e$ siècle, en Touraine, où sa mémoire est vénérée, dont le travail paraît être du x$^e$ siècle, trouvé près de Grammont en 1836, appartenant à M. E. Cartier d'Amboise. Partie d'une pl. in-4 en haut. Conbrouse, t. VII, l'Avant-Clhodovigh, pl. 41, n$^{os}$ 1, 2.

Crosse épiscopale conservée dans le trésor de la cathédrale de Metz, et manteau capuchonné. Deux petites pl. grav. sur bois. Begin, Metz depuis dix-huit siècles, t. II, p. 389, 390, dans le texte.

Crosse épiscopale en ivoire, du x$^e$ siècle. Petite pl. grav. sur bois. Begin, Histoire — de la cathédrale de Metz, vol. 2$^e$, p. 470, dans le texte.

Diptyque d'ivoire divisé en trois parties, dont la première représente le miracle de la résurrection d'une jeune fille de Toulouse; la seconde, la descente du ciel de l'huile nécessaire pour le baptême d'un malade; et la troisième, le baptême de Clovis. Pl. lithogr. in-8 en haut. R. (Rigolot). Notice sur une feuille de diptyque d'ivoire, etc., après le titre.

Ce monument paraît être du x$^e$ siècle.

Il est indiqué comme de la collection de M. Rigolot, d'Amiens, auteur de cet ouvrage. Voir : l'Univers.—Dictionnaire encyclopédique de la France, par Ph. Lebas, pl. 144.

987.    Couverture d'évangéliaire représentant des sujets saints, en deux panneaux d'ivoire, montée en filigrane doré, du x$^e$ siècle, au Musée de l'hôtel de Cluny, n° 391.

Béquille en bois sculptée, du cabinet d'Al. Lenoir. Pl. in-fol. en haut. Al. Lenoir, Musée des Monuments français, t. VII, pl. 231.

Objets divers d'orfévrerie du x$^e$ siècle. Pl. in-4. Lacroix, le Moyen âge et la Renaissance, t. III, orfévrerie, pl. sans numéro.

Différents chars et voitures, tirés de Strutt. Pl. in-fol. en haut. Beaunier et Rathier, pl. 70.

Un pressoir et deux supplices, tirés de miniatures de manuscrits de la Bibliothèque royale. Pl. in-fol. en larg. Beaunier et Rathier, pl. 76.

> Les désignations des manuscrits ne sont pas données par les auteurs.

## Tombeaux.

Tombeau de saint Nicaise, archevêque de Reims, martyr vers l'année 407, élevé probablement dans le x$^e$ siècle. Partie d'une pl. in-fol. en haut. Mabillon, Annales ordinis sancti Benedicti, t. IV, p. 579, dans le texte.

Tombeau de marbre blanc de deux vierges, de celles qui souffrirent le martyre avec sainte Ursule, à l'abbaye de Saint-Victor, à Marseille. Pl. grav. sur bois, in-8 en larg. Ruffi, Histoire de la ville de Marseille, t. II, à la page 127, dans le texte.

> Sainte Ursule et ses compagnes furent martyrisées à Cologne dans le v$^e$ siecle. Elles sont appelées vulgairement les onze mille vierges. Ce tombeau est supposé et d'une époque incertaine. Je le place à cette date.

Tombeau de saint Maurice et de ses compagnons, à          987.
l'abbaye de Saint-Victor, à Marseille. Pl. in-4 en
larg., grav. sur bois. Ruffi, Histoire de la ville de
Marseille, t. II, à la page 126, dans le texte.

> Saint Maurice et ses compagnons furent mis à mort vers
> l'an 286. — Ce tombeau est supposé et d'une époque incer-
> taine. Je le place à cette date.

Tombeau d'Eusebie, abbesse du monastère des religieuses de Saint-Quirice, fondé par S. Carsien, dans
l'abbaye de Saint-Victor, à Marseille. Pl. in-8 en
larg., grav. sur bois. Ruffi, Histoire de la ville de
Marseille, t. II, à la page 128, dans le texte.

> Jean Cassien, abbé de Saint-Victor de Marseille, mourut
> vers 438. Je n'ai pas trouvé l'époque de la mort de l'abbesse
> Eusebie. Ce tombeau est sans doute supposé et paraît être une
> imitation des anciens tombeaux romains. Je le place à cette
> date, mais cette attribution est fort incertaine.

## Sceaux, Armoiries.

Deux sceaux de rois de France du x⁰ siècle. Collection
de sceaux moulés de l'École des beaux-arts.

Sceaux des vicomtes de Marseille et de Provence, du
x⁰ siècle ou antérieurs. Partie d'une grande feuille
in-fol. m⁰ en larg., et pl. grav. sur bois, in-fol. en
haut. Ruffi, Histoire de la ville de Marseille, t. I, à
la page 55, et p. 56, 57, dans le texte.

Sceau de l'abbaye de Saint-Martin d'Autun Petite pl.
grav. sur bois. Bulliot, Essai historique sur l'abbaye
de Saint-Martin d'Autun, chartes et pièces justificatives, dans le texte, à la page 369.

Sceau que l'on pense être de l'abbaye de Marmoutier.

987.

Pl. de la grandeur de l'original, grav. sur bois. Nouveau Traité de Diplomatique, t. IV, p. 53.

Sceau de l'abbaye de Saint-Front en Périgord. Petite pl. grav. sur bois. Revue numismatique, 1841, comte A. de Gourgue, p. 203, dans le texte.

Sceau en cuivre de S. G. Houdant, monnoyer d'Avallon. Partie d'une pl. in-4 en haut. Conbrouse, texte, t. II, types numismatiques, pl. 3, n° 5.

Armes de l'évêché de Chartres. Partie d'une pl. lith., in-8 en haut. De Santeul, le trésor de Notre-Dame de Chartres, pl. 8, n° 18.

Armes de l'abbaye de Saint-Martin d'Autun. Petite pl. grav. sur bois. Bulliot, Essai historique sur l'abbaye de Saint-Martin d'Autun, dans le texte, à la page 388.

*Monnaies.*

Quatorze monnaies semi-royales de communautés religieuses, des IX<sup>e</sup> et X<sup>e</sup> siècles. Partie de deux pl. in-8 en haut. Berry, Études, etc., pl. 21, n<sup>os</sup> 9 à 19, pl. 22, n<sup>os</sup> 1 à 3, t. I, p. 248 à 254.

Deux monnaies d'Amiens. Partie d'une pl. lith., in-8 en haut. Desains, Recherches sur les monnaies de Laon, pl. 3, n<sup>os</sup> 9, 10.

Monnaie transitoire, frappée à Nesle. Partie d'une pl. in-4 en haut. Conbrouse, t. VII, l'Avant-Hugues-Capet, pl. 42, n° 4.

Monnaie de la ville de Nesle. Petite pl. grav. sur bois. Revue numismatique, 1841, Nomophile, p. 206, dans le texte.

Deux monnaies anonymes de Normandie. Petites pl.      987.
grav. sur bois. Revue numismatique, 1846, E. Cartier, pl. 410, dans le texte.

Monnaie épiscopale de Chartres, avec le nom de Charles.
Partie d'une pl. in-8 en haut. Revue numismatique,
1849, E. Cartier, pl. 7, n° 9, p. 283.

Monnaie de Saint-Denis en France. Partie d'une pl.
in-fol. en haut. Du Molinet, le Cabinet de la bibliothèque de Sainte-Geneviève, pl. 34, n° 4.

Monnaie épiscopale de Beauvais. Partie d'une pl. in-4
en haut. Conbrouse, t. VII, l'Avant-Hugues-Capet,
pl. 42, n° 6.

Monnaie de Saint-Médard de Soissons. Partie d'une pl.
in-fol. en haut. Du Molinet, le Cabinet de la bibliothèque de Sainte-Geneviève, pl. 34, n° 8.

Monnaie de la même église. Partie d'une pl. lithogr.,
in-8 en haut. Revue numismatique, 1844, E. Cartier,
pl. 22, n° 3, p. 372 (texte, pl. 21 par erreur).

Monnaie de Reims. Partie d'une pl. in-8 en haut.
Revue numismatique, 1846, E. Cartier, pl. 17, n° 2,
p. 323.

Quatre monnaies du ix° ou x° siècle, frappées ou relatives à Reims. Partie d'une pl. in-4 en haut. Marlot,
Histoire de la ville, cité et université de Reims, t. I,
à la page 64, pl. n° 1.

    Ces pièces ne paraissent pas décrites ni expliquées dans
    l'ouvrage.

Deux monnaies frappées à Châlon-sur-Saône. Partie
d'une pl. in-4 en haut. Léon Bertaut et Pierre Cussel,
l'illustre Orbandale, pl. non numérotée, p. 100.

987  Monnaie de Troyes en Champagne. Partie d'une pl.
 in-fol. en haut. Du Molinet, le Cabinet de la bibliothèque de Sainte-Geneviève, pl. 34, n° 9.

Monnaie de Troyes avec le monogramme de Charles.
 Partie d'une pl. in-8 en haut. Revue numismatique,
 1846, E. Cartier, pl. 17, n° 1, p. 323.

Monnaie de Ebbes, seigneur de Châteauroux. Partie
 d'une pl. lith., in-8 en haut. Revue numismatique,
 1841, E. Cartier, pl. 15, n° 9, p. 283.

Trois monnaies des comtes de Sens, auxquelles on ne
 peut pas donner d'attributions plus précises. Partie
 d'une pl. in-4 en haut. Tobiesen Duby, Monnoies
 des barons, pl. 102, n<sup>os</sup> 1 à 3.

Trois monnaies de Tours de la fin de la deuxième race
 et du commencement de la troisième. Partie d'une
 pl. lith., in-8 en haut. Revue numismatique, 1838,
 E. Cartier, pl. 5, n<sup>os</sup> 4 à 6, p. 97.

Monnaie anonyme de Châteaudun au type chartrain,
 du commencement de la troisième race. Partie d'une
 pl. in-8 en haut. Berry, Études, etc., pl. 22, n° 15,
 t. I, p. 495.

Monnaie d'un des rois de Bourgogne, du nom de Rodolphe. Partie d'une pl. lithogr., in-8 en haut. Revue
 numismatique, 1838, le marquis de Pina, pl. 7, n° 3,
 p. 125.

Avers d'une monnoie d'Autun. Petite pl. grav. sur bois.
 Bulliot, Essai historique sur l'abbaye de Saint-Martin
 d'Autun, dans le texte, à la page LXIV.

Trois monnaies de Saint-Nazaire d'Autun, etc., de la
 seconde moitié du x<sup>e</sup> siècle. Partie d'une pl. in-8 en

haut., et petite pl. grav. sur bois. Fillon, Lettres à 987.
M. Dugast-Matifeux, pl. 10, n⁰ˢ 24, 25, et p. 164,
dans le texte.

Méreau de Saint-Merry. Petite pl. grav. sur bois. Bulliot, Essai historique sur l'abbaye de Saint-Martin
d'Autun, à la page 191, dans le texte.

Monnaies des archevêques de Besançon. Partie d'une
pl. in-8 en haut. *Pl. II*, lithogr. Clerc, Essai sur
l'histoire de la Franche-Comté, t. I, à la page 214.

Méreau en cuivre de l'évêché de Bellay (Ain), d'après
Duby. Partie d'une pl. in-4 en haut. Conbrouse,
texte, t. II, types numismatiques, pl. 3, n° 6.

Monnaie de Sainte-Marie de Saintes. Partie d'une pl.
in-8 en haut. Revue numismatique, 1843, A. Barthélemy, pl. 15, n° 9, p. 402.

Monnaie de Nevers, avec le nom de Louis, incertaine.
Partie d'une pl. in-4 en haut. Poey d'Avant, pl. 9,
n° 3, p. 132.

Monnaie au nom de Louis, frappée à Nevers, antérieure
à 1037, et probablement du xᵉ siècle. Petite pl. grav.
sur bois. De Soultrait, Essai sur la numismatique
nivernaise, p. 26, dans le texte.

Monnaie de Chinon, de la seconde moitié du xᵉ siècle.
Petite pl. grav. sur bois. Fillon, Considérations —
sur les monnaies de France, p. 221.

Monnaie d'un comte d'Angoulême, incertain. Partie
d'une pl. in-4 en haut. Poey d'Avant, pl. 11, n° 1,
p. 161.

Monnaie que l'on peut attribuer à la basilique de Saint-
Julien de Brioude, près de laquelle était le *Castrum*

987.

*Victoriacum*. Petite pl. grav. sur bois. Revue numismatique, 1850, comte de Gourgue, p. 198, dans le texte.

> Cette monnaie a été aussi attribuée à Guillaume-Guy-Geoffroy, duc d'Aquitaine et comte de Poitou (1063). Elle est indiquée aussi à cette date.

Monnaie de Vienne en Dauphiné. Partie d'une pl. in-fol. en haut. Du Molinet, le Cabinet de la bibliothèque de Sainte-Geneviève, pl. 34, n° 5.

Monnaie de saint Theutbaud, de la maison des comtes de Champagne, archevêque de Vienne en Provence. Partie d'une pl. in-4 en haut. Poey d'Avant, pl. 17, n° 7, p. 244.

Monnaie archiépiscopale de Vienne en Dauphiné, que l'on peut attribuer au pontificat de saint Thibaud, archevêque de cette ville. Partie d'une pl. in-4 en haut. Morin, Numismatique féodale du Dauphiné, pl. 1, n° 3, p. 8.

Monnaie que l'on peut attribuer au même. Partie d'une pl. in-4 en haut. Morin, Numismatique féodale du Dauphiné, pl. 23, n° 1, suppl., p. 389.

Monnaie d'Alby. Partie d'une pl. lithogr., in-8 en haut. Revue numismatique, 1841, E. Cartier, pl. 22, n° 9, p. 374 (texte, pl. 21, par erreur).

> Publiée par Duby comme inconnue. Suppl. pl. 10, n° 14. Voir ci-après.

Quatre monnaies incertaines que l'on peut classer à cette époque. Partie d'une pl. in-4 en haut. Tobiesen Duby, Monnoies des barons, supplément, pl. 10, n°s 9, 10, 11, 14.

> Le n° 14 est attribué à Alby. Revue numismatique, 1841. E. Cartier, p. 374. Voir ci-avant.

Monnaie d'Alby. Partie d'une pl. in-4 en haut. Poey     987.
d'Avant, pl. 16, n° 1, p. 230.

Monnaie d'Arles, d'époque transitoire. Partie d'une
pl. in-4 en haut. Conbrouse, t. VII, l'Avant-Hugues-
Capet, pl. 52 (sans numéro), n° 7.

Pièce de mariage qui paraît porter l'effigie de Louis le
Débonnaire, mais qui est postérieure à ce règne.
Partie d'une pl. in-4 en haut. Poey d'Avant, pl. 23,
n° 1, p. 438.

Six monnaies de plaisir de la seconde moitié du x$^e$ siècle. Partie d'une pl. in-8 en haut. Fillon, Lettres à
M. Dugast-Matifeux, pl. 8, n$^{os}$ 7 à 12, p. 140.

# TROISIÈME RACE.

## HUGUES CAPET.

### 989 ?

Peintures représentant un évêque et un diacre, tirées
d'un manuscrit de la Bibliothèque royale. Deux pl.
in-fol. en haut., dont une color. Willemin, pl. 27
et 28.

> Je n'ai pas pu trouver la désignation du manuscrit, que
> l'auteur indique comme ayant été exécuté vers l'an 989.

### 990 ?

Tombeau de saint Mansuy, premier évêque de Toul,
dans l'abbaye de Saint-Mansuy de cette ville. Pl.
in-fol. en haut. Calmet, Notice de la Lorraine, t. II,
pl. 4.

> On fixe l'époque où vivait saint Mansuy vers le milieu du
> IVe siècle.

> Il paraît certain que ce tombeau a été érigé par saint Gérard,
> évêque de Toul, depuis 963 jusqu'en 994.

### 991.

Deux monnaies de Charles, fils de Louis d'Outremer,
duc de Lorraine, dernier Carlovingien. Partie d'une
pl. lithogr., in-4 en haut. Fougères et Conbrouse,
Description — des monnaies de la deuxième race,
n[os] 208, 209.

991.

La seconde est douteuse ; elle n'est pas mentionnée dans la table.

Charles de Lorraine, compétiteur de Hugues Capet à la couronne de France, en fut exclu par les États du royaume en l'an 987 ; fait prisonnier en avril 991, il fut enfermé dans une tour à Orléans, et y mourut dans la même année, ou bien, suivant d'autres indications, en 994.

Monnaie du même. Partie d'une pl. in-8 en haut. Berry, Études, etc., pl. 20, n° 19, t. 1, p. 244.

Monnaie du même. Partie d'une pl. in-4 en larg. Mémoires de la Société des antiquaires de France, t. XII. Nouvelle série, t. II, Cartier, pl. 5, n° 23, p. 216.

Deux monnaies de Charles de Lorraine, frère de Lothaire, fils de Louis d'Outremer, ou bien de celui-ci, frappées à Verdun et au nom d'Otton. Partie d'une pl. in-4 en haut. Conbrouse, t. III, pl. 36, n°s 6, 7.

Le catalogue, à la fin du volume, fait confusion pour les pièces de cette planche.

Monnaie frappée à Laon par Charles de Lorraine, comme roi de France. Petite pl. grav. sur bois. Revue numismatique, 1854, Bretagne, p. 61, dans le texte.

## 992.

Juin 27.

Deux monnaies de Conan I<sup>er</sup> le Tort, duc de Bretagne. Partie d'une pl. in-4 en haut. Poey d'Avant, pl. 4, n°s 1, 2, p. 43.

Ces monnaies sont probablement frappées postérieurement à l'époque à laquelle vivait Conan I<sup>er</sup>. Une autre de la même nature est placée à l'année 1050.

Portrait de Guillaume I<sup>er</sup>, comte de Provence. MF. f.

(*M. Frosne*). Pl. in-12 en haut. Ruffi, Histoire des    992.
comtes de Provence, p. 33, dans le texte.

Ce portrait est imaginaire.

Portrait du même. Pl. in-12 en haut. Bouche, la Chorographie de Provence, t. II, p. 39, dans le texte.

Idem.

## 993.

Monnaie de Conrad le Pacifique, roi de Bourgogne et   Octobre 19.
d'Arles. Partie d'une pl. in-4 en haut. Papon, Histoire générale de Provence, t. II, pl. 1, n° 2.

Monnaie du même. Partie d'une pl. in-4 en haut.
Saint-Vincens, Monnaies des comtes de Provence,
pl. 1, n° 2.

Monnaie du même. Petite pl. grav. sur bois. Revue de
la Numismatique française, 1836, le marquis de Pina,
p. 113, dans le texte.

Monnaie du même. Partie d'une pl. lithogr., in-4 en
haut. Fougères et Conbrouse, Description — des
monnaies de la deuxième race, n° 407.

Monnaie du même. Partie d'une pl. in-4 en haut. Du
Cange, Glossarium, 1840, t. IV, pl. 4, n° 5.

Deux monnaies de Guillaume II, dit Fier à Bras, duc    993.
de Guyenne et comte de Bourges. Partie d'une pl.
in-8 en haut. Berry, Études, etc., pl. 22, n<sup>os</sup> 10, 11,
t. I, p. 493.

## 994.

Deux monnaies de saint Gérard, évêque de Toul. Partie   Avril 22.
d'une pl. in-fol. en haut. Calmet, Histoire de Lorraine, t. II, pl. 8, n<sup>os</sup> 153, 154.

Deux monnaies du même. Partie d'une pl. in-4 en

994.
Avril 22.

haut. Tobiesen Duby, Monnaies des barons, pl. 12, nᵒˢ 1, 2.

Deux monnaies du même. Partie d'une pl. in-4 en haut. Robert, Recherches sur les monnaies des évêques de Toul, pl. 1, nᵒˢ 1, 2.

## 995.

Monnaie d'Adelbert Iᵉʳ, comte de Périgord. Partie d'une pl. in-8 en haut. Mader, t. IV, pl. 1, nᵒ 1, p. 1.

## 996.

Novemb. 20.

Deux monnaies de Richard Iᵉʳ, duc de Normandie, dit le Grand, le Vieux, et Sans Peur. Partie d'une pl. in-fol. en haut. Trésor de numismatique et de glyptique, Histoire par les monuments de l'art monétaire chez les modernes, pl. 23, nᵒˢ 1, 3 (texte, nᵒ 2).

Deux monnaies du même. Partie d'une pl. lithogr., in-8 en haut. Revue numismatique, 1843, A. de Longpérier, pl. 5, nᵒˢ 2, 3, p. 60.

Deux monnaies du même. Partie d'une pl. in-8 en haut. Lecointre-Dupont, Lettres sur l'histoire monétaire de la Normandie, pl. 1, nᵒˢ 1, 2.

Deux monnaies du même. Deux petites pl. grav. sur bois. Köhne, p. 168, 169, dans le texte.

Monnaie du même. Partie d'une pl. in-8 en haut. Berry, Études, etc., pl. 22, nᵒ 5, t. 1, p. 307 et p. 489.

Monnaie du même. Partie d'une pl. in-8 en haut. Berry, Études, etc., pl. 22, nᵒ 6, t. 1, p. 489.

Octobre 24.

Tombeau de Hugues Capet avec Eudes, roi de la France occidentale, mort le 5 janvier 898, à l'abbaye de

Saint-Denis. Pl. in-8 en haut., grav. sur bois. Rabel,
les Antiquitez et Singularitez de Paris, fol. 30 verso, dans le texte. = Même pl. Du Breul, les Antiquitez et choses plus remarquables de Paris, fol. 63, dans le texte. = Dessin in-fol. en haut. Gaignières, t. I, 21. = Dessin in-4, Recueil Gaignières à Oxford, t. II, f. 15. = Partie d'une pl. in-fol. en haut. Montfaucon, t. I, pl. 33. = Partie d'une pl. in-8 en haut. Al. Lenoir, Musée des Monuments français, t. I, pl. 27, n° 16. = Pl. in-4 en haut. Comte de Viel Castel, n° 114, texte, t. II, p. 19. = Pl. in-8 en haut. Guilhermy, Monographie — de Saint-Denis, à la page 225.

> Cette figure a été faite du temps de saint Louis, suivant Montfaucon.

Sceau du roi Hugues Capet. Mabillon, de re diplomatica, pl. 38.

Sceau du même. Heineccius, pl. 3, n° 21.

Sceau du même. Partie d'une pl. in-fol. en haut. Montfaucon, t. I, pl. 33.

Sceau du même. Pl. de la grandeur de l'original, grav. sur bois. Nouveau Traité de Diplomatique, t. IV, p. 125.

Sceau du même. Partie d'une pl. in-4 en haut. ( de Migieu), Recueil des Sceaux du moyen âge, pl. 2, n° 22.

Sceau du même. Partie d'une pl. in-fol. en haut. Beaunier et Rathier, pl. 71, n° 1.

Sceau du même. Partie d'une pl. in-4 en haut., color. Comte de Viel Castel, n° 115, 2, texte, t. II, p. 19.

996.
Octobre 24.

Monogramme de Hugues Capet sur une charte en faveur de la ville d'Orléans, aux Archives du royaume. Partie d'une pl. in-4 en haut. Conbrouse, t. III, pl. 44 bis; reproduite t. IV, sans numéro.

> Le catalogue, à la fin du volume, ne cite pas cette planche.

Trois monnaies de Hugues Capet. Partie d'une pl. in-4 en haut. Le Blanc, pl. 156, nos 1 à 3 à la page 156.

Monnaie du même, frappée à Senlis. Partie d'un pl. in-4 en haut. Conbrouse, t. III, pl. 30.

Monnaie du même, frappée à Senlis. Partie d'une pl. lithogr., in-4 en haut. Conbrouse, t. III, pl. 45; répétée pl. sur cuivre 45 bis.

> Le catalogue, à la fin du volume, ne cite pas cette planche.

Monnaie du même, frappée à Paris. Partie d'une pl. in-4 en haut. Conbrouse, t. III, pl. 46; reproduite t. IV, sans numéro.

Trois monnaies du même. Partie d'une pl. in-4 en haut. Conbrouse, t. IV, pl. 179, nos 1 à 3.

Monnaie de Hugues Capet ou d'un évêque de ce nom. Partie d'une pl. in-4 en haut. Conbrouse, t. IV, pl. 181.

Deux monnaies de Hugues Capet. Partie d'une pl. in-4 en haut. Du Cange, Glossarium, 1840, t. IV, pl. 5, nos 8, 9.

Monnaie attribuée à Hugues Capet, frappée à Senlis, que l'on pourrait aussi attribuer à Louis IV d'Outremer. Petite pl. grav. sur bois. Revue numismatique, 1840, Grepinet, E. Cartier, p. 324 et suiv., p. 431, d°, 1841, p. 124.

Monnaies françaises inédites du cabinet de M. Dassy, décrites par Adrien de Longpérier. Paris, Techener, 1840, in-8 de 40 pages. Cet opuscule contient : *996.*

*Octobre 24.*

Monnaie de Hugues Capet, frappée à Reims. Petite pl. grav. sur bois, sur le titre.

> Un avis placé à la fin de la préface de cet opuscule indique qu'il y a des planches jointes représentant les médailles décrites ; mais je ne les ai trouvées dans aucun des exemplaires que j'ai vus.

Monnaie de Hugues Capet, frappée à Senlis. Petite pl. grav. sur bois. Fillon, Considérations — sur les monnaies de France, p. 85, dans le texte.

Monnaie du même, frappée à Paris. Partie d'une pl. in-8 en haut. Fillon, Considérations — sur les monnaies de France, pl. 2, n° 8.

Trois monnaies du même. Partie d'une pl. in-8 en haut. Berry, Études, etc., pl. 24, n$^{os}$ 2 à 4, t. I, p. 557.

Monnaie d'Hervée, évêque de Beauvais, avec le nom d'Hugues Capet. Petite pl. grav. sur bois. Revue numismatique, 1842, Adrien de Longpérier, p. 103, dans le texte. *996.*

> Hervé fut évêque de Beauvais vers 985 jusqu'en 998.

Monnaie de Renaud I$^{er}$ ou Renard le Vieux, comte de Sens. Partie d'une pl. in-4 en haut. Poey d'Avant, pl. 20, n° 10, p. 319.

### 998.

Retable d'or placé jadis sur le maître autel de l'église
de Saint-Étienne de Sens, représentant des sujets
sacrés, qui était regardé comme un travail du ix<sup>e</sup> ou
du x<sup>e</sup> siècle. Il avait été donné à cette église par l'archevêque de Sens, Sevin ou Seguin (977-999). Ce
monument précieux fut porté à la Monnaie en 1760,
suivant un ordre du roi Louis XV, et fondu ; il pro-
duisit une somme de 40 000 francs, dont une partie
fut placée en rentes sur le clergé. Avant cette destruction, un peintre de Sens, nommé Lambinet, en fit
un dessin exact, d'après lequel il a été publié. Pl.
lithogr. et color., in-fol., m° en larg. Du Sommerard,
les Arts au moyen âge, album, 9<sup>e</sup> série, pl. 13.

### 999.

Monnaie de Wiederolf ou Wiederald, évêque de Strasbourg, avec la tête d'Otton roi. Partie d'une pl.
in-8 en haut. Köhne, pl. vii, n° 11, texte, n° 299,
p. 133.

### 1000.

Figure d'un chevalier inconnu, du commencement de
la troisième race, placée sur un tombeau dans l'é-
glise de l'abbaye de Bonneval en Beauce. Partie d'une
pl. in-fol. en haut. Montfaucon, t. I, pl. 34. = Pl.
in-fol. en haut. Beaunier et Rathier, pl. 67.＝Partie
d'une pl. in-fol. en haut. Seroux d'Agincourt, Hist.
de l'art, etc., sculpture, pl. xxix, n° 31, t. II, d°, p. 59.

Fragments de sculpture de l'abbaye de Montivilliers.          1000.
Trois pl. lith., in-fol. en haut. Taylor, etc., Voyages
pittoresques et romantiques dans l'ancienne France.
Normandie, nᵒˢ 61, 62, 63.

Monnaie de Provins au type champenois, du commencement de la troisième race. Partie d'une pl. in-8
en haut. Berry, Études, etc., pl. 22, nᵒ 17, t. I,
p. 495.

Deux monnaies de plaisir de Chinon, de la fin du
xᵉ siècle ou du commencement de la troisième race.
Partie d'une pl. in-8 en haut. Fillon, Lettres à M. Dugast-Matifeux, pl. 9, nᵒˢ 5, 6, p. 140, 141.

## 1002.

Monnaie de Otton III, empereur, et Heimon, évêque
de Verdun. Partie d'une pl. in-4 en haut. Robert,
Études numismatiques, etc., pl. 18, nᵒ 8, p. 233,
234.

## 1004.

Monnaie d'Adalberon II, évêque de Metz. Petite pl.     Décemb. 14.
grav. sur bois. Begin, Metz depuis dix-huit siècles,
t. III, p. 69 dans le texte.

Quatre monnaies du même. Partie d'une pl. in-fol. en
larg., lithogr. De Saulcy, Recherches sur les monnaies des évêques de Metz, pl. 1, nᵒˢ 4 à 6.

Neuf monnaies du même. Partie d'une pl. in-fol. en
larg., lithogr. De Saulcy, Supplément aux recherches
sur les monnaies des évêques de Metz, pl. 1, nᵒˢ 18
à 26.

## 1006.

Monnaie de saint Fulcran, évêque de Lodève. Partie

d'une pl. in-4 en haut. Tobiesen Duby, Monnaies des barons, pl. 14.

Six monnaies de la ville de Metz, antérieures à l'année 1007. Partie d'une pl. in-fol. en larg., lithogr. De Saulcy, Recherches sur les monnaies de la cité de Metz, pl. 1, n^os 1 à 6.

## 1010 ?

Monnaie d'Artois, incertaine. Partie d'une pl. in-4 en haut. Poey d'Avant, pl. 22, n° 1, p. 399.

Monnaie anonyme de Blois. Partie d'une pl. in-8 en haut. Revue numismatique, 1845, E. Cartier, pl. 6, n° 1, p. 135.

Monnaie anonyme de Blois. Partie d'une pl. in-8 en haut. Revue numismatique, 1849, E. Cartier, pl. 8, n° 2, p. 287.

## 1014.

Tombeau à Saint-Germain des Prés à Paris, qui est probablement celui de l'abbé Morard, abbé de Saint-Germain des Prés en 990, mort en 1014. Partie d'une pl. in-8 en haut. Al. Lenoir, Musée des Monuments français, t. 1, pl. 20, n° 424.

Le P. Montfaucon a cité ce tombeau comme étant celui de Childebert I^er, mort en 558. Il dit que ce tombeau fut découvert en 1704, sans être cependant ouvert, parce que le père assistant du couvent s'y opposa, disant qu'en 1645 ce tombeau avait déjà été ouvert et qu'on en avait soustrait des pièces d'or qui y avaient été placées originairement.

Le 6 prairial an VII (25 mai 1799), on fit de nouveau des fouilles dans cet endroit, sur les renseignements qui existaient; le tombeau ayant été ouvert et examiné, on y trouva une crosse d'abbé ou d'évêque; il parut donc probable que Mont-

faucon s'était trompé et que ce tombeau n'était pas celui de
Childebert I<sup>er</sup>, mais celui de Morard, abbé de Saint-Germain des Prés en 990, mort en 1014.

Alexandre Lenoir fait erreur en disant que ce tombeau a
été attribué à Charibert ou Cherebert, mort en 566, par
Montfaucon. Celui-ci a attribué ce tombeau à Childebert I<sup>er</sup>,
mort en 558. Voir p. 14.

1014.

Tombeau de Morard, abbé de Saint-Germain des Prés,
en 990, dans l'église de cette abbaye. Pl. in-4 en
haut., color. Comte de Viel Castel, n° 22, texte,
t. I, p. 19, 20 ; le texte porte, par erreur, planche 21. = Partie d'une pl. in-fol. magno en haut.
Al. Lenoir, Monuments des arts libéraux, etc., pl. 13,
p. 17.

Crosse de Morard, abbé du monastère de Saint-Germain
des Prés à Paris. Partie d'une pl. in-8 en larg. A. Lenoir, Histoire des arts en France, pl. 25.

## 1016.

Monnaie de Guillaume III ou IV, comte héréditaire
d'Auvergne, frappée à Brioude. Partie d'une pl.
in-4 en haut. Poey d'Avant, pl. 9, n° 11, p. 145.

## 1020?

Portrait de Guillaume II, comte de Provence, MF. f.
(*M. Frosne*). Pl. in-12 en haut. Ruffi, Histoire des
comtes de Provence, p. 37, dans le texte.

Ce portrait est imaginaire.

Portrait du même. Pl. in-12 en haut. Bouche, la Chorégraphie — de Provence, t. II, p. 52, dans le
texte.

Idem.

Portail de la cathédrale de Strasbourg, orné d'un

grand nombre de figures sculptées, presque entièrement relatives à l'histoire sainte. AD. *Dannegger
arq : sc :* Pl. in-fol. en haut. Description nouvelle
de la cathédrale de Strasbourg, à la page 27.

Bas-reliefs représentant une procession où un pour-
ceau emporte le bénitier; d'autres pourceaux, un
âne officiant, un moine et une religieuse dans une
posture indécente, et autres sujets semblables, sur
les chapiteaux des grands piliers de l'église cathédrale
dè Strasbourg. Dessin in-fol. en larg. Diversités curieuses, Recueil manuscrit in-fol. de la bibliothèque
de l'Arsenal.

Bas-reliefs de la cathédrale de Strasbourg, représentant
des sujets bizarres. Onze pl. petites de diverses grandeurs. Dibdin, A bibliographical — tour, t. III, aux
pages 26 à 29. — Deux pl. répétées, idem, 2ᵉ édit.,
t. II, à la page 387, dans le texte.

Deux portails de l'église collégiale d'Avallon, dont les
sculptures représentent divers personnages sacrés ou
autres. Pl. in-fol. en haut. Plancher, Histoire de
Bourgogne, t. I, à la page 515.

Deux chapiteaux sculptés de l'église d'Orcival, représentant des personnages et des oiseaux. Partie d'une
pl. lithogr., in-fol. en haut. Mellay, Essai sur les
églises romanes—du département du Puy-de-Dôme,
pl. 38.

Siége en pierre nommé chaire de saint Gérard, dans
la cathédrale de Toul, qui a servi longtemps à l'in-
tronisation des évêques de Toul. Partie d'une pl.
in-8 en larg. Revue archéologique, 1848, pl. 91,
p. 271.

Il y a diverses opinions sur ce siége, et quelques savants le jugent comme étant un monument romain de l'époque de Constantin, tandis que d'autres le considèrent comme appartenant au xive ou au xve siècle.

1020?

Monnaie anonyme de Blois. Partie d'une pl. in-8 en haut. Revue numismatique, 1845, E. Cartier, pl. 6, n° 2, p. 136.

## 1021 ?

Portrait d'Adèle, ayeule de Guillaume III, comte de Provence, régente de ses États pendant son bas âge. MF. f. (*M. Frosne*). Pl. in-12 en haut. Ruffi, Histoire des comtes de Provence, p. 39, dans le texte.

Ce portrait est imaginaire.

Portrait de la même. Pl. in-12 en haut. Bouche, la Chorégraphie — de Provence, t. II, p. 59, dans le texte.

Idem.

## 1022.

Tombeau de Gérard ou Géraud, évêque de Limoges, trouvé à Charroux. Pl. in-4 en haut. Annales archéologiques, l'abbé Texier, t. X, à la page 177.

## 1024.

Monnaie d'Henri II, empereur, frappée à Strasbourg. Partie d'une pl. in-4 en haut. Du Cange, Glossarium, 1840, t. IV, pl. 5, n° 7.

## 1025.

Tombeau d'Ingon, abbé de Saint-Germain des Prés, dans l'église de cette abbaye, à Paris. Pl. in-8 en haut. Al. Lenoir, Musée des Monuments français,

1025. t. I, pl. 21. = Pl. in-4 en haut., color. Comte de
Viel Castel, n° 21, texte, t. I, p. 20, le texte porte,
par erreur, pl. 22.

Dessins qui ornaient les guêtres de Ingon, abbé du
monastère de Saint-Germain des Prés, à Paris. Pl.
in-8 en larg. Al. Lenoir, Histoire des arts en France,
pl. 26.

Initiales bourguignonnes, trois miniatures d'un manuscrit latin, bénédictional et collectaire écrit pour
l'église de Nevers, de la collection de M. A. Vatte-
mare. Pl. in-fol. max° en larg., col. Le comte de
Bastard, livrais. 6.

## 1026.

Monnaie de Thierri Ier, duc bénéficiaire de Lorraine.
Partie d'une pl. in-8 en haut. Revue numismatique,
1848, J. Laurent, pl. 14, n° 1, p. 287 et suiv.

Monnaie que l'on peut attribuer à un des quatre évêques de Toul, Étienne, Robert, Berthoald et Herman.
Partie d'une pl. in-4 en haut. Robert, Recherches
sur les monnaies des évêques de Toul, pl. 1, n° 3.

Monnaie de Géraud de Sauve, évêque de Nismes. Partie
d'une pl. in-8 en larg., lithogr. Bulletin de la Société
archéologique de Beziers, t. I, pl. 6, n° 4.

## 1027 ?

Trois monnaies de Richard II le Bon, duc de Normandie. Partie d'une pl. lithogr., in-8 en haut. Revue
numismatique, 1843, A. de Longpérier, pl. 5, n[os] 4,
5, 6, p. 60.

Quatre monnaies du même. Partie d'une pl. in-8 en

haut. Lecointre-Dupont, Lettres sur l'histoire moné-    1027 ?
taire de la Normandie, pl. 1, n^{os} 3 à 6.

Sceau du même. Pl. de la grandeur de l'original, grav.
sur bois. Nouveau Traité de Diplomatique, t. IV,
p. 226.

Sceau de Rainauld, comte de Bourgogne. Partie d'une
pl. in-4 en haut. (De Migieu), Recueil des sceaux du
moyen âge, pl. 1, n° 1.

## 1028.

Cinq monnaies de Richard III, duc de Normandie.
Partie d'une pl. in-4 en haut. Tobiesen Duby, Monnaies des barons, pl. 69, n^{os} 1 à 5.

Monnaie du même. Partie d'une pl. lithogr., in-8 en
haut. Revue numismatique, 1843, A. de Longpérier,
pl. 5, n° 7, p. 60.

Trois monnaies du même. Partie d'une pl. in-8 en    Août 6.
haut. Lecointre-Dupont, Lettres sur l'histoire monétaire de la Normandie, pl. 1, n^{os} 7 à 9.

## 1029.

Deux monnaies que l'on peut attribuer à Wernher I^{er},
d'Altembourg, évêque de Strasbourg, qui pourraient
aussi être données à Wernher II (1065-1079). Petites
pl. grav. sur bois. Revue numismatique, 1846,
J. Laurent, p. 60, dans le texte.

> Schoepflin n'indique qu'une petite monnaie bractée de cet
> évêque.

Statues de l'évêque Fulbert et de ses deux acolytes, placées au portail méridional de la cathédrale de Chartres. Pl. in-fol. en haut. Willemin, pl. 86.

1029.     Cette attribution est conjecturale, mais tout paraît la rendre certaine.

## 1031.

Janvier 27.  Sept monnaies d'Adalberon, évêque de Laon. Partie de deux pl. lithogr., in-8 en haut. Desains, Recherches sur les monnaies de Laon, pl. 1, évêques, n°s 2, 3, 5, 6. (La planche porte par erreur 5 à la monnaie 6), pl. 2, n°s 7 à 9.

Dix-huit monnaies du même. Partie de diverses pl. lithogr., in-8 en haut. Mallet et Rigollot, Notice sur une découverte de monnaies picardes, n°s 49 à 62, 68, 70 à 72.

Je n'ai pas trouvé dans le texte l'attribution du n° 58.

Juillet 20.  Tombeau de Robert, roi de France, avec Constance sa femme, morte le 25 juillet 1032, à l'abbaye de Saint-Denis. Pl. in-8 en haut., grav. sur bois. Rabel, les Antiquitez et Singularitez de Paris, fol. 41, dans le texte. == Même pl. Du Breul, les Antiquitez et choses plus remarquables de Paris, fol. 67 verso, dans le texte. == Dessin in-fol. en haut. Gaignières, t. I, 22. == Dessin in-4. Recueil Gaignières à Oxford, t. II, f. 16. == Partie d'une pl. in-fol. en haut. Montfaucon, t. I, pl. 33. == Partie d'une pl. in-8 en haut. Al. Lenoir, Musée des Monuments français, t. 1, pl. 27, n° 17. == Pl. in-4 en haut. Comte de Viel Castel, n° 118, texte, t. II, p. 19. == Partie d'une pl. in-8 en haut. Guilhermy, Monographie — de Saint-Denis, à la page 228.

Figure de Robert, fils de Hugues Capet, représenté à genoux, placée dans l'église de Saint-Sauveur, à Melun. Partie d'une pl. in-fol. en haut. Montfaucon,

t. I, pl. 33. = Pl. in-fol. en larg. Beaunier et Rathier, pl. 73. = Partie d'une pl. in-4 en haut. Comte
de Viel Castel, n° 125, 1, texte, t. II, p. 19.

> Suivant Montfaucon, cette figure est du temps.

Sceau de Robert, roi de France. Mabillon, de re diplomatica, pl. 38, 39.

Sceau du même. Heineccius, pl. 3, n° 22.

Sceau du même. Partie d'une pl. in-fol. en haut. Montfaucon, t. I, pl. 33.

Sceau du même. Pl. de la grandeur de l'original, grav.
sur bois. Nouveau Traité de Diplomatique, t. IV,
p. 125.

Sceau du même. Partie d'une pl. in-4 en haut. (De Migieu), Recueil des sceaux du moyen âge, pl. 2,
n° 23.

Sceau du même. Partie d'une pl. in-fol. en haut. Beaunier et Rathier, pl. 71, n° 2.

Sceau du même, Pl. de la grandeur de l'original, grav.
sur bois. Perard, Recueil de plusieurs pièces curieuses servant à l'histoire de Bourgogne, p. 171 et
179, dans le texte.

Sceau du même. Partie d'une pl. in-4 en haut., color.
Comte de Viel Castel, n° 115, 3, texte, t. II, p. 19.

Sceau du même. Partie d'une pl. iu-fol. en haut. Trésor
de numismatique et de glyptique. Sceaux des rois et
reines de France, pl. 2, n° 4.

Sceau et monogramme du même. Partie d'une pl. in-4
en haut. Conbrouse, t. III, pl. 44 bis. Reproduite
t. IV, sans numéro.

> Le catalogue, à la fin du volume, ne cite pas cette planche.

1031.
Juillet 20.

Deux monnaies de Robert. Partie d'une pl. in-4 en haut. Le Blanc, pl. 156, n°⁵ 4, 5, à la page 156.

Monnaie du même. Partie d'une pl. in-fol. en haut. Du Molinet, le Cabinet de la bibliothèque de Sainte-Geneviève, pl. 34, n° 3.

Monnaie du même, frappée à Châlon-sur-Saône. Partie d'une pl. in-4 en haut. Conbrouse, t. III, pl. 46. Reproduite t. IV, sans numéro.

Monnaie du même, frappée à Paris. Partie d'une pl. in-4 en haut. Conbrouse, t. III, pl. 47.

Monnaie du même. Partie d'une pl. in-4 en haut. Conbrouse, t. IV, pl. 179.

Monnaie de Robert, roi, avec Adalberon, frappée à Laon. Partie d'une pl. in-4 en haut. Conbrouse, t. IV, pl. 181.

Monnaie de Robert. Partie d'une pl. in-4 en haut. Du Cange, Glossarium, 1840, t. IV, pl. 5, n° 10.

Quatre monnaies du même. Partie d'une pl. in-8 en haut. Berry, Études, etc., pl. 24, n°⁵ 5 à 8, t. I, p. 540, 541.

Monnaie du même, frappée à Soissons. Petite pl. grav. sur bois. Revue numismatique, 1853, Bretagne, p. 425, dans le texte.

# HENRI I<sup>er</sup>.

## 1032.

Tombeau de Constance, seconde femme de Robert,
roi de France, à l'abbaye de Saint-Denis. Pl. in-8
en haut., grav. sur bois. Rabel, les Antiquitez et Singularitez de Paris, fol. 41, dans le texte. = Même
pl. Du Breul, les Antiquitez et choses plus remarquables de Paris, fol. 67 verso, dans le texte. =
Dessin in-fol. en haut. Gaignières, t. I, 23. = Partie
d'une pl. in-fol. en haut. Montfaucon, t. I, pl. 33.
= Partie d'une pl. in-8 en haut. Al. Lenoir, Musée
des Monuments français, t. I, pl. 27, n° 17. = Pl.
in-4 en haut. Comte de Viel Castel, n° 119, texte,
t. II, p. 19. = Partie d'une pl. in-8 en haut. Guilhermy, Monographie—de saint Denis, à la page 228.

> Cette figure est du temps de saint Louis, suivant Mont-
> faucon.

Deux monnaies de Rodolphe III, roi de Bourgogne,
frappées à Lyon. Partie d'une pl. in-fol. en haut.
Foulques, Essai historique, etc., pl. 1, n<sup>os</sup> 6, 7,
p. 28.

Monnaie attribuée au même. Partie d'une pl. in-4 en
haut. Conbrouse, t. III, pl. 39, n° 2.

Deux monnaies du même. Partie de deux pl. lithogr.,
in-4 en haut. Fougères et Conbrouse, Description
— des monnaies de la deuxième race, n<sup>os</sup> 189-225.

Deux monnaies du même. Partie d'une pl. in-4 en

1032.  haut. Du Cange, Glossarium, 1840, t. IV, pl. 4,
n<sup>os</sup> 6, 7.

## 1036.

Avril 13.  Trois monnaies attribuées à Herbert I<sup>er</sup>, Éveille-Chien,
comte du Maine, qui pourraient aussi être de Her-
bert II, mort en 1061. Partie d'une pl. lithogr.,
grand in-8 en haut. Revue de la Numismatique française, 1837, E. Cartier, pl. 2, n<sup>os</sup> 2 à 4, p. 43.

Monnaie du même. Partie d'une pl. in-fol. en larg.
Mémoires de la Société des antiquaires de Normandie,
2<sup>e</sup> série, 1 vol., n° 3, à la page 279.

Monnaie attribuée au même. Partie d'une pl. in-8 en
haut. Berry, Études, etc., pl. 22, n° 16, t. I,
p. 495.

Deux monnaies attribuées à Herbert I<sup>er</sup>, comte du
Maine, et à Avesgaud, évêque du Mans. Partie d'une
pl. in-4 en haut. Hucher, Essai sur les monnaies
frappées dans le Maine, pl. 3, n<sup>os</sup> 1, 2, p. 31-33.

Trois monnaies du roi Cnut, dont deux frappées à
Quentowic. Partie d'une pl. in-4 en haut. Conbrouse, t. VII, l'Avant-Hugues-Capet, pl. 52 (sans
numéro), n<sup>os</sup> 8 à 10.

## 1037.

Statue d'Eudes II, quatrième comte de Chartres, ministre sous le roi Robert II, placée à une des portes
du portique méridional de la cathédrale de cette
ville. Pl. in-fol. en haut. Willemin, pl. 87. = Pl.
in-4 en haut., color. Comte de Viel Castel, pl. 220,
texte. . . . . . . .

Quelques auteurs regardent cette statue comme étant de

Helie de la Flèche, comte du Maine, mort en 1109, en reve-        1037
nant de la croisade.

Deux monnaies d'Eudes, de Blois, comte de Champagne. Deux petites pl. grav. sur bois. Revue numismatique, 1838, F. de Saulcy, p. 199, 202, dans
le texte.

Monnaie du même. Partie d'une pl. in-4 en haut. Poey
d'Avant, pl. 20, n° 13, p. 324.

Monnaie de Eudes l'Ancien, seigneur de Châteauroux.
Partie d'une pl. in-4 en haut. Poey d'Avant, pl. 8,
n° 4, p. 114.

Trois sceaux d'Adelbert, duc de Lorraine. Partie d'une
pl. in-fol. en haut. Calmet, Histoire de Lorraine,
t. II, pl. cotée : tom. III, p. xl, pl. 1, n°ˢ 1 à 3.

> On ne conçoit pas pourquoi cette planche 1 est ainsi cotée,
> de même, dans les deux éditions. Il n'en est pas question au
> tome III, p. xl.

Tombeau de Robert de Normandie, archevêque de
Rouen, fils de Richard, duc de Normandie, en
pierre, à droite de la sacristie de l'église de l'abbaye
de S. Père de Chartres. Dessin in-4, Recueil Gai-
gnieres à Oxford, t. XIV, f. 48.

Tombeau de Guillaume Taillefer, comte de Toulouse,
dans l'église de Saint-Sernin de Toulouse. Pl. in-fol.
en larg. De Vic et Vaissete, Histoire générale de Languedoc, t. II, à la page 173.

## 1038.

Monnaie de Conrad de Souabe et Raimbert, évêque        Avril 29.
de Verdun. Partie d'une pl. in-4 en haut. Robert,
Études numismatiques, etc., pl. 18, n° 9, p. 234.

1038.   Sceau et contre-sceau de Henry I<sup>er</sup>, duc de Brabant.
        Partie d'une pl. in-fol. en haut. Wree, la Généalogie
        des comtes de Flandre, p. 32, *a b*, preuves, p. 226.

1038 ?  Monnaie que l'on peut attribuer à Bernard-Roger,
        comte de Carcassone. Partie d'une pl. in-4 en haut.
        Tobiesen Duby, Monnoies des barons, pl. 105,
        n° 3.

        Monnaie de Conrad, évêque de Genève. Partie d'une
        pl. in-8 en haut. Revue numismatique, 1846, E.
        Cartier, pl. 17, n° 12, p. 333.

## 1039.

Juin 4.  Monnaie de Conrad II le Salique, roi de Germanie,
         en 1033. Partie d'une pl. in-4 en haut. Conbrouse,
         t. III, pl. 39, n° 3.

         Monnaie frappée à Lyon, du temps de l'empereur Con-
         rad II le Salique. Partie d'une pl. in-8 en haut.,
         n° 9. Jac. Spon, Recherches des Antiquités et Curio-
         sités de la ville de Lyon, à la page 20.

## 1040.

Tombeau de Foulques III Nerra, comte d'Anjou, fondateur de l'abbaye, en pierre, contre le mur de la
croisée à droite, proche la porte de la sacristie, dans
l'église de l'abbaye de Baulieu. Deux dessins in-4
et in-8, Recueil Gaignières à Oxford, t. VII, f. 171,
172.

Monnaie du même. Partie d'une pl. in-4 en haut. Poey
d'Avant, pl. 6, n° 11, p. 89. Le texte porte, par
erreur, n° 12.

Deux monnaies du même. Partie d'une pl. in-fol. en

larg. Mémoires de la Société des antiquaires de Normandie, 2ᵉ série, 1 vol., nᵒˢ 4, 5, à la page 279.

Encensoir d'argent de la cathédrale de Metz. Petite pl.
grav. sur bois. Begin, Metz depuis dix-huit siècles,
t. III, p. 32, dans le texte.

> On croit que cet encensoir avait été donné à cette église par
> l'évêque Théodorik ou Thierri II de Luxembourg (1005-1047.)

Croix et détails d'architecture de l'église de Saint-Étienne
de Vignory, près Langres. Pl. lithogr., in-4 en haut.,
pl. 26. Mémoires de la Société historique et archéologique de Langres, Girault de Prangey, nᵒ 7, à la
page 154.

## 1043?

Reliquaire et bas-reliefs du monument de la Sainte-
Larme de Vendôme. On croit que ce reliquaire fut
donné à Geoffroy II Martel, comte de Vendôme et
d'Anjou, par l'empereur Henri III, à l'occasion de
son mariage avec Agnez, fille de Guillaume le Gras,
duc d'Aquitaine et belle-fille de Geoffroy Martel. Ce
reliquaire était de fabrique allemande. La relique,
connue sous le nom de la Sainte-Larme, y fut conservée dans l'église de la Trinité de Vendôme, jusqu'au 19 octobre 1792, époque où les reliques furent
détruites, les reliquaires et les ustensiles sacrés, dé-
pouilles de leurs joyaux brisés ou dispersés. Pl.
lithogr., in-4 en larg. De Petigny, Histoire archéologique du Vendomois, pl. 24, p. 187.

Arcade en pierre, servant d'encadrement à l'armoire
des reliques de l'abbaye de Vendôme, près Chartres,
représentant diverses scènes relatives à la relique de
la Sainte-Larme de J. C., donnée à cette abbaye par

1043 ? Geoffroy Martel, comte d'Anjou et de Vendôme, lors de la dédicace de cette église, en 1040. Pl. in-fol. en haut. Willemin, pl. 56.

### 1044 ?

Monnaie que l'on peut attribuer à Malonus, évêque de Grenoble. Partie d'une pl. in-4 en haut. Tobiesen Duby, Monnoies des barons, pl. 9, n° 1.

### 1046.

Novembre 7. Monnaie de Richard I<sup>er</sup>, évêque de Verdun. Partie d'une pl. in-8 en haut. Köhne, pl. iv, n° 8, texte, n° 283, p. 123.

Monnaie de Henri III, roi de Germanie et Richard, évêque de Verdun. Partie d'une pl. in-4 en haut. Robert, Études numismatiques, etc., pl. 18, n° 10, p. 235.

### 1047.

Avril 29. Monnaie que l'on peut attribuer à Thierri II de Luxembourg, évêque de Metz. Partie d'une pl. in-4 en haut. Tobiesen Duby, Monnoies des barons, pl. 12, n° 1.

Monnaie épiscopale de Metz, que l'on peut attribuer à Dietrich ou Thierri II, ou à Adelberon III, de Luxembourg. Partie d'une pl. in-8 en haut. Köhne, pl. iv, n° 3, texte, n° 267, p. 114.

Deux monnaies de Dietrich ou Thierri II, évêque de Metz. Partie d'une pl. in-8 en haut. Köhne, pl. iv, n<sup>os</sup> 5, 6, texte, n<sup>os</sup> 273, 274, p. 116.

Monnaie du même. Partie d'une pl. in-fol. en larg., lithogr. De Saulcy, Recherches sur les monnaies des évêques de Metz, pl. 1, n° 7.

Sept monnaies du même. Partie d'une pl. in-fol. en
larg., lithogr. De Saulcy, Supplément aux recherches sur les monnaies des évêques de Metz, pl. 1,
n<sup>os</sup> 27 à 33.

Monnaie du même. Petite pl. grav. sur bois. Begin,
Metz, depuis dix-huit siècles, t. III, p. 68, dans le
texte.

> Il est douteux que cette monnaie soit de Théodoric II.

Coffre en bois de chêne dans lequel fut placé le corps
de Théodorik ou Thierri II, évêque de Metz, et croix
de plomb placée sur sa poitrine. Deux petites pl.
grav. sur bois. Begin, Metz, depuis dix-huit siècles,
t. III, p. 29, 30, dans le texte.

Monnaie d'Eudon, évêque de Saint-Brieuc, de Tré-
guier, de Saint-Malo et de Dol, origine du duché de
Penthièvre et duc de Bretagne, pendant la minorité
de son neveu Conan. Partie d'une pl. in-8 en haut.
Revue numismatique, 1846, Al. Ramé, pl. 5, n° 3,
p. 56.

> Attribuée aussi à Eudes duc de Bretagne, par Chabouillet
> dans la Bretagne ancienne et nouvelle.

Monnaie de Eudes I<sup>er</sup>, duc de Bretagne. Partie d'une
pl. in-8 en haut. Revue numismatique, 1846, E.
Cartier, pl. 17, n° 8, p. 328.

## 1048.

Tombeau de . . . . . . Isarn, abbé de Saint-Victor
de Marseille, qui était dans la crypte de cette abbaye,
et qui a été placé depuis la révolution au musée de
la ville. Partie d'une pl. in-4 en haut. Millin, Voyage
dans les départements du midi de la France, pl. xxxvi,
n° 4, t. III, p. 181.

1047.
Avril 29.

1047.

Septemb. 24.

1048.   Monnaie de Brunon, trente-huitième évêque de Toul.
Partie d'une pl. in-4 en haut. Robert, Recherches
sur les monnaies des évêques de Toul, pl. 1, n° 4.

Bruno d'Asbourg devint pape en 1049, sous le nom de
Léon IX ; il conserva pendant deux ans, après son exaltation,
le titre d'évêque de Toul. Il mourut le 19 avril 1054, et fut
sanctifié.

## 1050 ?

Apocalypse de saint Jean, en français. Manuscrit sur
parchemin, petit in-fol. de 36 feuillets, veau brun, de
la bibliothèque de l'Arsenal. Manuscrits français, Théologie 6. Ce manuscrit contient :

Soixante-dix miniatures représentant des sujets sacrés.

Ces miniatures offrent de l'intérêt sous le rapport des costumes et accessoires de l'époque où ce volume a été peint.

———

Soldats, vaisseaux, scènes et usages divers des Normands à l'époque de la conquête de l'Angleterre,
tirés de miniatures de manuscrits ou de monuments
du temps. Trois pl. in-4 en haut. Strutt, a compleat
wiew, etc., 1775, t. 1, pl. 31 à 33.

Les indications des manuscrits et des monuments ne sont
pas données.

Armes diverses, couronnes, coiffures, instruments de
musique et autres détails, dont quelques-uns sont
relatifs aux Normands, à l'époque de la conquête
de l'Angleterre, tirés de miniatures de manuscrits
ou de monuments du temps. Trois pl. in-4 en haut.
Strutt, a compleat wiew, etc., 1775, t. II, pl. 2, 5, 6.

Idem.

Statues de la chapelle de Notre-Dame de Pitié, à Mont-

morillon, dans le département de la Vienne. Pl. in-4    1050 ?
en larg. Al. Lenoir, Musée des Monuments français,
t. VII, pl. 234.

> Montfaucon avait publié huit de ces figures comme faisant
> partie d'un temple des druides. On en découvrit depuis cinq
> autres en démolissant un mur.
>
> Al. Lenoir pense que ces figures sont du xi<sup>e</sup> siècle.

Précis d'un mémoire sur l'octogone de Montmorillon,
connu sous le nom de temple des Druides, par Siauve.
Utrecht, 1805, in-8, fig. Cet opuscule contient :
Trois planches représentant les bas-reliefs du monument de Montmorillon. En haut à droite : III, V, V.

> L'auteur fixe l'âge de ce monument au x<sup>e</sup> siècle.

———

Planches représentant le temple de Montmorillon et
ses sculptures. 5 pl. in-4 en larg. Magasin encyclopédique. Deux lettres de M. F. à M. Krug, 1809,
t. III, p. 93 et suiv.

> Ces lettres sont relatives à la description donnée par A. L.
> Millin de ce monument dans son ouvrage intitulé : Recueil de
> Monuments antiques inédits, t. II, p. 323. En publiant ces
> lettres dans le Magasin encyclopédique, A. L. Millin y a joint
> les planches données dans son Recueil de Monuments antiques.

Statues du temple de Montmorillon. Pl. in-4 en haut.
Mémoires de l'Académie celtique, t. III, pl. 1,
p. 18.

> Al. Lenoir, auteur des observations que cette planche ac-
> compagne, explique et apprécie le temple de Montmorillon
> avec plus de critique et de probabilités que ses devanciers. Il
> fixe l'époque de sa construction au commencement du xii<sup>e</sup> siècle.

Figures et groupes du temple de Montmorillon, en
Poitou. Deux pl. in-4 en haut. Al. Lenoir, Histoire
des arts en France, pl. 20, 21.

1050 ?   Sculptures du monument de Montmorillon. Pl. in-8 en larg. Ph. Le Bas, Dictionnaire encyclopédique de la France, pl. 260.

Vue du monument octogone de Montmorillon, sur lequel sont sculptées des figures de personnages. Ce monument, reste de l'ancien château de Montmorillon, est de la fin du xii<sup>e</sup> siècle. Pl. in-fol. m°, en larg. Al. de Laborde, les Monuments de la France, pl. 150.

Statues du temple de Montmorillon (département de la Vienne), connu sous le nom d'octogone de Montmorillon. Partie d'une pl. in-fol. magno en haut. Al. Lenoir, Monuments des arts libéraux, etc., pl. 18, p. 23.

Bas-relief représentant le Sauveur sur son trône, avec des anges et les symboles des quatre évangélistes, trouvé dans les ruines d'une des anciennes églises de l'abbaye de Saint-Bénigne de Dijon. Pl. in-4 en larg. Mémoires de la Commission des antiquités de la Côte-d'Or, Boudot, années 1832-1833, à la page 234.

Bas-relief représentant les figures mystérieuses et symboliques, dont les quatre évangélistes sont ordinairement accompagnés, placé jadis au fronton d'une porte qui existait dans la partie inférieure de l'église de Saint-Bénigne de Dijon, découvert en 1832. Pl. in-4 en larg., lithogr. Mémoires de la Commission des antiquites du département de la Côte-d'Or, G. Peignot, t. I, 1838, etc., p. 155, etc.

Déjà publié dans le même recueil (article précédent).

Portail principal de l'église Saint-Bénigne de Dijon, par

où l'on entre du porche ou vestibule dans la nef de
la même église du côté d'occident. Les sculptures de
ce portail représentent divers personnages et figures
de sainteté et quelques rois, princes et une princesse.
On a attribué deux de ces figures à Clovis et à la
reine Pedauque ou Clotilde sa femme. Il est plus probable que celle donnée comme étant Clovis, est de
Charles II le Chauve. Ce portail est du xi<sup>e</sup> ou du
xii<sup>e</sup> siècle. Pl. in-fol. carrée. Plancher, Histoire de
Bourgogne, t. I, à la page 503.

> Dom Plancher établit que ce portique n'est pas du viii<sup>e</sup> siècle
> comme on l'a prétendu, mais du xi<sup>e</sup> ou xii<sup>e</sup>. Il expose aussi
> les rapports entre ce portique et ceux de Saint-Germain des
> Prés de Paris, Notre-Dame de Paris, et du cloître de Saint-
> Denis, publiés et expliqués par Mabillon, Montfaucon et
> Ruinart.

Deux bas-reliefs de l'église de Saint-Bénigne de Dijon,
représentant des sujets sacrés. Pl. in-fol. en haut.
Plancher, Histoire de Bourgogne, t. I, à la page 520.

Quatre sujets relatifs à la fondation du monastère de
Saint-Martin des Champs de Paris, sous Henri I<sup>er</sup>,
roi de France, qui paraissent tirés de miniatures
d'un ancien manuscrit. Tous les quatre portent,
outre diverses inscriptions, *Iaspar Isaac f.* Quatre
pl. in-8 en haut. Marrier, Monasterii regalis S. Martini de Campis — historia, p. 2, 3, 8, 9, dans le
texte.

> Quoiqu'il soit difficile de fixer l'époque du manuscrit d'après
> lequel ces planches ont été gravées, si même il a existé, il
> n'est pas hors de la vraisemblance de le placer à cette date,
> qui est celle de la fondation de Saint-Martin des Champs.

Chapiteaux de Saint-Germain des Prés, à Paris, du

1050 ?

xᵉ siècle. Pl. in-fol. en haut. Chapuy, etc., le Moyen âge pittoresque, 3ᵉ partie, n° 77.

Sculptures des chapiteaux de l'église de Saint-Germain des Prés. Partie d'une pl. in-fol. magno, en haut. Al. Lenoir, Monuments des arts libéraux, etc., pl. 14, p. 18, 19.

Bas-relief de l'église de Saint-Nazaire, à Carcassonne, qui représente, suivant la tradition, la mort de Simon de Montfort, et que l'on croit fait au xiᵉ siècle, du temps de Roger II, comte de Carcassonne. Moulage en plâtre, au Musée de l'hôtel de Cluny, n° 193.

Bas-relief à l'église de Saint-Nazaire, à Carcassonne, représentant le siége d'une ville. Pl. in-4 en larg. Lacroix, le Moyen âge et la Renaissance, t. V, architecture militaire, pl. 2.

Bas-relief représentant la mort du comte Dalmace, tué par son gendre Robert Iᵉʳ, duc de Bourgogne, et l'expiation de celui-ci à l'une des portes de l'église de Semur. Pl. in-fol. en larg. Millin, Voyage dans les départements du midi de la France, pl. xii, t. I, p. 187. = Pl. in-fol. mᵒ, en larg. Al. de Laborde, les Monuments de la France, pl. 161.

> Robert Iᵉʳ fut duc de Bourgogne en 1032. Il avait épousé Helie, fille de Dalmace, seigneur de Semur, et il assassina de sa propre main son beau-père, au milieu d'un repas.
>
> L'histoire de ce fait est d'ailleurs obscure. Dom Plancher n'en a point parlé pour ne pas nuire à l'éloge pompeux qu'il a fait de Robert Iᵉʳ, auteur de grandes fondations pieuses.

Chapiteaux de l'église des Bénédictins de Saint-Austremoine, en Auvergne, du xiᵉ siècle, représentant des sujets mystiques relatifs au déluge et au paradis.

Pl. in-4 en larg. Mémoires de l'Académie celtique,    1050?
t. IV, à la page 24.

Détails divers de sculptures de l'abbaye de la Trinité à
Vendôme, parmi lesquels sont des bustes des personnages de la famille de Geoffroy Martel, et autres
de l'église de Trôo. Pl. in-4 en larg., lithogr. De Petigny, Histoire archéologique du Vendomois, pl. 22,
p. 197-198.

Deux chapiteaux représentant des sujets bizarres de
l'ancienne église du château de Dreux. Partie d'une
pl. in-4 en larg. Mémoires de la Société des antiquaires de Normandie, Marquis, 1824, pl. 23 (ou 3),
p. 59.
   Le texte n'indique aucun renvoi à la planche.

Deux figures d'évêques et détails de sculptures de l'é-
glise du prieuré de Saint-Gabriel, département du
Calvados. Pl. in-4 en larg., lithogr. Mémoires de
la Société des antiquaires de Normandie. Deshayes,
1824, pl. 16, p. 458 et suiv.

Portail de l'église paroissiale de Vermanton, orné de
figures sculptées. Partie d'une pl. in-fol. magno, en
haut. Al. Lenoir, Monuments des arts libéraux, etc.,
pl. 14, p. 19.
   Ce portail est du commencement du xie siècle. Dom Plancher en parle dans son Histoire de Bourgogne.

Crucifix dans l'abbaye de Saint-Jean d'Amiens, tiré
d'un recueil de dessins appartenant à la bibliothèque
de la ville d'Amiens. Partie d'une pl. in-8 en haut.,
lithogr. Mémoires de la Société des antiquaires de
Picardie, t. III, p. 344, atlas, pl. 9, n° 24.

Monnaie au nom de Conan Ier le Tort, duc de Bretagne

1050 ?     (987-992), frappée au milieu du xi<sup>e</sup> siècle. Partie
d'une pl. in-4 en haut. Poey d'Avant, pl. 25, n° 7.

Monnaie des premiers comtes du Mans. Partie d'une
pl. in-4 en haut. Conbrouse, t. III, pl. 43, n° 17.

> Le catalogue, à la fin du volume, fait confusion pour les
> pièces de cette planche.

Trois monnaies des vicomtes de Bourges, incertaines.
Partie d'une pl. in-4 en haut. Poey d'Avant, pl. 8,
n<sup>os</sup> 1 à 3, p. 112-113.

Monnaie d'un comte de Tonnerre. Partie d'une pl. in-4
en haut. Tobiesen Duby, Monnaies des barons; supplément, pl. 1, n° 6.

Trois monnaies des comtes de Poitou. Partie d'une pl.
in-fol. en larg., lithogr. Mémoires de la Société des
antiquaires de l'Ouest. Lecointre-Dupont, 1839,
pl. 8, n<sup>os</sup> 3, 4, 5, p. 345, 347 et 348.

Monnaie anonyme de Vendôme. Partie d'une pl. in-8
en haut. Revue numismatique, 1845, E. Cartier,
pl. 10, n° 1, p. 217.

Monnaie anonyme de Blois. Partie d'une pl. in-8 en
haut. Revue numismatique, 1845, E. Cartier, pl. 6,
n° 3, p. 136.

Monnaie de Melle, du milieu du xi<sup>e</sup> siècle. Partie d'une
pl. in-8 en haut. Fillon, Considérations — sur les
monnaies de France, pl. 4, n° 10.

Sept monnaies de Saint-Aignan, du commencement
du xi<sup>e</sup> siècle. Partie d'une pl. in-8 en haut. Cartier,
Recherches sur les monnaies au type chartrain,
pl. 11, 1<sup>re</sup> partie, n<sup>os</sup> 1 à 7.

Monnaie de Saint-Aignan, du commencement du

xiᵉ siècle. Partie d'une pl. in-8 en haut. Cartier, Recherches sur les monnaies au type chartrain, pl. 13, nº 16.

1050 ?

Monnaie de Saint-Aignan. Partie d'une pl. in-8 en haut. Cartier, Recherches sur les monnaies au type chartrain, pl. 17, nº 7.

Monnaie épiscopale de Soissons, de la moitié du xiᵉ siècle. Partie d'une pl. in-8 en haut. Fillon, Lettres à M. Dugast-Matifeux, pl. 9, nº 3, p. 157.

Monnaie de l'abbaye de Saint-Martin de Tours, du commencement de la troisième race. Partie d'une pl. in-4 en haut. Poey d'Avant, pl. 1, nº 4, p. 5.

Monnaie que l'on peut attribuer à Artauld, évêque de Grenoble. Partie d'une pl. in-4 en haut. Tobiesen Duby, Monnoies des barons, pl. 9, nº 2.

Les trois Maries au tombeau, miniature d'un missel manuscrit, de la bibliothèque de Rouen. Pl. in-4 en haut. Langlois, Essai sur la calligraphie des manuscrits du moyen âge, à la page 27 (pl. 3).

## 1052.

Tombe de Robertus secundus Abbas, en pierre, entre deux piliers de la closture du chœur, du costé de l'évangile, dans le sanctuaire de l'église de l'abbaye de Jumièges. Dessin in-4 en larg. Recueil Gaignières à Oxford, t. V, f. 21.

Mai 26.

Monnaie de Gui-Geoffroi, duc d'Aquitaine. Partie d'une pl. in-4 en haut. Poey d'Avant, pl. 11, nº 14, p. 176.

1052 ?

## 1053 ?

Monnaie d'un comte de Boulogne, du nom d'Eustache.
Partie d'une pl. in-12 en larg. A. Snelling, A
View, etc., 1762, p. 6, dans le texte.

## 1054.

Sceau de Robert, duc de Bourgogne, fils du roi Robert,
tiré d'une lettre de ce prince, de 1054. Partie d'une
pl. in-fol. en haut. Montfaucon, t. 1, pl. 34.

Sceau du même. Pl. de la grandeur de l'original, grav.
sur bois. Perard, Recueil de plusieurs pièces curieuses servant à l'histoire de Bourgogne, p. 191,
dans le texte.

Sceau du même. Partie d'une pl. in-4 en haut. Comte
de Viel Castel, n<sup>os</sup> 125, 3, texte, t. II; p. 19, 20.

## 1055.

Monnaie de Renaud II, comte de Sens. Partie d'une
pl. in-8 en haut. Revue numismatique, 1846, E.
Cartier, pl. 17, n° 6, p. 326.

Développement des sculptures d'un chapiteau de Bocherville. Pl. in-8 en larg., grav. sur bois. De Caumont, Bulletin monumental, t. II, à la page 517,
dans le texte.

Diverses sculptures de l'église de Saint-Georges de Bocherville, près Rouen. Trois pl. in-4, deux en haut,
et une en larg., lithogr. Achille Deville, Essai — sur
l'église et l'abbaye de Saint-Georges de Bocherville,
pl. 3, 5 et 5 bis.

## 1056.

Monnaie de Henri III le Noir, roi de Germanie. Partie
d'une pl. in-4 en haut. Conbrouse, t. III, pl. 39,
n° 4.

Monnaie de Bourgogne sous Henry III, empereur. Partie
d'une pl. in-8 en haut. Köhne, pl. vii, n° 1, texte,
n° 387, p. 161.

## 1057.

Monnaie de Renaud Ier, comte de Bourgogne. Petite
pl. grav. sur bois. Revue numismatique, 1843, Victor
Duhamel, p. 191, dans le texte.

## 1058.

Monnaie de Guillaume V, duc d'Aquitaine, frappée à
Bordeaux. Petite pl. grav. sur bois. Revue numismatique, 1842, Octave Gauban, p. 361, dans le
texte.

## 1060.

Tombeau de Guillaume de Vernon Ier du nom, à l'église          Février 18.
collégiale de Vernon. Partie d'une pl. in-4 en haut.
Millin, Antiquités nationales, t. III, n° xxvi, pl. 3,
n° 1. = Partie d'une pl. in-fol. en larg. Ducarel,
anglo-norman Antiquities, pl. ix, p. 92.

    Il avait fondé cette église en 1052.

Tombeau de Henri Ier, fils de Robert, avec Louis VI le          Août 4.
Gros, mort le 1er août 1137, à l'abbaye de Saint-
Denis. Pl. in-8 en haut., grav. sur bois. Rabel, les
Antiquitez et Singularitez de Paris, fol. 42, dans le
texte. = Même pl. Du Breul, les Antiquitez et choses
plus remarquables de Paris, fol. 68, dans le texte.

= Dessin in-fol. en haut. Gaignières, t. I, p. 24.

= Dessin in-4. Recueil Gaignières à Oxford, t. II, f. 17. = Partie d'une pl. in-fol. en haut. Montfaucon, t. I, pl. 34.

Sceau de Henri 1ᵉʳ. Mabillon, de re diplomatica, pl. 39.

Sceau du même. Pl. de la grandeur de l'original, grav. sur bois. Nouveau Traité de Diplomatique, t. IV, p. 126.

Sceau du même. Partie d'une pl. in-4 en haut. (De Migieu), Recueil des sceaux du moyen âge, pl. 2, nᵒ 24.

Sceau du même. Partie d'une pl. in-fol. en haut. Beaunier et Rathier, pl. 71, nᵒ 4.

Sceau du même. Partie d'une pl. in-4 en haut. Comte de Viel Castel, nᵒˢ 125, 2, texte, t. II, p. 19.

Sceau du même. Partie d'une pl. in-fol. en haut. Trésor de numismatique et de glyptique. Sceaux des rois et reines de France, pl. 2, nᵒ 6.

Sceau du même. Partie d'une pl. in-4 en haut. Conbrouse, t. III, pl. 44 bis, reproduite t. IV, sans numéro.

> Le catalogue, à la fin du volume, ne cite pas cette planche.

Deux monnaies d'Henri 1ᵉʳ, roi de Francé. Partie d'une pl. in-4 en haut. Le Blanc, pl. 156, nᵒˢ 6, 7, à la page 156.

Monnaie que l'on peut attribuer à Henri 1ᵉʳ. Partie d'une pl. in-8 en haut. Mader, t. I, nᵒ 11, p. 36.

Monnaie du même, frappée à Châlon-sur-Saône. Partie

d'une pl. in-8 en haut., lithogr. Revue numismatique, 1838, E. Cartier, pl. 15, n° 3, p. 368.

Monnaie du même, frappée à Mâcon. Partie d'une pl.
in-4 en haut. Conbrouse, t. III, pl. 46, reproduite
t. IV, sans numéro.

Monnaie du même, frappée à Sens. Partie d'une pl.
in-4 en haut. Conbrouse, t. III, pl. 47.

Monnaie du même. Partie d'une pl. in-4 en haut. Conbrouse, t. IV, pl. 179.

Trois monnaies du même. Partie d'une pl. in-4 en
haut. Du Cange, Glossarium, 1840, t. IV, pl. 5,
nᵒˢ 11 à 13.

Monnaie du même, frappée à Paris. Partie d'une pl.
in-4 en haut. Poey d'Avant, pl. 1, n° 1, p. 3.

Monnaie du même, frappée à Montreuil. Partie d'une
pl. lith., in-8 en haut. Revue numismatique, 1842,
Desains, pl. 5, n° 1, p. 128.

Trois monnaies du même, frappées à Paris, Châlon et
Lyon. Partie d'une pl. in-8 en haut. Revue numismatique, 1846, E. Cartier, pl. 17, nᵒˢ 3 à 5, p. 324-
326.

Monnaie du même, frappée à Sens. Partie d'une pl.
in-8 en haut. Revue numismatique, 1846, E. Cartier, pl. 17, n° 7, p. 327.

Six monnaies du même. Partie d'une pl. in-8 en haut.
Berry, Études, etc., pl. 24, nᵒˢ 9 à 14, t. I, p. 543,
544.

Monnaie frappée au nom du roi Henri Iᵉʳ, par l'abbaye
de Saint-Médard de Soissons. Petite pl. grav. sur

1060.
Août 4.

bois. Revue numismatique, 1854, Bretagne, p. 122, dans le texte.

Monnaie de Henri I<sup>er</sup>, de Châlon-sur-Saône. Partie d'une pl. in-4 en haut. Ragut, Statistique du département de Saône-et-Loire, t. II, n° 10, p. 422.

FIN DU TOME DEUXIÈME.

# TABLE DES MATIÈRES

CONTENUES

## DANS LE TOME DEUXIÈME.

TABLE des auteurs, ouvrages et recueils cités dans ce livre plus d'une fois................................ Page   I

### MONUMENTS DE L'HISTOIRE DE FRANCE.

PREMIÈRE RACE................................................   1
SECONDE RACE................................................  95
TROISIÈME RACE — Hugues Capet........................ 265
   Robert II....................... 272
   Henri I<sup>er</sup>........................ 283

FIN DE LA TABLE DU TOME DEUXIÈME.

Ch. Labure, imprimeur du Sénat et de la Cour de Cassation,
rue de Vaugirard, 9 (près l'Odéon).

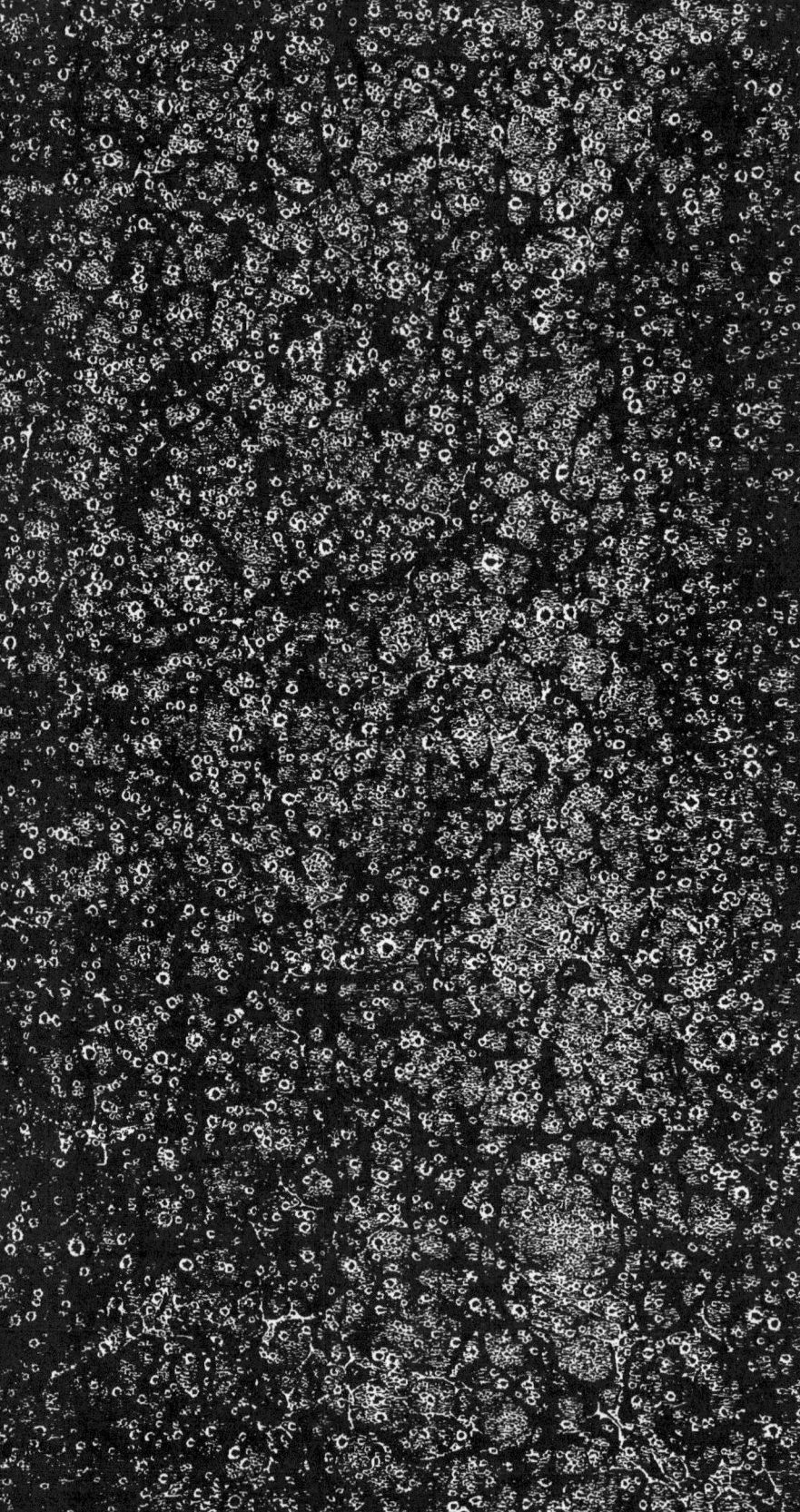

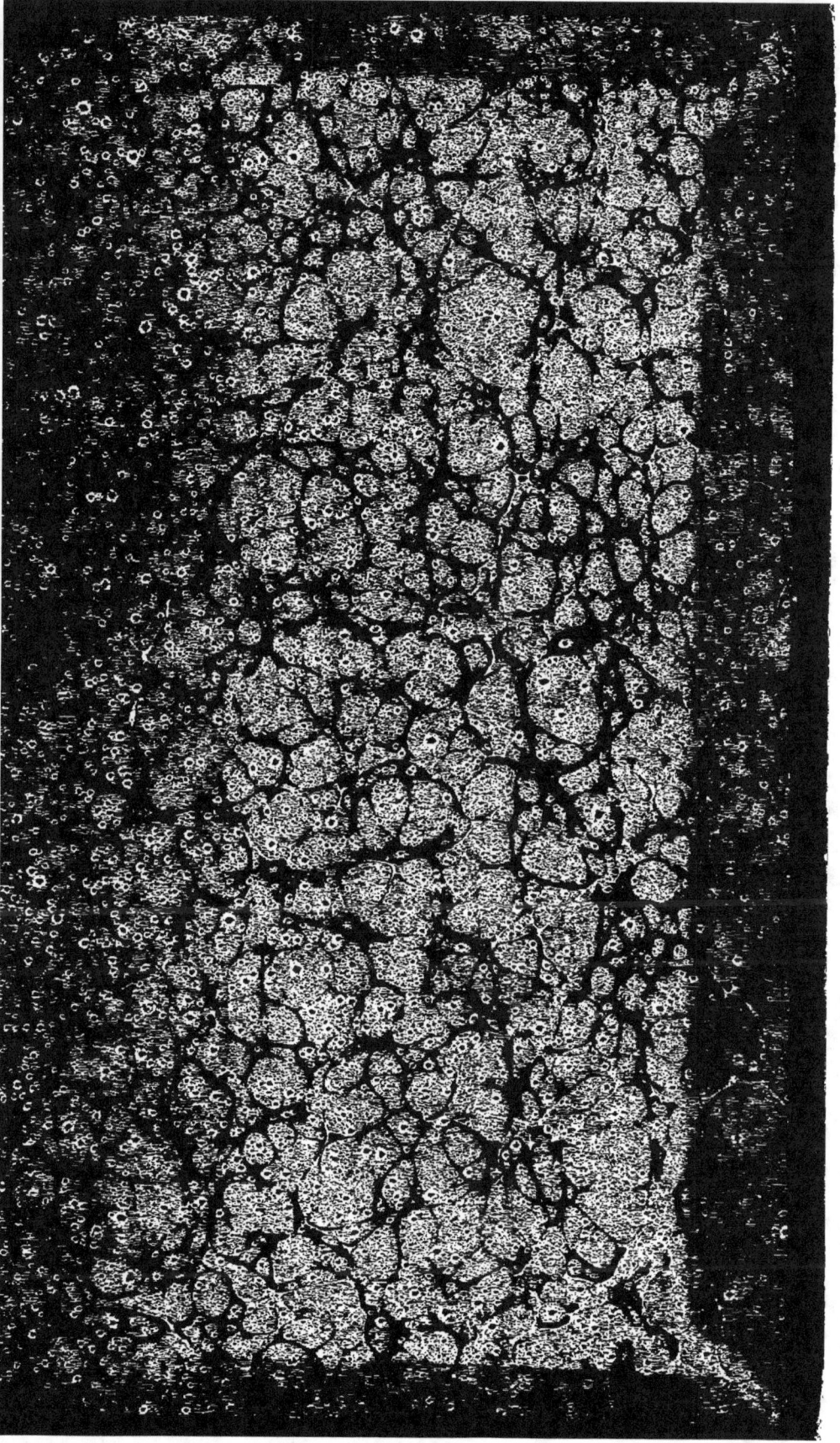

www.ingramcontent.com/pod-product-compliance
Lightning Source LLC
Chambersburg PA
CBHW051349220526
45469CB00001B/166